教育部高等学校统计学类专业
教学指导委员会推荐用书

高等学校经济学类核心课程教材
新文科·统计学系列教材

U0736878

统计学

（第二版）

主编 李金昌

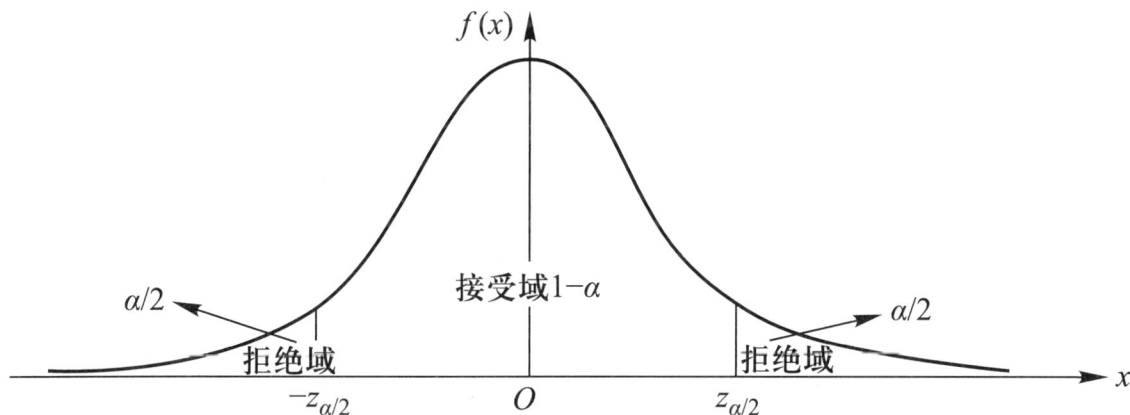

中国教育出版传媒集团
高等教育出版社·北京

内容简介

本教材以"数据+方法"为主线,系统介绍了统计学的基本理论与方法。全书共分十章,包括统计学的基本问题,统计数据的收集、整理与显示,变量分布特征的描述,抽样估计,假设检验,方差分析,相关回归分析,时间序列分析,统计指数分析和统计综合评价。每一章开头由实例引出互动思考问题,每一章结尾有本章小结和思考与练习,配套习题题型丰富,题目内容紧密贴合知识点,并附有计算题答案详解,其中的即测即评方便读者测评掌握本书双基知识。通过学习,读者将能较好地掌握基本统计思想和常用的定量分析方法,提高利用数据分析问题的能力。本书力求做到内容全面完整,具有新意;自成体系,逻辑严密;深入浅出,通俗易懂;注重思想,注重应用。

本书适合作为高等学校财经类专业本科生的教学用书,也可作为其他专业本科生的学习参考用书。

图书在版编目(CIP)数据

统计学／李金昌主编. --2 版. --北京:高等教育出版社,2023.9(2024.12重印)

ISBN 978－7－04－060638－6

Ⅰ.①统… Ⅱ.①李… Ⅲ.①统计学-高等学校-教材 Ⅳ.①C8

中国国家版本馆 CIP 数据核字(2023)第 099010 号

Tongjixue

| 策划编辑 | 吴淑丽 付雅楠 | 责任编辑 | 付雅楠 | 封面设计 | 李小璐 | 版式设计 | 杜微言 |
| 责任绘图 | 易斯翔 | 责任校对 | 王 雨 | 责任印制 | 赵 佳 | | |

出版发行	高等教育出版社	网　　址	http://www.hep.edu.cn
社　　址	北京市西城区德外大街 4 号		http://www.hep.com.cn
邮政编码	100120	网上订购	http://www.hepmall.com.cn
印　　刷	人卫印务(北京)有限公司		http://www.hepmall.com
开　　本	787mm×1092mm　1/16		http://www.hepmall.cn
印　　张	19	版　　次	2018 年 7 月第 1 版
字　　数	460 千字		2023 年 9 月第 2 版
购书热线	010－58581118	印　　次	2024 年 12 月第 3 次印刷
咨询电话	400－810－0598	定　　价	52.00 元

本书如有缺页、倒页、脱页等质量问题,请到所购图书销售部门联系调换
版权所有　侵权必究
物 料 号　60638－00

李金昌,经济学博士,二级教授,博士生导师。现任浙江财经大学党委书记。国家高层次人才特殊支持计划哲学社会科学领军人才,文化名家暨"四个一批"人才,国务院政府特殊津贴专家,教育部新世纪优秀人才(教育部第四届"高校青年教师奖")。国家社科基金统计学科评审组专家,教育部经济学类专业教学指导委员会副主任委员,国家统计专家咨询委员会委员。中国数量经济学会副会长。全国首届教材建设先进个人,浙江省首批中青年学科带头人和重点资助对象,浙江省"151人才工程"第一层次人才。主要从事经济统计理论、方法与应用,抽样调查,政府统计和社会经济统计分析等研究。先后主持研究国家自然科学基金、国家社会科学基金项目6项(国家社科基金重大招标项目首席专家),省级基金项目10余项。在《统计研究》《经济研究》《财贸经济》《数量经济技术经济研究》等刊物发表学术论文200多篇,出版专著《抽样调查与推断》《统计思想研究》《统计学的道》等5部,主译统计史学名著《统计探源》,主编国家规划教材《应用抽样技术》《统计学》等5本。近20项科研成果获国家级、省部级二、三等奖。先后荣获全国优秀教师、全国优秀统计教师等荣誉称号。

统计学自从作为高等学校经济学类核心课程以来,全国已经出版了上百种相关教材,为统计学课程的教学起到了积极的作用。如今以大数据和人工智能为代表的科学技术高速发展,全方位地影响着人类的生产生活方式,也影响着人类的思维模式和学科发展方向,高校几乎所有课程的教学内容都需要加以更新、补充和调整,并及时在教材编写中体现这种变化。作为以数据为研究对象的统计学课程,更是应该快速作出这种反应。本教材是国家级一流本科建设专业、浙江省一流学科和浙江省优势专业——浙江财经大学统计学的建设成果之一。本教材于 2018 年 7 月首次出版,已连续印刷多次,受到了读者的肯定与好评。现根据学科发展趋势和教材使用情况加以修订再版。我们的目标是,依据国家新文科建设的总体目标和金教材建设的具体要求,致力于打造统计学金教材。

我在第一版前言中曾经提到著名学者威尔斯(H.G.Wells)的话:"就像读和写的能力一样,将来有一天统计思维方法会成为效率公民的必备能力。"一定程度上讲,统计思维方法是哲学思维方法与数学思维方法相结合的产物,既定性又定量,既寻求答案又不限定唯一答案,而是在定性与定量相结合中寻求最可能的答案。也就是,我们要善于以科学的统计测度,通过恰当的数据分析,去得出尽可能符合实际的定性结论。很显然,一本好的统计学教材应该是有利于读者养成良好的统计思维方法的教材,这正是我们编写本教材的初衷所在。

在大数据时代,与其他学科一样,统计学也面临着新的机遇与挑战。新的机遇是,可以利用的数据越来越多了,应用领域进一步扩展了,统计方法也可以发挥更大的作用了;新的挑战是,大数据不同于传统的统计数据,其复杂性、不确定性和涌现性前所未有,现有的统计方法难以完全加以消化、处理和分析,特别是对于大量的、占主体的非结构化数据如何加以量化分析,对统计学而言是一个崭新的课题。在这样的背景下,统计学唯一的出路就是要化危为机,变挑战为动力,积极拥抱大数据,不断创新和完善统计理论和方法,不断增强处理数据、分析数据和应用数据的能力。在这个过程中,统计学需要更新理念、拓宽视野,走多学科交叉融合之路,主动吸收其他学科领域特别是大数据技术、云计算、人工智能等领域在数据处理和分析方面的先进理论与方法,为我所用,从而不断扩展并夯实统计学学科发展基础,在大数据分析研究中发挥独特的作用。

然而,我们要清醒地认识到一点,那就是统计学作为一门以数据为研究对象的方法论科学,必须坚持问题导向,必须在解决重大现实问题中不断完善和发展其理论与方法。从统计学的起源可以看出,统计学就是研究国势的政治算术,具有强烈的政治意图。当然,这种政治意图不是表现为搞数字游戏或在数据上弄虚作假,而是指让数据说真话,以真实客观的数据为国家治理提供依据,并且发挥统计的监督作用。进入新时代,统计学如何发挥更大的作用?那就是为人类社会的可持续发展服务。就我国而言,就是要以党的二十大精神为指引,以到本世纪中叶把我国建成富强民主文明和谐美丽的社会主义现代化强国为导向,以实现共同富裕为目标,充分利用大数据及其技术,聚焦新发展格局和高质量发展,及时为党和国家科学决策提供科学的统计依据。总之,不论数据类型如何变化,从一切可以利用的数据中提取有用的信息——规律、关系和趋势,始终是统计学存在的意义所在。换一句话说,面对各种不确定性,运用科学的统计方法从数据中探索出事物的真相是统计学人的永恒主题。因此,掌握好统计学基本理论,熟练运用统计思维方法,是我们"以不变应万变、以变守不变"的要求所在。

正因为如此,我们认真地对这本统计学教材进行了修订。初版教材的全体编写者参与了本次修订工作,各自承担原编写章节的修订任务。本次修订,在初版教材框架和基本内容的基础上进行调整,保留了原有的特色,但做了以下一些工作:(1)尝试对"什么是数据"进行了定义,进一步规范了数据的分类,并在相关章节对与"数据"有关的内容(包括数据收集与整理)进行了补充和完善,这也是本次修订的最大亮点所在;(2)对一些实例资料进行了更新,特别是用最新的数据展示了我国社会经济发展的基本情况,从而更好讲述中国故事;(3)补充、更新了部分习题,方便读者更好地掌握对应章节的知识点。

当然,限于水平,本教材修订再版后依然可能存在许多不足与谬误,敬请广大读者继续予以批评指正。

李金昌

2023 年 3 月于杭州

什么是统计学？它是一门什么样的方法论科学？它包含了什么样的统计思想、提供了哪些通用的统计方法？

人类认识社会、认识世界具有多种途径，其中一种最科学、最不可或缺的途径就是定量认识。通过数据来说明问题，通过定量分析来揭示事物本质(各种规律、关系和趋势)，是人类社会提高自身认识能力的必然要求。人类从原始社会开始就依赖结绳计数、串珠计数等方法来认识事物、自我管理；之后，统治阶层开始利用数据治理国家，进行人口登记、土地丈量和财产统计，对经济社会活动进行数据记录；欧洲文艺复兴运动之后，人类为了科学研究开始通过观察、实验等方法收集数据，发现了许多统计规律，产生了许多数据分析方法，认识能力得到飞跃式的提升。在此基础上，以德国国势学和英国政治算术为起源的统计学应运而生，国势学的研究范围、归纳思维和政治算术的定量方法共同形成了统计学的基本框架。以威廉·配第(W.Petty)的《政治算术》问世为标志，近400年以来，统计学因其在定量研究方面的特殊功能和作用，已经发展成为一门被普遍接受和重视的学科。可以说，统计学因人类社会需求而产生，因人类社会发展而发展，同时为人类社会发展做出了重大贡献。

在当今世界，我们每时每刻都要接触到大量的、各式各样的数据，尤其是在步入大数据时代以后，全球每天新增的数据都是巨量的、超乎想象的。离开数据，我们将寸步难行；但面对如山似海的数据，我们有时又无从下手。那么，什么是数据？数据从何而来、如何构成？它们分别具有什么特征、说明什么问题、隐含什么样的关系和规律？我们该如何去获得所需的数据、如何利用已有的数据并据以得出所需的结论？要回答这些问题，就属于统计学的任务了。统计学就是一门以数据为研究对象的方法论科学，为人们收集数据、整理数据和分析数据提供一整套的理论与方法。威廉·配第的《政治算术》(1676年)之所以成为统计学的起源之作，不仅因为它使用各种来源的数据分析英国的国情国力，更因为它包含了大量观察、综合指标、分组、推算、图表等统计方法。因此，为了利用数据去科学认识世界，掌握基本的统计理论与方法，具备基本的收集、整理和分析统计数据的能力，就成了人类自我的基本要求。著名学者威尔斯(H.G.Wells)曾说："就像读和写的能力一样，将来有一天统计的思维方法会成为效率公民的必备能力。"其实这一天已经来临，由数据加方法构成的统计思维已经成为人类素养的重要组成部分。

当然，要具备统计思维就必须学习，在大数据的今天显得更为突出。特别是对于高等教育来说，让学生学习和掌握统计学基本理论与方法，养成统计思维习惯和具有统计应用能力，已成为培养德、智、体、美、劳全面发展的高素质人才的必然要求。例如，在遇到困难时，能够尝试用统计学的思维方法去寻找解决的思路；在处理问题时，能够从总体观、数量观和差异观出发，做到运筹帷幄、胸中有数、准确定位；在决策分析时，能够科学收集和运用数据，从容应对事物的不确定性，把风险控制在最低程度。这些思维和方法，只有在系统学习统计学之后才能基本掌握。

要学习，就需要有好的教材。为了满足高校"统计学"课程教学的需要，国内各种版本、各种名称的《统计学》教材有上百种之多,其中包括我们曾经编写出版过的数个版本。此外,还有几种引进的国外教材(原版或翻译)。总览这些教材,虽然在编写体例、内容安排、写作风格等方面有一些差异,但共性特征十分明显,那就是都包括了基本的数据收集、整理和分析方法。自然,我们所编写的这本《统计学》也是如此。但相较于以往版本,我们在以下三个方面有所不同:(1)及时把大数据的有关内容吸收到教材中来,并尝试对什么是数据进行了定义;(2)每一章开头都由两个实例引出,算例也尽量采用实例;(3)每一章都配有教学视频和即测即评,通过扫描二维码即可获取。本书的特色是:内容全面完整,具有新意;自成体系,逻辑严密;深入浅出,通俗易懂;注重思想,注重应用。每一章都由实际问题导出,由思考问题收尾,重在启发,鼓励创新。

　　本书是浙江省一流建设学科和浙江省优势专业——浙江财经大学统计学的建设成果之一。全书共分十章,分别由十位统计学博士负责编写。第一章,统计学的基本问题,由李金昌教授编写;第二章,统计数据的收集、整理与显示,由程开明教授编写;第三章,变量分布特征的描述,由刘波副教授编写;第四章,抽样估计,由徐蔼婷教授编写;第五章,假设检验,由陈宜治教授编写;第六章,方差分析,由徐雪琪副教授编写;第七章,相关回归分析,由项莹副教授编写;第八章,时间序列分析,由洪兴建教授编写;第九章,统计指数分析,由曾慧副教授编写;第十章,统计综合评价,由李海涛副教授编写。李金昌教授担任主编,负责全书的设计、总纂与审定。

　　由于水平所限,本书定有不够完善甚至错误之处,敬请读者批评指正。在教材编写过程中,我们参考和吸收了一些同类教材的成果,在此一并表示感谢!

李金昌

2018 年 4 月于杭州

目录

教学视频

第一章　统计学的基本问题

实例 1：

据中华人民共和国《2022 年国民经济和社会发展统计公报》，全年国内生产总值 1 210 207 亿元，比上年增长 3.0%。其中，第一产业增加值 88 345 亿元，比上年增长 4.1%；第二产业增加值 483 164 亿元，增长 3.8%；第三产业增加值 638 698 亿元，增长 2.3%。第一产业增加值占国内生产总值比重为 7.3%，第二产业增加值比重为 39.9%，第三产业增加值比重为 52.8%。全年最终消费支出拉动国内生产总值增长 1.0 个百分点，资本形成总额拉动国内生产总值增长 1.5 个百分点，货物和服务净出口拉动国内生产总值增长 0.5 个百分点。全年人均国内生产总值 85 698 元，比上年增长 3.0%。国民总收入 1 197 215 亿元，比上年增长 2.8%。全员劳动生产率为 152 977 元/人，比上年提高 4.2%。

2022 年年末全国人口 141 175 万人，比上年末减少 85 万人，其中城镇常住人口 92 071 万人。全年出生人口 956 万人，出生率为 6.77‰；死亡人口 1 041 万人，死亡率为 7.37‰；自然增长率为 -0.60‰。

2022 年年末全国就业人员 73 351 万人，其中城镇就业人员 45 931 万人，占全国就业人员比重为 62.6%。全年城镇新增就业 1 206 万人，比上年少增 63 万人。全年全国城镇调查失业率平均值为 5.6%。年末全国城镇调查失业率为 5.5%。全国农民工总量 29 562 万人，比上年增长 1.1%。其中，外出农民工 17 190 万人，增长 0.1%；本地农民工 12 372 万人，增长 2.4%。

全年居民消费价格比上年上涨 2.0%。工业生产者出厂价格上涨 4.1%。工业生产者购进价格上涨 6.1%。农产品生产者价格上涨 0.4%。12 月份，70 个大中城市中，新建商品住宅销售价格同比上涨的城市个数为 16 个，持平的为 1 个，下降的为 53 个；二手住宅销售价格同比上涨的城市个数为 6 个，下降的为 64 个。

2022 年年末国家外汇储备 31 277 亿美元，比上年年末减少 1 225 亿美元。全年人民币平均汇率为 1 美元兑 6.726 1 元人民币，比上年贬值 4.1%。

上述这些概念和数据说明什么？为什么要发布这些数据？它们是怎么得出来的？

实例 2：

第二次世界大战期间，英德双方空战不断。为了能够提高飞机的防护能力，英国的飞机设计师们决定给飞机增加护甲，但却不清楚最应该在什么地方增加护甲，于是向统计学家请教。统计学家将中弹之后依然安全返航飞机的中弹部位都标注在一张飞机平面图上,这样就形成了弹孔分布图。然后,统计学家告诉飞机设计师说:"没有弹孔的区域就是应该增加护甲的地方。"

统计学家为什么给出这样的结论?

第一节　什么是统计学

一、统计的含义

当今社会,统计无所不在,也片刻难离。正如实例 1 所示,我们经常可以看到或听到,例如某某国家或地区某年 GDP 多少亿元、增长百分之几,某公司某年销售收入多少亿元、利润多少万元,某地区某年某月 CPI 上涨百分之几,某市某年年底人口总数多少万人等数据,这些数据就是统计数据。然而,这些数据的获得都经历了一个从零星到整体、从分散到综合的过程,这个过程就是统计活动。所以,统计就是一种有目的地对特定现象或事物在特定时间、空间条件下的特征用数据加以记录并分析的活动。最简单的统计活动,就是原始社会的计数活动。需要说明的是,统计的"统"既具有全局或整体的意思,也具有归纳或综合的意思,而"计"则具有计数、计量、计算和分析等意思。

教学视频
统计学的产生和发展

在不同的语境下,统计一词的含义有所不同。例如,在"统计表明,我市人均可支配收入比去年实际上升 8%"的语境中,统计一词的意义就是统计数据;在"我大学是学统计的"的语境中,统计一词的意义则是学科。所以,统计一词可以有三种含义:统计活动、统计数据和统计学。显然,统计数据是统计活动的成果,统计活动则需要统计学的指导。

不难发现,统计活动的对象就是数据。所以,统计的本质就是围绕研究目的和任务,运用科学的统计方法,去获取真实客观的统计数据,然后做出必要的统计分析,以便了解和认识事物的真相。

二、统计学的含义

什么是统计学呢?顾名思义,统计学就是指导统计活动的科学,也就是要为如何获取数据、表现数据和分析数据提供理论方法。无论是实例 1 中数据的获得还是实例 2 中弹孔分布图的绘制,都需要依赖相应的统计理论与方法。尽管至今没有一个关于统计学的统一定义,但基本一致的看法是,统计学是一门关于如何收集和分析数据的科学。目前来看,英国《不列颠百科全书》的定义比较权威:统计学是收集和分析数据的科学和艺术。这个定义之所以强调统计学也是艺术,其深层意义就是,如何运用统计理论方法去收集和分析数据要讲究针对性、灵活性和艺术性,不能千篇一律、生搬硬套。由于统计学的研究对象就是数据,所以也可以把统计学理解为一门关于数据的科学。

那么统计学到底具有什么样的学科性质呢?我们可以从以下两个方面加以理解。

（一）就研究对象而言,统计学具有数量性、总体性和差异性的特点

统计的本质决定了统计学的研究对象就是客观现象数据,也即各种各样客观现象的数量方面,具体表现为数量大小、数量关系、数量变动、数量界限和数量规律,分别从不同的角度表明现象的特征。所以,统计研究的首要特点就是数量性,就是要通过定量研究、运用各种统计数据来体现所研究现象的数量特征,进而达到认识现象本质和规律的目的。描述现象数量特征的方式是设计各种统计变量,在社会经济领域则体现为统计指标及体系。

由于人们所要认识的现象特征归根结底是综合特征,所以统计研究的第二个特点是,在用数据来表现现象特征时必须强调总体性,即从所研究现象的总体出发,通过对现象总体中的构成元素即个体进行大量观察和综合分析,来达到认识现象的总体数量特征的目的。也就是说,统计研究的目的不是认识个别事物的数量特征,而是具有综合意义的总体数量特征。例如,我们所说的居民收入水平并不是指某家某户的个体收入水平,而是指一个国家、地区或城市的总体收入水平。当然,对现象总体的认识是以对个体的观察为基础的,只是不能以个体的表现(往往具有特殊性和偶然性)来说明现象的一般性或规律性,因为个体之间存在着各种各样的差异。

但正是由于个体差异的存在,才引起了人们去了解个体差异背后所可能隐藏的规律的兴趣,所以统计研究的第三个特点就是差异性,就是要从所研究现象总体的各个个体之间的差异中去概括出共同的、普遍的数量特征,并对差异情况做出必要的反映。毫无疑问,现象总体的内在差异是统计研究的基本前提,而这种差异并不是事先已知或由某种固定的因素来确定的,它是各种非确定性因素,即偶然因素共同作用的结果。例如,受各种因素影响,居民收入差异是客观存在的,高收入者与低收入者之间的差距有时还会很大。所以,我们用某种平均收入指标来反映一个国家、地区或城乡居民的收入水平才具有一般意义。例如用"人均可支配收入"这个指标来反映。同时,我们还用城乡人均可支配收入之比来反映城乡收入差距,用区域人均可支配收入之比来反映区域收入差距,用泰尔系数、基尼系数等指标来综合反映收入差异程度。合理控制各种收入差距是共同富裕的客观要求。

上述三方面的特点相互联系,共同决定了统计学研究对象的特有性与广泛性。在众多研究对象中,社会经济现象的数量方面是统计学最主要的研究对象,同时也是最复杂、最具有挑战性的部分。

(二)就学科范畴而言,统计学具有方法性和通用性的特点

统计学作为一门以现象数据为研究对象的科学,其核心任务就是要为如何收集和分析数据提供科学的理论和方法,所以方法性是统计学最为显著的学科特点,统计学的每一步发展无一不是统计方法完善、创新和突破的结果。所以,统计学提供给人类的是一种开展定量研究的思想和工具。

统计学的方法性有两层意思,一是其一般理论和方法在各个不同的数据研究领域都具有一定的指导意义,例如收集数据的大量观察法、分析数据的分组法、归纳法和模型法等,都是在不同领域常用的方法。所以说,统计学方法具有通用性。二是不同的领域有不同的、独特的数据收集和分析方法,不可能所有的领域都使用完全相同的数据研究方法,例如经济领域的统计方法与其他领域的统计方法就有很大差异,除了通用的一般理论与方法外,还包括投入产出法、国民经济核算法等一些非常重要的特有方法,它们是数据研究基本思想与经济现象本质特征相结合的产物。

所以,统计学作为一级学科,可以细分为经济统计学、人口统计学、生物医学统计学和天文气象统计学等多门具有学科交叉性质的统计学,每一门统计学都可以形成自己独特的、在领域内通用的理论方法体系。正因为如此,统计学定量研究的功能才得以充分的发挥,应用领域也得以迅速的拓展。可以说,统计方法的应用如今已经无所不在了。

通常,我们把获取数据,然后进行汇总、分类和计算,并用表格、图形和综合指标等方式加以显示的方法,称为描述统计方法;把根据随机样本数据对总体数量特征做出估计或假设检验的方法,称为推断统计方法。以事物已发生事实为依据对其未来发展趋势进行定量预测的方法,也可属于推断统计方法的范畴。很显然,描述统计是基础,推断统计是深化,但两者不是相互割裂而是相互支撑的,即描述中有推断、推断中有描述。可以说,任何描述都是推断,任何推断也都是描述。描述重在真实,推断重在精确。无论是统计描述还是统计推断,归根结底都属于统计测度。

无论是统计学的一般理论方法还是各个领域的独特统计方法,无论是描述统计方法还是推断统计方法,都来自实践,都需要随着数据形态和问题本质的变化而变化。如今,面对大数据,如何描述复杂、多变、高频的巨量数据并作出推断,无疑是巨大的挑战,迫切需要方法的创新。

综上所述,统计学是一门关于如何基于现象本质去收集和分析数据的方法论科学。

三、统计学的产生和发展

统计学随统计的产生而产生,而统计则起源很早。在原始社会,人类最初的结绳、串珠、刻线等计数活动,蕴藏着统计萌芽。在奴隶社会,统治阶级为了对内统治和对外战争,需要征兵纳税,开始了人口、土地和财产的统计。例如,据晋人皇甫谧的《帝王世纪》记载,中国公元前 2 000 多年的夏朝分为九州,人口 13 553 928 人,土地 24 388 024 顷。差不多同一时期的古希腊、罗马等奴隶制国家,也有相应的人口、财产和世袭领地的统计。到了封建社会,封建君主和精明的政治家日益意识到统计对于治国强邦的重要性,统计范围因而有所扩大,但由于封建经济的封闭割据和保守性,统计方法依然很不完善。到了资本主义社会,随着社会生产力的迅速发展和社会分工的日益精细,统计得到了很大的发展,除了政府管理的需要外,逐步扩展到工业、农业、贸易、银行、保险、交通、邮电和海关等经济领域,以及社会、科技和环境等领域,并且出现了专业的统计机构和研究组织,统计方法得到了迅速完善和发展。第二次世界大战以后,随着电子计算技术的推广应用,世界各国的统计能力都迅速提升,作用更加明显。

伴随着欧洲文艺复兴和资本主义萌芽,统计学在 17 世纪中期应运而生,并且经过 300 余年的发展,形成了今天的统计学。它的发展过程大致可以分为三个阶段:古典统计学时期、近代统计学时期和现代统计学时期。

(一) 古典统计学时期

从 17 世纪中期到 18 世纪末期,是统计学的萌芽时期,即古典统计学时期。统计学起源于两大学派:德国的国势学派和英国的政治算术学派。国势学派认为统计学是关于国家显著事项的学问,主要通过对国家组织、人口、军队、领土、居民职业和资源财产等事项的记述来分析和研究国情国力,代表人物是德国的康令(H. Coning, 1606—1681)和阿亨瓦尔(G. Achenwall, 1719—1772)。由于这个学派在进行国势比较分析中偏重事物性质的解释而不注重数量分析,因此尽管它首先提出"统计学"之名,但却无现代意义的统计学之实。然而,国势学所确立的研究对象(国家显著事项),以及所采用的归纳方法,为统计学的建立和发展奠定了重要的基础。

政治算术学派则主张以数字、重量和尺度来研究社会经济现象及其相互关系,代表人物是英国的威廉·配第(W. Petty, 1623—1687)和约翰·格朗特(J. Graunt, 1620—1674)。威廉·配第在

《政治算术》中提出:"不用比较级、最高级进行思辨或议论,而是用数字……来表达自己想说的问题……借以考察在自然中有可见的根据的原因。"该书用数量分析的方法对比了英国、法国和荷兰三国的"财富和力量",以批驳当时英国国内关于国家综合实力和竞争力的悲观论调。他还提出了用图表概括数字资料的理论和方法,运用了分组和推算等方法。马克思称威廉·配第为"政治经济学之父,在某种程度上也可以说是统计学的创始人"。约翰·格朗特是利用大量数据研究社会人口变动规律的创始人,其著作《关于死亡表的自然观察和政治观察》一书,首次通过大量观察,对新生儿性别比例和不同原因死亡人数比例等人口规律进行了分析,提出了推算人口总数的方法,并且第一次编制了初具规模的"生命表"。由于政治算术学派用大量观察法、分类分析法和对比分析法等综合研究社会经济问题,因此虽无"统计学"之名却有统计学之实。

(二) 近代统计学时期

从18世纪末到19世纪末,是近代统计学时期。这一时期的标志性成就是大数法则和概率论被引进统计学之中,最小平方法、误差理论和正态分布理论等也相继成了统计学的重要内容。这一时期也曾有两大学派:数理统计学派和社会统计学派。数理统计学派始于19世纪中叶,代表人物是比利时的凯特莱(A.Quetelet,1796—1874),著有《概率论书简》《社会物理学》等,他主张用研究自然科学的方法来研究社会现象,正式把概率论引入统计学,并最先用大数定律论证了社会生活中随机现象的规律性,还提出了误差理论和"平均人"思想。凯特莱的贡献使统计学的发展进入了一个快速发展的阶段。数理统计学派侧重于强调方法性,即对一般通用方法的研究。

社会统计学派始于19世纪中后期,首创人物为德国的克尼斯(K.G.A.Knies,1821—1898),他认为统计学是一门社会科学,是研究社会现象变动原因和规律性的实质性科学,其显著特点是强调对总体进行大量观察和分析,通过研究其内在联系来揭示社会现象的规律。各国学者在社会经济统计指标的设定与计算、指数的编制、统计调查的组织和实施、经济社会发展评价与预测等方面取得了一系列重要成果。德国统计学家恩格尔(C.L.E.Engel,1821—1896)提出的"恩格尔系数",美国经济学家库兹涅茨(S.S.Kuznets)和英国经济学家斯通(J.R.Stone)等人研究的国民收入和国内生产总值核算方法,拉氏、派氏综合物价指数法等,都是统计学在社会经济领域所取得的伟大成就。社会统计学派侧重于强调实质性,即对现象自身本质规律的认识和研究。

(三) 现代统计学时期

从19世纪末到现在,是现代统计学时期。这一时期的显著特点是数理统计学由于同自然科学、工程技术科学紧密结合及被广泛应用于各个领域而获得迅速发展,各种新的统计理论与方法,尤其是推断统计理论与方法得以大量涌现,例如英国统计学家卡尔·皮尔逊(K.Pearson,1857—1936)的卡方 χ^2 分布理论,统计学家戈赛特(W.S.Gosset,1876—1937)的小样本 t 分布理论,统计学家费希尔(R.A.Fisher,1890—1962)的 F 分布理论和实验设计方法,波兰统计学家尼曼(J.Neyman,1894—1981)和英国统计学家皮尔逊(E.S.Pearson,1895—1980)的置信区间估计理论和假设检验理论,以及非参数统计法、序贯抽样法、多元统计分析法、时间序列跟踪预测法等都应运而生,并逐步成为现代统计学的主要内容。与此同时,美国经济学家里昂惕夫(W.Leontief)于1936年提出了投入产出分析方法,国民核算方法也取得了重大创新与发展。

随着天文学、气象学和生物基因学研究所积累的数据越来越多,20世纪中后期,数据挖掘分析法应运而生,借助计算机技术的程度逐步增强。进入21世纪以后,随着电子信息技术和互联网、物联网的发展与推广应用,大数据的概念诞生了,多学科交叉融合的大数据分析方法将是统计学发展的主要方向。

可以发现,贯穿统计学整个发展过程的主线是统计方法的逐步充实、完善和发展。

四、统计学的作用

统计学是一门应用性很强的学科,为人类社会的发展做出了巨大的贡献。正如统计学最主要奠基人费希尔所说:"给 20 世纪带来了人类进步的独特方面的是统计学。"统计学的具体作用可以概括表现在认识事物、指导生产、经济管理和科学研究等方面。如今,我国推进国家治理体系和治理现代化,更需要科学的统计分析为支撑。

(一)为人类认识自然、认识社会提供必需的方法和途径

人类是在认识自然、认识社会的过程中发展起来的,而认识自然、认识社会离不开各种各样的数据,否则就没有客观标准。例如,地球有多大、运转周期有多长?一年四季天气如何变化?人口性别比例、年龄分布有什么特征?经济运行有什么规律?生活习惯(例如吸烟、酗酒)与某种或某些疾病有什么关系?等等,都需要通过统计数据以及以此为基础的分析结果加以说明。如果说统计是认识自然和认识社会的手段,那么统计学则为运用这种手段提供了理论和方法。

(二)为指导人们的生产活动提供科学依据

生产活动是人类社会生存和发展的前提,但如何以尽量少的投入生产出数量尽可能多且质量尽可能高的产品是一个非常复杂的问题,因为影响产品产量和质量的因素很多,这就需要我们分清主次、抓住主要因素。具体讲,就是需要我们对各种因素进行试验和观察,了解各种因素的影响方式和程度,找出各因素的最佳水平和最佳组合,从而确定最佳的生产条件和生产方式并使之始终处于科学的控制之中。显然,这需要利用统计理论和方法,科学合理地设计和安排试验并做出分析,同时对生产过程不断地进行监测。最佳生产方案设计和最优质量控制方法,是统计学的一大应用领域,控制图、6σ 理论与方法等的广泛应用充分说明了这一点。

(三)为提高社会经济管理水平提供重要支撑

社会经济管理主要包括宏观的政府管理和微观的企业管理。政府管理的目标是要保持国民经济持续稳定协调发展,实现劳动力的充分就业和物价水平的稳定,做到自然资源的合理开发和生态环境的良好保护,确保社会的安定和人民生活水平的稳定提高,无疑这需要运用统计方法去科学合理地收集数据,对国民经济和社会发展状况进行跟踪监测和预警,对各种社会经济问题进行定量模拟和分析,从而为制定和调整政策提供依据。企业管理的目标是使生产要素达到最佳配置,取得最佳的经济效益,在激烈的市场竞争中保持优势,这就需要运用统计方法及时地收集各种市场信息,科学地反映和分析企业的生产经营状况,准确地预测和判断市场变化趋势。此外,其他相关的管理活动,同样需要运用统计理论和方法作为重要的工具。

(四)为科学研究提供有力手段

科学研究的本质是揭示客观事物的规律性,其研究方法一般是先根据若干观察或实验资料提出某种假设或猜想,然后再通过各种途径进行观察或实验加以验证。科学研究的过程离不开数据,科学研究的结果也往往表现为数据,显然离不开统计理论与方法的运用。一方面,它有助于集中并提取观察和实验数据中本质性的东西,提出较正确的假说或猜想;另一方面,它又能指导研究人员如何去安排进一步的观察或试验,以判定所提出的假说或猜想是否正确。在医学界,

人们利用统计方法来研究疾病的原因或影响因素,判断药物或治疗方法的有效性;在考古学界,人们凭借统计方法来推断特定发掘物的历史年代;在心理学界,人们用统计方法分析特定刺激的心理效应;在经济学界,人们用统计方法研究国民经济运行状况和各种决策方案的优劣;在生物学界,人们用统计方法来研究基因定律(如基因分离定律、基因自由组合定律和基因频率稳定性定律等都经过了严格的统计检验);等等,几乎所有的科学研究领域都已高度依赖统计学。历史上各领域许多著名的专家,同时也是著名的统计学家。

我们相信,在大数据时代,统计学将为人类社会进步做出更大的贡献。

第二节　数据类型与研究方法

一、数据类型

数据是资源,是生产要素,而且是最重要的资源和生产要素,它以各种不同的形式存在于各个不同的领域。什么是数据?迄今为止还没有一个统一的定义。综合不同学科领域对数据的理解,我们认为:数据就是一切可以被记录的事实,既可以表现为数值,也可以表现为符号、文字、声音、图像、视频等任何可以作为信息载体的形式。而其中能够对其进行统计处理与分析的数据就是统计数据。如今,人类已经进入大数据时代,可选择使用的数据成几何式的增长,呈现出不确定性、复杂性和涌现性相互交织的特点。因此,数据可以分为传统数据与大数据两类,其中传统数据是指根据特定研究目的、用统计观测或实验方式获得的用以满足特定需要的数据,例如普查数据、抽样调查数据、联网直报数据和各种实验数据,我们以往讲的数据主要就是这类数据、特别是抽样调查数据;大数据则是不以特定需求为目的,而是基于现代信息技术应用而自动产生的数据,例如微信数据、网购平台数据等。

教学视频
统计数据类型
与研究方法

那么到底什么是大数据?大数据指的是其规模巨大到无法通过人脑甚至主流软件工具,在合理时间内达到加以撷取、管理、处理并整理成为有用信息的数据集合,或者说是无法在可承受的时间范围内用常规软件工具进行捕捉、管理和处理的数据集合。通常认为大数据具有 $4V$ 特征,即体量巨大(volume)、形式多样(variety)、增长快速(velocity)和深藏价值(value)。

(一)大数据的分类

1. 按照存在形态不同,大数据可以分为结构型数据和非结构型数据

结构型数据是可以用二维表结构来逻辑表达实现的数据,如数值、符号等,即通常所说的可计数、计量和计算的数据。传统数据几乎都属于结构型数据。非结构型数据是指不方便使用二维逻辑表来表现的数据,包括所有格式的办公文档、文本、图片、XML、HTML、图像和音频/视频信息等。若字段可根据需要扩充,即字段数目不定,可称为半结构型数据,例如 Exchange 存储的数据。大数据主要表现为非结构型或半结构型数据。广义上,结构型数据属于非结构型数据的特例。目前,非结构型数据已成为大数据的绝对主体。

2. 按照产生的途径或渠道不同,大数据又可以分为社交网络数据、人机交换数据和机器感应数据

社交网络数据是人与人通过信息平台交往所产生的数据,反映的是社会行为者基于互联网

（通过文本、图像、动画、音频或视频等媒体）所产生的关联与交换的信息，与人们的行为、意识等有关，例如分享信息、讨论工作、给予情感支持或提供友谊等，例如微信数据。人机交换数据是通过人机对话所产生的数据（也是网络数据），反映的是人与计算机之间传递和交换的信息，主要依靠可输入输出的外部设备和相应的软件来完成，例如网络搜索数据。机器感应数据是物与物对接的数据，反映的是由感应器或机器自身记录的有关机器运行的信息，例如飞机黑匣子、汽车仪表盘、车间监测器、产品检测仪、空气感应器、各种监控探头等所记录的数据。显然，这三类数据具有不同的特性，特别是受人的主观因素的影响存在很大差异。

需要特别指出的是，网络数据在大数据中占有特殊的分量。网络数据按类型又可分为自媒体数据、日志数据和富媒体数据三类。其中，自媒体数据主要是指在相关社交网络中产生的用户生成数据，数据量巨大且变化非常快，群体性强且内在关系非常复杂。日志数据主要是指各种网上服务商所积累的用户操作日志，例如电信运营商所积累的用户通话日志、网络搜索引擎提供商所积累的用户搜索行为日志和网络购物平台提供商所积累的用户交易数据等，是访问吞吐量巨大、增速极快的历史性数据。富媒体数据是指多种媒体数据（包括文本、音视频、图片、文字、消息等）动态、交互的聚合体现，涉及的数据不仅仅是多媒体数据，还包括分类标注、内容标签、格式编码、内容集成、流化处理、数字影院、用户端、数字版权保护和管理等诸多信息，不仅数据量巨大，而且多源、异构。从时间维度上，还可以把网络大数据分为以用户数据、日志数据为代表的历史数据，以及以视频监控数据和流媒体数据等为代表的流式数据，其中历史数据蕴含着大量的有价值信息，通过对其挖掘和深度分析，就可以发现重要的线索与模式，进而总结出客观规律。

3. 按照功能不同，大数据可以分为交易型数据、流程型数据和交互型数据

交易型数据是指记录各种交易活动的数据，包括话单数据、服务数据、账单数据等。流程型数据是系统内按照活动流程所记录的数据，包括人力资源管理、供应链管理、工作过程管理、成本管理、实验或观测过程管理等方面的数据。交互型数据则是通过电话通信、互联网交流、观看电视、手机下载、机器记录等方式产生的数据。

此外，大数据还可以分为实时型数据、准实时型数据和非实时型数据。

不难发现，上述这些分类之间是存在交叉关系的，可以形成细分的、特定类型的数据，分别需要不同学科领域进行对应研究或多学科交叉研究。从中可以看出，大数据的"数据"除了容量大、多样性、变化快和复杂性等特征，还具有电子化储存、既可分散也可集中、相互交错等这样一些特征。

基于数据的分类，作为储存数据与管理方式的数据库也有两种类型：关系型数据库（SQL 接口）和非关系型数据库（NOSQL 接口），前者需要事先设计一个逻辑型数据库模式，后者则是动态变化模式，用传统的数据库技术无法解决。

（二）结构型数据的分类

目前，作为统计学研究对象的数据主要还是结构型数据，对非结构型数据的研究尚处于探索之中，所以我们所讨论的数据依然侧重于结构型数据。结构型数据的类型，大致上可以从以下五个角度进行考察。

1. 按照所采用的计量尺度不同，可以分为定性数据与定量数据

定性数据是指只能用文字或数字代码来表现事物品质特征或属性特征的数据，具体又分为

定类数据与定序数据两种。定类数据是对事物进行分类的结果,表现为类别,由定类尺度计量而成。例如,人口按照性别分为男与女两种类别,人的消费按照支出去向分为衣、食、住、行、烧、用、医、文、娱、健等类别,都属于定类数据。为了便于统计处理(计算机录入等计数处理),常用数字代码来表示各个类别,例如,分别用 1、0 表示男性与女性,分别用 1、2、3、4、5、6、7、8、9、10 等表示衣、食、住、行、烧、用、医、文、娱、健等。要注意的是,这时的数字没有任何程度上的差别或大小多少之分,只是符号而已。定序数据是对事物按照一定的排序进行分类的结果,表现为有顺序的类别,由定序尺度计量而成。例如,学生的考试成绩表示为优、良、中、及格、不及格,课题成果的鉴定等级表示为 A、B、C,消费者对某产品的满意程度表示为很满意、满意、一般、不满意、很不满意,等等,都属于定序数据。同样,定序数据也可以用数字代码来表示,例如,学生的考试成绩可以分别用 5、4、3、2、1 来表示优、良、中、及格、不及格。这时,数字代码能体现一种顺序或程度的不同,但还不能体现事物之间或不同结果之间(例如,及格与不及格之间,很满意与满意之间)的具体数量差别。定序数据所包含的信息量大于定类数据。

定量数据是指用数值来表现事物数量特征的数据,具体又分为定距数据与定比数据两种。定距数据是一种不仅能反映事物所属的类别和顺序,还能反映事物类别或顺序之间数量差距的数据,由定距尺度计量而成。例如,两位学生的考试成绩分别为 85 分和 55 分,不仅说明前者良好、后者不及格,前者高于后者,而且还说明前者比后者高 30 分。再如,某日甲、乙、丙三地的最高气温分别为 30℃、20℃ 和 10℃,说明该日甲与乙之间最高温的温差等于乙与丙之间的温差,都是 10℃。但要注意的是,定距数据一般只适合于进行加减计算而不适合于乘除运算,例如,气温 30℃ 与 10℃ 相比,并不能说前者的暖和程度是后者的 3 倍,因为气温可以是 0℃ 或 0℃ 以下,而 0℃ 或 0℃ 以下并不代表没有温度。这种现象称之为不存在绝对零点的现象(所谓绝对零点,是指"0"代表没有),类似的还有企业利润等。定比数据是一种不仅能体现事物之间数量差距,还能通过对比运算,即计算两个测度值之间的比值来体现相对程度的数据,由定比尺度计量而成。反映存在绝对零点现象的数据,都属于可进行对比运算的定比数据,例如,企业销售收入 3 亿元,人的身高 176 厘米、体重 65 千克,物体的长度 30 厘米、面积 600 平方米、容积 9 000 立方米,水稻的平均亩产 400 千克/亩[①],某地区的人均国内生产总值 25 000 元/人,第二产业比重 48% 等,都是定比数据。定比数据包含的信息量最多,绝大多数统计数据都属于这一类。

定性数据在一定条件下可以转化为定量数据。例如对于定类数据,通过计数的方法可以计算出各类别的频数及在总体中的比重。对于定序数据,在一定的假设下,可对定序的数字代码进行统计计算(例如计算平均数、标准差等),计算结果在假设范围内有意义。在统计处理与统计分析中,如何使定性数据尽量客观反映实际并提供尽可能多的信息,是一个非常重要的统计问题。

2. 按照表现形式不同,可以分为绝对数、相对数和平均数

绝对数是用以反映现象或事物绝对数量特征的数据,它以最直观、最基本的形式体现现象或事物的外在数量特征,有明确的计量单位。例如,人的身高 176 厘米、体重 65 千克,地区的人口数 500 万人、土地面积 11 000 平方千米、国内生产总值 1 250 亿元,企业销售收入 15 亿元、利润 2.1 亿元等,都是有明确计量单位的绝对数。绝对数是直接数量标志或总量指标的表

---

① 　1 亩 ≈ 666.67 平方米。

现形式。

相对数是用以反映现象或事物相对数量特征的数据,它基于两个相关统计数据的对比来体现现象(事物)内部或现象(事物)之间的联系关系,其结果主要表现为没有明确计量单位的无名数,少部分表现为有明确计量单位的有名数(限于强度相对数)。具体地,相对数又包含:① 结构相对数,也称比重相对数,是指总体中某一部分数值所占的比重,例如,2022 年某地区 GDP 中三大产业增加值所占比重分别为 10%、42% 和 48%。② 比例相对数,是指总体中某一部分数值与另一部分数值之比,例如新生婴儿中男女性别比例(通常为 106∶100)。③ 比较相对数,是指两个同类现象或事物数值之比,例如 A 地区的人均 GDP 是 B 地区的 1.2 倍。④ 动态相对数,是指同一现象或事物不同时间上的数值之比,例如 2022 年某地区 GDP 发展速度为 109%。⑤ 强度相对数,是指两个不同但有关联的现象或事物的绝对数之比,通常表现为有名数,例如,某地区的人口密度为 300 人/平方千米、人均 GDP 为 3.6 万元/人、人口出生率为 11‰。⑥ 计划完成程度相对数,是指实际完成数与计划规定数之比,例如,某公司 2022 年销售收入的计划完成程度为 120%。相对数是相对指标的表现形式。

平均数是用以反映现象或事物平均数量特征的数据,体现现象某一方面的一般数量水平。例如,某班级同学平均年龄 19 岁,2022 年某公司职工平均年薪 12.5 万元,2022 年某地区居民家庭平均月消费支出 4 800 元等,都是平均数。具体地,平均数可以按计算方式不同分为算术平均数、调和平均数、几何平均数等数值平均数与众数、中位数等位置平均数,按时间状态不同分为静态平均数与动态平均数。平均数是平均指标的表现形式。

3. 按照来源不同,可以分为观测数据与实验数据

观测数据是通过统计调查或观测方式,在没有人为控制条件下获取的客观数据。有关社会经济现象的统计数据几乎都是观测数据,例如前面提到的各种统计数据。

实验数据是在人为控制条件下,通过实验方式获得的数据。自然科学研究中的数据大都属于实验数据,例如生物实验数据、产品性能实验数据、药物疗效实验数据等,都属于这类数据。随着实验方法在经济、社会等领域的应用,逐步形成了实验经济学、实验社会学等交叉学科,出现了许多经济、社会实验数据。

4. 按照其加工程度不同,可以分为原始数据与次级数据

原始数据是直接向调查对象搜集的、尚待加工整理、只反映个体特征的数据,或通过实验采集的原始记录数据。原始数据是统计数据搜集的主体。

次级数据也称为加工数据或二手数据,是已经加工整理、能反映总体特征的各种非原始数据。次级数据又包括直接根据原始数据整理而来的汇总数据和根据各种已有数据进行推算而来的推算数据。如果次级数据已能满足有关分析和研究需要,就不应再去搜集原始数据,以免造成浪费。次级数据的来源包括各种统计年鉴、有关期刊和有关网站等。

5. 按照其时间或空间状态不同,可以分为时序数据与截面数据

时序数据是时间序列数据的简称,是同一现象或事物不同时间上数据的序列(即空间状态相同,时间状态不同),描述的是某一现象或事物在某一方面(或某几方面)的数量特征随时间而变化的情况。例如,把我国 1979 年以来的 GDP 数据按时间先后顺序加以排列,就形成了我国 GDP 的时序数据。

截面数据是在相同时间上一些同类现象或事物的数据集合(即空间状态不同,时间状态相同），描述的是在相同时间状态下同类现象数量特征在不同空间状态的差异情况。例如，我国2022 年所有省、自治区、直辖市的 GDP 数据，就是截面数据。

如果把时序数据与截面数据结合起来，就形成了平行数据（即时间、空间状态都不同）。例如，列出我国 1979 年以来所有省、自治区、直辖市的 GDP 数据，就形成了平行数据。

二、数据研究过程

数据研究过程即统计研究过程，实际上就是一个统计测度过程。所谓统计测度，就是通过科学设计，用一定的方式方法和形式载体，对所研究现象或事物的特征进行量化反映，最终得到数据结论。它包括直接测度和间接测度。数据研究过程具体包括以下四个基本环节：统计设计，数据收集，数据整理和数据分析与解释。

（一）统计设计

统计设计就是制定数据研究方案，是关于以后各环节的总体安排。统计设计要在有关学科理论指导下，根据研究问题的性质、目的和任务，科学地确定统计研究的总体对象，明确所要收集数据的种类，确定相应的统计指标及其体系并给出统一的定义和标准，确定数据收集、整理、推断和分析的基本方法，规定研究工作的进度安排和质量要求，拟定研究工作的资源配置和组织实施方式等。统计设计对于数据研究质量至关重要，要求设计者不仅掌握系统的统计学理论和方法，而且具有所研究领域的有关知识和理论素养。

（二）数据收集

数据收集就是按照统计设计的要求，有针对性地获取所需的数据，也称为统计调查。也就是说，要通过统计观测或实验的方式、方法去获取各种所需的原始数据和次级数据。获取原始数据的环节，就是直接测度的环节，它是否准确、及时、完整，直接影响统计分析的质量。

（三）数据整理

数据整理是直接测度的延伸，就是对所获得的大量原始数据，进行必要的系统化处理，使之条理化、综合化，成为能反映总体特征的统计数据，也称为统计整理。同时，也包括属于间接测度的对次级数据的再加工和深加工。数据整理的手段有统计分组、汇总和计算等，整理结果表现为统计图、统计表或统计指标。

（四）数据分析与解释

数据分析就是在数据整理的基础上，围绕统计研究任务，运用各种统计方法对数据进行计算分析，最终得出有用的数据结论，也称为统计分析。数据分析实质上就是对数据的深加工整理，属于间接测度，是整个统计研究的核心。数据解释则是对整理和分析的数据或有关数量结果进行说明，即说明为什么会得出这些数据，这些数据的含义分别是什么，从中能得出哪些具有规律性的结论，需要进一步探讨哪些问题等。数据解释是对数据分析的深化。

三、数据研究方法

数据研究方法就是数据研究过程中各个环节所采用的方法，即统计测度的各种方法。归纳之，数据研究的基本方法有大量观察法、统计分组法、综合指标法、统计推断法和统计模型法。

（一）大量观察法

所谓大量观察法，就是对研究现象总体中足够多数个体进行观察的方法，是数据收集环节的基本方法。大量观察法的数理依据是大数定律，即虽然每个个体受偶然因素的影响不同而在数量上存有差异，但对总体而言可以相互抵消而显现出稳定的规律性，因此只有对足够多的个体进行观察，观察值的平均结果才会趋于稳定，建立在大量观察法基础上的统计数据才会给出具有普遍意义的结论。

（二）统计分组法

所谓统计分组法，就是通过对个体进行分类、归组来研究现象总体内部构成情况或分布规律的方法，是数据整理环节的基本方法。同时，在统计调查环节可以通过统计分组法来收集不同类的原始数据，并可使抽样调查的样本代表性得到提高（即分层抽样方式）；在统计分析环节则可以通过统计分组法来划分现象类型、研究总体内在结构、比较不同类或组之内的差异（显著性检验）和分析不同变量之间的相关关系。可见，统计分组法在整个数据研究过程中都具有重要作用，这是由研究现象本身的复杂性、差异性及多层次性所决定的。只有对研究现象进行分组或分类研究，才能在同质的基础上探求不同组或不同类之间的差异性。统计分组法有传统分组法、判别分析法和聚类分析法等。

（三）综合指标法

所谓综合指标法，就是运用统计指标来综合反映现象总体数量特征的方法，是表现现象数据及其研究结果的基本方法。综合指标法在统计学，尤其是社会经济统计学中占有十分重要的地位，常见的综合指标有总量指标、相对指标和平均指标。科学设计统计综合指标是科学进行统计测度的前提，目的就是为了客观度量现象的本质特征。因此，如何最真实客观地记录、描述和反映研究现象的数量特征和数量关系，是统计指标理论研究的一大课题。

（四）统计推断法

所谓统计推断法，就是根据概率论和抽样分布理论，由样本观测数据去推断总体数量特征的方法，既是数据收集也是数据分析的方法。在数据研究过程中，我们有时只能对研究现象总体中的一部分个体进行观察，掌握具有随机性的样本观测数据，而认识总体数量特征才是统计研究的目的所在，这就需要我们根据样本去推断总体——参数估计或假设检验。统计推断法已在许多领域得到应用，除了最常见的抽样估计外，统计模型参数的估计和检验、根据时间序列所做的外推预测等，也都属于统计推断的范畴，都存在着误差和置信度的问题。

（五）统计模型法

所谓统计模型法，就是在探讨现象之间的数量变动关系时，根据具体研究对象和假定条件，用合适的数学方程进行模拟研究的方法，是数据分析常用的方法。探求相关现象之间的数量变动关系，即了解某一（些）现象数量变动与另一（些）现象数量变动之间的关系及变动的影响程度，是人类开展数据研究的核心任务之一，也是统计间接测度的重要视角，它使统计分析更具广度和深度，从而提高统计的认识能力。统计模型有线性与非线性、一元与多元、参数与非参数之分。

对于大数据，还需要采取数据挖掘分析法来开展研究，包括基于各种算法的数据采矿、机器学习与人工智能等方法。

上述各种方法之间相互联系、互相支撑，共同组成了统计学方法体系。

第三节 统计学的基本概念

一、总体与样本

（一）总体

1. 总体的含义与特征

如前所述，数据研究是基于现象总体的。所谓总体，就是统计研究现象之全体，是由所有具有某种共同属性的个别事物所组成的集合体，有时也称为母体。组成总体的每个个别事物就称为个体，通常是统计直接测度的数据承担者，也称为总体单位。总体中个体数量的多少，称为总体容量或总体单位总数。

作为总体，应该具有大量性、同质性和差异性三个特征。大量性是指总体中的个体数必须充分大，同质性是指总体中的每个个体都必须具有某种共同属性或特征，差异性则是指总体中的每个个体又必须具有不同的属性或特征。在统计研究过程中，大量性是条件，同质性是基础，差异性是前提。

教学视频
统计学的基本
概念

2. 总体的分类

（1）总体按照其个体数量是否有限可以分为有限总体和无限总体。有限总体是指由有限多个个体所组成的总体，即总体容量是有限的，例如某市的企业总体、人口总体等。无限总体是指由无穷多个个体所组成的总体，即总体容量是无限的，例如，宇宙中的星球总体、大气中的悬浮颗粒总体等。无论是有限总体还是无限总体，都需要运用统计方法去研究其数量特征。

（2）总体按照其存在形态不同可以分为具体总体和抽象总体。具体总体是指由现实中存在的各个具体事物所组成的总体，例如，客观存在的全国人口总体、某批产品总体、某市企业总体等。抽象总体也称为设想总体，是由想象中存在的各个假定事物所组成的总体，例如某条件下生产的产品总体、某型号步枪连续射击的射程总体、某特殊类型的消费者总体等。当然，抽象总体并不是无根据的假设，而是对具体总体作某种抽象的结果，是在某种假设条件下存在的各个事物的全体。对于抽象总体，原则上可以假设它包含无穷多个个体，可以把它看成为无限总体。一般地，抽象总体是具体总体的延伸和抽象化，而具体总体则可看作为抽象总体的组成部分。在现实中，对研究总体抽象化既有利于各种数据的处理与使用，又能在许多场合更深入地揭示事物的本质。例如，若考察某一批产品的质量，则研究的是具体总体，结果是表明这一批产品的质量高低；而若考察某种工艺条件下的该种产品的质量，则研究的是抽象总体，结果不仅能表明产品本身的质量，而且还可以说明这种工艺条件的性能及先进性。

（3）总体按照其个体能否计数可以分为可计数总体和不可计数总体。可计数总体是指能对其所包括的个体进行计数且计数结果能加总的总体，例如人口总体，每个人是可计数的，而计数的结果即人数是可相加的；工业企业总体、某批产品总体等也都如此。可计数总体的特征是，它所包含的个体具有相同的计量单位，可以计算总体单位总数。不可计数总体是指对其所包括的个体不可计数或计数结果不能加总的总体，例如零售商品总体，虽然每件商品都具有商品的共性，但由于各自的使用价值形态和计量单位不同，所以在商品的件数上是不能直接相加的。然而，零售商品总体的物价水平和销售数量的总变动情况却是统计研究的内容之一。不可计数总

体的特征是,它所包含的个体通常不具有相同的计量单位,不能计算总体单位总数。

(4)总体按照其个体是否人为划定可以分为自然总体和人为总体。自然总体是由自然确定的个体所组成的,即个体是明确的、易定的,例如人口总体中的个人、企业总体中的企业、家庭总体中的家庭等都是自然个体。人为总体是由人为确定的个体所组成,其个体往往不明显或难以确定,例如在考察某种小麦的出粉率时,总体是全部该种小麦,但个体显然不能是每一粒小麦,那么该以一千克小麦还是以一百千克小麦或一吨小麦作为一个个体,并没有明确的规定。再如,要研究林区的木材储藏量,也不能以每一棵树作为个体,但应该以多大面积的区域作为一个个体也没有明确的规定。对于个体不明显的现象,要根据研究对象的具体情况和研究目的不同恰当地加以确定。

在实践中,经常需要对现象总体进行分组或分类研究,尤其是要对总体中的某特定组或特定类进行分析研究。这时,总体中的一个组或类,就被称为一个研究域或一个子总体。例如在研究消费者的购买力时,对某特定类型的消费者群(例如老年消费者群、儿童消费者群、学生消费者群、妇女消费者群等)进行特别的研究,就是对消费者总体中的一个子总体进行研究,这在市场营销学中称为市场细分研究。子总体具有和原总体同样的性质。

3. 总体与个体的关系

总体与个体的关系不是一成不变的,其可变性体现为三方面:一是总体容量可随个体数的增减而变化;二是随着研究目的不同,总体中的个体可发生变化,例如要研究某市的居民身体素质,则总体由该市所有人口组成;若要研究该市居民家庭生活水平和消费结构,则总体由该市所有居民家庭组成;三是随着研究范围的变化,总体与个体的角色可以变换。例如,在研究某地区某校学生的学习状况时,总体由该校所有学生构成,即学校是总体。而若要研究该地区所有学生的构成状况,则总体由该地区的所有学校所构成,学校则成了个体。这说明,个体与总体要根据研究目的和对象范围而定。

需要指出的是,在大数据背景下,总体可能是特定时刻特定数据库中的数据集合,而个体则是构成大数据的每一个小数据。也就是说,大数据往往是数据决定总体,需要根据小数据去确定个体。至于什么是小数据,需要根据数据性质来确定其统计标准,原则上是统计测度的最基本信息单元。所以,对于大数据,总体既可以由作为数据承担者的个别事物所组成,也可以直接由反映个别事物特征的小数据所组成。

(二)样本

1. 样本的含义

样本是与总体相对应的概念,几乎所有的统计理论和方法都建立在样本之上,统计研究实践也往往由样本开始。所谓样本,就是由总体中一部分被随机抽取的个体所组成的集合,也称为子样。样本中所包含的个体数,称为样本容量或样本单位数。

从理论上看,样本可以大到与总体容量相同(这时,总体就是一个特殊的样本),也可以小到只包含一个个体。但在实践上,样本的大小总是处于总体容量与1之间。因此,样本是一个有限小总体。一般地,当样本容量大于30(或50)时,称为大样本,样本容量小于30(或50)时,称为小样本。

从一个总体中随机抽取一定容量的样本,可以有多种样本构成的可能,也即可以从同一总体中抽取很多个容量相同但个体不同(或个体抽取的顺序不同)的样本。因此,样本不具有唯一性。我们把从一个总体中最多可以抽取的不同样本数,称为样本个数,具体要依总体容量、样本容量和抽样方法而定。

2. 样本与总体的关系

样本和总体的关系是多方面的。首先,样本是总体的代表和缩影。前面已经指出,统计研究着眼于总体,但在很多情况下难以对总体进行全面观测研究,只能从样本着手,期望通过对样本数量特征的认识来达到对总体特征的认识,即通过观测样本来研究总体。所以,总体是所要研究的对象,而样本则是所要观测的对象。但由于样本的内在结构与总体的内在结构不完全一致,因此样本不可能完全代表总体,这是由个体特征之间的差异所决定的。为了保证样本的代表性,样本的抽取必须遵循随机原则,即总体中每个个体都有一定的、事先已知的非零概率被抽取到样本中来。

其次,样本是用来推断总体的。对样本进行观测的目的是要对总体数量特征做出估计或判断,即通常所说的以样本推断总体。这种推断,从逻辑上看属于不完全的归纳推理,因为由个体到一般的归纳仅限于样本,而对于总体则需要推断。因此,由样本推断总体,其结果不是必然而是或然的,即具有一定的不确定性。在推断中,大样本和小样本所使用的方法有所不同,其理论依据也有所差别。一般地,大样本方法适用于所有总体,小样本方法适用于某些特殊总体。

最后,总体和样本的角色是可以改变的。随着考察角度的改变,一定条件下的研究总体可以成为另一研究总体的一个样本,一定条件下的样本也可以成为另一研究目的的总体,这说明总体与样本的角色是可以改变的。

例如,一个国家的所有人口是一个总体,如果对所有人口进行调查就属于全面观测,即人口普查。但如果要从历史上动态考察该国人口变化规律,则一定时点上的人口总体即具体总体就成了一个样本,而动态的人口总体才是与之相对应的总体。若从一国常规的1‰的人口样本中再抽取一个小样本进行某项专门调查,那么该1‰的人口样本就成了总体。从广义上看,对总体的观测也是一种样本观测,所获得的数据都是样本数据。所以,统计学一定意义上就是关于样本的科学。

对于快速多变的大数据,任何时刻的数据集合都只是一个样本。

二、标志和变量

(一) 标志

1. 标志的含义

无论是研究总体还是观测样本,都必须从认识个体特征出发。用以描述或体现个体特征的名称,就称为标志,而标志在每个个体上的具体结果则称为标志表现。标志是统计测度的基础,标志表现是统计测度的结果。例如,人口总体中的个人,性别、年龄、职业、身高、文化程度、民族、收入等都是标志;而某男、35 岁、教师、身高 170 cm、大学毕业、汉族、月收入 3 000 元等,分别是上述各个标志的标志表现。再如,工业企业总体中的企业,其标志有行业、资产总额、职工人数、年增加产值、年利润额等,某企业属于食品行业,资产总额 16 亿元,职工 1 300 名,年总产值 20 亿元,年利润额 1.5 亿元等分别是上述标志的标志表现。相对于大数据而言,标志表现就是小数据。对于任何一个标志,总体或样本容量有多大,标志表现就有多少。

2. 标志的分类

（1）标志按其结果的表示方式不同可以分为品质标志和数量标志。品质标志表明个体的属性特征，其结果一般只能用文字表述而不能用数值表示，即只能表现为定性数据。例如前述的性别、职业、文化程度和民族等，都属于品质标志。数量标志表明个体的数量特征，其结果以数值表示，即表现为定量数据。例如，前述的年龄、身高、收入等都属于数量标志。不难发现，品质标志表现需要采用定类尺度或定序尺度来计量，数量标志表现需要采用定距尺度或定比尺度来计量。

（2）标志按其在每个个体上的表现结果是否相同可以分为不变标志和可变标志。不变标志是指每个个体的标志表现都完全相同的标志，例如，对于高校学生总体，身份是不变标志，因为大家都是高校学生；再如，某地区服装加工企业总体，行业是不变标志，因为各企业都从事服装加工活动。很显然，不变标志是构成总体的基础，总体的同质性也正体现在要求至少具有一个不变标志。可变标志则是每个个体的具体表现不相同的标志，例如，高校学生总体中，出生地、年龄、身高、专业等都是可变标志，它们在不同学生身上的表现不尽相同；在服装加工企业总体中，职工人数、年总产值等也都是可变标志。这种个体标志表现不相同的现象，在统计学上称为变异。总体的差异性也正体现在至少要有一个可变标志。

（3）标志按其表现个体特征的直接程度不同可分为直接标志和间接标志。直接标志也称为第一性标志，它直接表明个体的属性特征或数量特征。例如企业的所属行业、职工人数、年产量，个人的性别、年龄、民族等标志，都是直接标志。一般地，品质标志都是直接标志。间接标志也称为第二性标志，它是通过两个或两个以上数量标志计算后（通常是对比）间接表明个体数量特征的标志。例如企业的职工平均工资、人均产量等标志，都属于间接标志，它们分别是企业工资总额与职工人数之比、企业产量与职工人数之比。很显然，间接标志是以直接标志为基础的。一般地，间接标志都是数量标志。

（二）变量

1. 变量的含义

变量是与标志相对应的一个概念。从狭义上看，变量是指可变的数量标志，例如人的年龄、身高，企业的职工人数、产量等都是变量，因为这些标志在不同个体上的值是不同的，是可变的。因此，变量是可变数量标志的抽象化。变量的具体数值，就称为变量值，也称标志值。

从广义上看，变量不仅指可变的数量标志，也包括可变的品质标志，因为可变的品质标志在各个个体上的表现结果也是不同的，只不过在作为变量处理时所用的方法有所不同（如前述的定类尺度和定序尺度）。因此，可变标志就是变量。在大数据背景下，变量的定义更宽泛，可用以表示和反映一切类型的数据。

2. 变量的分类

（1）变量按其反映数据的计量尺度不同，可以分为定性变量和定量变量。反映定性数据的变量就是定性变量，又包括反映定类数据的定类变量和反映定序数据的定序变量。反映定量数据的变量就是定量变量，又包括反映定距数据的定距变量和反映定比数据的定比变量。

（2）变量按其所受影响因素不同，可以分为确定性变量和随机性变量两种。确定性变量是指受确定性因素影响的变量，也即影响变量值变化的因素是明确、可解释或可人为控制的，因而变量的变化方向和变动程度是可确定的。例如，企业职工工资总额不外乎受职工人数和平均工资两个因素影响，这两个因素都可人为控制，对工资总额影响的大小和方向是确定的。随机性变量是指受随机因素影响的变量,也即影响变量值变化的因素是不确定、偶然的,变量受随机因素影响的大小和方向是不确定的。例如,农作物产量的高低,受土壤、水分、气温、光照、施肥、管理等多种因素影响,而水分、光照、气温等的变化是非确定的或非人所能控制的,因而农作物产量是随机性变量,不是确定性变量。但是,随机性变量也蕴藏着一定的规律性,通过大量观测可以揭示这种规律性。例如,通过大量观测发现,随着施肥量的适当增加和管理水平的提高,农作物产量会呈上升趋势。正因为如此,通过大量观测或试验来发现随机变量的变动规律,成了统计学方法研究的主要任务之一。通常,自然现象的变量大多属于随机性变量,而社会经济现象的变量既有确定性变量,也有随机性变量。其中许多社会经济现象变量既受确定性因素影响,也受随机因素影响,因而对其加以观测研究的难度也更大。

（3）变量按其数值变化是否连续,可以分为离散型变量和连续型变量两种。离散型变量是指只能取整数值的变量,即变量的变化是不连续、间断的。例如,人数、企业数、机器台数、货币面值等都是离散型变量,它们都只能取整数。离散型变量只能采用计数的方法来取得其数值。连续型变量是指可以在一定区间内取任意实数值的变量,即变量的变化是连续、不间断的。例如,人的身高、体重,企业的总产值、利润率等都是连续型变量,它们都能取任意实数。连续型变量要采用测量或计量的方法来取得其数值。很显然,定类尺度和定序尺度只能用来计量离散型变量,而定距尺度和定比尺度既可用来计量离散型变量又可用来计量连续型变量。

由于个体与标志紧密相依,个体是标志的承担者,因而一旦个体和所要研究的标志确定,那么也可以把该标志（即变量）的所有可能取值所组成的集合称为总体,把所观察到的部分标志值（变量值）所组成的集合称为样本。可见,由个体所组成的总体（样本）可以转换为由标志值组成的总体（样本）。对于大数据总体,标志值（变量值）就是小数据,个体与标志值的转换关系就变成了个体与小数据的转换关系。

三、统计指标与指标体系

（一）统计指标概述

1. 统计指标的含义与构成要素

统计指标简称指标,是反映现象总体数量特征的概念及其数值。例如,2022年我国国内生产总值为1 210 207亿元（不包括港澳台）、年末人口总数为141 175万人、年末国家外汇储备31 277亿美元等,都属于统计指标。

统计指标由指标名称和指标数值两个基本部分组成。指标名称反映所研究现象的实际内容,是对现象本质特征的一种概括,是对总体数量特征的质的规定性。确定统计指标必须以一定的理论为依据,例如,经济统计指标的理论依据是经济学。但并不是所有的理论概念或范畴都是统计指标,这要看它能否数量化。例如,商品销售额、国内生产总值等是统计指标,而商品、国民经济等则不是统计指标。因此,作为统计指标的概念与理论概念是有区别的。指标数值是所研究现象实际内容的数量表现,是对总体本质特征的量的规定性,是对个体特征进行综合和计算的结果。

由于所研究现象范围可变、发展过程动态,因此每个统计指标都必须有明确的空间界限和时间界限。同时,为了使同一指标在不同空间和时间上的数值具有可比性,必须确定统一的计算方法。并且,为了使指标数值意义明确,还必须有明确的计量单位。这样,统计指标就涉及指标名称、计算方法、空间限制、时间限制、具体数值和计量单位六个要素。例如,2022 年我国国内生产总值为 1 210 207 亿元,指标名称是国内生产总值,计算方法是根据不同产业部门、不同支出构成的特点和资料来源情况而采用不同的方法,空间限制是中国(不包括港澳台),时间限制是 2022年,具体数值是 1 210 207,计量单位是亿元。由此可以看出,统计指标具有数量性、综合性和具体性三个特点。

2. 统计指标与标志的关系

统计指标与标志既有区别,又有联系。区别主要有两个方面:首先是指标和标志说明的对象不同,指标说明总体的特征,标志则说明个体的特征。其次是指标和标志的表现形式不同,指标均可用数值来表现,而标志中的品质标志只能用文字来表现。当然,这个区分是相对的。随着大数据处理技术的发展,表现品质标志的方式也会改变,或是通过一定方法转变为数量,或是以可视化形式展现。

联系也有两个方面:首先,标志是计算统计指标的依据,即统计指标是根据个体的标志表现综合而来的。例如,对品质标志可根据定类尺度或定序尺度计算各类个体数及其所占的比重(如一批产品中合格品数及合格率),对数量标志则可根据定距尺度或定比尺度计算各种总量指标、平均指标和相对指标等。其次,由于总体与个体的确定是相对的、可以换位的,因而指标与标志的确定也是相对的、可以换位的。所以,在许多场合指标与标志并不需要严格区分,例如,企业人数、企业总产量、企业总产值等,既是指标也是标志。因此,指标与标志同属于变量的范畴。

3. 统计指标的分类

(1) 统计指标按其计算的范围不同,可以分为总体指标和样本指标。总体指标根据(有限)总体中所有个体的标志表现综合计算而得,反映总体数量特征;样本指标则根据样本中个体的标志表现综合计算而得,反映样本数量特征。总体指标也称总体参数,对于某一确定的总体,任何一个总体指标的数值是唯一的,但在非全面观测的情况下是未知的。样本指标也称样本统计量,对于任一具体的样本来说,每个样本指标都有一个可知的数值,但由于样本是随机抽取、非唯一的,因此样本指标数值随样本不同而不同,所以样本指标是随机变量。统计的一大任务,就是要用可知但非唯一的样本指标去推断唯一却未知的总体指标。

(2) 统计指标按其反映现象的内容不同,可以分为数量指标和质量指标。数量指标也称为总量指标,它反映现象总体某一方面的绝对数量特征,表明现象所达到的总规模、总水平或工作总量。例如,人口数、企业数、总产量、总产值、土地面积、投资额等,都属于数量指标。数量指标的计量单位有实物单位、价值单位和时间单位三种,其中实物单位又有自然单位、度量衡单位、双重单位和复合单位等。数量指标还可以按照其反映现象内容的不同,分为总体标志总量和总体容量:总体标志总量是总体中所有个体的某个标志的标志值之和,也即某变量的所有变量值之和;而总体容量则是总体所包含的个体数。显然,构成总体标志总量的标志值(变量值)与构成总体的个体之间是一一对应关系:总体容量越大(小),总体标志总量一般也越大(小),除了不存在绝对零点的现象。通常情况下,数量指标主要是指总体标志总量。数量指标还可以按照其反映现象时间状况不同,分为时期指标与时点指标:时期指标反映现象在一定时期内累计达到的总量,其数值大小与时间长短有直接关系,不同时间上的数值可以累加,数值需要通过连续登记取得,例如,企业产量、地区 GDP 等指标;时点指标反映现象在某一时点(时刻、瞬间)所达到的总量,其数值大小与时间长短无直接关系,不同时间上的数值不可以累加,数值通常不需要通过连续登记取得,例如,企业人数、地区居民存款余额等指标。数量指标的具体结果就是前述的绝对数。

质量指标是反映现象总体内在对比关系或总体间对比关系的指标,表明现象所达到的相对水平、平均水平、工作质量或相互依存关系。例如,人口性别比例、职工平均工资、产品合格率、人均土地面积、产值增长速度、资金利润率等都属于质量指标。质量指标又可分为相对指标和平均指标。相对指标反映事物内部或相关事物之间的相对数量关系,是两个相关统计指标对比的结果,包括结构相对指标(总体中部分总量与总体总量之比)、比例相对指标(总体中某部分总量与其他部分总量之比)、比较相对指标(两个同类指标之比)、动态相对指标(同一指标不同时间数值之比)、强度相对指标(两个性质不同但有联系的总量指标之比)和计划完成程度相对指标(实际指标与计划指标之比)等;相对指标的具体结果就是前述的相对数。平均指标反映变量分布的集中趋势或中心位置,表明变量的一般数量水平。平均指标的具体结果就是前述的平均数,常见的有算术平均数、几何平均数、调和平均数、众数和中位数等。平均指标和强度相对指标中的一部分有具体计量单位,其他相对指标则表现为无名数。

由于数量指标(主要是总体标志总量)的数值大小一般与总体容量大小有关,所以又称为外延指标;而质量指标的数值大小一般与总体容量大小无直接关系,所以又称为内涵指标。在三大类统计指标中,总量指标是基础,相对指标和平均指标由总量指标派生而来。

(3) 统计指标按其反映现象的时间状态不同,可以分为静态指标和动态指标。静态指标反映现象总体在某一时点或相对静止时间上的数量特征,包括一般的总量指标、静态相对指标和一般平均指标。动态指标反映现象总体在不同时期或时点上的发展变化情况,包括增长量指标、动态相对指标和序时平均指标等。

4. 统计指标的设计

统计指标的设计是一个重要的问题,应着重考虑以下四个方面:

(1) 科学确定指标的名称和含义。统计指标作为科学的概念绝不是单凭想象就可产生,必须以对客观现象本质规律进行充分认识为基础,是对客观现象本质特征加以抽象概括的结果。在确定了指标名称后,还需要对指标含义做出明确解释,指出它的内涵即质的规定性是什么,有什么作用和功能,有什么优缺点等,以便不同指标之间能从根本上相互区别。通常,统计指标的定义方法有提要法、示算法、穷举法和限定法等,可根据不同情况加以选择。

(2) 科学确定指标的计算范围和计算方法。统计指标都需要量化,因此必须依据指标的本质属性,明确划分指标的计算范围和界限,对于可能产生的疑问应做出必要的规定和解释。计算范围通常包括时间范围、空间范围和口径范围,其中口径范围的确定最为复杂。例如,什么是就业人数(应该包括哪些人、不应该包括哪些人)?就属于口径范围。确定指标的口径范围就是明确指标的外延。与此同时,指标的计算方法必须明确规定,尤其是对一些涉及要素较多、较复杂的指标。例如,国内生产总值指标就可以分别从生产、分配和使用角度相应采用生产法、收入法和支出法进行核算,每一种方法都有具体的说明。

(3) 确定指标的数据来源和量化尺度。要根据指标的内容、性质不同,确定不同的数据来源,选择不同的数据收集方式和方法。在数据收集过程中,要根据标志或变量的性质不同,采用不同的量化尺度。尤其是对于品质标志,对量化的标准要有明确的规定。作为一种延伸,还应对指标解释做出说明。例如,基尼系数 0.35 说明什么,相关系数 -0.9 表明什么(取值范围如何),

哪些指标属于正指标(数值越大越好),哪些指标属于逆指标(数值越小越好)等,都应有必要的说明和解释。

(4)确定合适的计量单位。统计指标的计量单位有实物单位、价值单位、时间单位和相对比较单位等,要根据指标类型和数量特征加以选择。有时还使用其他计量单位,例如,考试成绩和体操比赛中的"分"。同一指标常常有多个计量单位可以使用,如果不明确规定或说明,就不知道指标数值的实际意义。例如,国内生产总值的计量单位,可以是万亿元、千亿元、百亿元、亿元、万元等,应该选定其中合适的一个。

(二)统计指标体系

1.统计指标体系的含义

为了较全面了解现象总体特征,就需要多角度加以考察,需要设计多个互有联系的统计指标。这种反映同一总体多个方面数量特征的、一系列相互联系的统计指标所形成的体系,就称为统计指标体系。例如,对于工业企业总体,要想比较全面了解工业企业的生产经营情况,就必须从劳动、设备、原材料、资金等基本要素和生产、销售等环节出发,通过职工人数、固定资产总额、流动资金总额、总产值、增加值、产品销售率、销售收入、利润额、利润率、劳动生产率、资金周转速度等一系列指标来反映,这些指标就构成了反映工业企业生产经营状况的统计指标体系。

2.统计指标体系的表现形式

统计指标体系由一系列统计指标构成,但并非单个指标的简单组合,而是一个有机整体。它的表现形式大致有以下几种:一是数学等式关系,即若干统计指标之间可以构成一个等式,例如"国民生产总值=国民生产净值+固定资产折旧""非金融资产+金融资产=金融负债+自有资金"等。二是相互补充关系,即各个指标相互配合、相互补充,从不同方面共同来说明现象的数量特征,例如,前述的反映工业企业生产经营状况的统计指标体系。三是相关关系,即各个指标之间存在着一定的相关关系,例如,人均国民生产总值、人均收入和人均消费支出三个指标之间就存在较高的相关关系,共同反映一个国家或地区的经济生活水平。四是原因、条件和结果关系,即若干指标中有的是原因、有的是条件、有的则为结果,例如,工业企业总产值、劳动生产率和资金装备率三者之间,工业总产值的增加是劳动生产率提高的结果,而提高劳动生产率的条件是提高资金装备率。

3.统计指标体系的设计

统计指标体系的设计,应该根据研究的目的,确定需要观测和分析的几个方面,并分清主次,然后每个方面各设置所需的统计指标,用系统论的观点把它们组织起来,共同构成统计指标体系的框架。一般地,统计指标体系的设计应遵循以下七个原则:

(1)目的性原则。即坚持问题导向,紧紧围绕研究目的,科学设计统计指标体系。例如,为了及时掌握共同富裕进程,我们应该以新时代中国特色社会主义思想和党中央一系列重大战略决策为依据,科学构建共同富裕统计监测和评价指标体系。

(2)科学性原则。即符合科学原理,能比较全面、准确地描述和反映所研究现象的数量特征,从而了解和认识现象的本质。这就必须与所研究现象所属领域的专业理论紧密联系,科学地设置和选择各有关指标。指标并非越多越好,要少而精。要注意区分过程指标与结果指标,不要混为一谈。

(3)可行性原则。即确保每个指标都有可靠的数据来源,得出所需的结果。同时,还要考虑计量手段和计算方法是否简便可行,使之具有可操作性。

(4)灵活性原则。即从客观实际需要出发,结合条件和需要,灵活地加以确定,并注意着眼于未来。反映同一研究目的统计指标体系,应根据环境变化和事物发展趋势,不断加以调整和完善。当然,也要注意保持其历史可比性。

(5)层次性原则。即体现所研究现象本质内涵的层次性,区分大系统、小系统和子系统等的范围并弄清不同层次系统之间的关系,从而使不同层次系统都有相应的指标体系来反映其数量特征,以有助于人们既能认识所研究现象总括的数量特征,又能认识更详细、更具体的分系统的数量特征。

(6)联系性原则。即统计指标之间相互配合,避免信息的重复与遗漏。一方面,应在若干都能反映现象某一方面数量特征的指标中选择其最有代表性者;另一方面,所研究现象的各个方面都应有一定的指标来加以反映,共同构成一个完整的体系。既不能把互不相干的指标捆在一起组成指标体系,又不能全由高度相关的指标来组成指标体系。

(7)协调性原则。即各统计指标相互协调,在计算方法、计算口径、计算内容等方面相互衔接,不可出现相互矛盾和抵触的现象。同时,要注意与其他环节或其他方面的统计指标紧密配合。

≡ 本章小结

本章的要点是理解统计与统计学的含义,统计学科性质,数据类型与研究方法,以及统计学中的基本概念。通过学习,对统计学的含义、产生与发展有一个初步的了解,科学认识统计学的作用;正确理解数据的含义及其各种分类,尤其是大数据的分类和结构化数据的分类,基本了解数据研究的过程与方法思想;熟练掌握总体与样本、标志与变量的概念、分类及其相互关系,能够定义总体与个体,能够列举各种类型的标志与变量;科学理解统计指标的内涵与构成要素,初步掌握统计指标及其体系的设计原则。作为学习延伸,可以通过阅读相关文献资料详细了解统计学的发展历史,深入思考统计学的学科性质及其功能,探讨标志、变量与指标三者之间的区别与联系,研讨数据、统计数据和大数据三者的内涵及其相互关系,了解大数据的应用情况。

≡ 思考与练习

一、即测即评

二、简述题

1. 统计的含义及其本质是什么?
2. 统计学具有什么样的学科性质?

3. 统计学的产生和发展经历了那几个阶段？

4. 为什么说统计学是一门关于数据的科学？

5. 统计学有什么作用？在大数据背景下该如何发展？

6. 数据有哪些分类？传统数据与大数据有什么不同？举例说明。

7. 大数据可以有哪些分类？举例说明。

8. 结构型数据可以有哪些分类？举例说明。

9. 描述统计与推断统计是什么关系？

10. 统计研究包含哪些环节？有哪些统计方法？

11. 总体、样本、个体三者之间是何关系？举例说明。

12. 为什么说差异性是统计研究的前提？

13. 如何理解总体的大量性、同质性和差异性？

14. 如何理解标志、指标、变量三者的含义与关系？举例说明。

15. 品质标志、数量标志、质量指标、数量指标四者关系如何？举例说明。

16. 如何设计统计指标？举例说明。

17. 什么是统计指标体系？有哪些表现形式？举例说明。

第二章 统计数据的收集、整理与呈现

实例1：

为深入了解杭州市企业一线职工工资收入的分配状况，以出台科学、合理的职工收入分配调节政策，更好地推动经济发展，改善职工民生，促进社会和谐，课题组拟对杭州市企业一线职工的工资收入状况开展专项调研。

本次调查采取抽样调查的方式，样本采用分层抽样和简单随机抽样相结合的方式得到。调查样本共涉及企业170家，涵盖"农林牧渔业、制造业、服务业、交通运输业、批发零售业、金融业"等16个行业。

实际调查采用"面访"和"电话调查"相结合的问卷调查形式，其中"面访"部分的样本先采用分层抽样从杭州市区8个区（西湖区、拱墅区、上城区、下城区、萧山区、余杭区、滨江区、江干区）抽取48家企业，然后每家企业随机抽取5名一线职工进行面访调查，共调查了240名一线职工。"电话调查"部分的样本先采用分层抽样从杭州市区8个区及桐庐、临安、建德、富阳、淳安5个县（市）抽取122家企业，然后每家企业按配额随机抽取1~4名一线职工进行电话访问调查，共调查了305名一线职工。两种方法共回收问卷545份，经过对回收问卷的质量审核，最终得到有效问卷514份，有效率94.3%。

将调查问卷录入计算机后，在开展统计分析之前，选择性别、年龄、学历、技术等级等标志对一线职工进行分组，得到相应的频数分布与频率分布，并以直观的统计表和统计图加以呈现。譬如：一线职工年龄的频数分布与频率分布分别见表2-1和图2-1。

表2-1　一线职工年龄的频数分布

年龄（岁）	频数（人）	频率（%）
30 以下	202	39.3
30~40	195	37.9
40~50	90	17.5
50 以上	27	5.3
合　计	514	100

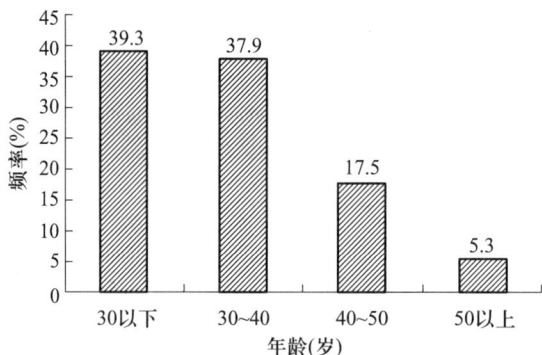

图 2-1 一线职工年龄的频率分布

如果让你来设计调查方案,上述抽样方式有哪些可改进之处? 频数分布表和频率分布图是如何编制的? 后续如何处理与分析数据?

实例 2:

在 20 世纪 20 年代的剑桥大学,某个风和日丽的夏天下午,一群人悠闲地享受着下午茶时光。就在主人像往常一样准备冲泡奶茶时,有位女士突然说:“冲泡的顺序对于奶茶的口味影响很大,把茶加进牛奶里和把牛奶加进茶里,这两种顺序不同的冲泡方式所泡出的奶茶口味截然不同。”当时大家听了都觉得不可思议,这两种冲泡方式最后都是泡出奶茶,怎么可能有口味上的差异呢? 突然,有位绅士靠过来说:“我们做实验来检定这个假说吧。”

据说实验的结果是这位女士真的能分辨出每一杯奶茶的调制顺序。那位绅士就是 20 世纪最伟大的统计学家费希尔,后来他写了统计学两本巨著《试验设计》和《研究工作者的统计方法》。

如果让你来设计这一实验,你会如何安排? 准备收集哪些数据?

第一节 统计数据的收集

一、统计数据收集的内涵

统计数据收集是指依据研究目的和任务,运用科学有效的调查方式和方法,有针对性地收集反映客观对象特征的统计数据的活动过程。统计数据收集是整个统计活动的基础阶段,是进行统计分析工作的必要前提,是保证统计数据质量的关键所在。

统计数据收集主要包含准确性、及时性和完整性三大基本要求,其中准确性是统计数据收集的核心,及时性是统计数据信息价值的体现,完整性则是统计指标计算和统计分析的需要。

开展统计数据收集首先要清楚统计数据的来源,统计数据的初始来源主要包括调查和实验,大数据时代各种记录数据、网络数据作为新兴数据来源日显重要。从使用者角度来看,统计数据的来源主要包括两种渠道:一是来源于统计调查或科学实验,这是统计数据的直接来源,由此渠道所获取的统计数据通常称为原始数据或直接数据;二是来源于别人调查或实验的数据,这是统计数据的间接来源,由此渠道所获取的统计数据称为二手数据或间接数据。本章的统计数据收集一般是指原始数据收集。

二、统计数据收集方法

统计数据收集方法是指获取被调查对象数据的渠道或途径,主要包括直接观察法、报告法、采访法、登记法等。

教学视频
统计数据收集
方法

1. 直接观察法

直接观察法是由调查人员深入现场对被调查对象直接进行计量、点数和测定,或对实验结果进行观察和记录,直接取得第一手数据的方法。直接观察法能够保证所收集资料的准确性,但需耗费大量的人力、物力、财力和时间。如为了及时了解农作物产品而进行的实割实测、脱粒、晾晒和过秤计量等;为了了解商场的期末库存量,调查人员到仓库进行的观察、点数等。

2. 报告法

报告法又称凭证法,是指要求调查对象以原始记录、台账和核算资料为依据,向有关单位提供统计资料的方法。报告法通常具有统一项目、统一表式、统一要求和统一上报程序的特点。如根据统计报表制度,我国企业、事业单位向上级填报统计报表的方法便是报告法。

3. 采访法

采访法是由调查人员对被调查者进行采访,根据被调查者的答复来收集数据的方法,可分为面谈访问、电话访问、邮寄访问和网络访问等形式。

(1) 面谈访问。面谈访问是由调查人员根据调查提纲(调查问卷),直接面对被调查者,通过当面问答的形式来获取被调查者的信息,即由调查人员提出问题并对被调查者的回答结果进行记录或填写,具体又有入户访问和街头拦截访问两种形式。面访式采访的主要优点是回答率较高,所收集的信息比较具体生动,调查人员在采访调查过程中可根据需要灵活掌握调查过程,对被访者的文化程度要求不高等,缺点是耗时费力且成本高,调查质量有时难以控制,敏感性问题较难获得真实回答等。

(2) 电话访问。电话访问是由调查人员根据调查提纲(调查问卷),通过电话问答的形式来获取被调查者的信息,其主要优点是调查成本低,调查范围广,对访问过程的控制比较容易,借助计算机辅助系统可自动选样、自动拨号并及时得到调查结果等,主要缺点是调查对象只限定在有电话的被访者,拒访率可能比较高,因语言语音因素可能影响交流,问卷及备选答案不能太长、太复杂等。

(3) 邮寄访问。邮寄访问是指调查者与被调查者没有直接的语言交流,通过邮寄调查表或调查问卷的方式对被调查者进行访问。邮寄访问具体又包括留置问卷调查和固定样本邮寄调查等形式。邮寄访问具有保密性强、调查区域广、费用较低等优点,但对被访者文化程度要求较高,问卷回收率较低,调查花费时间较长。

(4) 网络访问。网络访问是指通过互联网对被调查者进行访问的方法,主要是利用计算机网络代替传统的面谈访问、电话访问或邮寄访问等手段。网络访问包括网络定量调查方法和网络定性调查方法,网络定量调查方法又包括网站/网页调查、电子邮件调查、弹出式调查、网上固

定样本调查等形式,网络定性调查方法则包括网上深层访谈、网上小组座谈、网上观察和网上文献资料分析等形式。网络访问的优点是方便、快速、成本较低、数据质量相对较高,但存在样本代表性、网络安全性和个人资料保密性等问题。

4. 登记法

登记法是指当事人根据有关法律法规规定,在发生某事或开展某些活动时,主动到有关机构进行登记,填写有关表格,提供有关统计信息。例如,工商注册登记、税务登记、经济普查登记、户籍登记、人口普查登记等。

随着现代信息技术的不断发展,计算机、网络、光电技术、传感器、卫星遥感、地理信息系统等新技术不断被引入统计数据的收集中来,进一步拓展了统计数据收集的渠道和功能,也催生了以记录数据、网络数据为主的大数据收集方法。

三、统计数据收集方式

统计数据收集方式是指获取统计数据的具体组织形式。根据统计数据的来源不同,主要包括统计调查方式、实验方式和大数据采集方式等三种形式。

(一)统计调查方式

作为获取社会经济数据的主要方式,统计调查方式是指运用合适的统计调查手段去收集调查对象的全部或部分个体的原始数据,也就是通过对调查对象全部或部分个体的有关标志特征进行调查或观测的方式来获取统计数据。统计调查方式可分为全面调查和非全面调查两种,主要包括普查、统计报表制度、抽样调查、重点调查和典型调查等方式,其中抽样调查最为常用。党的十八大以来,以习近平同志为核心的党中央高度重视调查研究工作,习近平总书记强调指出,调查研究是谋事之基、成事之道,没有调查就没有发言权,没有调查就没有决策权;正确的决策离不开调查研究,正确的贯彻落实同样也离不开调查研究;调查研究是获得真知灼见的源头活水,是做好工作的基本功。

教学视频
统计数据收集
方式

1. 普查

普查是根据特定研究目的而专门组织的一次性的全面调查,以收集研究对象的全面资料。一般而言,普查所要收集的资料大多属于处于一定时点上的社会经济现象的总量及分类数据,如全国人口总数及分类数等。但有时,普查也可用来反映一定时期的现象总量数据,如某年的出生人口总数及性别分类数据等。目前,我国组织实施的普查主要包括人口普查、经济普查和农业普查三种。

普查的组织方式有两种:一是建立专门的普查机构,配备一定数量的普查人员,对观测单位直接进行登记,如我国历次的人口普查等。二是利用观测单位的原始记录和核算资料,分发调查表,由观测单位按要求填报,如物资库存普查等。但后一种方式也需要有专门的机构和专门的人员来组织领导。有时,为了满足国家的迫切需要,还可以采用快速普查的形式,即改变一般普查"逐级布置、逐级汇总"的做法,直接由最高普查机构把任务布置到基层单位,基层单位直接把资料报送给最高普查机构,越过中间环节,实行越级汇总、集中汇总。

由于普查一般在全国范围内进行,涉及面广,工作量大,需要动员大量的人力、物力和财力,对数据的准确性、时效性和完整性要求高,因此必须统一组织、统一要求和统一行动,并遵循以下原则:一是统一规定数据所属的标准时点(或时期),以避免因现象的变化而产生重复登记或遗漏登记;二是在普查范围内各调查点要统一行动,力求在最短的期限内完成登记工作;三是普查

项目要统一规定,一经确定就不能任意增减更改,同一种普查的各次普查项目要力求保持一致和稳定,以便对比分析;四是要选择最合适的普查工作时间,尽量减少甚至避免普查对其他各项正常工作的影响;五是要实现普查的周期化,按固定的周期进行,例如我国的人口普查、农业普查每十年进行一次,经济普查每五年进行一次。

2. 统计报表制度

统计报表制度是依据国家或上级部门统一规定的表式和指标项目、统一的报送程序和报送时间,以一定的原始记录为依据,自上而下地统一布置,自下而上逐级地定期提供基本统计资料的一种调查组织形式。

统计报表制度担负着为计划的制订及其执行情况的检查提供资料的任务,这决定了统计报表以全面调查为主,以抽样调查为辅。统计报表可按不同的标志划分为不同的类型:① 按内容和实施范围不同,统计报表可分为国家统计报表、部门统计报表和地方统计报表。② 按报送周期不同,统计报表可分为日报、旬报、月报、季报、半年报和年报统计报表。③ 按填报单位不同,统计报表可分为基层统计报表和综合统计报表。

执行统计报表制度是各地区、各部门、各单位按照国家的法律规定必须履行的一种义务。我国统计报表制度的基本内容包括:① 报表内容和指标体系的确定。② 报表表式的设计。它是统计报表的具体格式,包括主栏项目、宾栏项目和补充资料项目,以及表名、表号、填报单位、报告期别、报送日期、报送方式、单位负责人、填报人等。③ 报表的实施范围。应由哪些单位填报,汇总时包括哪些单位。④ 报表的报送程序和报送日期。⑤ 填表说明。具体说明填表的方法、指标解释及其他有关问题。

统计报表的特点主要包括以下几点:一是报表资料的来源建立在基层单位原始记录的基础之上,各基层单位可以利用其资料对生产、经营活动进行监督管理;二是统计报表是逐级上报和汇总的,各级领导部门能够获得管辖范围内的报表资料,了解本地区、本部门的经济与社会发展状况;三是由于统计报表属于经常性调查,调查项目稳定,有利于统计资料的积累和动态对比分析。

3. 抽样调查

抽样调查是一种非全面调查,就是从总体中抽取部分单位作为样本,然后以样本统计量推断总体特征。根据抽取样本的方式不同,抽样调查可分为概率抽样和非概率抽样两类。概率抽样是按照随机原则抽取样本,即总体中的每个个体都有已知的、非零的概率被抽取到样本中来。非概率抽样是凭人们的主观判断或根据便利性原则来抽取样本,此时总体中每个个体被抽取的可能性难以用概率来表示和计算。

(1) 概率抽样。从抽样组织形式上看,概率抽样可分为简单随机抽样、等距抽样、分层抽样、整群抽样和多阶段抽样五种。

① 简单随机抽样。简单随机抽样也称纯随机抽样或完全随机抽样,是指未对总体中的个体进行事先分组或组合,直接从总体中完全随机地抽取样本的一种抽样组织形式,是抽样调查最基本的组织形式,具体的样本抽取方法包括抽签法和随机数表法等。

② 等距抽样。等距抽样又称系统抽样或机械抽样,是指先将总体中各个个体按某一标志排序,然后随机抽取第一个个体,接下来按一定的距离或间隔依次抽取下一个个体,最终构成样本的一种抽样组织形式。用以排序的标志可以与调查标志有关,也可以与调查标志无关。等距抽

样的具体方式又有一般等距抽样、中点等距抽样(即每段都取中间一个个体来构成样本)和对称等距抽样(即排队标志值高的和低的个体在样本中对称出现)之分。等距抽样的特点:依固定的间隔和规定的顺序来抽取个体,属于不重复抽样,有时连对个体进行编号和排队的步骤都可以省却(例如按门牌号每隔20户抽取一户居民家庭进行收支调查)。

③ 分层抽样。分层抽样是指先将总体的各个个体按某一标志划分为若干层,然后再从各层中独立、随机地抽取样本,由各个层内的样本组成一个总的样本的一种抽样组织形式,又称类型抽样。分层抽样的特点是必须具备总体所有个体的名录和至少一个分层标志的全面资料,各层的抽样相互独立,样本对总体的代表性取决于层内差异而与层间差异无关,要尽量把总体差异通过分层而转化为层间差异等。分层抽样适合于层间差异大、层内差异小的总体。

④ 整群抽样。整群抽样是指当总体的所有个体形成若干群后,从中随机抽取部分群并对抽中群进行全面观测的一种抽样组织形式,又称集团抽样。整群抽样的特点是群的形成可以自然而成也可以是人为划分,可以大小相同也可以大小有别,要尽量把总体差异转化为群内差异等。整群抽样适合于群间差异小、群内差异大的总体,一般属于不重复抽样。

⑤ 多阶段抽样。多阶段抽样也称多级抽样,是指将抽样过程分多个阶段进行,每个阶段使用的抽样方法往往不同,即将各种抽样方法结合使用。多阶段抽样的实施过程为:先从总体中抽取范围较大的单元,称为一级抽样单元,再从每个抽得的一级单元中抽取范围更小的二级单元,依此类推,最后抽取其中范围更小的单元作为调查单位。当总体的规模特别大,或者总体分布的范围特别广时,研究者一般采取多阶段抽样的方法来抽取样本。比如,我国城市住户调查采用的就是多阶段抽样,先从全国各城市中抽取若干城市,再在城市中抽取街道,然后在各街道中抽选居民家庭。多阶段抽样具有以下两个特点:一是对抽样单位的抽选不是一步到位的,至少要分两步;二是组织调查比较方便,尤其对于那些基本单位数量多且分散的总体。

对于概率抽样而言,依据抽样方法的不同,又可分为重复抽样和不重复抽样。重复抽样是指要从容量为 N 的总体中抽取一个容量为 n 的样本,则每次从总体中抽取一个个体后又放回总体参加下一次抽样,连续抽 n 次,n 个观测值构成样本数据。其特点是:总体的每个个体都有数次被抽中的可能性,n 次抽样之间相互独立,每次抽样时总体都有 N 个个体可供抽选,样本由小于等于 n 个不同的个体所组成。不重复抽样是指若要从容量为 N 的总体中抽取一个容量为 n 的样本,则每次从总体中抽取一个个体后不再将它放回总体参加下一次抽样,连续抽 n 次,n 个观测值构成样本数据。其特点是:总体中每个个体都只有一次被抽中的可能性,n 次抽样之间不相互独立(前面的抽样结果影响后面的抽样),每抽一次总体中可供抽选的个体就减少一个,样本由 n 个不同的个体所组成。但不论是重复抽样还是不重复抽样,每个个体被抽中的概率都是可以计算的。

总体来看,概率抽样具有以下几个方面的特点:① 在样本的抽取上遵循随机原则。总体中的个体是否被抽中不受主观因素的影响,而是由可计算的概率来确定。② 在调查的功能上能以部分推断总体。依据样本与总体之间的内在联系和抽样分布规律,抽样调查能以样本的观测结果去推断总体的数量特征。③ 在推断理论上以大数定律和中心极限定理为依据。大数定律阐明:随着样本容量的增加,样本平均数将趋于接近总体平均数;中心极限定理表明:只要样本容量足够大,样本统计量的分布(例如样本平均数的分布)就趋于服从正态分布。因此,只要样本容量足够大,抽样推断就可以以正态分布为依据,以样本估计总体就可以有充分的把握和足够的精度,这也正是大量观察法的要求。④ 在推断的效果上,抽样误差可以计算并加以控制。以随机样本去估计总体,必然存在着偶然性误差即抽样误差,但依据大数定律、中心极限定理和抽样分布规律,可以用某一指标来衡量抽样误差的一般水平,即抽样标准误。抽样标准误是可以计算的,并能够通过有效的办法将其控制在要求的范围内。

（2）非概率抽样。非概率抽样主要包括方便抽样、判断抽样、定额抽样、滚雪球抽样和流动总体抽样等。

① 方便抽样。方便抽样也称便利抽样,是指调查者利用现成的名册、号簿和地图等资料而方便地选取一些个体作为样本,或者利用偶遇的方式选取观测单位进行调查。例如,在人流量大的街头或路口,随意采访一些偶遇的过往行人了解民意或进行商品需求调查等,就属于方便抽样。这种抽样简便易行,但抽样结果的偏差较大,可信度不高。

② 判断抽样。判断抽样又称立意抽样,是由调查者凭自己对调查对象的了解和经验判断,有意识地从总体中选取若干具有代表性的个体作为样本。这种抽样可以充分利用调查者的主观经验判断已掌握的有关信息,避免产生极端的偏误,但主观随意性较大,对调查结果缺乏评估的客观标准,估计的误差也难以计算和控制。选用判断抽样的方法通常要求调查人员必须对总体的基本特征相当清楚,以便选择具有代表性的样本。

③ 定额抽样。定额抽样也称配额抽样,即在对调查对象总体按一定标志分类后,每类分别按一定比例依主观判断抽取若干有代表性的个体作为样本。配额抽样与分层抽样很接近,最大的不同是分层抽样的各层样本是随机抽取的,而配额抽样的各层样本是非随机抽取的。配额抽样属于先确定每层的样本量再在每层中以判断抽样的方法选取个体,适用于调查者对总体的相关特征比较了解且样本数较多的情况下使用。定额抽样易于实施,费用不高,可以满足总体比例的要求,但容易掩盖不可忽视的偏差。

④ 滚雪球抽样。滚雪球抽样是一种针对稀疏总体进行的抽样调查,抽选样本时先找到几个符合条件的调查单位,然后通过这些调查单位找到更多符合条件的调查单位,以此类推,样本如同滚雪球般由小变大,直至达到要求的样本数为止。滚雪球抽样多用于总体单位信息不足的情况,适用于寻找一些在总体中十分稀少的对象,可以大大减少调查费用,但样本容易产生偏差。

⑤ 流动总体抽样。流动总体抽样是采用"捕获—放回—再捕获"的方式来估计总体。例如,要估计某湖泊的鱼资源量,先从中随机捕获一部分鱼,分别称重并做记号后放回该湖,过一段时间待鱼群充分流动混合后,再捕获一定数量的鱼,观测其中曾被做记号的鱼的数量与重量并计算比重,据此推断该湖泊的鱼资源量。

理论与实践都已经证明,概率抽样比非概率抽样更具科学和优越性,因此,通常所指的抽样一般就是概率抽样。但作为一种补充,非概率抽样也具有重要的应用价值,只要相关条件具备就值得运用。

4. 重点调查

重点调查也是一种非全面调查,是对数据收集对象总体中的部分重点单位进行观测的统计调查方式。所谓重点单位,是就调查标志而言,那些在总体标志总量中占有绝大比重的少数个体。这些重点单位,虽然只是总体全部个体中的一小部分,但就调查标志而言却有着举足轻重的作用。通过对重点单位的调查,能够从数量上反映总体的基本情况,抓住重点。例如,我国的钢铁企业有数百家,但钢铁产量的高低差别却很大,其中首都钢铁厂、宝山钢铁厂、鞍山钢铁厂、太原钢铁厂、武汉钢铁厂、包头钢铁厂、攀枝花钢铁厂等大型钢铁企业,虽然在企业数上只是少数,但在全国钢铁总产量中所占的比重却是绝大的,只要对这些重点企业进行观测,就大致了解全国钢铁生产的基本情况。又如,要了解棉花、木材等的生产情况,也只要对主产区进行观测就可以掌握大致的数量情况。

重点调查的关键是确定重点单位。重点单位可以是一些企业、行业,也可以是一些地区、城市,具体要根据调查目的、任务和调查对象的特点来加以确定。一般来讲,重点单位的确定方法有两种:一是确定一个最低标志值,凡是标志值达到或超过最低标志值的个体就是重点单位。二是确定一个最低的累计标志比重,譬如 75%,在各观测个体按标志值由高到低排序并依次计算累计比重后,当累计比重大于等于所要求的最低累计比重时,被累计的单位就是重点单位。一般来说,选出的单位应尽可能少些,而其标志值在总体中所占比重应尽可能大些,以保证有足够的代表性。

重点调查有两个特点:一是以客观原则来确定观测单位;二是属于范围较小的全面调查,即对所有重点单位都要进行观测。因此,若数据收集的任务只要求掌握现象的基本情况,而总体中又确实存在少数重点单位时,采用重点调查是很合适的。如果在对重点单位进行全面观测的同时,对非重点个体进行抽样调查,把两部分调查结果进行组合,就可以全面掌握总体的数量特征。

5. 典型调查

典型调查是根据调查目的和要求,在对调查对象进行初步分配的基础上,有意识地选取若干具有典型意义的单位进行的调查。典型单位是能够最充分、最集中体现总体某方面共性的单位。

典型调查主要包括三种形式:① 划类选典式。划类选典式是把总体划分成若干类型,按各个类型单位在总体中所占的比重,从每一类型中选出若干典型单位进行调查。该方法适用于只需调查个体的概括信息,而总体的结构又比较复杂的情况。② 解剖麻雀式。解剖麻雀式是指选择总体中的中等水平单位作为典型单位,然后通过细致分析典型单位以认识总体的一般水平、内部结构和变化规律。该方法适用于调查了解总体的一般状况。③ 突出选典式。突出选典式是指选择总体中的先进单位、后进单位或新生事物作为典型单位,进行深入细致的调查。该方法适用于总结成功经验、找出失败教训或观察新生事物的情况。

典型调查的优点在于调查范围小、调查单位少、灵活机动,通过少数典型单位即可取得深入翔实的统计资料,节省人力、财力和物力等。但典型单位的选取受人为主观认识的影响,可能导致结论出现一定的倾向性,且典型调查结果不宜用以推算全面数据。

(二) 实验方式

所谓实验方式,就是运用自然科学的实验方法,通过观测人为安排条件下实验产生的各种结果并加以记录来获取数据的方式。

一项科学而完善的实验设计,能够合理地安排各种实验因素,严格控制实验误差,并且能够有效地分析实验数据,从而用较少的人力、物力和时间,最大限度地获得丰富而可靠的资料。由于实验中对实验条件和因素作用进行了人为安排或控制,故实验结果通常被用来揭示所考察因素与所研究事物之间的数量因果关系。

1. 实验的基本要素

从专业设计的角度看,实验包括三个基本要素:实验因素、实验单元和实验效应。

(1) 实验因素。实验的一项重要工作是确定可能影响实验效应的实验因素,并根据专业知识初步确定因素水平的范围。如果在整个实验过程中影响实验效应的因素很多,就必须结合专业知识对众多的因素进行全面分析,区分哪些是重要的实验因素,哪些是非重要的实验因素,以便选用合适的实验设计方法妥善安排这些因素。所考察因素的各种不同表现,称为因素水平。因素水平选取得过于密集,实验次数就会增多,将耗费大量人力、物力和时间;反之,因素水平选取得过少,不同水平对实验效应的影响就可能难以真实地反映出来,不能得到有用的结论。在缺乏经验的前提下,可以先做筛选实验,选取较为合适的因素和水平数目。

(2) 实验单元。接受实验处理的对象或产品就是实验单元。在工程实验中,实验对象是材料和产品,只需要根据专业知识和统计学原理选用实验对象。在医学和生物实验中,实验单元也称受试对象,选择受试对象不仅要依照统计学原理,还要考虑到生理和伦理问题。

(3) 实验效应。实验效应是指实验处理的实际效果,通常以具体的实验指标来加以反映。反映实验效应,要尽可能选用客观性强的指标,少用主观指标;要尽量选用数量化的实验指标,而少用定性的实验指标。

2. 实验的原则

在实验中,对于非考察因素要加以控制,使之保持不变的水平,因此,实验方式是一种有控制的观测。例如,为了探明改变商品的包装会对商品销售量产生什么影响(即采用新包装前后的商品销售量有什么差异),就需要保持价格、质量、功能等因素不变。运用实验方式需要遵循下列两个原则:均衡分散性原则和整齐可比性原则。

(1) 均衡分散性原则。所进行的实验应能把所观测的因素及其水平均衡地分散在因素与水平的所有各种可能的配合之中,以保证实验结果具有较强的代表性。因为,若实验仅集中于部分水平的特定配合之上,那么实验结果就可能具有某种偏差,不能全面准确地反映所考察因素与所研究事物之间的因果关系。当所考察因素较少及每个因素的水平也不多时,可对因素和水平的全部配合进行一次或若干次实验。当所考察因素很多及每个因素的水平也很多时,要对所有的可能的因素与水平的配合都进行实验是不太可能的。例如,假设影响商品销售量的因素有价格、款式、包装等 6 个因素,每个因素又有 3 种水平(如价格有三种,款式有三种等),则所有可能的组合有 $3^6 = 729$ 种,显然要进行 729 次实验是不太可能的。这时,就需要在各个因素和水平的全部组合中随机抽取一部分组合进行实验,并保证所实验的组合具有代表性,这就需要进行巧妙的设计和安排,使所抽取的组合均衡地散布在全部组合之中。

(2) 整齐可比性原则。当实验中考察某个因素的各个水平对所研究事物影响的效应时,其他因素应保持不变,最大限度地排除其他因素的干扰,从而能对所考察因素不同水平的效应进行比较。例如前述的固定价格、质量、功能等因素,仅考察老包装与新包装对商品销售量的影响,就是整齐可比性原则的体现。这时所考察的因素是包装,所考察的两种水平是老包装和新包装。当所考察因素和水平较少时,容易满足整齐可比性原则,当所考察因素和水平较多时,同样要通过巧妙设计和安排来达到整齐可比性要求。

3. 常用的实验设计

在科学实验中,如何确定所考察因素与水平的配合使实验单元具有代表性,是实验设计的基本问题。常用的实验设计有完全随机实验、随机区组实验、拉丁方实验和正交实验。

（1）完全随机实验。即采用纯随机抽样方式，将各实验观测个体随机地安排到所要实验的因素状态配合之中。例如，某饮料厂生产的某种饮料有四种包装方式：玻璃瓶、易拉罐、塑料瓶和方纸盒，现拟在某市的 20 家商店进行试销，以研究不同包装对销售量的影响，就可以把 20 家商店随机安排到 4 个不同的包装（即四种状态）上，即每种包装在 20 家商店中随机抽取 5 家商店进行试销观测。又如，某厂生产 A、B 两种配方的洗发精，每种配方又有香型与普通型两个款式，拟在某市 20 家商店进行试销，也可以采用纯随机抽样方式。这时所考察因素和水平都有 2 个，共有 A 配方香型、A 配方普通型、B 配方香型和 B 配方普通型四种配合，每种配合可以从 20 家商店中随机抽取 5 家商店进行实验。很显然，完全随机设计可满足上述的两个原则。

（2）随机区组实验。即当各实验观测个体之间存在较大差异而将影响到实验结果时，先将实验观测个体进行分类，一个类作为一个区组，使类内个体之间的差异充分小，然后将区组中的各实验观测个体随机地分配到各个所要实验的因素状态配合之中。这样做的目的是客观判断所研究事物的变化是由因素状态的差异所引起还是由实验观测个体本身的差异所引起。例如，若上述的 20 家商店在规模、格式、地理环境等方面相差甚大，那么用完全随机实验的结果就可能说明不了什么问题。这时就应将这 20 家商店按规模大小等分成几个区组，譬如 5 个区组，每组 4 家商店，区组内的商店相似或相差不大，然后在每个区组随机确定一家商店试销某种包装的饮料或某种配合的洗发精，这样每种包装或配合的商品都在从大到小 5 家商店进行试销，从而排除了商店规模大小等因素对商品销售量的影响。

特别地，若所要考察的因素状态配合只有两种情形，则可将实验观测个体配成若干对相近个体所组成的组合，每对组合随机抽取一个个体用于实验的一种因素水平配合，这种实验方法称为配对实验。由于配对实验时两个观测个体分别在进行一种因素水平配合实验，两者相互对照，因而能最大限度地排除实验观测个体之间差异的影响，保证实验数据的整齐可比性，给数据的分析也带来极大的方便。

（3）拉丁方实验。所谓拉丁方就是将一组元素编排成行与列相等且每个元素在各行各列都出现一次且只出现一次的正方形方格。由于主格中的元素常以拉丁字母表示，所以称为拉丁方。例如四个元素的标准型拉丁方（即第一行与第一列都以 A，B，C，D…的顺序排列）为：

4×4 拉丁方

A B C D

B A D C

C D A B

D C B A

在实验观测时，所能考察的因素只能有三个，即一个是所要研究的因素，两个是不可控的因素，且要求每个因素的水平数必须相等（如都有三个水平或四个水平），各因素之间不存在相互影响。两个不可控因素的水平构成拉丁方的行与列，行与列的交叉点即为元素。实践中，拉丁方实验通常用以研究人们真正关心的因素只有一个但却存在其他两个不可控因素影响的情形。例如，国有资产管理部门拟在国有工业企业中实验三种企业管理模式，考虑到企业规模的大小和行为的不同可能会对不同管理模式的效果产生不同的影响，将工业企业划分成轻工业、重工业和化学工业三种行业，每种行业再按企业规模划分成大、中、小三种类型，形成 3×3＝9 个区组。要在每个区组中抽取一个或若干企业作为实验观测个体,就可按 3×3 拉丁方来安排实验。设上述三种行业分别为 A_1、A_2、A_3,三种规模类型企业分别为 B_1、B_2、B_3,三种管理模式分别为 C_1、C_2、C_3,则各种企业管理模式在不同行业和规模企业中的配置可如表 2-2 所示。

表 2-2　企业管理模式的拉丁方实验

B	A		
	A_1	A_2	A_3
B_1	C_1	C_2	C_3
B_2	C_2	C_3	C_1
B_3	C_3	C_1	C_2

表中每一格相当于一个实验,共有 $A_1B_1C_1$,$A_1B_2C_2$,$A_1B_3C_3$,$A_2B_1C_2$,$A_2B_2C_3$,$A_2B_3C_1$,$A_3B_1C_3$,$A_3B_2C_1$,$A_3B_3C_2$ 这 9 种实验配合。每种实验配合可在一个企业中实验,也可在多个企业中实验。这种安排,使各种企业管理模式不仅在每个行业中都有一次搭配,而且在每种规模类型中也都有一次搭配,因而符合均衡分散性和整齐可比性原则。与完全随机实验相比,拉丁方实验可以减少实验次数,在本例中,最少只需实验 9 次(即每种实验配合实验一次),而完全随机实验至少要实验 $3^3 = 27$ 次。

(4) 正交实验。正交实验是利用正交表来安排实验。所谓正交表就是由 1、2、3、4 等字码元素构成的、任意两列的同行元素对形成出现次数相同的完全对的矩阵表。例如,表 2-3 就是由 9 个横行、4 个纵列、3 个字码组成的正交表,表示为 $L_9(3^4)$。列数表示最多能安排的因素数,行数表示实验的次数或实验单位数,字码数表示每个因素的水平数。$L_9(3^4)$ 就表示能考察 4 个因素,每个因素都有 3 种水平,共需实验 9 次。

表 2-3　正交表 $L_9(3^4)$

行/列	1	2	3	4
1	1	1	3	2
2	2	1	1	1
3	3	1	2	3
4	1	2	2	1
5	2	2	3	3
6	3	2	1	2
7	1	3	1	3
8	2	3	2	2
9	3	3	3	1

正交表有两个特点:一是每一列中各种字码出现的次数相同,如 $L_9(3^4)$ 中每列都有三个 1,三个 2 和三个 3。二是任意两列同行字码所组成的字码对都成完全对且每对字码出现次数相同,如 $L_9(3^4)$ 中任意两列都有 (1,1),(2,1)(3,1),(1,2),(2,2),(3,2),(1,3),(2,3),

（3,3）九对字码组合,且每对都只出现了一次。这表明正交实验符合均衡分散性和整齐可比性的原则。

正交实验的优点是可大大减少实验次数,节省实验时间和经费。例如对于要考察 4 个因素,每个因素有 3 个状态的情况,采用正交实验只需实验 9 次即可,即 $L_9(3^4)$,若采用完全随机实验,则至少要实验 $3^4=81$ 次。因此,正交实验在生产管理、科学实验和市场研究中都有十分广泛的应用。

此外,按照对实验控制的程度不同,实验设计的经典模式又可分为真实验设计、准实验设计和前实验设计三种类型。

真实验设计——按照随机原则选择和分配实验对象,有控制组来进行对照比较,能够较好地控制内部、外部无效度来源,使实验得到比较严格控制的设计。具体又包括有控制组后测设计、有控制组前后测设计和所罗门四组设计等形式。

准实验设计——也称类似实验设计,与真实验设计有些相似,能够在一定程度上控制一部分无效的变量,但是不能像真实验设计那样随机选择和分配实验对象。准实验设计在现实中是最有可能实现的,在研究中具有重要的价值,但对实验结果的解释和推广应慎重对待。具体又包括不对等两组前后测实验设计、时间系列设计和平衡实验设计等形式。

前实验设计——也称非实验设计,对无关变量不能控制,但是可以操作变化自变量。前实验设计不是严格意义上的实验,实际上只是变量关系的一种描述,但能够为真实验设计提供资料,故称前实验设计。具体又包括单组后测设计、单组前后测设计和固定组比较设计等形式。

4. 实验设计的新动向——A/B 测试

所谓 A/B 测试,就是为同一个目标制定两个方案（A 方案和 B 方案）,让一部分用户使用 A 方案,另一部分用户使用 B 方案,记录下用户的使用情况,看哪个方案更符合设计目标。

譬如:对页面设计来说,使用 A/B 测试时首先需要建立一个测试页面,这个页面可能在标题字体、背景颜色、按钮显示等方面与原有页面不同,然后将两个页面以随机的方式同时推送给所有浏览用户,接下来分别统计两个页面的用户转化率,可清晰了解到两种设计的优劣。

A/B 测试当然不止局限于 web 网站。如今,移动设备端分析是 A/B 测试增长最快的一个领域,应用前景非常广阔。

那么,A/B 测试如何来做呢? 简单来说,就是确定核心目标,寻找控制变量,设计多个方案,以某种规则优胜劣汰,收集并分析数据,确定较优方案。

A/B 测试的实践操作如图 2-2 所示。从左到右,竖线代表 A/B 测试中的三个关键角色:客户端（Client）、服务器（Server）、数据库（Data base）。从上到下代表了三种访问形式:① 无 A/B 测试的普通访问流程;② 基于后端分流的 A/B 测试访问流程;③ 基于前端分流的 A/B 测试访问流程。

A/B 测试需要将多个不同的方案展现给不同的用户,即需要一个"分流"的环节。从图 2-2 可以看到,分流可以在客户端做,也可以在服务器端做。

传统的 A/B 测试一般在服务器端分流,即基于后端分流的 A/B 测试。当用户的请求到达服务器时,服务器根据一定的规则,给不同的用户返回不同的方案,同时记录数据的工作也在服务端完成。基于后端分流的 A/B 测试技术在实现上简单一些,不过缺点是收集到的数据通常是比较宏观的页面浏览信息,虽然可以进行比较复杂的宏观行为分析,但不能详细分析用户在某个方案页面上的具体行为。

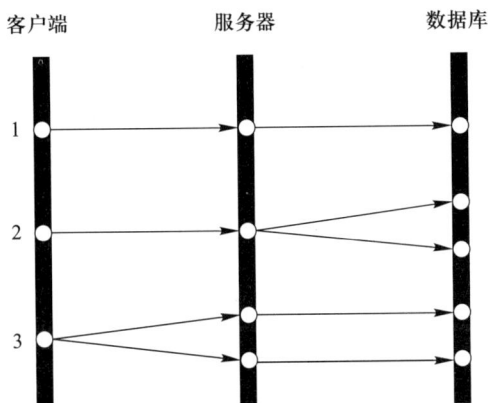

图 2-2 A/B 测试的实践操作示意图

基于前端分流的 A/B 测试则可以比较精确地记录下用户在页面上的每一个行为,它利用前端 JavaScript 方法,在客户端进行分流,同时用 JavaScript 记录下用户的鼠标行为和键盘行为,直接发送到服务器记录。

(三)大数据采集

随着信息技术、网络技术取得巨大突破,体量大、类型多、结构复杂的海量数据扑面而来,不仅包括结构化数据,还包含非结构化数据、半结构化数据或异构数据,即一切可以记录和存储的信号,具有多样化的特点,并且传统的统计指标等不一定可以将其完整地表述出来。此时,记录的传感器化、传感器的网络化、网络的数据化,使得人类社会的行为被每时每刻以某种形态记录下来,存储于记录设备中,汇集成为大数据。习总书记强调"大数据是信息化发展的新阶段"①数据掌控力正成为国家软实力和竞争力的重要标志。

当前,大数据主要包括三大类数据领域:一是社会网络数据,譬如微信、微博等形成的数据;二是人机交互数据,譬如网购、网游、网娱、工作、交通、医疗等人与机器交互形成的大量记录数据;三是狭义的传感器及机器数据,譬如 GPS 数据、智能电表、智能交通、计算与实验数据等。当然,大数据也包括行政记录数据、交易记录数据、卫星遥感数据、文本数据、网络搜索数据等形式。

有别于传统的抽样调查,大数据采集广泛使用的传感设备、信号识别技术,数据收集编译和可扩展的存储系统等,使数据收集的时效提升,积累和存储方便快捷。大数据的存储不同于传统的数据存储方式,有固定的格式和结构,对于大数据的数据库来说,可以直接将所探测到的信号自动容纳到其中。由于大数据大部分是指非结构化以及半结构化数据,因此对数据的识别和分类也是多样的,通常用网络信息系统作为识别工具。此时,数据收集及处理方式发生重大变革,数据收集将更多的是从已有的超大量数据中进行再过滤、再选择。

大数据条件下经常使用一种数据收集工具——网络爬虫,是一个自动下载网页内容的计算机程序,又称网页蜘蛛或网络机器人。根据研究目的确定所要抓取的目标数据,然后有选择地访问互联网上有相关内容的网页及相关链接,进而获取相关变量的内容。网络爬虫采集数据的原理很简单,研究者根据需要编写网络爬虫脚本,把编写好的脚本提前测试,在测试没有差错的条

① 2017 年 12 月 8 日,习近平同志主持中共十九届中央政治局第二次集体学习时的讲话要点。

件下,部署到某个在线的计算机或者是服务器上运行;网络爬虫就会把从互联网上获取相应的网页信息存储到建好的网页库,在网页库的基础上再建立索引库。这样原始数据就准备好了,有了这些原始数据,就可以进入接下来的数据整理和清理环节。

大数据采集除了网络爬虫的抓取方式,通常还包括法定获取、合作与购买等数据采集方式。① 法定获取方式。对于行政记录数据,在遵守保密机密法规制度的条件下,政府统计机构有权参与行政记录的生产设计和收集过程,有权获取和应用行政记录数据,利用统一标识和编码,开展不同来源行政记录数据的合并与融合。② 合作与购买方式。对于一些类型的大数据,一种常见获取方式是与大数据提供方如移动电话运营商、网络平台运营商、新闻媒体、信用卡公司和支付公司等建立数据合作伙伴关系,签订数据共享协议,部分数据可直接从大数据公司、信息技术公司等第三方购买获取。

在大数据时代,可以对超大规模的数据进行处理,既能全面把握总体,又能了解局部情况。作为新的数据来源,大数据的确可对一些传统调查数据产生替代作用,譬如在居民收入支出都通过银行账户实现的地区,银行数据即可以替代居民收入支出调查数据。但大数据还不能完全代替抽样调查,大数据条件下抽样调查仍然是必要的,只是抽样环境发生了巨大变化。大数据的生成与采集在人为的设计框架之下,可能存在系统性偏差,例如在社交网络数据中人群的上网行为习惯、计算机知识、经济地位等都是影响数据生成的因素,大数据与真实总体之间可能存在差距。大数据存在混杂性,数据误差普遍存在于大型数据库和网络中,在捕捉主要趋势信息时如果进行全数据处理,大量的误差会影响分析结果的有效性。虽然抽样调查受条件、时间、资源成本等诸多因素限制,然而在设计合理的情况下,其在大数据领域仍然具有价值,可以与大数据起到相互印证的作用。所以,在面对针对性、安全性和成本问题时既要继续采用传统的方式方法去收集特定需要的数据,更要善于利用现代网络信息技术和各种数据源去收集一切相关的数据,并善于从大数据中进行再过滤、再选择。

四、统计数据收集方案

统计数据收集是一项系统、复杂的工作过程,大致包括以下四个基本环节:确定数据收集目的,设计数据收集方案,开展数据收集活动和评估数据收集质量。其中,设计科学合理的数据收集方案十分关键,是有效开展数据收集活动的基本依据,是保证数据收集过程顺利进行的前提。

一般而言,一个完整的统计数据收集方案应包括以下内容:

（一）数据收集目的

数据收集目的是指收集数据用以解决什么问题,对所研究的对象需要达到什么样的认识。只有明确数据收集目的,才能确定需收集什么数据、向谁收集和如何收集等问题,做到有的放矢。数据收集的目的主要是根据统计研究的实际需要并结合调查对象的特点来加以确定。

（二）数据收集对象和观测单位

对于原始数据的收集,必须明确数据收集对象和观测单位,以解决向谁收集数据、由谁具体提供数据的问题。数据收集对象是指所要研究对象的总体,明确了数据收集对象,数据收集便有了明确的范围。观测单位则是指观测标志的承担者,也即构成观测对象总体的每一个个体。例

教学视频
统计调查方案
设计

如,研究电商企业的经济效益情况需要取得电商企业的总产值、利润额、劳动生产率、资金利税率、资金周转速度等标志的有关资料,因此一定地区范围内的所有电商企业就构成了数据收集对象,而每一个电商企业则是上述标志的承担者,即观测单位。

(三)观测标志和调查表

观测标志是根据数据收集目的所确定的具体调查项目,通常构成原始数据来源的品质标志或数量标志。把所要观测的标志按逻辑顺序列在一定形式的表格内,就构成调查表(登记表、记录表或问卷)。在具体应用中,调查表有单一表和一览表两种形式。单一表是指一张表格只用以填写一个观测单位的标志表现,一览表则是指一张表格用以同时填写多个观测单位的标志表现。选择单一表还是一览表,应从实际情况出发,根据研究目的、观测对象的特点和观测标志的多少而定。问卷作为一种特殊的调查表,在统计数据收集阶段具有重要作用,如何设计一份好的问卷,既是技术性问题也是艺术性问题。

(四)数据收集的时空属性

事物在时间和空间上通常具有不同的数量表现,因此,统计数据收集过程中须明确每一项数据所属的时间范畴和空间范畴。数据收集时间又称调查时间,是指调查资源所属的时间。如果所要调查的是时期现象,如产品产量、商品销售额等,调查时间就是规定资料所属的时期;如果所要调查的是时点现象,如商品库存量、人口数等,调查时间就是要规定统一的标准时点。

数据收集期限是指完成数据收集活动的起止时限,即从开始收集数据到工作结束的时间。例如,我国第六次全国人口普查的标准时点是 2010 年 11 月 1 日零时,普查员入户登记时间为 2010 年 11 月 1 日至 10 日。对工作期限加以明确规定,是为了保证统计数据收集的及时性需要。

数据收集地点是指观测、记录统计数据的具体地点。一般情况下,数据收集地点与观测单位所在地是一致的,但有时也会不一致,例如,人口普查时规定"常住人口"应在常住地点进行登记,但若某被调查者短期外出工作,则仍应在他的常住地登记而不在现居地登记。

(五)数据收集方式与方法

采用什么样的数据收集方式与方法,直接关系到能否及时、准确、完整地收集到所需的统计数据,还涉及所需投入的人力、物力和财力。因此,一定要根据研究目的、总体情况、相关条件和数据收集的需要,选择最合适的收集方式与方法。例如,某企业要想了解本企业产品的市场占有率和消费者的使用意见,可以采用抽样调查方式和采访法;若想了解不同包装对产品销售的影响,可以采用实验方式和直接观察法、采访法等。

(六)数据收集的组织实施

任何一项统计数据的收集,都需要一定的人力、物力和财力,大规模的数据收集活动还要建立专门的组织机构来统一安排各项工作,如人员培训、经费预算、活动分工、进展计算、资料传递、材料的印刷等。健全的组织实施计划是统计数据收集顺利开展的有力保证。

制定好统计数据收集方案后,就应该严格按照方案进行统计数据的收集活动。在这一阶段,每一位数据收集者都要认真仔细,严防各种可能出现的差错,确保所取得数据的质量。

五、统计数据收集的问卷设计

问卷设计是统计数据收集方案设计的重要内容,通过问卷来收集统计数据,可以使调查内容标准化和系统化,便于后续的统计处理和分析。

(一) 问卷的类型与结构

1. 问卷的类型

问卷是依据调查目的和要求设计的,由一系列问题、备选答案及其他辅助内容所组成的,向被调查者收集资料的一种工具。

问卷按是否由被调查者自己填写可分为自填式问卷和代填式问卷两种。自填式问卷由被调查者自己填答,代填式问卷是由调查人员根据被调查者的口头回答来填写。这两种问卷的适用对象不同,因而在问卷的具体形式、设计要求和填写说明等方面也有所差异。

按问卷中问题之间的逻辑顺序可将问卷分为结构化问卷和非结构化问卷。结构化问卷是指问卷不仅包括一定数目的问题,而且问卷设计是按一定的提问方式和顺序进行安排的,调查员要绝对遵从指导提问,不随意变动问题和字句。无结构化问卷中所提到的问题没有严格的设计和安排,只是围绕研究目的而提出一些问题,此类问卷适用于较小规模的深层访谈调查。

2. 问卷的结构

一份完整的问卷通常由标题、引言、被调查者基本情况、问题与答案、结语等几个部分组成。

问卷的标题是概括说明调查的研究主题,使被调查者对所要回答什么方面的问题有一个大致的了解。标题应简明扼要,易于引起被调查者的兴趣。

问卷的引言一般在问卷的开头,或作为问卷的说明信,用以表明调查的目的与意义、调查组织者的身份和调查的主要内容等,力求引起被调查者的重视与兴趣,取得支持与合作。说明信的用词要态度诚恳、语气亲切,并要对被调查者表示真诚的感谢。有时还要向被调查者说明问卷填写的方法和要求,以及需要注意的有关事项。

被调查者基本情况用以了解个人或企事业单位的有关基本特征,如个人的性别、年龄、婚姻、文化程度、职业、工作单位、职务或技术职称、民族等,企事业单位的行业类别、经济类型、单位规模、所在地区等。掌握这些基本情况,便于后续数据分析过程中进行各种结构分析。

问题和答案是问卷的主要组成部分,包括所要了解的各个问题和相对应的备选答案。这一部分设计得如何,直接关系到本次问卷调查能否取得有价值的资料。

结语是在问卷末尾对被调查者再次表示感谢,或用以征询其对问卷设计和问卷调查的意见和感受。有的问卷也可以不要结语。

此外,问卷上通常还包括用来指导被调查者填写问卷的指导语,以及便于计算机处理的编码。若是访问问卷,还应有作业记载的说明,即填写访问人员姓名、访问日期和被调查者合作情况等。

(二) 问卷设计的原则和程序

1. 问卷设计的原则

问卷设计的原则主要包括:① 主题明确。调查问卷要有明确的主题,根据调查的目的和任务,从实际出发,问题清楚,重点突出。② 结构合理。调查问卷中的问题要按一定的逻辑顺序排列,符合应答者的思维习惯,一般是先易后难,先具体后抽象。③ 通俗易懂。调查问卷的语气要亲切诚恳,问题简单易懂,避免使用专业术语,以免给应答者造成理解困难。

2. 问卷调查的程序

问卷设计由一系列相关的工作过程构成,为使问卷具有科学性和可行性,应按照以下程序进行:

(1)准备阶段。根据调查需要确定问卷调查主题的范围和调查项目,将所要收集的资料一一列出;同时要分析调查对象的各种特征,包括社会阶层、文化程度、心理特征等。这个阶段,应充分征求有关各类人员的意见,以了解问卷中可能出现的问题,力求使问卷切合实际。

(2)初步设计。在准备工作的基础上,设计者可按照设计原则设计问卷初稿,确定问卷结构,拟订并编排问题。首先要标明每项资料需要采用何种方式提问,并尽量详细地列出各种问题,然后对问题进行检查、筛选、编排。对提出的问题,要充分考虑是否有必要,能否得到答案,同时还要考虑问卷是否需要编码等。

(3)试答和修改。对初步设计出来的问卷,需在小范围内进行试调查,以便弄清问卷在初稿中存在的问题,了解被调查者是否愿意回答和能够回答所有的问题,选项是否有重复或遗漏,回答的时间是否过长等。如果发现问题,应做必要的修改,使问卷更加完善。

(4)定稿和付印。经过多轮修改和仔细检查后,报请相关人员审核,进行问卷定稿,并按调查工作的需要印刷,制成正式问卷。

(三)问题的设计

1. 问题类型的设计

(1)事实性问题、意见性问题和解释性问题。根据调查内容不同,问题可分别选择事实性问题、意见性问题或解释性问题三种形式。事实性问题要求被调查者依据现有事实来做出回答,不必提出主观看法。例如:"您使用什么品牌的牙刷?""您的职业是什么?"等。

了解被调查者的意见、看法、评价、态度、要求和打算等则采用意见性问题。例如:"您喜欢××牌的牙刷吗?""您对您目前的职业是否满意?"等。

解释性问题主要用于了解被调查者行为、意见、看法等产生的原因,了解个人内心深层的动机。例如:"你为什么要购买××牌的牙刷?""您为什么要从事××职业?"等。

事实性问题回答比较简单,统计处理比较容易,但收集到的资料不够深入;意见性问题和解释性问题则在回答难度和统计处理难度上逐步加重,但所收集的资料能比较深入地说明所研究的问题。

(2)开放式问题和封闭问题。开放式问题也称为自由回答式问题,是指不提供备选答案而需要被调查者自由做出回答的问题。例如:"您对我国目前高校招生政策有什么看法?"等。这类问题适用于事先无法列出或不能知道所有可能答案的情况,有利于被调查者给出不受限制或富有启发性的回答,增大回答的信息量。但这类问题回答结果的统计处理比较难,并可能掺杂不太有价值的信息,若被调查者的文化程度偏低就会难以做出回答。

封闭式问题是指已列出所有可能答案以供选择的问题。例如,"您家现在住房的面积是多少? ① $50m^2$ 以下 ,② $50\ m^2 \sim 70\ m^2$,③ $70\ m^2 \sim 90\ m^2$,④ $90\ m^2 \sim 110\ m^2$,⑤ $110\ m^2$ 以上"等。这类问题适用于能一一罗列全部可能答案且答案个数不是很多的情况,回答简单,统计处理和分析比较容易。但这类问题使回答带有一定的强迫性,得出的信息有时比较粗糙。

有时,在问卷中还设计半封闭半开放式的问题,以取得更多的信息。例如,"您家有私家车吗? □有,□无;若有,是什么牌子? (　　　)","您的职业是_____。① 教师,② 公务员,③军人,④企业管理人员,⑤职工,⑥个体户,⑦其他(　　)"等。

2. 问题内容的设计

(1)问题必须符合客观实际。设计的问题要符合当前社会经济发展状况和科学发展水平,符合大多数人的思想意识、生活水平和生活方式等。例如,如果不考虑我国社会经济发展的客观实际情况,现在仍以手表、自行车等作为家庭耐用消费品的对象来设计问题,显然不切实际。

(2)问题的内容要明确。问题中的文字要表达准确,不应使回答者产生模糊认识,如"有时""经常""偶尔""很少""很多""相当多""一段时间"等词语对于不同的人会有不同的理解,应避免或减少使用。

(3)问题不能太多。一份问卷包括多少问题,应根据调查目的、调查对象特点、人财物力量及时间要求等来考虑。在满足需求的情况下,问题要尽量精简,最大限度减轻被调查者的负担,避免其产生厌烦情绪,提高问卷的有效回收率。

(4)问题必须是被调查者有能力回答的。凡是不太可能或不太容易被理解和回答的问题,应该避免出现,尤其是要避免出现理论性或专业性很强的问题。例如,向普通居民提"加强国际合作有何重要意义?""我国物价指数编制方法是否科学?"等问题,就有可能超出被调查者回答能力的范围。此外,一些需要回忆很长时间才能勉强回答的问题,也会使被调查者感到手足无措。

(5)不要直接提社会上禁忌的和敏感性的问题。由于风俗或民族习惯的不同,有些问题可能会引起误会、甚至产生民族纠纷,因此要加以避免。而涉及个人利益和声誉的一些问题,则具有很强的敏感性和隐私性,如"您有多少储蓄存款?""您是否曾在考试中作弊?"等,可能会由于被调查者的自我防卫心理而拒绝回答。如果确实需要了解一些敏感性问题,可采用释疑法、假定法、转移法和模糊法等一些特殊的技巧方法来处理。

(6)问题不能带有诱导性和倾向性。所问的问题不能流露出调查者或问卷设计者自己的倾向或暗示,以免左右被调查者的回答。例如"××牌啤酒泡沫丰富、口味清纯,您的印象如何?"就带有明显的倾向性。在问题中应避免出现"多数人认为""某权威机构认为""某有名人物认为"等词语。

(7)问题的内容要单一。一个问题只能包含一个询问内容,否则就会使被调查者难以回答。例如,"您的父母是教师吗?"这一问题就有缺陷,因为父和母是两个人,可能其中一位是教师而另一位不是教师,这就使被调查者不知该回答"是"还是回答"否"。因此,对于比较复杂的问题,要按询问内容进行分解。

(8)问题的语言要简单易懂、标准规范。每一个问题对每个被调查者而言都只能有一种解释,问题中用语的定义必须清楚明确。例如,"您上个星期总共看了几小时书?"这一问题中,书是否包括报纸、杂志?可能引起歧义。因此,问题中要避免定义不明确、概念不清楚、容易引起不同理解、过于抽象的词语,也不能用缩略语。

(9)问题的排列要讲究逻辑性。一般地,问题的排列应该是先比较容易回答的问题,再比较难回答的问题;先事实性问题,再意见性问题和解释性问题;先封闭式问题,再开放式问题。在调查内容的时间上,则应该先过去,再现在,后未来。问题与问题之间要注意内在联系,要有严密的逻辑性。

（四）答案的设计

1. 答案形式的设计

答案的设计主要针对封闭式问题而言,在设计答案时可以根据问题的具体内容采用不同的答案形式。具体地,问题的答案可以设计为以下几种形式:

（1）是非式。问题只有两个相对立的答案可供选择,如"是"与"否""有"与"无""赞成"与"否定"等,被调查者只需从中选择其一即可。例如,"您家有电脑吗? □有,□无"等。这种设计回答容易,统计处理方便,但不能表达出被调查者行为或意见的程度差别。有时,由于被调查者处于"未定"状态而可能放弃回答。这种设计只适合于询问简单的事实或意见。

（2）多项式。问题有三个及三个以上的答案可供选择,由被调查者从中选择一个或几个作为回答。例如,"您夏天喜欢喝什么饮料? ① 开水,② 矿泉水,③ 纯净水,④ 可乐,⑤ 雪碧,⑥ 芬达,⑦ 果汁,⑧ 其他_____",备选答案有 8 个,由被调查者从中选择一个或多个。多项式设计的回答和统计处理都比较容易,但要列出所有可能的备选答案往往有一定困难(不能太多),故常用"其他_____"来处理。

（3）顺位式。要求被调查者对问题的备选答案,按照重要性程度或喜爱程度定出先后顺序,做出比较性的回答。例如,"请您对下列不正之风按您痛恨的程度以 1,2,3,… 的顺序加以排列:□用公款大吃大喝,□用公款送礼,□拉关系走后门,□用公款旅游,□用公款购买小车和手机等,□任人唯亲,□领导干部官僚主义、脱离群众,□滥发文凭,□拉帮派,□其他_____"等。这种设计便于被调者去衡量比较,比多项式了解更多的信息,适用于要求区分答案的缓急轻重或先后顺序的问题。但它难以体现答案之间的差异大小,并且当备选答案较多时,各答案在问卷中的位置也会对被调查者产生一定影响。

（4）程度评价式。这是一种量表形式的答案,所得结果为定序数据。一般地,对问题列出几个不同程度的答案,并对每一个答案事先按顺序给分,由被调查者从中选择一个答案来表达他对事物的感受程度。例如:

您对自己目前从事的职业有多满意?

	很满意	满意	一般	不满意	很不满意
	2	1	0	−1	−2
或	5	4	3	2	1

这种设计能从计分的角度进行统计处理,有利于综合了解被调查者的总体态度和程度。但计分本身是非客观的,只是一种人为规定。有时,也可以把答案按程度分为 3 档、7 档或 9 档,档数越多,了解的信息就越细,但相邻答案之间的区别就越小。

（5）比较式。把若干可比较的事物整理成两两对比的形式,由应答者进行比较。这种方式比将许多事物放在一起让应答者作比较要简便容易一些,并可获得针对性明显的具体结果。例如:

请您比较下列每一对不同的广告,哪一种更吸引人?

① □甲广告和□乙广告　　② □丙广告和□丁广告

③ □甲广告和□丁广告　　④ □乙广告和□丙广告

⑤ □甲广告和□丙广告　　⑥ □乙广告和□丁广告

此外,问题答案还有过滤式、倾向偏差式、竞争选好式、回想式等形式。

2. 答案内容的设计

（1）所列答案应包括所有可能的回答。答案应该满足"穷尽"原则，只有将全部可能的答案列出，才能使每位应答者都有答案可选，不至于无合适答案而放弃回答。为防止答案遗漏，可用"其他_____"来弥补。

（2）不同答案之间不能相互包含。答案应该满足"互斥"原则，一个问题所列出的各项答案必须互不相容、互不重叠，否则应答者可能作出有重复内容的双重选择，影响调查效果。例如，"您喜欢阅读哪类图书？① 文学艺术类，② 自然科学类，③ 社会科学类，④ 经济管理类，⑤ 会计类，⑥ 统计类"这一设计中，因为会计类属于经济管理类或社会科学类，答案之间就不满足互斥的要求。

（3）答案的表达必须简单易懂、标准规范。一是要尽可能简单明确；二是要用标准规范的语言，不使用晦涩难懂的词语；三是分类要符合通用标准的分类，符合惯例，如职业分类、产业分类等。

（4）每一项答案都应有明显的填答标记，答案与答案之间要留下足够的空格。答案的填答标记有 A、@ 、①、□、(   )、〔   〕等，打"√"、打"×"或涂黑。

六、数据收集误差

在统计数据收集过程中，可能产生两类误差：登记性误差和代表性误差。

1. 登记性误差

登记性误差又称观测性误差，是指在调查观测的各个环节因工作粗心或被观测者不愿配合而造成的所收集数据与实际情况不符的误差，具体包括计量错误、记录错误、计算错误、抄写错误、汇总错误、计算机输入误差等形式，以及被调查者不愿或难以提供真实情况的误差，有时还存在调查人员弄虚作假的误差和各种人为因素干扰的误差。这种误差在全面调查和非全面调查中都会产生，而且调查范围越广越大，观测的个体越多，产生的可能性越大，因此全面调查要特别注意防止这种误差。例如在人口普查中，往往会产生重登、漏登和错登等各种误差，唯有全面加强源头数据审核，深入开展统计法治宣传教育，切实加强统计基层基础建设，通过树立"全面实事求是的数据观"，方能打赢人口普查数据质量保卫战。

2. 代表性误差

代表性误差是指在抽样调查中，因样本不能完全代表总体而产生的估计结果与总体真实数量特征不符的误差。根据样本不能完全代表总体的原因不同，代表性误差又分为系统性的代表性误差（简称系统性误差）和偶然性的代表性误差（简称偶然性误差）两种。

（1）系统性误差，是指由于抽样框（用以抽取样本的名录）不完善、抽样时违反随机原则、被调查者无回答等因素引起的误差。等距抽样时若抽样距离与现象的变化周期正好一致，也会产生这种误差。对于系统性误差，通常是难以计算和控制的。抽样调查中的观测性误差与系统性误差合在一起，统称为非抽样误差。

（2）偶然性误差，又称抽样误差，是指由于抽样的随机性引起的样本结构与总体结构不完全相符而产生的估计结果与总体真值不一致的误差，这种误差在随机抽样中不可避免，但可以计算和控制。

第二节　统计数据的整理

一、数据整理概述

（一）数据整理的含义

数据整理是统计工作过程的重要环节,是指对收集到的数据进行分类、汇总或对已加工过的数据进行再加工,使其系统化、条理化和综合化,以反映总体数量特征和满足数据分析需要的过程。

教学视频
统计数据整理

数据整理包括两个方面:一是对原始数据的整理,即通过分组和汇总,使大量的、零散的、反映个体特征的数据,转化为综合的、反映总体特征的数据;二是对次级数据的再整理,即通过新的分组、计算或必要的调整,使之满足新的需要。

（二）数据整理的意义

统计工作经过数据收集之后,获取了大量的数据,但这些数据比较零星、分散,仅仅反映事物的某一侧面,不能说明事物的本质,也难以解释事物的发展规律。对这些数据进行必要的整理,才能使其系统化、科学化,进而反映出现象总体的特征。

数据整理也是实现人们对研究对象从感性认识上升到理性认识的过渡阶段,从对个别事物的认识上升到对总体现象的认识的重要阶段。如果数据整理工作没有做好,就会使收集的大量资料失去价值,掩盖现象的真实情况,无法得到正确的结论,难以达到统计工作的目的。

可见,在整个统计研究过程中,统计数据整理起着承上启下的作用,既是数据收集的继续和深入,又是数据分析的基础和前提,因此要重视其科学性、条理性和充分性。

（三）数据整理的步骤

数据整理具体包括以下步骤:制定数据整理方案、数据预处理、统计分组与汇总、整理数据的显示和整理数据的发布。

1. 制定数据整理方案

制定数据整理方案主要是在数据收集的基础上,围绕统计研究目的,确定接下来需要开展的统计分组,需要汇总计算的统计指标,数据预处理的方法与工具,以及数据显示的形式等内容。

2. 数据预处理

数据预处理是在统计分组、汇总前对原始数据所做的必要工作,具体包括数据审核、缺失值处理、异常值处理、数据筛选和数据变换等过程。

（1）数据审核。对于原始数据来讲,数据审核主要是检查其完整性和准确性,确保数据的质量;对于次级数据来讲,数据审核除了检查其完整性和准确性外,还要检查适用性和时效性,即弄清次级数据的来源、各种口径和有关背景,判断其与本次研究目的的相关性,数据是否过时等。

（2）缺失值处理。缺失数据的存在往往导致明显的非抽样误差,造成估计量方差增大,很多情况下还引起系统性偏差,故需处理好缺失数据。缺失值处理需要明晰数据的缺失机制,如果缺

失数据是随机出现,就将缺失数据产生机制定义为可忽略的,如果缺失数据的产生与研究变量有关,则称之为不可忽略的。数据缺失的机制包括完全随机缺失(MCAR)、随机缺失(MAR)和非随机缺失(NMAR)。

针对缺失值产生的不同机制及表现出的不同模式,对其进行预处理的方法存在差异,总体上可分为事前处理方法和事后处理方法两大类。事前处理是指数据收集过程中采取一定的事前预防措施,包括优化调查方案设计、敏感性问题处理、加强调查人员培训等;事后处理主要包括加权调整、插补和再抽样等方法,其中插补法应用最为广泛。

(3)异常值处理。异常值又称为孤立点,异常值处理的首要任务是检测出孤立点。由于异常值可能是数据质量问题所致,也可能反映事物现象的真实发展变化,所以检测出异常值后必须判断其是否为真正的异常值。检测异常值的方法主要包括三类:统计学方法、基于距离的方法和基于偏离的方法。

检测出事实上的异常值,接下来需对异常值进行处理。异常值的处理方法主要是采用数据平滑技术,按数据分布特征修匀原始数据,具体方法包括分箱、聚类、回归、移动平均、指数平滑等。

(4)数据筛选。数据筛选是指从原始数据中把那些符合某种规定要求的数据筛选出来,剔除那些明显不符合要求或有明显错误而又难以弥补、纠正的数据。数据排序则是将原始数据按一定的顺序加以排列,以便发现数据中的某些特征或规律,寻找某些有用的线索,或检查纠正原始数据中的差错。

(5)数据变换是通过某种方法将原始数据进行重新表达,以改变原始数据的某些特征,增进对数据的理解,满足数据分析的需要。数据变换方法包括综合指数法、均值化、标准化、比重法、初值化、功效系数法、极差变换法、加权处理和属性构造等,大致可概括为四大类:指标值域变换法、逆变换法、主成分变换和其他变换法。

3. 统计分组与汇总

统计分组与汇总是数据整理的关键步骤,是根据研究目的和研究对象的特点,科学选择分组标志和确定分组界限,将观测的个体及其原始数据进行归类,汇总计算出有关统计指标。在这一步骤中,进行统计分组并形成分布数据是重点内容。

4. 整理数据的显示

整理数据的显示是展现数据整理结果的步骤,就是将统计分组和汇总后的数据,用适当的统计表、统计图显示出来,直观、准确、清楚地表达出对象总体的有关数量特征,便于开展统计分析。

5. 整理数据的发布

整理数据的发布是数据整理的最后一个步骤,就是把数据整理的结果以适当的形式加以保存,并以适当的内容、形式和范围加以发布。

二、统计分组

(一)统计分组的性质

1. 统计分组的含义

统计分组是根据研究目的和对象的特点,选择一定的标志,将总体划分为若干性质不同的组,使组与组之间具有差异性,组内单位保持相对的同质性。统计分组兼有分与合的双重功能,是分与合的对立统一。即对总体而言是"分",把总体划分为若干性质不同的部分;对个体而言是"合",把性质相同的个体归入同一组中。

2. 统计分组的原则

统计分组须遵循一些基本的原则:

(1)"穷尽"和"互斥"原则。"穷尽"原则是指总体中任何一个个体都必须而且只能归属于某一个组,没有遗漏;"互斥"原则是指总体中任何一个个体只能归属到一个组,而不能同属两个或两个以上的组。

(2)"差异性"和"同质性"原则。统计分组的目的是在同质性的基础上探讨总体的内在差异性,即尽量体现出分组标志的组间差异而保持组内同质。因此,统计分组无论体现的是空间差异、时间差异、数量差异还是属性差异,归根结底是要客观反映各组之间本质特征的差异。

3. 统计分组的作用

统计分组是数据整理的重要环节,分组的好坏直接关系到能否整理出正确、中肯的资料,关系到统计分析能否得出正确的结论。统计分组的作用主要体现在以下三个方面:

(1)划分现象所属类型。社会经济现象是一个复杂的整体,存在着多种多样的类型,不同类型有着不同的特点以及不一样的发展规律。因此,通过统计分组,将总体现象区分为若干性质不同的类型,以反映不同类型的数量差异、特征及相互关系。

(2)揭示总体内部结构。社会经济现象包括多种不同的类型,不仅在性质上有所差异,在总体中所占比重也不一样。通过统计分组,计算各组数据特征在总体中所占比例或各组之间的比例关系,可以说明总体的内部结构,反映现象的性质和特点。

(3)分析现象之间的关系。社会经济现象之间都不是孤立的,存在着不同程度的相互联系、相互制约的依存关系。通过统计分组,可以直观地描述现象之间的关系,获得对现象之间关系的初步认识,进而结合其他统计分析方法,深入探究现象之间的依存关系。

(二)统计分组的种类

1. 按照分组标志性质划分

根据分组标志性质的不同,分为品质分组和数量分组。

品质分组又称属性分组,是指总体按某一个或某几个品质标志进行分组,并根据每个个体的标志表现将其分别归入不同的组中。品质分组的分组标志一经确定,各组的名称、界限和组数也就随之确定,例如公司员工按学历分组等。

数量分组又称变量分组,是指总体按某一个或几个数量标志进行分组,并划定各组的数量界限,根据每个个体的标志表现将其分别归入不同的组中。例如,学生按身高分组,公司员工按年龄分组,商店按销售额分组等。数量分组的目的是通过组间数量差异来反映总体内部在性质上的区别,难点在于科学地确定分组数及组间数量界限,组距式分组中还涉及合理确定组距的问题。

2. 按照分组标志数量划分

根据分组标志数量的不同,分为简单分组与复合分组。

简单分组是指对总体只按一个标志进行分组,只反映总体某一方面的分布状况和内在结构。

例如公司员工只按性别标志,或只按年龄标志,就属于简单分组。若总体按若干个标志分别进行简单分组,就形成平行分组体系。

复合分组则是指对总体同时按两个或两个以上的标志进行层叠式的分组,即在某一标志分组的基础上再按另一标志进一步分组。例如,某公司员工总体按性别、年龄和学历三个标志的复合分组如图 2-3 所示。复合分组的结果,能够表明所有分组标志下各界限范围内的个体数或比重。

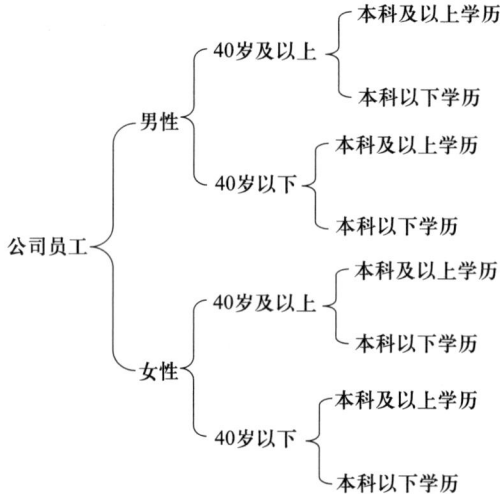

图 2-3　某公司员工的复合分组

复合分组有利于深入、具体地分析现象总体的内在关系,但分组标志也不宜过多,否则会给分组结果的表达造成困难,不利于形成总体的认识。

在对总体按两个标志进行复合分组时,还可以采用交叉式,形成交叉分组表,表的横行和纵栏分别代表两个标志的分组,交叉的格子表示按两个标志分组的结果。例如,某公司员工总体按年龄和学历进行的交叉式复合分组如表 2-4 所示。

表 2-4　某公司员工交叉式复合分组表

学历分组	年龄分组	
	40 岁以下	40 岁以上
本科学历及以上		
本科学历以下		

3. 按照分组目的或作用划分

根据分组目的或作用的不同,分为类型分组、结构分组和分析分组。

类型分组是指把复杂的现象总体分为若干个性质不同的部分。例如,我国把全社会消费品零售额分为国有及国有控股商业零售额、集体商业零售额、私营及个体商业零售额和其他类型商业零售额。

结构分组是指在总体分组的基础上计算各组占总体的比例,以此来研究总体内部结构的统计分组方式。通常情况下,结构分组是与类型分组紧密联系在一起的。

分析分组是指用来研究现象之间依存关系的统计分组。分析分组的分组标志称为原因标志,即表现为事物发展变化的原因;与原因标志对应的标志称为结果标志,即表现事物发展的结果。例如,商品流通费用率与商品销售额之间、工人劳动生产率与企业产值之间的依存关系,都可以通过分析分组加以反映。

(三) 统计分组的方法

统计分组的关键是分组标志的选择和分组界限的确定,如果分组标志选择不当或分组界限不合理,就会混淆事物的性质,难以客观反映现象总体的特征。

1. 选择分组标志

分组标志是将总体中的个体划分到性质不同的组的标准或依据。一般情况下,反映个体特征的标志较多,分组标志选择恰当与否,直接影响到统计分组的科学性与合理性,并对后续的统计分析产生影响。为正确选择分组标志,应遵循以下原则:

(1) 根据研究目的选择分组标志。对于同一总体而言,研究目的不同需要选择的分组标志必然不一样。以图 2-3 所示的某公司员工总体为例,如果研究的目的是了解公司员工的年龄构成,就应该选择"年龄"作为分组标志;如果研究的目的是了解公司员工的知识层次,那么应该以员工的"学历程度"作为分组标志。

(2) 选择反映现象本质特征的分组标志。在同一研究目的下,依然会有很多种类的分组标志可供选择。此时,应结合研究对象的特点,选择最能反映现象本质特征的标志作为分组标志。例如,在研究公司员工生活水平时,可以选择工资水平作为分组标志,也可以选择员工家庭人均收入水平作为分组标志。

(3) 根据事物所处的具体条件选择分组标志。事物总是随着时间、地点和历史条件的改变而变化,当其所处的具体条件发生改变时,所选的分组标志也应随之而改变。例如,在研究企业规模构成时,可以选择员工人数、年产值、固定资产价值等标志进行分组。在生产水平较落后的情况下,选取公司员工人数作为分组标志是合理的;而在采用先进技术装备的条件下,资金密集型企业越来越多,此时选择固定资产价值作为分组标志更为合理。

2. 分组界限的确定

(1) 品质分组的确定。一般情况下,按照品质标志进行分组,分组标志一旦确定,其分组界限也随之而确定。例如,人口按性别、文化程度等进行分组,这样的分组界限明确,相对简单明了。然而,当分组变量存在属性之间的过渡形式时,那么分组的界限便不易划定。例如,人口按照职业进行划分、企业按照行业进行划分、产业按照经济用途进行划分等。针对这些比较复杂的属性分组而言,有关部门都制定了统一的分类标准和规范,可参照相应的分类标准规定进行分组。

(2) 数量分组的确定。数量标志分组在数量标志变异范围内划分各组界限,以此将总体划分成若干性质不同的组成部分。根据数量标志是否连续,数量标志分组又分为单项式分组和组距式分组两类。

单项式分组用一个变量值作为一组,形成单项式变量数量,如按照家庭生育孩子的数量分组,可以分为 0 个、1 个、2 个、3 个和 4 个及以上五个组。此类分组组限较为明确,分组简单。相较而言,组距式分组面对的是连续性变量,需要将变量划分为几段区间,并把一段区间内的所有个体属性值归为一组。

在组距式分组时,尤其要注意组数与组距、组限与组中值的问题:

① 组距与组数。在组距式分组中,各组变量值区间的最大值称为上限,最小值称为下限,上限与下限之差就是组距。所划分的区间数,则称为组数。

组距的大小与组数的多少成反比。组距过大过小,或组数过多过少都不能真实反映总体分布特征,因此组距大小与组数多少以体现组间差异与反映总体分布特征为原则。美国学者斯特杰斯(H.A.Sturges)曾提出一个确定组距与组数的经验公式,即如果总体大致呈正态分布,那么就有:

$$n = 1 + 3.322\lg N \tag{2-1}$$

$$d = \frac{R}{n} \tag{2-2}$$

式中:n 为组数;d 为组距;N 是总体容量(总频数);R 为总体全距即总体中最大变量值与最小变量值之差。

在组距式分组中,如果各组的组距相等,称为等距分组;如果各组的组距不相等,则称为异距分组。一般地,当变量分布比较均匀时,可采用等距分组;当变量分布很不均匀,或者变量分布具有某种自身特殊规律时,应该采用异距分组,以便客观反映总体分布特征。

② 组限与组中值。在组距式分组中,必须划定各组的数量界限即组限。组限的确定除了要区分事物的性质和体现总体分布特征,还需注意以下几点:一是最小组的下限应略低于变量的最小值,最大组的上限应略高于变量的最大值。二是连续型变量的各组组限必须重叠,以防分组时出现遗漏某些个体的现象。为了明确变量值正好等于组限的个体的归属问题,通常采用"上限不在内"原则,即各组包含下限变量值的个体而不包含上限变量值的个体。对于离散型变量,习惯上也采用组限重叠的分组方法。三是有时最小组只有上限而没有下限,最大组只有下限而没有上限,这样的组称为开口组。开口组的组距一般按相邻组的组距加以确定,并进而确定相应的下限或上限。

组中值是代表各组变量值一般水平的数值,具有平均数的性质(但并非平均数)。组距分组在体现各组组间差异、反映总体分布特征和结构的同时,也掩盖了各组内部的差异,所以组中值是在假定各组内均匀分布时的一个近似值。组中值的计算方法为:

$$组中值 = \frac{上限 + 下限}{2} = 下限 + \frac{组距}{2} = 上限 - \frac{组距}{2} \tag{2-3}$$

组距式分组常会遇到首末两组"开口"的情况,此时组中值的确定以相邻组的组距为依据。当最小组为开口组时,计算公式为:

$$组中值 = 上限 - \frac{邻组组距}{2} \tag{2-4}$$

当最大组为开口组时,计算公式为:

$$组中值 = 下限 + \frac{邻组组距}{2} \tag{2-5}$$

三、分布数列

(一)分布数列的含义

在统计分组的基础上,将总体中所有个体按组进行归类排列,计算出各组的个体数量,形成频数分布。频数分布是统计整理的一种重要形式,通过对零乱而分散的原始统计资料进行有序整理,最终形成一列反映个体单位在各组中分布状况的数列,即分布数列。

在分布数列中,分布于各组的个体单位数,称为频数或次数,各组频数或次数之和称为总频数或总次数,各组频数与总频数之比称为频率。将各组的频数或频率按分组的一定顺序加以排列,形成频率分布数列。由此可见,分布数列有两个构成要素:一是分组;二是频数或频率。

(二)分布数列的种类

根据分组标志性质的不同,分布数列可以分为品质分布数列和变量分布数列。

1. 品质分布数列

按品质标志分组而形成的分布数列即为品质分布数列,简称品质数列。例如,某公司按其员工学历分组而形成的分布数据即为品质数列,见表2-5。

表 2-5　2022 年年底某公司员工的学历分布数列

学历	人数(人)	比重(%)
博士研究生	2	1.33
硕士研究生	22	14.67
本科	87	58.00
本科以下	39	26.00
合　　计	150	100.00

2. 变量分布数列

按数量标志分组所形成的分布数列即为变量分布数列,简称变量数列。某公司以员工年龄为分组标志而形成的分布数列即为变量分布数列,见表2-6。

表 2-6　2022 年年底某公司员工年龄分布数列

年龄(岁)	人数(人)	比重(%)
30 以下	44	29.33
30~40	52	34.67
40~50	36	24.00
50~60	15	10.00
60 以上	3	2.00
合　　计	150	100.00

（三）变量分布数列的编制

分布数列是统计整理结果的主要形式,根据变量值变化是否连续,可将变量分布数列分为单项式数列和组距式数列两种类型。

1. 单项式数列的编制

单项式数列是以一个变量值表示一组的变量数列。例如,某网站将顾客按一周购物的次数进行分组,其变量值有 0、1、2、3、4、5 次及以上共 6 组,分别列出各组人数或比重,就形成单项式数列。单项式数列适用于表现变量值变动范围不大的离散型变量的分布特征。

具体地,单项式数列的编制包括以下步骤:

（1）将所有个体对应的变量值依大小排序;

（2）确定各组的变量值和组数,一般有多少个变量值就分为多少个组;

（3）汇总出各变量值所出现的频数或次数,依此编制单项式数列并将结果以分布数列表的形式呈现。

2. 组距式数列的编制

组距式数列是以某一区间表示一个组的变量数列,变量值处于同一区间范围的个体属于同一个组,区间的长度就是组距。例如,表 2-6 就是一个组距式数列。组距式数列适用于表现连续型变量和变量值变动范围较大的离散型变量的分布特征,因为当变量数值较多时,如果每一变量值设为一组,那么组数就会特别多,难以体现总体分布特征。

具体地,组距式数列的编制主要步骤如下:

（1）将所有个体按变量值大小依次排列,确定变量的最大值、最小值;

（2）计算应划分的组数与组距;

（3）确定各组的最大值、最小值及中间值,即组限和组中值;

（4）归类汇总并计算各组所包含的频数或频率,依此编制组距式数列并将结果以分布数列表的形式呈现。

（四）频率分布与累计频率分布

1. 频率分布的性质

按顺序列出各组的组别及相应频率,就构成频率分布。频率分布有两个基本性质:一是各组频率都介于 0 与 1 之间,即大于 0 而小于 1;二是各组频率之和等于 1。

值得注意的是,异距数列中各组频数或频率并不能直接进行比较。此时,为消除各组组距不同所造成的影响,需要计算频数密度或频率密度,即频数与组距之比。只有计算出各组的频数密度或频率密度,才可以进行比较分析。

2. 累计频率分布

在频数分布的基础上,将各组频数依次累计,形成累计频数分布。各组累计频数与总频数之比,就形成累计频率分布。

累计分布有向上累计分布与向下累计分布两种。向上累计分布是将各组的频数或频率由变量值小的组向变量值大的组累计,累计结果分别说明各组上限以下的累计频数或累计频率的分布状况。当累计到最后一组时,其累计频数等于总频数或累计频率等于 100%。向下累计分布是将各组的频数或频率由变量值大的组向变量值小的组累计,累计结果分别说明各组下限以上的累计频数或累计频率的分布状况。当累计到最后一组时,其累计频数等于总频数或累计频率等于 100%。

【例 2-1】 根据表 2-6 作累计频数/频率分布,结果见表 2-7 所示。

表 2-7　2022 年年底某公司员工年龄累计频数/频率分布

年龄 (岁)	人数 (人)	比重 (%)	向上累计		向下累计	
			频数(人)	频率(%)	频数(人)	频率(%)
30 以下	44	29.33	44	29.33	150	100.00
30~40	52	34.67	96	64.00	106	70.67
40~50	36	24.00	132	88.00	54	36.00
50~60	15	10.00	147	98.00	18	12.00
60 以上	3	2.00	150	100.00	3	2.00
合　计	150	100.00	——	——	——	——

表 2-7 中 40~50 岁组的向上累计频数为 132 人,说明该公司 2022 年年底 50 岁以下的员工共有 132 人,占全体员工数量的 88%;该组的向下累计频数为 54 人,说明该公司 2022 年年底 40 岁以上的员工共有 54 人,占比为 36%。其他各组向上累计或向下累计的含义,可做同样的说明。

第三节　统计数据的呈现

经过整理的统计数据,既可以用统计表呈现出来,也可以用统计图加以呈现。统计表条理分明、集中醒目,而且可以节省大量的文字叙述,也便于开展对比分析。统计图则形象、直观,能够清晰地显示变量特征及变量之间的相互关系。

教学视频
统计数据显示

一、统计表

(一)统计表的概念

统计表是用以呈现统计数据的重要形式,是将收集来的统计数据经过汇总整理,并按一定顺序排列在相应的表格内而形成的。这样的统计表通常称为狭义统计表,它是统计整理的重要工具,能够清楚、有条理地显示统计数据,直观反映研究对象的特征。而广义统计表则是指统计工作各阶段中所使用的一切表格,还包括统计调查表和统计分析表。

(二)统计表的构成

统计表的构成可以从形式和内容两个方面来加以认识。

1. 形式上的构成

从形式上看,统计表是由纵横交错的线条所构成的一种表格,包括总标题、横行标题、纵栏标题和指标数值四个部分。总标题是统计表的名称,简明扼要地说明全表的基本内容,一般置于统计表的正上方中间处。横行标题是表示横行内容的名称,是所要说明的对象,可以是总体、个体,也可以是分组,或者是时间,一般置于表的左方。纵栏标题是纵栏的名称,用以说明标志或统计指标的名称,一般置于表的右上方。指标数值位于横行标题与纵栏标题的交叉处,是用以表明总体及其组成部分数量特征的具体统计数字,置于表的右下方,是统计表的核心部分。统计表的一般形式见表 2-8 所示。

表 2-8　2022 年某集团三个分公司的销售额及增长情况　　　←——总标题

分公司	销售额 (万元)	占全集团的比重 (%)	比上年增长 (%)
公司甲	56 957.00	10.01	4.00
公司乙	249 684.42	43.89	7.80
公司丙	262 203.79	46.10	8.30
合计	568 845.21	100.00	7.70

纵栏标题 / 横行标题 / 指标数值 / 主词 / 宾词

2. 内容上的构成

从内容上看,统计表主要由两部分组成:主词和宾词。主词是统计表所要说明的总体、个体或分组的名称,一般置于表的左方,即横行位置。宾词是用以说明总体及其组成部分数量特征的各种统计指标与指数数值,一般置于表的右方,即纵栏标题和指标数值的位置,如表 2-8 所示。有时,主词与宾词的位置可以互换。

此外,统计表通常还包括资料来源、注释、填表单位、填表人和填表日期等内容。

(三)统计表的种类

统计表按照主词是否分组以及分组标志多少,可以分为未分组表、简单分组表和复合分组表三种。

未分组表是指主词未进行任何分组的统计表,即主词只按一定顺序罗列总体中各个个体的名称(见表 2-9),或者将主词按时间顺序简单排列。

表 2-9　第七次人口普查我国 4 个直辖市的人口数

直辖市名称	人口数(万人)
北京市	2 189.3
天津市	1 386.6
上海市	2 487.1
重庆市	3 205.4

简单分组表是指主词按一个标志分组的统计表。简单分组表的主词可以按品质标志分组,也可以按数量标志分组,目的是揭示不同类型现象的特征,分析现象内部结构和现象之间的依存关系。表 2-10 即为简单分组表。

表 2-10 2021 年我国国内生产总值的构成

三次产业	国内生产总值（亿元）	所占比重（%）
第一产业	83 216.5	7.2
第二产业	451 544.1	39.3
第三产业	614 476.4	53.5
合　计	1 149 237.0	100.0

复合分组表是指主词按两个或两个以上标志分组的统计表，可以通过多个标志的结合来对总体有更深入细致地了解，分析复杂现象的特征及其规律。表 2-11 即为复合分组表。

表 2-11 某地区工业企业的职工情况表　　　　单位:万人

所有制形式	职工人数			工　龄								
				1 年以下			1～10 年			10 年以上		
	男	女	小计	男	女	小计	男	女	小计	男	女	小计
（甲）	（1）	（2）	（3）	（4）	（5）	（6）	（7）	（8）	（9）	（10）	（11）	（12）
国有单位	75	92	167	15	24	39	22	36	58	38	32	70
城镇集体单位	113	131	244	25	37	62	42	60	102	46	34	80
合　计	188	223	411	40	61	101	64	96	160	84	66	150

（四）统计表的设计

要使统计表能够准确地反映研究对象的数量特征，便于人们了解其内容，统计表的设计必须目的明确、内容具体、美观简洁、科学实用。具体来说，设计统计表应注意以下几点：

1. 合理安排结构

对于横行标题、纵栏标题、统计数值的安排应合理，使统计表的横竖长度比例适当，避免出现过高或过长的表格形式。当然，根据强调的重点不同，横行标题和纵栏标题的位置可以互换。

2. 标题设计

标题设计要简明扼要，能准确反映所要表达的内容，包括统计数据所属的时间和空间。

3. 横行纵栏的设计

纵横各栏各行的排列，要注意它们之间内在的逻辑关系和排列顺序。当各栏各行需要合计时，一般将合计列在最后一栏或最后一列。

4. 合理设计宾词

宾词的设计主要是关于统计指标的设计，一般有两种:平行排列和层叠排列。平行排列是将宾词的各指标作平行设置，不重叠，如表 2-10 所示。层叠排列是宾词的各个指标按复合分组形成的多层次重叠设置，如表 2-11 所示。

5. 计量单位设计

当表中只有一种计量单位时，可在表的右上方注明。如果有几个不同的计量单位，横行的计量单位可专设"计量单位"一栏,也可与纵栏各指标标注在一起。

6. 纵栏的标注

如果表的栏数较多,通常要加编号。主词栏和计量单位栏可用甲、乙、丙等文字表示,宾词栏可用(1)、(2)、(3)等数码表示。必要时,应表明各栏之间的关系,例如表 2-11 中(6)=(4)+(5)等。

7. 数字格式

表中数字应填写整齐,上下位数要对齐。当数字为 0 时要写上"0",无数字或不用填写数字的要在格内填上"——",缺数据的要在格内填上"……"。

8. 表的形式

统计表的表式为"开口式",即表的左右两端不画纵线,上下边线画粗线或双线。

9. 表的注释

必要时,要给统计表添加说明或注释,一般放在统计表的下端。

二、统计图

统计图是直观、形象、生动地表现统计数据的方式,包括条形图、直方图、折线图、散点图、圆饼图、圆环图、雷达图、茎叶图、箱形图等众多形式。下面分别介绍几种常用的统计图:条形图、直方图、茎叶图、折线图、圆形图、箱形图、曲线图和累计曲线图。

(一)条形图

条形图是用宽度相同的条形高度或长度来表示数据变动的图形。条形图可以横置也可以纵置,纵置时又称为柱形图。在条形图中,每一分类组表示成一个条,用条形图的长度或高度表示各类别数据的频数或频率。例如,根据表 2-5 某公司员工的学历分布数据作的条形图如图 2-4 所示。

(二)直方图

直方图是用直方形的宽度和高度来表示频数分布的图形,即在直角坐标系上,以横轴表示变量,以纵轴表示频数或频率,以各个宽度为组距、高度为频数或频率的直方块矩形所构成的图形。例如,根据表 2-6 某公司员工年龄分布数据作的直方图如图 2-5 所示。

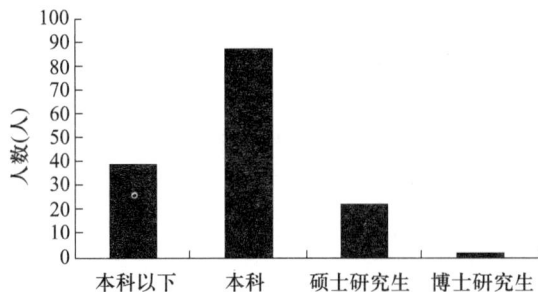

图 2-4　某公司员工按学历分组条形图

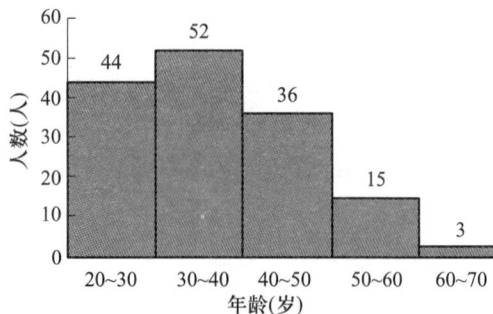

图 2-5　某公司员工年龄分布直方图

(三)茎叶图

茎叶图是一种用以表现原始数据分布状况的图形,由"树茎"与"树叶"两部分构成,并且都是以数字来表示的。通常以高位数字作为茎,以个位数字作为叶,借以表现数据分布的形状和离散状况。

【例 2-2】　一网站某商品 55 天的销售数量如下(单位:个),试编制茎叶图。

117　122　124　129　139　107　117　130　122　125　108　131　125　117　122　133
126　122　140　108　150　118　123　126　133　134　127　123　118　141　112　112　134
127　123　119　113　120　123　127　143　135　137　114　120　128　124　115　139　128
124　121　110　140　118

根据上述 55 个数据,可编制茎叶图如图 2-6 所示。

树茎	树叶	数据个数
10	788	3
11	0223457778889	13
12	001222233334445566777889	24
13	0133445799	10
14	0013	4
15	0	1

图 2-6　某商品日销售数量的茎叶图

(四)折线图

在直方图的基础上,将各组直方形顶边线的中点(即由组中值与频数或频率确定的坐标点)用折线连接起来,就形成为折线图。例如,根据表 2-6 某公司员工年龄分布数据作的折线图如图 2-7 所示。

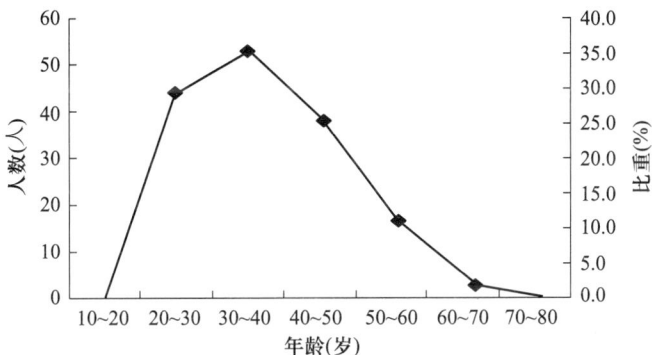

图 2-7　某公司员工年龄分布折线图

(五)圆形图

圆形图又称为饼图,是用圆和圆内扇形的面积来表示数值大小的图形,主要用于表示总体中各组成部分所占的比例,对研究结构性问题比较适用。在绘制圆形图时,总体中各个部分所占的百分比用圆内各个扇形的面积加以表示。例如,根据表 2-6 某公司员工年龄分布数据作的圆形图如图 2-8 所示。

(六)箱形图

箱形图是由变量的 5 个特征值绘制而成的图形,由一个箱子和两条线段组成。5 个特征值是变量的最大值、最小值、中位数、第一四分位数和第三四位数。连接两个分位数画出一个箱子,箱子用中位数分割,把两个极点值与箱子用线条连接,即为箱形图。例如,某公司为了提高销售业绩,准备对销售人员实行一种新的激励方式,在推行这种新的激励方式之前,首先进行了对照实验。现随机挑出两组销售人员,一组用新的激励方式进行实验,简称实验组,另一组则用原来的激励方式进行对照,简称对照组。现测得两组销售人员的销售业绩(万元/月)如表 2-12 所示。

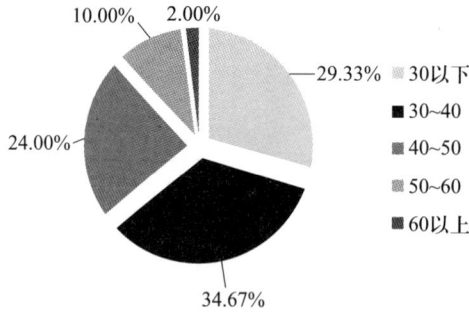

图 2-8　某公司员工年龄分布圆形图

表 2-12　两组销售人员的销售业绩

组别	销售业绩(万元/月)							
实验组	35	41	40	37	43	32	39	46
对照组	32	39	34	36	32	38	34	31

根据表 2-12 数据可绘制箱线图如图 2-9 所示。

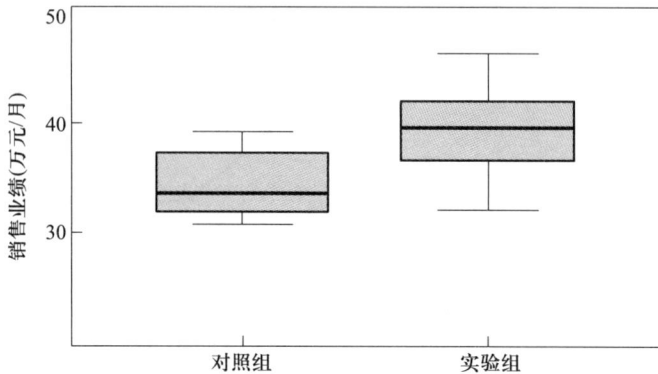

图 2-9　销售人员的销售业绩茎叶图

(七) 曲线图

在直方图的基础上,将各组直方形顶边线的中点(即由组中值与频数或频率确定的坐标点)用曲线连接起来,形成曲线图。当变量数列的分组数较多、组距较小时,利用曲线图来反映变量值的分布较为合适。例如,根据表 2-6 某公司员工年龄分布数据作的曲线图如图 2-10 所示。

变量分布曲线图种类很多,常见的有 J 形分布、U 形分布和钟形分布三种。

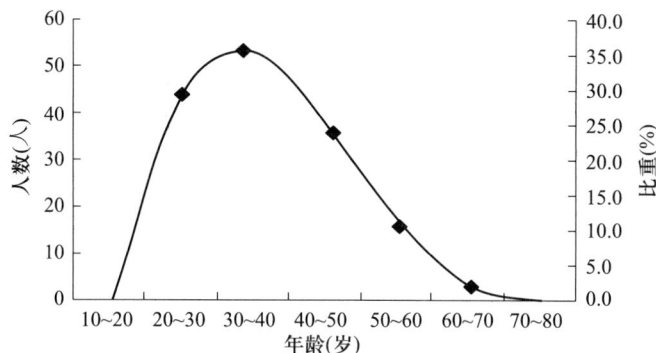

图 2-10　某公司员工年龄分布曲线图

　　J 形分布有两种类型:一种是变量分布的频数或频率随变量值的增大而变大,称为正 J 形分布,例如商品供应量随着价格的上升而增加。另一种是变量分布的频数或频率随变量值的增大而变小,称为反 J 形分布,例如商品需求量随着价格的上升而下降。J 形分布曲线如图 2-11(a)、2-11(b)所示。

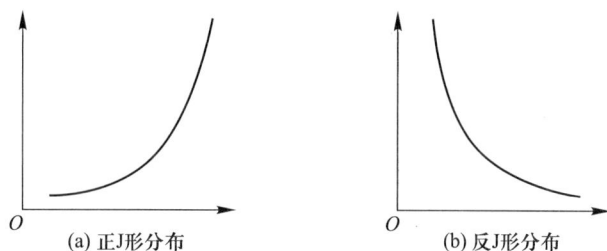

图 2-11　J 形分布

　　U 形分布是一种"两头大,中间小"的分布,即靠近中间变量值的分布频数小、频率低,靠近两端变量值的分布频数大、频率高,曲线形式犹如英文字母"U"。例如人口死亡率的年龄分布就是幼儿和老年人死亡率高,青少年和中年的死亡率低,如图 2-12 所示。

　　钟形分布与 U 形分布正好相反,是一种"中间大,两头小"的分布,即靠近中间变量值的分布频数大、频率高,靠近两端变量值的分布频数小、频率低,形如古钟。在钟形分布中,有一种以变量的平均数为中心,左右两侧完全对称的分布,称为正态分布,其特点是变量平均数两侧的频数或频率随着与平均数距离的增大而完全相等地依次减少,如图 2-13(a)所示。如果变量平均数两侧的频数或频率分布不完全对称,则称为偏态分布,分为左(负)偏分布和右(正)偏分布两种,分别如图 2-13(b)、2-13(c)所示。

　　在现实生活中,很多社会经济现象都属于钟形分布,例如人的身高、居民收入、某些商品的价格水平等,但它们都不是完全正态分布的。正态分布是钟形分布的极限形式。

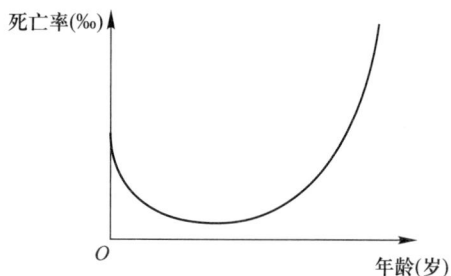

图 2-12　U 形分布

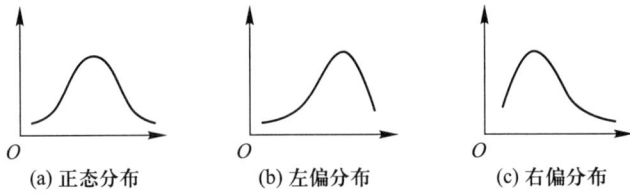

(a) 正态分布 　　　　 (b) 左偏分布 　　　　 (c) 右偏分布

图 2-13　钟形分布

（八）累计曲线图

根据累计频数或累计频率分布数列，可以绘制累计曲线图。它以分组变量为横轴，以累计频数或累计频率为纵轴，以各组的上限（下限）与累计频数或累计频率为坐标点，平滑连接各点即成向上（向下）累计曲线。例如，根据表 2-7 绘制向上、向下累计曲线图，如图 2-14 所示。

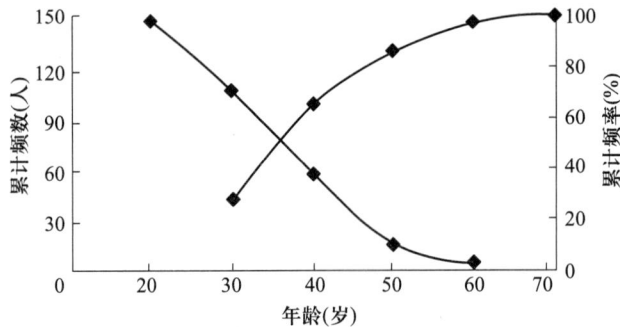

图 2-14　某公司员工年龄分布累计曲线图

在向上累计曲线中，一条很有名的曲线是用以反映居民收入分配平等程度的洛伦茨曲线。将一定区域的人口按照收入水平（财富水平）从小到大排序，并等分为 5 等份（或 10 等份），依次计算累计人口比重和累计收入（财富）比重，以累计人口比重与累计收入（财富）比重为坐标点即可绘制居民收入分配向上累计曲线，如图 2-15 所示。根据洛伦茨曲线，可以进一步计算基尼系数。

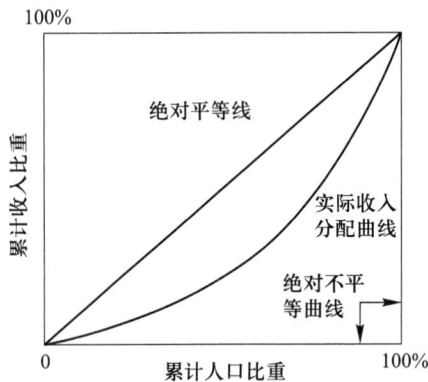

图 2-15　洛伦茨曲线

☰ 本章小结

　　本章的重点是理解和掌握统计数据收集、整理与呈现的理论和方法。通过学习,理解统计数据收集的内涵与要求,明晰统计数据收集的各种方法;熟悉统计数据收集的统计调查方式、实验方式和大数据采集的各种类型及特点,并能够结合实际加以应用;了解统计数据收集方案应包含的主要内容;基本掌握数据收集的问卷设计技能,明确需注意的一些问题。理解统计数据整理的含义、意义与步骤;熟悉、理解统计分组的性质及类型,正确掌握统计分组方法;熟悉分布数列的含义和分类,掌握分布数列尤其是变量数列的编制方法。作为学习延伸,可结合实际确定一个研究主题,尝试制定数据收集方案,力求设计一份完整的调查问卷,并采用合适的抽样调查方式和方法进行问卷调查,然后对回收的调查问卷进行数据处理,编制变量数列,绘制统计图和统计表,并作出简要的分析说明。此外,还可以尝试借助大数据和人工智能技术(譬如网络爬虫等),采用大数据方法去收集一些自己感兴趣的数据和文献资料。

☰ 思考与练习

一、即测即评

二、计算题

1. 某班 40 名学生统计学考试成绩分别为:

66	89	88	84	86	87	75	73	72	68	75	82	97
58	81	54	79	76	95	76	71	60	90	65	76	72
76	85	89	92	64	57	83	81	78	77	72	61	70	81

学校规定:60 分以下为不及格,60~70 分为及格,70~80 分为中,80~90 分为良,90~100 分为优。

要求:

(1) 将该班学生分为不及格、及格、中、良、优五组,编制一张次数分配表。

(2) 指出分组标志及类型;分组方法的类型;分析本班学生考试情况。

2. 2022 年第四季度某集团下属 40 个企业的产值计划完成程度资料如下:

97	123	119	112	113	117	105	107	120	107	125	142
103	115	119	88	115	158	146	126	108	110	137	136
108	127	118	87	114	105	117	124	129	138	100	103

92　95　127　104

要求：

（1）据此编制分布数列。

（2）计算向上向下累计频数（率）。

（3）画出次数分布曲线图。

3. 某企业某班组工人日产量资料如表 2-13 所示。

表 2-13　某企业某班组工人日产量

日产量分组（件）	工人数（人）
50～60	6
60～70	12
70～80	18
80～90	10
90～100	7
合计	53

根据上述资料指出：

（1）上述变量数列属于哪一种变量数列？

（2）计算各组组距、组中值、频率。

计算题答案

三、实践题

请同学们组成 5 人小组，自行确定调查主题，设计问卷，并进行实际调查（有效问卷 50 份以上），利用 Excel 进行问卷数据处理，编制必要的统计表和绘制必要统计图，并写出简单的调查报告。

第三章 变量分布特征的描述

实例 1:

国家统计局发布的《2022 年国民经济和社会发展统计公报》显示:全年全国居民人均可支配收入 36 883 元,比上年增长 5.0%,扣除价格因素,实际增长 2.9%;全国居民人均可支配收入中位数 31 370 元,增长 4.7%。按常住地分,城镇居民人均可支配收入 49 283 元,比上年增长 3.9%,扣除价格因素,实际增长 1.9%;城镇居民人均可支配收入中位数 45 123 元,增长 3.7%。农村居民人均可支配收入 20 133 元,比上年增长 6.3%,扣除价格因素,实际增长 4.2%;农村居民人均可支配收入中位数 17 734 元,增长 4.9%。

什么是人均可支配收入? 什么是中位数? 国家统计局为什么会同时公布居民人均可支配收入和居民人均可支配收入中位数? 你觉得在推进共同富裕进程中,如何扩大中等收入群体的比重?

实例 2:

表 3-1 和图 3-1 是某球队 A、B、C 三位球员近几场比赛的得分情况,教练希望通过分析他们的得分表现决定让谁上场。

表 3-1 三位球员比赛得分表

A	比赛得分(分)	7	8	9	10	11	12	13
	频数(次)	1	1	2	2	2	1	1
B	比赛得分(分)	7	8	9	10	11	12	13
	频数(次)	1	1	2	4	2	1	1
C	比赛得分(分)	7	8	9	10	11	12	15
	频数(次)	2	0	3	3	2	1	1

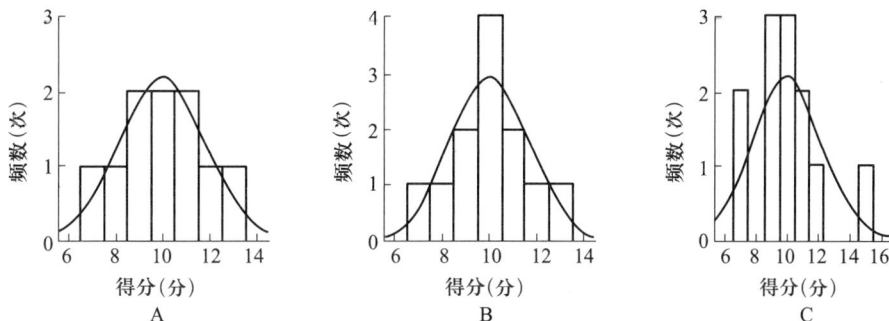

图 3-1 三位球员比赛得分统计

　　三位球员最近几场比赛得分的平均水平是多少？哪位球员的得分差异程度最大，哪位球员的得分差异程度最小？三位球员最近几场比赛得分的分布形态如何？

第一节　集中趋势的描述

　　变量分布特征可以从三方面进行描述：一是通过算术平均数、调和平均数、几何平均数、中位数、众数等描述变量分布的集中趋势；二是通过极差、四分位差、平均差、方差、标准差、离散系数、异众比率等描述变量分布的离中趋势；三是通过偏度系数、峰度系数等描述变量的分布形状。

　　集中趋势亦称为趋中性，是指变量分布以某一数值为中心的倾向，该中心数值就称为中心值或代表值。对于绝大多数变量来说，总是接近中心值的变量值居多，远离中心值的变量值较少，使得变量分布呈现向中心值靠拢或聚集的态势，这种态势就是变量分布的集中趋势。描述变量分布的集中趋势，就是要寻找变量分布的中心值或代表值，以反映某变量数值的一般水平。

　　变量分布的集中趋势要用平均指标来反映。平均指标是通过抽象化变量值的差异而反映变量取值的一般水平或平均水平的指标，其具体表现称为平均数。平均数因计算方法不同可分为数值平均数和位置平均数，前者根据变量的所有数据计算而得，主要有算术平均数、调和平均数和几何平均数；后者根据变量分布特征直接观察或根据变量数列部分处于特殊位置的变量值来确定，主要有中位数和众数。

　　平均指标的应用很广，主要有以下五个方面：① 通过反映变量分布的一般水平，帮助人们对研究现象的一般数量特征有一个客观的认识。② 可以对不同空间的发展水平进行比较，消除因规模不同而不能直接比较的因素，以反映它们之间总体水平上存在的差距，进而分析产生差距的原因。③ 可以对某一现象总体在不同时间上的发展水平进行比较，以说明这种现象发展变化的趋势或规律性。④ 可以分析现象之间的依存关系或进行数量上的推算。⑤ 可以作为研究和评价事物的一种数量标准或参考。

一、算术平均数

　　算术平均数也称均值，等于变量所有取值的总和除以变量值个数，即总体（样本）标志总量除以总体（样本）容量的结果，是最常用的平均数。根据掌握资料的不同，算术平均数可以分为简单算术平均数与加权算术平均数。

教学视频
算术平均数

（一）简单算术平均数

　　简单算术平均数是根据未分组数据计算的，即直接将变量的各变量值相加，除以变量值的个数。设一组数据 $x_1, x_2, x_3, \cdots, x_n$，则简单算术平均数 $\bar{x}$ 的计算公式为：

$$\bar{x} = \frac{x_1 + x_2 + \cdots + x_n}{n} = \frac{\sum_{i=1}^{n} x_i}{n} \tag{3-1}$$

　　【例 3-1】　根据表 3-2 中的数据，计算某企业 80 名女职工的平均年薪。

表 3-2 某企业 80 名女职工年薪数据   单位:元

42 900	33 900	67 800	50 100	63 000	52 500	53 100	57 000
43 800	42 300	48 300	32 400	63 300	40 200	55 500	34 200
43 800	62 700	58 500	40 200	50 400	44 700	50 100	48 000
55 800	38 400	55 200	48 000	75 600	71 100	58 800	54 900
48 000	47 100	45 900	51 900	37 500	57 000	66 600	36 900
60 600	44 700	69 600	49 200	65 100	48 900	43 800	69 000
70 200	60 000	102 000	57 000	66 600	33 300	36 300	72 000
52 500	52 800	48 600	44 100	77 100	53 100	93 750	58 200
77 700	108 000	49 500	50 400	39 300	53 400	59 700	33 000
48 000	52 800	45 900	42 000	83 100	41 700	71 400	49 500

基于表 3-2 中的数据资料,根据式(3-1)可得,

$$\bar{x} = \frac{x_1+x_2+\cdots+x_n}{n} = \sum_{i=1}^{n} x_i \Big/ n = \frac{4\ 361\ 250}{80} = 54\ 515.63(\text{元})$$

即 80 名女职工的平均年薪是 54 515.63 元。

(二)加权算术平均数

加权算术平均数是根据变量数列计算的,即以各组变量值(或组中值)乘以相应的频数求出各组标志总量,加总各组标志总量得出总体标志总量,再用总体标志总量除以总频数,计算公式为:

$$\bar{x} = \frac{x_1f_1+x_2f_2+\cdots+x_kf_k}{f_1+f_2+\cdots+f_k} = \sum_{i=1}^{k} x_if_i \Big/ \sum_{i=1}^{k} f_i \qquad (3-2)$$

式(3-2)中 x_i 表示第 i 组的变量值(或组中值),f_i 代表第 i 组变量值(或组中值)出现的频数,k 表示组数。

【例 3-2】 根据表 3-3 中的数据,计算某企业女职工的平均受教育年限。

表 3-3 某企业 80 名女职工受教育年限

受教育年限(年)	频数(人)	百分比(%)
8	8	10.00
12	44	55.00
15	17	21.25
16	11	13.75
合计	80	100.0

基于表 3-3 中的数据,根据式(3-2)有:

$$\bar{x} = \frac{x_1f_1+x_2f_2+\cdots+x_kf_k}{f_1+f_2+\cdots+f_k} = \sum_{i=1}^{k} x_if_i \Big/ \sum_{i=1}^{k} f_i = \frac{8\times8+12\times44+15\times17+16\times11}{8+44+17+11} = 12.79(\text{年})$$

即 80 名女职工的平均受教育年限是 12.79 年。

计算加权算术平均数时,有两个问题需要加以说明:

第一,权数与权数系数。加权算术平均数的权数除了用绝对形式的频数 f_i 表示,还可以用权数系数 $f_i \Big/ \sum\limits_{i=1}^{k} f_i$ 表示。如果已知各组的频率,就可以直接用权数系数求加权算术平均数,那么式(3-2)可以改写为:

$$\bar{x} = \frac{\sum\limits_{i=1}^{k} x_i f_i}{\sum\limits_{i=1}^{k} f_i} = \sum_{i=1}^{k} x_i \times \frac{f_i}{\sum\limits_{i=1}^{k} f_i} \tag{3-3}$$

根据表 3-3 中的数据,用式(3-3)计算加权算术平均数:

$$\bar{x} = \sum_{i=1}^{k} x_i \times \frac{f_i}{\sum\limits_{i=1}^{k} f_i} = 8 \times 10.00\% + 12 \times 55.00\% + 15 \times 21.25\% + 16 \times 13.75\% = 12.79(\text{年})$$,即 80 名女职工的平均受教育年限是 12.79 年,与根据式(3-2)计算的结果相同。

第二,关于组距式数列计算加权算术平均数的问题。在组距式数列中,需要先计算各组的组中值作为各组的变量值,再按加权算术平均数的公式进行计算。

【例 3-3】 根据表 3-4 中的数据,计算某企业 120 名男职工的平均年薪。

表 3-4 某企业 120 名男职工的年薪

年薪分组(万元)	组中值(万元)	频数(人)	百分比(%)
5 以下	2.5	10	8.33
5~10	7.5	78	65.00
10~15	12.5	22	18.33
15~20	17.5	7	5.83
20 以上	22.5	3	2.50
合计		120	100.0

$$\bar{x} = \frac{\sum\limits_{i=1}^{k} x_i f_i}{\sum\limits_{i=1}^{k} f_i} = \frac{2.5 \times 10 + 7.5 \times 78 + 12.5 \times 22 + 17.5 \times 7 + 22.5 \times 3}{10 + 78 + 22 + 7 + 3} = 8.96(\text{万元})$$

即男职工的平均年薪为 8.96 万元,这是一个近似值。

(三)算术平均数的数学性质

为了更好地理解和运用算术平均数,有必要了解算术平均数以下两条重要性质:

(1)各变量值与算术平均数的离差之和等于零,即

$$\sum (x_i - \bar{x}) = 0 (\text{对于简单算术平均数}) \tag{3-4}$$

或

$$\sum (x_i - \bar{x}) f_i = 0 (\text{对于加权算术平均数}) \tag{3-5}$$

（2）各变量值与算术平均数的离差平方和为最小值，即

$$\sum (x_i - \overline{x})^2 = 最小值 \qquad (3-6)$$

或

$$\sum (x_i - \overline{x})^2 \leq \sum (x_i - x_0)^2 \qquad (3-7)$$

只有当 $\overline{x} = x_0$ 时，等号成立。

（四）算术平均数的优缺点

算术平均数具有以下优点：一是可以利用算术平均数来推算总体标志总量，因为算术平均数与变量值个数之乘积等于总体标志总量（变量值总和）；二是由算术平均数的两个数学性质可知，算术平均数在数理上具有无偏性与有效性（方差最小性）的特点，这使得算术平均数在统计推断中得到了广泛的应用；三是算术平均数具有良好的代数运算功能，即分组算术平均数的算术平均数等于总体算术平均数。

算术平均数的缺点主要表现为：一是算术平均数易受特殊值（特大或特小值）的影响，当变量存在少数几个甚至一个特别大或特别小的变量值时，就会导致算术平均数迅速增大或迅速变小，从而影响其对变量值一般水平的代表性。二是根据组距式数列计算算术平均数时，由于组中值具有假定性而使得计算结果只是一个近似值，尤其当组距式数列存在开口组时，算术平均数的准确性会更差。

二、调和平均数

调和平均数是平均数的一种，它先对变量值的倒数求平均，然后再取倒数，也称为倒数平均数。在数学上它是一种独立的存在形式，但在实践中通常被作为算术平均数的变形而使用。调和平均数也有简单调和平均数与加权调和平均数两种。

教学视频
调和平均数和
几何平均数

（一）简单调和平均数

当各组的标志总量相等时，所计算的调和平均数就称为简单调和平均数。简单调和平均数是各个标志值 x_i 的倒数的算术平均数的倒数。设总体分为 k 个组，每个组的标志总量都为 m，以 x_i 表示各组变量值，H 表示调和平均数，则简单调和平均数公式如下：

$$H = \frac{km}{\dfrac{m}{x_1} + \dfrac{m}{x_2} + \cdots + \dfrac{m}{x_k}} = \frac{k}{\displaystyle\sum_{i=1}^{k} \frac{1}{x_i}} \qquad (3-8)$$

【例 3-4】 市场上猪肉的价格是早市 18 元/斤，午市 16 元/斤，晚市 14 元/斤。若早、中、晚各购买 20 元的猪肉，问当天三次购买猪肉的平均价格是多少？

$$H = \frac{20 \times 3}{\dfrac{20}{18} + \dfrac{20}{16} + \dfrac{20}{14}} = \frac{3}{\dfrac{1}{18} + \dfrac{1}{16} + \dfrac{1}{14}} = 15.83（元）$$

即三次购买猪肉的平均价格是 15.83 元。

（二）加权调和平均数

当各组的标志总量不相等时，所计算的调和平均数要以各组的标志总量为权数，其结果即为

加权调和平均数。若以 m_i 表示各组标志总量,则加权调和平均数计算公式为:

$$H = \frac{m_1 + m_2 + \cdots + m_k}{\frac{m_1}{x_1} + \frac{m_2}{x_2} + \cdots + \frac{m_k}{x_k}} = \frac{\sum_{i=1}^{k} m_i}{\sum_{i=1}^{k} \frac{m_i}{x_i}} \tag{3-9}$$

【例 3-5】　根据表 3-5 中的数据,计算某企业男职工的平均年薪。

表 3-5　某企业 120 名男职工的年薪

年薪分组(万元)	年薪总额 m_i(万元)
5 以下	25.30
5~10	586.55
10~15	271.37
15~20	120.07
20 以上	73.87

在本例中,已知各组男职工的分组年薪和年薪总额,即各组的标志值和对应标志总量,但不知道各组的职工数,因此要采用调和平均数的公式进行计算。首先计算各组标志值的组中值与各组的职工数,如表 3-6 所示。

表 3-6　某企业 120 名男职工平均年薪计算表

年薪分组(万元)	组中值 x_i(万元)	年薪总额 m_i(万元)	职工数 $f_i = m_i/x_i$(人)
5 以下	2.5	25.30	10
5~10	7.5	586.55	78
10~15	12.5	271.37	22
15~20	17.5	120.07	7
20 以上	22.5	73.87	3
合计		1 077.16	120

$$H = \frac{\sum_{i=1}^{k} m_i}{\sum_{i=1}^{k} \frac{m_i}{x_i}} = \frac{1\ 077.16}{120} = 8.98 (万元)$$

即该企业男职工的平均年薪为 8.98 万元。

例 3-3 和例 3-5 中算出来的男职工的平均年薪之所以不同,是由于两个例子在计算过程中都用到了组中值,组中值是以假定各组的变量值均匀分布为前提的,所以利用组中值计算出来的加权算术平均数与加权调和平均数都是近似值。

三、几何平均数

几何平均数是计算平均比率或平均速度的一种常用方法,例如用于计算水平法的平均发展速度、流水作业生产的产品平均合格率、复利法的平均利率等。根据掌握的数据条件不同，几何平均数可以分为简单几何平均数与加权几何平均数两种。

（一）简单几何平均数

简单几何平均数就是变量的 n 个变量值连乘积的 n 次方根。若以 x_i 表示变量的第 i 个变量值 $(i=1,2,3,\cdots,n)$，以 G 表示几何平均数，则简单几何平均数的计算公式为：

$$G = \sqrt[n]{x_1 \cdot x_2 \cdot x_3 \cdot \cdots \cdot x_n} = \sqrt[n]{\prod_{i=1}^{n} x_i} \tag{3-10}$$

【例 3-6】　某工厂有五条相同的流水线，生产同一产品且生产速度相同，各流水线的合格率分别为 95%、92%、90%、85%、80%，那么该工厂产品的平均合格率是多少？如果某流水生产线有前后衔接的五道工序，各工序产品的合格率分别为 95%、92%、90%、85%、80%，那么产品的平均合格率又是多少？

如果五条相同的流水线，生产同一产品且生产速度相同，则平均合格率应采用简单算术平均数公式来计算：

$$\bar{x} = \frac{x_1 + x_2 + \cdots + x_n}{n} = \frac{95\% + 92\% + 90\% + 85\% + 80\%}{5} = 88.40\%$$

如果某流水生产线有前后衔接的五道工序，则平均合格率应采用简单几何平均数公式来计算：

$$G = \sqrt[n]{x_1 \cdot x_2 \cdot x_3 \cdot \cdots \cdot x_n} = \sqrt[5]{95\% \times 92\% \times 90\% \times 85\% \times 80\%} = 88.24\%$$

但需要注意的是，整条流水线的总合格率是 $95\% \times 92\% \times 90\% \times 85\% \times 80\% = 53.49\%$，与整条流水线的平均合格率不同。

（二）加权几何平均数

当计算几何平均数的各变量值出现的次数不等，即数据经过了统计分组时，则应采用加权几何平均数。若以 x_i 表示第 i 组的变量值 $(i=1,2,3,\cdots,k)$，以 f_i 表示第 i 组的频数 $(i=1,2,3,\cdots,k)$，以 k 表示分组数，则加权几何平均数的计算公式为：

$$G = \sqrt[\sum_{i=1}^{k} f_i]{x_1^{f_1} \cdot x_2^{f_2} \cdot x_3^{f_3} \cdot \cdots \cdot x_k^{f_k}} = \sqrt[\sum_{i=1}^{k} f_i]{\prod_{i=1}^{k} x_i^{f_i}} \tag{3-11}$$

【例 3-7】　某笔为期 12 年的投资以复利计算收益。近 12 年来的收益率有 4 年为 3%，2 年为 5%，2 年为 8%，3 年为 10%，1 年为 15%。求整个投资期内的平均收益率。

$$G = \sqrt[\sum_{i=1}^{k} f_i]{x_1^{f_1} \cdot x_2^{f_2} \cdot x_3^{f_3} \cdot \cdots \cdot x_k^{f_k}} = \sqrt[12]{103\%^4 \times 105\%^2 \times 108\%^2 \times 110\%^3 \times 115\%^1}$$
$$= 106.85\%$$

$G - 1 = 6.85\%$

即整个投资期的平均收益率为 6.85%。

四、中位数和分位数

（一）中位数

中位数是变量的所有变量值按定序尺度排序后，处于中间位置的变量值。由于它居于数列的中间位置，所以在某些情况下可以用来代表变量值的一般

教学视频
位置平均数

水平。

1. 中位数的确定

中位数的确定,因掌握的数据条件不同而分为以下三种情况:

(1)根据未经分组的原始数据来确定。在变量未经分组的情况下,先将变量的 n 个取值按大小、强弱等顺序排列,确定中位数的位置 $(n+1)/2$,然后确定中位数。

假设变量的 n 个取值按大小顺序排列结果为: $x_1, x_2, x_3, \cdots, x_n$,以 M_e 表示中位数,则:

$$M_e = \begin{cases} x_{\frac{n+1}{2}} & , n \text{ 为奇数} \\ \dfrac{1}{2}\left\{x_{\frac{n}{2}} + x_{\frac{n}{2}+1}\right\} & , n \text{ 为偶数} \end{cases} \tag{3-12}$$

【例 3-8】 某高校学生男子篮球队 10 名队员的身高(单位:厘米)分别为 185,181,188,182,182,186,183,183,186,189。确定该校男子篮球队员身高的中位数。

本例中, $n=10$,中位数的位置为 5.5,所以中位数是身高排序后第 5 名和第 6 名队员身高的平均数。

10 名队员的身高由低到高排序为:181,182,182,183,183,185,186,186,188,189。第 5 名和第 6 名队员的身高分别为 183 和 185,所以该校学生男子篮球队员身高的中位数 $M_e = (183 + 185)/2 = 184$(厘米)。

(2)根据单项式数列确定中位数。根据单项式数列确定中位数,先按 $(\sum f_i + 1)/2$ 来确定中位数位置,然后对数列中的各组频数进行向上累计或向下累计,当某一组的累计频数大于或等于 $(\sum f_i + 1)/2$ 时,该组的变量值就是中位数。

【例 3-9】 某企业 120 名男职工的受教育年限的数据资料如表 3-7 所示,根据表中数据确定男职工受教育年限的中位数。

表 3-7　某企业 120 名男职工受教育年限数据表

受教育年限(年)	频数(人)	向上累计频数(人)	向下累计频数(人)
8	10	10	120
12	31	41	110
14	2	43	79
15	37	80	77
16	18	98	40
17	6	104	22
18	3	107	16
19	10	117	13
20	2	119	3
21	1	120	1
合计	120		

根据所给数据可以计算中位数的位置$(\sum f_i+1)/2=(120+1)/2=60.5$。在表 3-7 中对各组频数向上累计或向下累计,向上累计至第 4 组(累计频数 80)或向下累计至第 7 组(累计频数 77),累计频数大于 60.5,所以该企业男职工受教育年限的中位数 $M_e=15$ 年。

(3)根据组距式数列确定中位数。根据组距式数列确定中位数,首先计算各组的累计频数,并按 $\sum f_i/2$ 来确定中位数位置,然后找出中位数所在的组,即累计频数大于或等于 $\sum f_i/2$ 的组。最后,再用"插值法"按比例计算中位数的近似值。具体计算有下限公式和上限公式两种。

中位数公式示意图如图 3-2 所示。

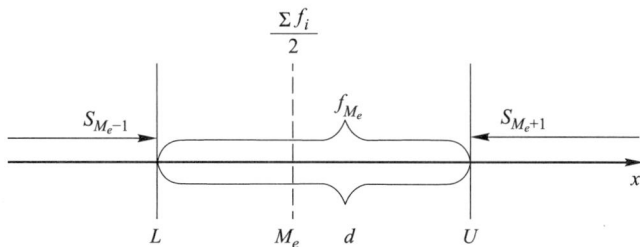

图 3-2 中位数公式示意图

下限公式为:

$$M_e=L+\frac{\frac{\sum f_i}{2}-S_{M_e-1}}{f_{M_e}}\times d \tag{3-13}$$

式中:L 为中位数所在组的下限,f_{M_e} 为中位数所在组的频数,S_{M_e-1} 为向上累计至中位数所在组下一组止的累计频数,d 为中位数所在组的组距。

上限公式为:

$$M_e=U-\frac{\frac{\sum f_i}{2}-S_{M_e+1}}{f_{M_e}}\times d \tag{3-14}$$

式中:U 为中位数所在组的上限,f_{M_e} 为中位数所在组的频数,S_{M_e+1} 为向下累计至中位数所在组上一组止的累计频数,d 为中位数所在组的组距。

【例 3-10】 根据表 3-8 中的数据计算某企业 120 名男职工年薪的中位数。

表 3-8 某企业 120 名男职工的分组年薪数据

年薪(万元)	人数(人)	向上累计人数(人)	向下累计人数(人)
5 以下	10	10	120
5~10	78	88	110
10~15	22	110	32
15~20	7	117	10
20 以上	3	120	3
合计	120		

由表中数据可以计算中位数位置为 $\sum f_i/2 = 120/2 = 60$。根据表 3-8 可知,向上累计至第二组的累计频数(88)或向下累计至第四组的累计频数(110)大于 60,因而中位数所在组为 5 万 ~ 10 万元这一组,$L=5$,$U=10$,$d=5$。

由下限公式得:

$$M_e = L + \frac{\frac{\sum f_i}{2} - S_{M_e-1}}{f_{M_e}} \times d = 5 + \frac{\frac{120}{2} - 10}{78} \times 5 = 8.21(万元)$$

由上限公式得:

$$M_e = U - \frac{\frac{\sum f_i}{2} - S_{M_e+1}}{f_{M_e}} \times d = 10 - \frac{\frac{120}{2} - 32}{78} \times 5 = 8.21(万元)$$

2. 中位数的优缺点

中位数的优点:一是中位数的概念清晰,只要排列数据顺序,就可以比较容易地确定;二是中位数不受变量中特殊值的影响,当出现特大值或特小值时,用中位数表示现象的一般水平更具有代表性;三是当组距式数列出现开口组时,对中位数无影响;四是当某些变量不能表现为数值但可以定序时,不能计算数值平均数而可以确定中位。

中位数的局限:一是中位数不能像算术平均数那样进行代数运算;二是除了变量数列的中间部分数值外,其他数值的变化都不对中位数产生影响,因此中位数的灵敏度相对较低。

(二)分位数

分位数是将变量的数值按大小顺序排列并等分为若干部分后,处于等分点位置的数值。常用的分位数有四分位数、十分位数、百分位数等。

以四分位数为例,设 Q_L,Q_M 和 Q_U 分别表示第一个、第二个和第三个四分位数,则它们的位置分别为:$\frac{n+1}{4}$,$\frac{2(n+1)}{4}$ 和 $\frac{3(n+1)}{4}$,根据位置可以确定各个四分位数。

【例 3-11】 某行政班 15 名学生的统计学考试成绩如表 3-9 所示。

表 3-9　某行政班 15 名学生的统计学考试成绩

序号	1	2	3	4	5	6	7	8	9	10	11	12	13	14	15
成绩(分)	75	73	93	73	89	84	84	63	86	92	85	68	82	84	77

要求:(1)计算 15 名学生统计学考试成绩的中位数、四分位数;(2)增加 1 名插班生,统计学考试成绩为 83 分,试计算 16 名学生考试成绩的中位数、四分位数。

首先对考试成绩进行排序,如表 3-10 所示。

表 3-10　考试成绩排序

排序	1	2	3	4	5	6	7	8	9	10	11	12	13	14	15
成绩(分)	63	68	73	73	75	77	82	84	84	84	85	86	89	92	93

由于 $n=15$，所以 M_e 的位置为 8，Q_L 的位置为 4，Q_U 的位置为 12，由此可以确定：
$M_e=84$，$Q_L=73$，$Q_U=86$。

该插班生的考试成绩 83 分，则新的考试成绩排序如表 3-11 所示。

表 3-11　新的考试成绩排序

排序	1	2	3	4	5	6	7	8	9	10	11	12	13	14	15	16
成绩（分）	63	68	73	73	75	77	82	83	84	84	84	85	86	89	92	93

由于 $n=16$，所以 M_e 的位置为 8.5，Q_L 的位置为 4.25，Q_U 的位置为 12.75，由此可以确定：
$$M_e=83\times0.5+84\times0.5=83.5$$
$$Q_L=73+0.25\times(75-73)=73.5$$
$$Q_U=85+0.75\times(86-85)=85.75$$

五、众数

众数是变量数列中出现次数最多、频率最高的变量值，用 M_o 表示。众数可用以测定任何种类变量的集中趋势，包括定类变量和定序变量，反映现象的一般水平。

众数的确定方法因掌握的数据条件不同而有所不同。根据单项式数列确定众数比较容易，只要找出出现频数最多的变量值即可。例如，根据表 3-7 中的数据，可以发现 120 名男职工受教育年限的众数是 15 年。

如果根据组距式数列计算众数，则要找出频数最多的一组作为众数组，然后运用公式来确定众数。

众数公式示意图如图 3-3 所示。

下限公式为：

$$M_o=L+\frac{\Delta_1}{\Delta_1+\Delta_2}\times d \qquad (3-15)$$

式中 Δ_1 为众数组与下一组频数之差，Δ_2 为众数组频数与上一组频数之差，L、d 的含义与中位数公式相同。

上限公式为：

$$M_o-U-\frac{\Delta_2}{\Delta_1+\Delta_2}\times d \qquad (3-16)$$

式中 U 是众数所在组的上限。

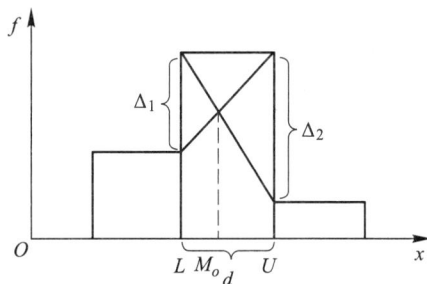

图 3-3　众数公式示意图

【例 3-12】　利用表 3-8 中的数据计算某企业 120 名男职工年薪的众数。

根据表 3-8 中的数据可知：众数组为 5 万~10 万元这一组。已知 $L=5$，$U=10$，$\Delta_1=68$，$\Delta_2=56$，$d=5$

由下限公式得：

$$M_o=5+\frac{68}{68+56}\times5=7.74（万元）$$

由上限公式得：

$$M_o = 10 - \frac{56}{68+56} \times 5 = 7.74(万元)$$

所以该企业 120 名男职工年薪的众数是 7.74 万元。

众数具有以下特点：一是众数不受变量数列中特殊值的影响，用众数来表示某些现象的一般水平会有较好的代表性；二是众数的应用面较广，可用于测定任何种类变量的集中趋势；三是众数只有在总频数充分多且某一组的频数明显高于其他组时才有意义，若各组的频数相差不多，则不能确定众数；四是有时一个变量数列会有两个组的频数明显最多，就会有两个众数，有时也会出现多个众数。例如，不同专业的学生参加全国研究生考试，英语的考试分数就可能出现多众数现象。五是众数不能像算术平均数那样进行代数运算。

六、中位数、众数和算术平均数的关系

中位数、众数和算术平均数三者在不同条件下均可代表变量的平均水平，均可用以反映变量分布的集中趋势。如果把三者结合起来，通过比较它们之间的数量关系，可以帮助我们更好地认识变量分布的特征。

（1）当变量分布完全对称时（正态分布），中位数、众数和算术平均数三者完全相等，即 $\bar{x} = M_e = M_o$，如图 3-4 所示。

（2）当变量分布不对称时（偏态分布），中位数、众数和算术平均数三者之间存在着差异。当算术平均数受极大标志值一端的影响较大时，变量分布向右偏，三者之间的关系为 $M_o < M_e < \bar{x}$，如图 3-5 所示。

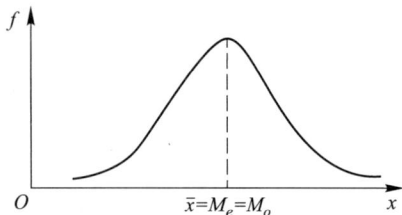

图 3-4　正态分布时中位数、众数
和算术平均数的关系

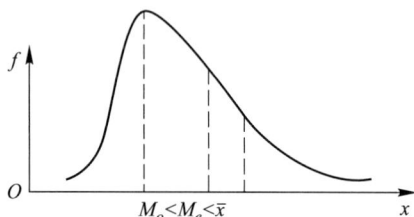

图 3-5　右偏分布时中位数、众数
和算术平均数的关系

当算术平均数受极小标志值一端的影响较大时，变量分布向左偏，三者之间的关系为 $\bar{x} < M_e < M_o$，如图 3-6 所示。

（3）根据经验，在轻微偏态时，不论是左偏还是右偏，众数与算术平均数的距离约等于中位数与算术平均数距离的 3 倍，即 $M_o - \bar{x} = 3(M_e - \bar{x})$。利用该公式，可以从已知的两个平均数来推算另一个平均数。

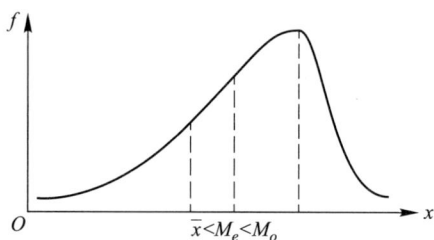

图 3-6　左偏分布时中位数、众数
和算术平均数的关系

第二节　离中趋势的描述

变量分布既有集中趋势的一面,又有离中趋势的一面。所谓离中趋势,就是变量分布中各变量值背离中心值的倾向。如果说集中趋势体现变量分布的同质性,那么离中趋势就是变量分布变异性的体现。对离中趋势的描述就是要反映变量分布中各变量值远离中心值的程度,以反映变量分布的特征。

离中趋势要用离散指标来反映。离散指标就是反映变量取值变动范围和差异程度的指标,即各变量值远离中心值或代表值程度的指标,也称为变异指标或标志变动指标。

离散指标也是衡量平均指标代表性的尺度。数据分布越分散,变异指标越大,平均指标代表性越小;数据分布越集中,变异指标越小,平均指标代表性越大。常用的离散指标有:全距、四分位差、平均差、方差和标准差、离散系数、异众比率等。

离散指标的作用主要有以下三点:① 可以用来衡量和比较平均数的代表性;② 可以用来反映各种现象活动过程的均衡性、节奏性或稳定性;③ 可为统计推断提供依据。

例如,某企业80名女职工与120名男职工的年薪分布如图3-7所示,从中可以看出集中趋势和离中趋势的区别。

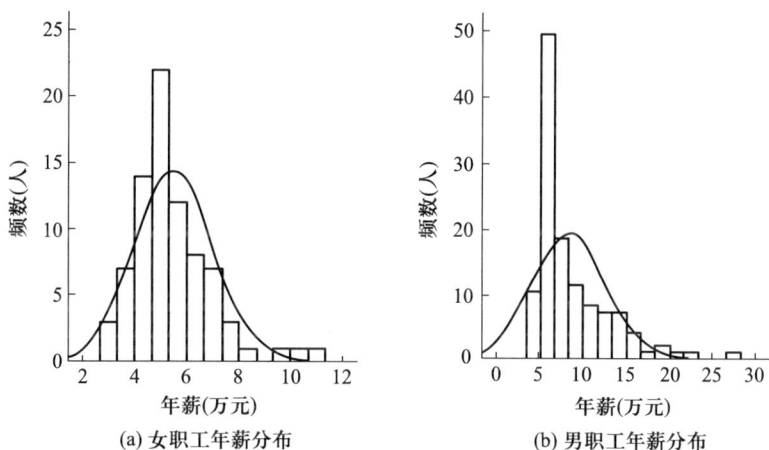

(a) 女职工年薪分布　　　　　(b) 男职工年薪分布

图3-7　某企业职工年薪分布

一、全距和四分位差

(一) 全距

全距(R)也称为极差,是指总体各单位的两个极端标志值之差,是最简单的变异程度的测度指标,即

$$R = x_{max} - x_{min} \tag{3-17}$$

全距一般只根据未分组数据或单项式数列来计算。例如,根据例3-11可计算出15名学生统计学考试成绩的全距为93-63=30(分)。对于组距式数列,全距根据最高组的上限减去最低组的下限来近似计算。

全距是测定变量分布离中趋势最简单的方法,在实际中应用也很广泛。比如天气预报中最高温与最低温之间的温差,股票市场中各种股票每天最高成交价与最低成交价之间的价差,人体血压中收缩压与舒张压之间的压差,专家打分扣除最低分与最高分等,都是全距应用的表现。

由于全距只考虑了两个极端变量值之间的差距,没有利用全部变量值的信息,无法考虑变量中间分布的情况,所以不能充分反映全部变量值之间的实际差异程度,因而在应用上存在一定的局限性。

(二)四分位差

四分位差作为变异程度的一种度量,能够克服异常值的影响。它是第三个四分位数与第一个四分位数的差值。也就是说,四分位差是中间 50% 数据的全距。

$$Q_d = Q_U - Q_L \tag{3-18}$$

例如,根据例 3-11 可以计算出 15 名学生统计学考试成绩的四分位差为

$$Q_d = Q_U - Q_L = 86 - 73 = 13(分)$$

四分位差弥补了全距容易受极端值影响的缺陷。剔除数据中最小 25% 和最大 25% 的数据,反映了中间 50% 数据的离散趋势。数值越小,说明中间的数据越集中;数值越大,说明中间的数据越分散。

二、平均差

平均差是另一种变异程度的度量指标,是各变量值与均值离差绝对值的算术平均数,通常用 $A.D$ 来表示。$A.D$ 的计算公式为

$$A.D = \frac{\sum\limits_{i=1}^{n} |x_i - \overline{x}|}{n} \quad (根据未分组数据) \tag{3-19}$$

$$A.D = \frac{\sum\limits_{i=1}^{k} |x_i - \overline{x}| f_i}{\sum\limits_{i=1}^{k} f_i} \quad (根据已分组数据) \tag{3-20}$$

教学视频
平均差和标准差

平均差利用了全部数据信息,比全距和四分位差更能客观反映变量分布的离散程度。平均差越大,表示变量分布离散程度越大;平均差越小,表示变量分布离散程度越小。

平均差的特点:① 不会受到极端值的影响;② 计算过程使用了全部标志值;③ 绝对值可以消除离差正负号的影响。但由于平均差对每一个离差都取了绝对值,因而数学处理不是很方便,数学性质也不是最优,应用上受到了一些限制。

【例 3-13】 根据表 3-12 中的数据计算某企业 200 名职工月收入的平均差。

表 3-12 某企业 200 名职工的月收入数据

收入水平分组(元)	人数(人)
3 000 以下	5
3 000 ~ 4 000	32
4 000 ~ 5 000	59

收入水平分组(元)	人数(人)
5 000~6 000	44
6 000~7 000	15
7 000~8 000	11
8 000 以上	34
合计	200

根据表 3-12 可以得到如表 3-13 所示平均差计算表。

表 3-13　某企业 200 名职工月收入平均差计算表

收入水平分组(元)	组中值 x_i(元)	人数 f_i(人)	$x_i f_i$	$\mid x_i - \overline{x} \mid$	$\mid x_i - \overline{x} \mid f_i$
3 000 以下	2 500	5	12 500	3 005	15 025
3 000~4 000	3 500	32	112 000	2 005	64 160
4 000~5 000	4 500	59	265 500	1 005	59 295
5 000~6 000	5 500	44	242 000	5	220
6 000~7 000	6 500	15	97 500	995	14 925
7 000~8 000	7 500	11	82 500	1 995	21 945
8 000 以上	8 500	34	289 000	2 995	10 1830
合计		200	1 101 000		277 400

$$\overline{x} = \frac{\sum x_i f_i}{\sum f_i} = \frac{1\ 101\ 000}{200} = 5\ 505(元)$$

$$A.D = \frac{\sum\limits_{i=1}^{k} \mid x_i - \overline{x} \mid f_i}{\sum\limits_{i=1}^{k} f_i} = \frac{277\ 400}{200} = 1\ 387(元)$$

即该企业 200 名职工月收入的平均差为 1 387 元。

三、方差和标准差

方差和标准差是测度数据变异程度最常用的指标。方差是各变量值与其均值的离差平方的算术平均数。标准差又称均方差,是方差的算术平方根。方差和标准差的计算也分为简单平均法与加权平均法。

(一) 方差的计算公式

根据未分组数据,其计算公式为:

$$s^2 = \frac{\sum\limits_{i=1}^{n} (x_i - \overline{x})^2}{n} \tag{3-21}$$

根据分组数据,其计算公式为:

$$s^2 = \frac{\sum_{i=1}^{k} (x_i - \overline{x})^2 f_i}{\sum_{i=1}^{k} f_i} \qquad (3-22)$$

需要指出,当利用样本数据和有限总体数据计算方差时,分母理应减去 1,这是由自由度的性质决定的,但当样本容量较大时,由于计算误差很小,所以可以忽略不计。

方差的特征:① 计算时利用所有的变量值;② 方差不会受到极端值的过度影响;③ 方差的计量单位是原始数据计量单位的平方,不容易解释。

【例 3-14】   根据表 3-13 的数据计算例 3-13 中某企业 200 名职工月收入的方差,如表 3-14 所示。

表 3-14   某企业 200 名职工月收入方差计算表

收入水平分组(元)	组中值 x_i(元)	人数 f_i(人)	$x_i - \overline{x}$	$(x_i - \overline{x})^2$	$(x_i - \overline{x})^2 f_i$
3 000 以下	2 500	5	-3 005	9 030 025	45 150 125
3 000~4 000	3 500	32	-2 005	4 020 025	128 640 800
4 000~5 000	4 500	59	-1 005	1 010 025	59 591 475
5 000~6 000	5 500	44	-5	25	1 100
6 000~7 000	6 500	15	995	990 025	14 850 375
7 000~8 000	7 500	11	1 995	3 980 025	43 780 275
8 000 以上	8 500	34	2 995	8 970 025	304 980 850
合 计		200			596 995 000

根据表 3-14 中的数据可得:

$$s^2 = \frac{\sum_{i=1}^{k} (x_i - \overline{x})^2 f_i}{\sum_{i=1}^{k} f_i} = \frac{596\,995\,000}{200} = 2\,984\,975(\overline{\pi}^2)$$

即 200 名职工月收入的方差为 2 984 975(元²)。

(二)标准差的计算公式

根据未分组数据,其计算公式为:

$$s = \sqrt{\frac{\sum_{i=1}^{n} (x_i - \overline{x})^2}{n}} \qquad (3-23)$$

根据分组数据,其计算公式为:

$$s = \sqrt{\frac{\sum_{i=1}^{k} (x_i - \overline{x})^2 f_i}{\sum_{i=1}^{k} f_i}} \qquad (3-24)$$

标准差的特征:① 标准差与原始数据具有相同的计量单位;② 标准差是非负的;③ 标准差是应用最广泛的离散程度的测度指标。

根据例 3-14,可计算该企业 200 名职工月收入的标准差为:

$$s = \sqrt{2\,984\,975} = 1\,727.71(\text{元})$$

（三）标准差的应用

（1）切比雪夫定理。对于任意一组观测值,落在均值加上 k 个标准差与均值减去 k 个标准差区间之内数值的比例至少为 $1-1/k^2$,其中 k 是任意大于 1 的常数。如图 3-8 所示。

【例 3-15】　某涂料公司员工投资公司的一项利润分成计划,双周投资额的均值是 310 元,标准差是 45 元。至少有多大比例的投资额落在均值加减 3.5 个标准差范围之内?

由题意知 $k = 3.5$,则 $1-1/3.5^2 = 91.84\%$,即至少有 91.84% 的投资额会落在 310 元加减 3.5 个标准差范围之内。

（2）经验法则。对于近似正态分布,大约 68.3% 观测值落在均值加减 1 个标准差区间内,

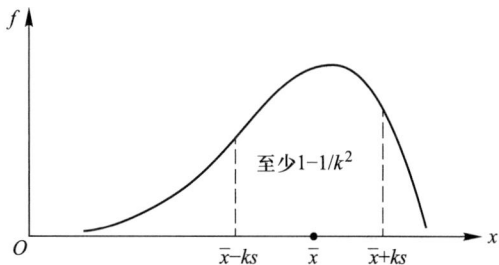

图 3-8　切比雪夫定理示意图

大约 95.5% 观测值落在均值加减 2 个标准差区间内,大约 99.7% 观测值落在均值加减 3 个标准差区间内。

【例 3-16】　某公司是生产管材的公司,质检部门抽检了 600 根管材进行测量,发现外径的均值为 14.0 英寸,标准差是 0.1 英寸。请问:

（1）如果分布未知,至少多少比例观测值落在 13.85~14.15 英寸?

（2）如果服从正态分布,大约 95.5% 观测值落在哪个区间?

（3）如果服从正态分布,多少比例的观测值小于 13.7 英寸?

若观测值落在 13.85~14.15 英寸之间,即观测值落在均值加减 1.5 个标准差区间。由于分布未知,依据切比雪夫定理,$1-1/k^2 = 1-1/1.5^2 = 55.56\%$,即至少有 55.56% 的管材外径处在 13.85~14.15 英寸之间。

如果服从正态分布,根据经验法则可知,大约 95.5% 的观测值会落在均值加减 2 个标准差区间之内。即大约有 95.5% 的观测值会落在 $[14-2\times0.1,14+2\times0.1]$ 内。即大约有 95.5% 的管材外径处在 13.80~14.20 英寸之间。

若观测值小于 13.7 英寸,即观测值会小于均值减 3 个标准差。在服从正态分布条件下,观测值落在均值减去 3 个标准差左侧的概率是 0.15%,即管材外径小于 13.7 英寸的概率是 0.135%。

（四）是非变量的方差与标准差

在定类变量中有一种叫二分类变量或是非变量,它只有两种结果。例如性别变量只有男或女两种结果。如果是非变量的两种结果分别用 1、0 表示,那么如何计算是非变量的均值、方差和标准差?

假定是非变量的分布如表 3-15 所示。

表 3-15　非变量的分布

x	1	0
p	$\dfrac{n_1}{n}$	$\dfrac{n_0}{n}$

已知 $n_1 + n_0 = n$，$\dfrac{n_1}{n} = p$，$\dfrac{n_0}{n} = q$，$p + q = 1$；则

$$\bar{x} = \frac{\sum x_i f_i}{\sum f_i} = \frac{1 \times n_1 + 0 \times n_0}{n_1 + n_0} = \frac{n_1}{n} = p \tag{3-25}$$

$$s^2 = \frac{\sum (x_i - \bar{x})^2 f_i}{\sum f_i} = \frac{(1-p)^2 \times n_1 + (0-p)^2 \times n_0}{n} = pq \tag{3-26}$$

$$s = \sqrt{pq} \tag{3-27}$$

同样，当利用样本数据计算是非变量的方差与标准差时，分母也应减去 1。

【例 3-17】　已知某产品的合格率为 95%，求相应的方差和标准差。

根据题意可知：　$s^2 = pq = 95\% \times 5\% = 4.75\%$，　$s = \sqrt{4.75\%} = 21.79\%$。

四、离散系数

以上离散指标都是反映变量分散程度的绝对值，其数值大小依赖于变量值水平的高低。同时，不同变量其计量单位不同，无法进行直接比较。为了对不同变量的分布特征进行比较，就必须消除不同均值水平和不同计量单位的影响，就需要计算离散系数。

离散系数也称为标准差系数，它是一组数据的标准差与其均值之比，是测度数据离散程度的相对指标。通常用 V_s 表示

教学视频
变异系数与是
非标志

$$V_s = \frac{s}{\bar{x}} \times 100\% \tag{3-28}$$

离散系数大说明变量分布的离散程度大，离散系数小说明变量分布的离散程度小。

【例 3-18】　为了分析某企业男女职工的年薪差异，分别从 80 名女职工和 120 名男职工中随机抽取 20 名，调查获得他们的年薪数据如表 3-16 所示。

表 3-16　某企业职工年薪样本数据　　　　　　　　　　单位:元

女职工	49 200	48 300	42 300	48 900	33 300	66 600	45 900	44 700	48 300	50 100
	49 500	40 200	42 900	52 500	50 100	65 100	58 500	42 300	60 000	36 300
男职工	207 500	47 400	194 000	61 500	87 900	53 100	56 100	47 400	117 500	109 800
	71 100	60 000	61 500	92 000	92 000	90 000	84 000	135 000	141 750	61 800

要求计算男女职工平均年薪及离散系数，并说明两组数据的离散程度及均值的代表性。

由题意知：

$$\overline{x}_{女} = \frac{\sum x_i}{n} = \frac{975\ 000}{20} = 48\ 750(元)$$

$$s_{女} = \sqrt{\frac{\sum_{i=1}^{n}(x_i - \overline{x})^2}{n}} = \sqrt{\frac{1\ 435\ 230\ 000}{20}} = 8\ 471.22(元)$$

$$V_{女} = \frac{s_{女}}{\overline{x}_{女}} = \frac{8\ 471.22}{48\ 750} = 17.38\%$$

$$\overline{x}_{男} = \frac{\sum x_i}{n} = \frac{1\ 871\ 350}{20} = 93\ 567.50(元)$$

$$s_{男} = \sqrt{\frac{\sum_{i=1}^{n}(x_i - \overline{x})^2}{n}} = \sqrt{\frac{40\ 084\ 761\ 375}{20}} = 44\ 768.72(元)$$

$$V_{男} = \frac{s_{男}}{\overline{x}_{男}} = \frac{44\ 768.72}{93\ 567.50} = 47.85\%$$

由于 $V_{男} > V_{女}$，说明男职工年薪的离散程度更大，女职工平均年薪的代表性比男职工的高。

五、异众比率

异众比率是分布数列中非众数组的频数与总频数之比，通常用 V_r 来表示，即

$$V_r = \frac{\sum f_i - f_{M_o}}{\sum f_i} = 1 - \frac{f_{M_o}}{\sum f_i} \qquad (3-29)$$

式中：f_{M_o} 为众数组的频数。

例如，根据表 3-12 的数据，可计算 200 名职工月收入的异众比率

$$V_r = 1 - \frac{59}{200} = 70.50\%$$

异众比率通常与众数相结合，用以表明众数代表性的高低。异众比率越大（越小），说明数列的分布越分散（越集中），众数的代表性就越差（越好）。

第三节 分布形状的描述

变量分布的形状是各种各样的，有 J 形、U 形、钟形等。仅就钟形而言，有的左右两侧完全对称，有的左偏，有的右偏。有的比较扁平，有的比较适中，有的比较尖陡。分布形状不同，表明变量分布内在结构不同。为全面了解变量分布的特征，不仅要观察其集中趋势和离中趋势，也要观察其分布形状。

变量分布的形状要用形状指标来反映，即左右是否对称、偏斜程度与陡峭程度如何的指标。具体说，变量分布的形状一般从对称性和陡峭性两方面来反映。因此形状指标也有两类：一类是反映变量分布偏斜程度的指标，称为偏度系数；另一类是反映变量陡峭程度的指标，称为峰度系数。

偏度系数可以判断变量分布是左偏还是右偏,即受低端变量值的影响大还是受高端变量值的影响大。而峰度系数可以判断变量分布是尖陡还是扁平,即频数分布绝大部分集中在众数附近还是各变量值的频数相差不大。如果各变量值的频数一样,则分布呈一条直线,无峰顶可言。

一、统计动差

矩是测度变量分布偏度和峰度的重要基础,为此需要先引入"矩"的概念,矩也称为动差。
t 阶原点动差 M_t 的一般形式为:

$$M_t = \frac{\sum\limits_{i=1}^{k} x_i^t f_i}{\sum\limits_{i=1}^{k} f_i} \tag{3-30}$$

t 阶中心动差 m_t 的一般形式为:

$$m_t = \frac{\sum\limits_{i=1}^{k} (x_i - \overline{x})^t f_i}{\sum\limits_{i=1}^{k} f_i} \tag{3-31}$$

可以看出,1 阶原点动差 M_1 就是均值,2 阶中心动差 m_2 就是方差,1 阶中心动差 m_1 等于零。

二、偏度系数

偏度指数据分布的不对称程度或偏斜程度。测度数据分布偏斜程度的指标称为偏度系数,一般记为 S_k。统计上通常使用以下两种方法计算变量的偏度系数。

(一)根据算术平均数、中位数与众数的离差求偏度系数

对于数值型数据,在单峰分布的前提下,可利用众数、中位数与算术平均数之间的关系来判断数据分布是对称、左偏还是右偏。

如果众数、中位数和算术平均数三者相等,即 $M_o = M_e = \overline{x}$,数据呈对称分布。如果 $M_o > M_e > \overline{x}$,为左偏分布,数据尾端拖向左端;如果 $M_o < M_e < \overline{x}$,则呈右偏分布,数据尾端拖向右端。

$$S_k^{(1)} = \frac{\overline{x} - M_o}{s} \tag{3-32}$$

一般情况下,偏度系数 $S_k^{(1)}$ 的变动范围是 $(-3, 3)$。当 $M_o < \overline{x}$ 时,$S_k^{(1)}$ 为正值,变量分布为正偏,当 $M_o > \overline{x}$ 时,$S_k^{(1)}$ 为负值,变量分布为负偏。当 $\overline{x} = M_o$ 时,$S_k^{(1)}$ 为零,变量分布无偏。$S_k^{(1)}$ 的绝对值越接近于 3,表明变量分布的偏斜程度越严重,$S_k^{(1)}$ 的绝对值越接近于 0,表明变量分布的偏斜程度越轻微。

(二)根据统计动差计算偏度系数

计算偏度系数最重要的方法是统计动差法。统计动差法偏度系数是以变量数列的 3 阶中心动差(m_3)作为度量偏度的基本依据。

根据未分组数据计算偏度系数的公式为:

$$S_k^{(2)} = \frac{m_3}{s^3} = \frac{\sum (x_i - \overline{x})^3}{ns^3} \qquad (3-33)$$

式中 s^3 是标准差的 3 次方。

根据分组数据计算偏度系数的公式为:

$$S_k^{(2)} = \frac{m_3}{s^3} = \frac{\sum (x_i - \overline{x})^3 f_i}{s^3 \sum f_i} \qquad (3-34)$$

如果 $S_k^{(2)} > 0$,表示变量分布正偏;如果 $S_k^{(2)} < 0$,表示变量分布负偏;如果 $S_k^{(2)} = 0$,表示变量分布无偏。$S_k^{(2)}$ 的绝对值越接近于 0,表示变量分布的偏斜程度越轻微;$S_k^{(2)}$ 的绝对值越大于 0,表示变量分布的偏斜程度越严重。

【例 3-19】 某专业 96 名学生统计学课程期末考试成绩如表 3-17 所示,用动差法求考试成绩分布的偏度系数。

表 3-17 某专业统计学课程期末成绩

成绩分组(分)	学生人数(人)
60 以下	2
60~70	10
70~80	22
80~90	50
90 以上	12
合计	96

根据表 3-17 数据可得到统计学成绩动差法偏度系数计算表,如表 3-18 所示。

表 3-18 某专业统计学成绩动差法偏度系数计算表

成绩分组(分)	x_i	f_i	$x_i f_i$	$x_i - \overline{x}$	$(x_i - \overline{x})^2$	$(x_i - \overline{x})^2 f_i$	$(x_i - \overline{x})^3 f_i$	$(x_i - \overline{x})^4 f_i$
60 以下	55	2	110	−26.25	689.06	1 378.13	−36 175.78	949 614.26
60~70	65	10	650	−16.25	264.06	2 640.63	−42 910.16	697 290.04
70~80	75	22	1 650	−6.25	39.06	859.38	−5 371.09	33 569.34
80~90	85	50	4 250	3.75	14.06	703.13	2 636.72	9 887.70
90 以上	95	12	1 140	13.75	189.06	2 268.75	31 195.31	428 935.55
合计		96	7 800	−31.25		7 850.02	−50 625.00	2 119 296.88

根据表 3-18 数据可得:

$$\overline{x} = \frac{\sum x_i f_i}{\sum f_i} = \frac{7\ 800}{96} = 81.25 (分)$$

$$s = \sqrt{\dfrac{\sum\limits_{i=1}^{k}(x_i - \bar{x})^2 f_i}{\sum\limits_{i=1}^{k} f_i}} = \sqrt{\dfrac{7\ 850.02}{96}} = 9.04(\text{分})$$

$$m_3 = \dfrac{\sum(x_i - \bar{x})^3 f_i}{\sum f_i} = \dfrac{-50\ 625}{96} = -527.34$$

$$S_k^{(2)} = \dfrac{m_3}{s^3} = \dfrac{-527.34}{9.04^3} = -0.713\ 8$$

结果表明,该专业 96 名学生统计学课程期末考试成绩呈现负偏分布。

三、峰度系数

峰度的概念首先由统计学家皮尔逊于 1905 年提出,是对变量分布扁平性或尖陡性的测度,通常是指钟形分布的顶峰与标准正态分布相比偏扁平或偏尖陡的程度。它通常分为三种情况:标准正态峰度、尖顶峰度和平顶峰度,如图 3-9 所示。

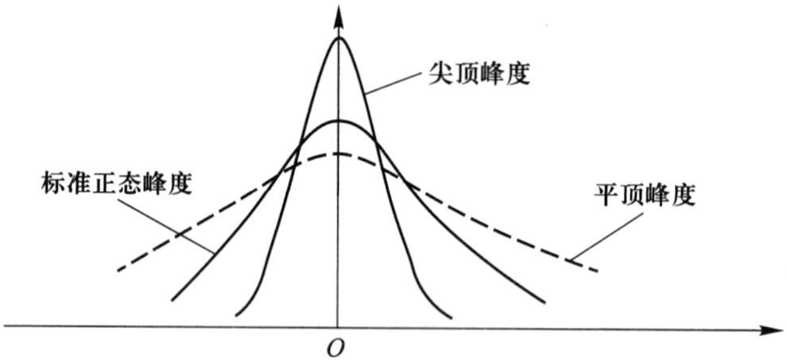

图 3-9 不同峰度的分布曲线示意图

如果变量分布的频数比较集中于众数附近,分布曲线比较尖陡,使分布曲线的顶部较标准正态曲线更为突出,则变量分布的峰度属于尖顶峰度;如果变量分布各组的频数比较接近,分布曲线比较扁平,使分布曲线的顶部低于标准正态曲线,则变量分布的峰度属于平顶峰度。

峰度的测定是通过计算峰度系数来实现的,通常用 K 来表示。峰度系数的计算主要采用统计动差法,是 4 阶中心动差 m_4 与标准差四次方 s^4 的比值,即

$$K = \dfrac{m_4}{s^4} \tag{3-35}$$

峰度系数的标准值为 3。当 $K=3$ 时,变量分布的峰度为标准正态峰度;当 $K<3$ 时,变量的峰度为平顶峰度;当 $K>3$ 时,变量的峰度为尖顶峰度。更进一步地,当 K 值接近于 1.8 时,变量的分布曲线就趋向于一条水平线,当 K 值小于 1.8 时,变量分布曲线为 U 形曲线,表示变量分布的频数分配是"中间小,两头大"。

【例 3-20】 根据例 3-19 中表 3-18 数据计算统计学课程期末考试成绩分布的峰度系数。

$$m_4 = \frac{\sum (x_i - \overline{x})^4 f_i}{\sum f_i} = \frac{2\,119\,296.88}{96} = 22\,076.01$$

$$K = \frac{m_4}{s^4} = \frac{22\,076.01}{9.04^4} = 3.31$$

结果表明,该专业 96 名学生的统计学课程期末考试成绩为尖顶分布。

≡ 本章小结

    本章的要点是分别从集中趋势、离中趋势和分布形状三个方面理解和掌握变量分布的特征及其测度方法,能够正确选择和使用测度指标。通过学习,熟知平均指标的内涵与作用,掌握各种数值平均数和位置平均数的计算方法与应用条件,弄清楚算术平均数、调和平均数和几何平均数三者的关系,弄清楚算术平均数、中位数和众数三者的关系;熟知离散指标的内涵与作用,掌握各种离散测度指标(尤其是方差与标准差)的计算方法与应用条件;熟知偏度与峰度的测算方法及其含义。作为学习延伸,可以系统比较各种平均数的优缺点,比较各种离散指标的适用性,探究集中趋势与离中趋势的辩证关系。还可以思考这样一个问题:除了集中趋势、离中趋势和分布形状,变量分布是否还存在其他特征?

≡ 思考与练习

一、即测即评

二、计算题

    1. 菜市场上某鱼摊大鲫鱼每条约重 0.4 千克,售价为每千克 20 元,小鲫鱼每条约重 0.25 千克,售价为每千克 12 元。某顾客向摊主提出大、小鲫鱼各买一条,一起称重,价格为每千克 16 元。摊主应允,问这次买卖谁占了便宜? 为什么?

    2. 市场上有三种大米价格分别是每千克 16 元、12 元和 8 元,问每种大米都购买 3 千克和每种大米都购买 40 元,其平均价格有什么区别? 试通过计算加以说明。

    3. 有甲、乙两位车手进行场地赛,各跑 50 圈。甲以 230 km/h 的速度跑了 15 圈,以 250 km/h 的速度跑了 25 圈,以 270 km/h 的速度跑了 10 圈;乙以 245 km/h 的速度跑了 20 圈,以 250 km/h 的速度跑了 20 圈,以 265 km/h 的速度跑了 10 圈。问谁跑得更快一些?

    4. 某集团公司 27 家企业的资金利润率分组数据和各组年利润额数据如表 3-19 所示。

表 3-19　某集团公司 27 家企业利润数据

资金利润率(%)	企业数(家)	年利润额(万元)
8 以下	2	300
8~12	6	1 000
12~16	12	2 600
16~20	5	1 200
20 以上	2	400
合计	27	5 500

要求:

(1) 平均每家企业的利润额。

(2) 全公司的平均资金利润率。

5. 某企业三个车间生产同一种产品,某月的人均产量与总产量情况如表 3-20 所示。

表 3-20　某企业三个车间的产量数据

车间	人均产量(件/人)	总产量(件)
A	100	3 600
B	105	4 200
C	110	2 750
合计		10 550

要求:

(1) 该公司该月的平均每个车间的总产量,并说明这属于什么平均数?

(2) 该企业该月的人均产量,并说明这属于什么平均数?

6. 某公司某年 50 个门店的流通费用率分组数据与各组流通费用额比重如表 3-21 所示。

表 3-21　某公司 50 个门店的流通费用数据

流通费用率(%)	门店数(个)	流通费用额比重(%)
6 以下	2	15
6~8	10	25
8~10	22	40
10~12	12	15
12 以上	4	5
合计	50	100

请计算该公司平均的流通费用率。

7. 某行业 200 家企业有关产值和利润资料如表 3-22 所示。

请计算一、二季度的平均产值利润率。

表 3-22 　某行业 200 家企业产值和利润数据

产值利润率（%）	一季度		二季度	
	企业数（家）	实际产值（万元）	企业数（家）	实际利润（万元）
5~10	50	6 000	60	750
10~20	90	22 500	100	3 500
20~30	60	25 000	40	2 500
合计	200	53 500	200	6 750

8. 某公司连续 4 年的投资回报率分别为 30%、20%、-50%、200%，计算回报率的几何平均数。

9. 某城市 2012 年常住人口为 870 万人，2022 年为 1 200 万人，问十年来该城市常住人口的平均增长率是多少？

10. 某产品生产需经过 25 道连续的工序，现已知有 8 道工序的合格率为 99%，4 道工序的合格率为 98%，6 道工序的合格率为 97%，4 道工序的合格率为 96%，3 道工序的合格率为 95%，问平均合格率是多少？

11. 设某生产流水线由 12 道工序组成。据统计，有 3 道工序的不合格率为 2%，有 4 道工序的不合格率为 4%，有 5 道工序的不合格率为 5%，求平均不合格率。

12. 某年某企业 3 个车间的产品生产情况如表 3-23 所示。

表 3-23 　某年某企业 3 个车间的产品生产情况

车间	合格率（%）	合格品产量（辆）	年生产工时数（小时）
A	98	19 600	6 800
B	95	18 620	7 200
C	99	18 434	8 000
合计		56 654	22 000

要求：

（1）若 3 个车间依次完成整辆产品某一工序的加工装配任务，全厂总的合格率、平均合格率和平均废品率分别是多少？

（2）若 3 个车间分别独自完成整辆产品的生产加工过程，则全厂总的合格率、平均合格率和平均废品率分别是多少？

（3）若 3 个车间生产的产品不同（使用价值不同），则全厂总的合格率、平均合格率和平均废品率又分别是多少？

13. 某公司对部分员工进行调查，来了解员工居住地与公司总部的距离，结果如表 3-24 所示。请计算距离的均值和标准差。

表 3-24　某公司员工居住地与公司总部距离数据

距离（km）	频数（人）
0~5	4
5~10	15
10~15	27
15~20	18
20~25	6

14. 某变量分布属于轻微偏态分布。若已知算术平均数为 60，众数为 65，问中位数大概是多少？该分布是对称的、正偏的，还是负偏的？

15. 下表是 2022 年 10 家银行的每股收益情况（单位：元）。

单位：元

0.70	4.61	1.73	0.95	3.77
0.65	3.13	7.83	0.78	1.19

请回答：（1）均值、中位数和标准差分别是多少？（2）假设该样本服从轻微偏态分布，偏度系数是多少？

16. 甲班某次统计学考试成绩如表 3-25 所示，回答以下问题。

表 3-25　甲班某次统计学考试成绩

考试成绩（分）	学生人数（人）
60 以下	2
60~70	8
70~80	22
80~90	15
90 以上	8
合计	55

（1）考试成绩的算术平均数、中位数和众数；

（2）考试成绩的全距、平均差、异众比率、方差和标准差；

（3）根据动差法计算考试成绩的偏度系数和峰度系数；

（4）如果乙班考试成绩的算术平均数为 80 分，标准差为 10 分，那么哪个班级的平均成绩更有代表性？

17. 某班级 A、B、C 三门课程期末考试的平均成绩分别为 80 分、85 分和 88 分，标准差分别为 8 分、4 分和 7 分。甲、乙、丙三位同学该三门课程的考试成绩如表 3-26 所示。

请回答：这三位同学的总分虽然都是 257 分，但实际上谁更具有竞争优势？

表 3-26　某班级甲、乙、丙三位同学 A、B、C 三门课程期末考试成绩　　　　　单位:分

同学	课程		
	A	B	C
甲	77	91	89
乙	89	86	82
丙	69	93	95

18. 根据已知条件推算以下各题:

(1) 若变量的算术平均数是标准差的 30 倍,问标准差系数是多少?

(2) 若变量的算术平均数是 20,变量平方的平均数是 425,问变量的方差和标准差分别是多少?

(3) 若变量的算术平均数是 100,标准差系数是 15%,问方差是多少?

(4) 一批产品共 200 件,发现有 18 件不合格,问合格率及相应的方差分别是多少?

(5) 假设 100 位同学的考试成绩服从正态分布,如果均值为 85 分,问大概有多少同学考试成绩处在 90~95 分之间?

19. 大学校园附近的公寓租金的样本近似服从一个对称的钟形分布。样本均值是 2 500 元,标准差是 100 元。请利用经验法则回答以下问题:

(1) 大约 68.3% 的租金落在哪两个值之间?

(2) 大约 95.5% 的租金落在哪两个值之间?

(3) 几乎全部的租金落在哪两个值之间?

20. 某学院欲为 1 000 名大一新生订制运动服,小码、中码和大码分别适合 162 cm 以下,162~168 cm 和 168 cm 以上的同学。根据以往资料可知,该学院新生身高的均值为 165 cm,标准差为 3 cm,问各种尺寸的运动服大概要准备多少?

计算题答案

第四章　抽样估计

实例 1：

　　1802 年, 法国著名数学家拉普拉斯在全国挑选了 30 个县, 对连续三年内出生的人数进行了调查, 推算得出人口出生率为 35.27‰。

　　这是否属于抽样调查? 属于什么样的抽样调查?

实例 2：

　　1955 年 1 月, 国家统计局颁布了《1954 年农民家计调查方案》, 进行新中国第一次全国范围内按统一方案、统一计划进行的农民家计抽样调查。该方案规定, 先以等距抽样方式抽取调查乡, 再按类型比例与等距抽样相结合的方式在全国抽取15 000~20 000 户调查农户, 以调查了解个体农户合作化后转变为社员户的生产情况。1957 年开始在全国范围内建立经常性的农民家庭调查。

　　我们该如何制定抽样调查方案? 需要考虑哪些因素?

实例 3：

　　习近平新时代中国特色社会主义思想明确指出必须坚持以人民为中心的发展思想, 推动全体人民共同富裕取得更为明显的实质性进展。要做到这一点, 为后续政策制定指明方向, 就必须详细摸清我国的人口情况。然而, 我国人口众多, 幅员辽阔, 按人均调查费为 10 元计算, 一次人口普查的总费用大约在 140 亿元。显然, 这样的普查不能经常搞。为解决这个问题, 我国在两次人口普查中间实施了全国 1% 人口抽样调查, 这样既获得了较为准确的全国人口数据, 又避免了昂贵的费用和时间成本。

　　若让你来设计, 你会怎样设计这全国 1% 人口抽样调查方案, 既能保证估计的精度, 又可以让调查任务方便快捷?

第一节　抽样分布

一、抽样分布的基本问题

　　抽样估计是以样本观测结果去估计未知的总体数量特征。关于总体、样本的概念及其相互关系已在第一章中介绍, 关于抽样的概念、种类、特点和常用的组织形式已在第二章介绍, 本章将要介绍如何根据样本 (概率抽样) 去估计总体。那么, 以样本估计总体的纽带是什么? 那就是抽样分布。为此, 我们首先要明确总体分布、样本分布和抽样分布三者的概念及其关系。

教学视频
抽样分布

（一）总体分布及其特征

总体分布就是总体关于某个变量的频率分布,即总体中所有个体关于某个变量(标志)的取值所形成的分布。假设 X 为总体随机变量,那么总体分布就是指 X 的分布。前面已经谈到,变量分布的形态很多,例如 J 形分布、U 形分布和钟形分布等,不同的分布会有不同的特征。

反映总体分布特征的指标叫总体参数,一般用 θ 来表示。在抽样实践中,常用的总体参数有两个:一是总体均值(包括是非变量的均值);二是总体方差或标准差(包括是非变量的方差或标准差)。

假设有限总体的容量为 N,第 i 个个体的变量值为 $X_i(i=1,2,3,\cdots,N)$,均值为 $\overline{X}$,方差为 S^2,那么就有:

$$\overline{X} = \frac{\sum_{i=1}^{N} X_i}{N} \tag{4-1}$$

$$S^2 = \frac{\sum_{i=1}^{N} (X_i - \overline{X})^2}{N} \tag{4-2}$$

特殊地,对于是非变量,如果两类变量值个数分别为 N_1 和 $N_0(N_1+N_0=N)$,N_1 个变量值为 1,N_0 个变量值为 0,并且令 $P=\dfrac{N_1}{N}$,$Q=\dfrac{N_0}{N}$,那么如果以 $\overline{X}_P$ 表示总体均值,以 S_P^2 表示总体方差,就有:

$$\overline{X}_P = P \tag{4-3}$$

$$S_P^2 = PQ \tag{4-4}$$

显然,$P+Q=1$。这时,$\overline{X}_P$ 也称为总体比例或总体成数。

从理论上看,总体参数 θ 的值是唯一确定的,但在非全面观测的情况下是未知的,所以才需要通过样本加以估计。

（二）样本分布及其特征

样本分布就是样本关于某个变量的频率分布,即样本中所有个体关于某个变量(标志)的取值所形成的分布。假设 x 为总体随机变量 X 在样本中的体现,那么样本分布就是指 x 的分布,或者说是关于 n 个观测值的分布。由于样本来自于总体,包含了一部分关于总体的信息,所以样本分布是一种经验分布。当样本容量 n 很大,或者是当 n 逐渐增大时,样本分布会接近总体分布。如果样本容量很小,或者抽样方式不合理,那么样本分布就有可能与总体分布相差很大。所以,如何抽样、样本容量应该多大,是抽样中非常重要的问题。

反映样本分特征的指标叫样本统计量,通常用 T 来表示。与总体参数相对应,常见的样本统计量也有两个:样本均值和样本方差,即:

$$\overline{x} = \frac{\sum_{i=1}^{n} x}{n} \tag{4-5}$$

$$s^2 = \frac{\sum_{i=1}^{n} (x_i - \overline{x})^2}{n} \tag{4-6}$$

同样对于是非变量,如果两类变量值个数分别为 n_1 和 $n_0(n_1+n_0=n)$, n_1 个变量值为 1, n_0 个变量值为 0,并且令 $p=\dfrac{n_1}{n}$, $q=\dfrac{n_0}{n}$, 那么如果以 $\overline{x}_p$ 表示样本均值,以 s_p^2 表示样本方差,就有:

$$\overline{x}_p=p \tag{4-7}$$

$$s_p^2=pq \tag{4-8}$$

同样, $p+q=1$, $\overline{x}_p$ 也可称为样本比例或样本成数。

样本分布是可以通过 n 个观测值来描述的,可以形成分布数列、绘制分布图并且计算均值与方差等,因此样本统计量 T 的值(即样本统计值)是可知的。但由于抽样的随机性,样本统计值随样本不同而不同,不是唯一确定的。对于任何一次抽样,抽取的样本都只是所有可能的样本中的一个而已,而哪一个样本被抽中事先是未知的、随机的,因此样本统计量 T 是随机变量。正因为如此,以 T 或以 T 为依据构造的其他量来反映 θ 只是一种估计,会存在误差。抽样估计,就是要以可知但非唯一的样本统计值去估计唯一却未知的总体参数的值。

(三) 抽样分布及其特征

1. 抽样分布的概念及影响因素

由于每一次抽样都是从所有可能的样本中获取一个估计值,那么自然就产生这样的问题:不同估计值之间的差异有多大? 不同估计值出现的概率有多大? 这就要通过抽样分布来说明。

所谓抽样分布就是样本统计量的概率分布,它由样本统计量的所有可能取值和与之对应的概率所组成。如果说样本分布是关于样本观测值的分布,那么抽样分布则是关于样本统计值的分布,而样本统计值是由样本观测值计算而来的。具体地说,抽样分布就是从容量为 N 的总体中抽取容量为 n 的样本时,所有可能的样本统计值所形成的分布。假设从容量为 N 的有限总体中最多可以抽取 m 个容量为 n 的不同样本,那么所有 m 个样本统计值形成的频率分布就是抽样分布。可以说,抽样分布是研究样本分布与总体分布之间关系的桥梁。

那么,实际的抽样分布是如何形成的呢? 它取决于以下五个因素:

一是总体分布。在其他因素不变时,总体分布不同则抽样分布也不一样。一般地,总体分布越集中(总体方差越小)则抽样分布也越集中,总体分布越分散(总体方差越大)则抽样分布也越分散。

二是样本容量。样本容量是决定抽样分布最直接、最有效的因素。在其他因素不变时,样本容量越大则抽样分布越集中,样本容量越小则抽样分布越分散。

三是抽样方法。重复抽样与不重复抽样、考虑样本单位抽取顺序与不考虑样本单位抽取顺序、等概率抽样与不等概率抽样的抽样分布都是不一样的。例如,就考虑样本单位抽取顺序与不考虑样本单位抽取顺序而言,样本 ABC、ACB、BAC、BCA、CAB、CBA,在考虑顺序时被认为是 6 个不同的样本,在不考虑顺序时被认为是同一个样本。这样,在简单随机抽样下,从总体 N 中抽取容量为 n 的样本,其样本个数 m 有以下四种情况:① 考虑顺序的重复抽样, $m=N_n$;② 不考虑顺序的重复抽样, $m=C_{N+n-1}^n$;③ 考虑顺序的不重复抽样, $m=P_N^n$;④ 不考虑顺序的不重复抽样, $m=C_N^n$。样本个数不同,抽样分布也就自然有别。一般情况下,抽样方法只指上述①和④这两种情况,抽样实践中④最为常用。

四是抽样组织形式。对于同一总体、相同的样本容量和抽样方法,不同的抽样组织形式会有不同的样本结构和样本个数,因而有不同的抽样分布。正因为如此,在抽样实践中如何选择最合适的抽样组织形式是一个既重要又灵活的问题。

五是估计量构造。以样本估计总体必须借助一定的估计量,通常用 $\hat{\theta}$ 表示。从估计量的构造是否借助调查变量以外的辅助变量来看,它可以有直接估计量与间接估计量之分。直接估计量仅利用样本提供的关于调查变量本身的信息,此时估计量就是样本统计量 T。而间接估计量除了利用样本提供的关于调查变量本身的信息外,还利用与调查变量相关的辅助变量的信息(总体的和样本的),例如比率估计量和回归估计量等,此时估计量就是样本统计量 T 的改造形式,抽样分布就变成了估计量分布。在其他因素不变时,估计量构造不同,抽样分布就不同。

2. 抽样分布形式

最基本的抽样分布是样本均值的抽样分布和样本成数的抽样分布。假设 m 个样本统计值形成 k 个组的单项式数列,则样本均值和样本成数的抽样分布形式分别如表 4-1 和表 4-2 所示。

表 4-1　样本均值抽样分布形式

$\bar{x}_i$	$\bar{x}_1$	$\bar{x}_2$	$\bar{x}_3$	$\cdots$	$\bar{x}_k$
π_i	π_1	π_2	π_3	$\cdots$	π_k

表 4-2　样本成数抽样分布形式

p_i	p_1	p_2	p_3	$\cdots$	p_k
π_i	π_1	π_2	π_3	$\cdots$	π_k

上述表中 π_i 为某一样本统计值出现的频率即概率,$\sum\limits_{i=1}^{k} \pi_i = 1, k \leqslant m$。

【例 4-1】 假设某总体由 3、5、7、9、11 五个数字组成,现要从中随机抽取容量为 3 的样本,那么在考虑样本单位抽取顺序时,重复抽样和不重复抽样的样本均值的抽样分布有何不同?

可以计算,总体均值为 $\bar{X}=7$,总体方差为 $S^2=8$。重复抽样的样本个数为 $m=5^3=125$,在不重复抽样下的样本个数为 $m=P_5^3=60$。经过计算整理,它们的样本均值的概率分布分别如表 4-3 和表 4-4 所示。

表 4-3　重复抽样的样本均值抽样分布

$\bar{x}_i$	3	3.67	4.33	5	5.67	6.33	7	7.67	8.33	9	9.67	10.33	11
π_i	$\frac{1}{125}$	$\frac{3}{125}$	$\frac{6}{125}$	$\frac{10}{125}$	$\frac{15}{125}$	$\frac{18}{125}$	$\frac{19}{125}$	$\frac{18}{125}$	$\frac{15}{125}$	$\frac{10}{125}$	$\frac{6}{125}$	$\frac{3}{125}$	$\frac{1}{125}$

表 4-4　不重复抽样的样本均值抽样分布

$\bar{x}_i$	3	3.67	4.33	5	5.67	6.33	7	7.67	8.33	9	9.67	10.33	11
π_i	0	0	0	$\frac{6}{60}$	$\frac{6}{60}$	$\frac{12}{60}$	$\frac{12}{60}$	$\frac{12}{60}$	$\frac{6}{60}$	$\frac{6}{60}$	0	0	0

如果不考虑样本单位抽取的顺序,那么重复抽样和不重复抽样下的样本个数分别为 $m = C_{N+n-1}^{n} = C_{7}^{3} = 35$ 和 $m = C_{N}^{n} = C_{5}^{3} = 10$,具体的样本均值分布也会简单一些,请读者自己给出。

由表 4-3 和表 4-4 可以看出,样本均值的分布大致是钟形对称的,尤其是表 4-3 特征更为明显。

【例 4-2】 假设某总体由 10 个球组成,其中红球 6 个,现从中随机抽取 4 个球,那么在重复抽样和不重复抽样下红球比重(样本成数)的抽样分布分别如何?

可以计算,总体成数为 $P = 0.6$,总体方差为 $P(1-P) = 0.24$。在重复抽样下,样本中红球的比重服从二项分布;在不重复抽样下,样本中红球的比重服从超几何分布。经过计算整理,重复抽样和不重复抽样下红球比重(样本成数)的抽样分布分别如表 4-5 和表 4-6 所示。

表 4-5   重复抽样下红球比重的抽样分布

p_i	0	0.25	0.5	0.75	1
π_i	0.025 6	0.153 6	0.345 6	0.345 6	0.129 6

表 4-6   不重复抽样下红球比重的抽样分布

p_i	0	0.25	0.5	0.75	1
π_i	$\dfrac{1}{210}$	$\dfrac{24}{210}$	$\dfrac{90}{210}$	$\dfrac{80}{210}$	$\dfrac{15}{210}$

3. 抽样分布特征

如同总体分布与样本分布,抽样分布特征就是样本统计量的数学期望和方差。当估计量就是样本统计量时,其数学期望与方差分别表示为 $E(\hat{\theta}) = \sum \hat{\theta}_i \pi_i$ 和 $V(\hat{\theta}) = \sum [\hat{\theta}_i - E(\hat{\theta})]^2 \pi_i$。

在简单随机抽样下,样本均值的数学期望为总体均值即 $E(\bar{x}) = \sum \bar{x}_i \pi_i = \bar{X}$,样本均值的方差为 $V(\bar{x}) = \sum (\bar{x}_i - \bar{X})^2 \pi_i$。在例 4-1 中,不论是重复抽样还是不重复抽样,样本均值的数学期望都等于 7,但重复抽样与不重复抽样的方差则有不同的结果,重复抽样下的方差为 $V(\bar{x}) = \dfrac{8}{3}$,不重复抽样下的方差为 $V(\bar{x}) = \dfrac{4}{3}$。同理,在简单随机抽样下,样本成数的数学期望为总体成数,即 $E(p) = \sum p_i \pi_i = P$,样本成数的方差为 $V(p) = \sum (p_i - P)^2 \pi_i$。在例 4-2 中,不论是重复抽样还是不重复抽样,样本成数的均值都是 0.6,但重复抽样与不重复抽样的方差也有不同的结果,重复抽样下的方差为 $V(p) = 0.06$,不重复抽样下的方差为 $V(p) = 0.04$。

同理,抽样分布方差的大小代表抽样分布离散程度的强弱。通常情况下,样本统计量的数学期望等于总体参数这个性质都能得到满足,因而抽样分布的特征主要通过抽样分布的方差来体现。很显然,样本统计量分布的方差越小,抽样分布越集中,则所抽取样本的统计值就越可能接近总体参数,平均来讲抽样估计的误差就越小。因此,如何在遵循随机原则和节省费用的前提下,设计出抽样分布方差最小的抽样方案,始终是我们追求的目标。当然,样本统计量无偏并不等于抽样分布无偏,抽样分布的偏差性需要用偏度系数来测度,例如样本均值分布的偏差要用

$$\sum_{i=1}^{m} [\overline{x}_i - E(\overline{x})]^3 / [\sqrt{V(\overline{x})}]^3 来反映。$$

需要说明的是,我们每次抽样所得到的样本统计值只是 m 个可能值中的一个,不可能按上述形式列出样本均值或样本成数的实际抽样分布,因此也不可能按前述的公式来计算抽样分布的期望和方差。但是,我们对样本统计量抽样分布的理解,能帮助我们掌握样本统计量分布的规律和样本统计量与总体参数之间的内在联系,从而使我们由样本去估计总体有据可循。

二、常用的抽样分布定理

(一)样本均值的抽样分布定理

1. 正态分布的再生定理

如果某样本的 n 个个体完全随机地来自数学期望为 $\overline{X}$、方差为 S^2 的正态总体,则不论样本容量 n 多大,样本均值 $\overline{x}$ 都服从数学期望为 $\overline{X}$、方差为 $V(\overline{x}) = \dfrac{S^2}{n}$(重复抽样时)或 $V(\overline{x}) = \dfrac{(N-n)S^2}{Nn}$(有限总体且不重复抽样时)的正态分布。标准化统计量 $z = \dfrac{\overline{x} - \overline{X}}{\sqrt{V(\overline{x})}}$ 则服从数学期望为 0、方差为 1 的标准正态分布。此即为正态分布的再生定理。

2. 中心极限定理

对于任一具有均值 $\overline{X}$ 和方差 S^2 的有限总体,当样本容量 n 足够大时(例如 $n>30$ 或 $n>50$),样本均值 $\overline{x}$ 的分布也趋于服从正态分布,其数学期望和方差与再生定理的相同。此即为中心极限定理。

3. t 分布定理

当正态总体的方差未知且 n 较小,或任一方差为 S^2 的总体但 n 较小,则样本均值 $\overline{x}$ 的分布服从自由度为 $n-1$ 的 t 分布。t 分布曲线与正态分布相近,其中数学期望相同。

(二)样本成数的抽样分布定理

1. 二项分布定理

从一个数学期望为 P、方差为 $P(1-P)$ 的是非变量总体中随机重复地抽取容量为 n 的样本,那么样本中含有 n_1 个某类变量值的概率为:

$$\pi(n_1) = C_n^{n_1} P^{n_1} Q^{n-n_1} \tag{4-9}$$

其中 $n_1 = 0, 1, 2, 3, \cdots, n$;$\sum \pi(n_1) = 1$。

对于特定的 n 和 P,可以求出 $n_1=0$ 至 $n_1=n$ 的所有概率,也即可以求出 $p=0$ 至 $p=1$ 的所有概率,从而形成一个分布,这个分布就是二项分布。当 $P=0.5$ 时,二项分布是对称的;当 $P \neq 0.5$ 时,二项分布是不对称的。

2. 超几何分布定理

从一个数学期望为 P、方差为 $P(1-P)$ 的是非变量总体中随机不重复地抽取容量为 n 的样本,那么当 $N_1 \geqslant n$ 同时 $N_0 \geqslant n$ 时,样本中含有 n_1 个某类变量值的概率为:

$$\pi(n_1, n_0 \mid N_1, N_0) = \dfrac{C_{N_1}^{n_1} C_{N_0}^{n_0}}{C_N^n} \tag{4-10}$$

其中 $n_1 = 0, 1, 2, 3, \cdots, n; \pi(n_1, n_0 \mid N_1, N_0) = 1$。

对于给定的 n 和 P，可以求出 $n_1 = 0$ 至 $n_1 = n$ 的所有概率，也即可以求出 $p = 0$ 至 $p = 1$ 的所有概率，从而形成一个分布，这个分布就是超几何分布。当 N 无限增大时，超几何分布趋向于二项分布。

3. 中心极限定理

从任一数学期望为 P、方差为 $P(1-P)$ 的是非变量总体中随机抽取容量足够大的样本（一般要求同时 $nP > 5$，$nQ > 5$），则样本成数 p 的分布趋于服从数学期望为 P、方差为 $V(p) = \dfrac{P(1-P)}{n}$（重复抽样时），或数学期望为 P、方差为 $V(p) = \dfrac{(N-n)P(1-P)}{Nn}$（不重复抽样时）的正态分布。标准统计量 $z = \dfrac{p-P}{\sqrt{V(p)}}$ 则服从数学期望为 0、方差为 1 的标准正态分布。也就是说，正态分布是二项分布与超几何分布的极限形式。

正态分布是最重要、最常用的抽样分布。实践中的抽样一般都符合大样本的要求，因此我们可以根据正态分布理论，在一定的概率保证下对总体参数作出区间估计。

第二节　抽样误差

一、抽样中的误差构成

抽样误差是抽样估计难以避免的问题，它是抽样中的误差构成之一。关于抽样中的误差构成，目前国内外有关文献尚没有一个统一的分类。一般地，抽样中的总误差可以简单地分为两类（暂不考虑估计量偏差时）：一类是抽样误差，另一类是非抽样误差，它们之间的关系如图 4-1 所示。

抽样误差是一种偶然性误差，由抽样的非全面性和随机性所引起，即抽样估计值随样本不同所造成的误差。偶然性误差的特点是，它随着样本容量的增大而变小。我们本章所讨论的误差主要就是抽样误差。

教学视频
抽样误差

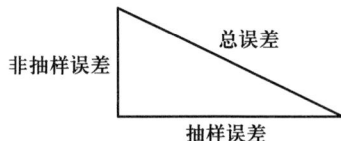

非抽样误差是一种由随机抽样的偶然性因素以外的原因所引起的误差，例如由于抽样框不够准确（与目标总体不一致）、有些观测单位的数据无法取得、已取得的一些数据不真实等原因引起的样本观察数据非同质，或残缺，或不真实而产生的误差，其中一个重要部分就是所有统计调查都可能产生的调

图 4-1　抽样中的误差构成

查性误差。当非抽样误差超过一定程度时，抽样估计结果会与实际情况严重不符，就会失去意义。因此，通过各种方式减少和控制非抽样误差具有非常重要的意义。

综合上述分类，可以把抽样调查中的总误差表示为如下关系式：

$$(\text{总误差})^2 = (\text{抽样误差})^2 + (\text{非抽样误差})^2$$

二、抽样误差的表现形式

抽样误差的表现形式有三种：抽样实际误差、抽样标准误和抽样极限误差。

（一）抽样实际误差

抽样实际误差是指样本估计值与总体参数值之间的离差，表示为 $\hat{\theta}-\theta$。当估计值比总体参数值大时，实际误差为正；当估计值比总体参数值小时，实际误差为负。若估计量无偏，则所有可能估计值的实际误差之总和为 0。当然，从估计精度的角度来看，我们并不关心误差的正与负，而是关心误差绝对值的大小。例 4-1 中，估计值 5 和 9 的实际误差是相同的，都是 2。还需要说明的是，每一次抽样的实际误差是不可知的，因为 θ 是未知的，我们讨论它的目的是更好理解衡量抽样误差大小的核心指标——抽样标准误。同时，抽样实际误差是随机变量，它依样本不同而不同。

（二）抽样标准误

抽样标准误是衡量抽样误差大小的核心指标，是抽样推断必不可少的一个因素。那么什么是抽样标准误呢？

抽样标准误就是抽样分布或样本统计量的标准差，即抽样分布方差的平方根，表示为 $SE(\hat{\theta})=\sqrt{V(\hat{\theta})}$。抽样标准误与实际抽样误差的关系是：各估计值的实际误差越大，则抽样标准误也越大；各估计值的实际误差越小，则抽样标准误也越小。通过抽样标准误可以反映样本代表性的高低：抽样标准误越大（小），表明抽样分布越离散（集中），从总体中抽取样本的代表性就越差（好），抽样估计的误差平均来讲就越大（小）。在例 4-1 中，重复抽样下的抽样标准误为 $\sqrt{\dfrac{8}{3}}$，不重复抽样下的抽样标准误为 $\sqrt{\dfrac{4}{3}}$，表明不重复抽样的抽样分布比重复抽样的集中，样本代表性更高。事实上，在重复抽样下，样本均值处于 5~9 之间的概率为 84%，而不重复抽样下样本均值处于 5~9 之间的概率为 100%。因此，抽样标准误能衡量抽样误差大小的一般水平。

对于确定的总体和样本容量，在相同的抽样方法和抽样组织形式下，抽样标准误是个唯一确定的值，即不论抽到哪一个样本，不论各抽样实际误差有多大，抽样标准误都是相同的。所谓抽样误差可以计算和加以控制，就是从这个意义上而言的。但由于不可能知道所有的样本统计值，也未知总体参数本身的值，因而难以按前述方法准确算出抽样标准误，只能根据某一具体样本的观测数据来加以估计，表示为 $se(\hat{\theta})$。由于不同样本所给出的抽样标准误的估计值 $se(\hat{\theta})$ 互不相同，因而抽样标准误实际上又变成了随机变量。具体如何估计抽样标准误，将在第四节结合各种抽样组织形式加以介绍。

（三）抽样极限误差

抽样极限误差是指抽样估计所允许的最大误差范围，也即在一次抽样估计中，估计量所允许取的最高值或最低值与总体参数值之间的绝对离差，通常用 Δ 来表示，即 $|\hat{\theta}-\theta|\leqslant\Delta$。$\Delta$ 与 θ 之比被称为抽样估计相对允许误差，一般表示为 γ，1 减去抽样估计相对误差被称为抽样估计精度。

由于每一次抽样都有一定的精度要求，因此抽样极限误差实际上就是对估计量可允许取的最高值或最低值进行了规定。如果抽样极限误差过大，即所允许的估计值过高或过低，那么抽样估计的结果就可能毫无意义。例如，某些社会经济指标平均每年能递增 5% 就算不错了，如果增长速度估计的极限误差比 5% 还大，那么这样的估计就没有什么意义了。

那么该如何确定抽样极限误差 Δ？它取决于两个因素：一是抽样标准误，即抽样分布的标准差。如果说抽样标准误是一把衡量抽样误差大小的尺子，那么抽样极限误差就是以该尺子来衡量的一个长度。在其他条件既定时，抽样标准误越大（小），抽样极限误差也就越大（小）。二是抽样估计概率保证程度，也称为置信水平，通常表示为 $1-\alpha$，其中 α 就是显著性水平。以样本估计总体，除了有精度要求，还有可靠度要求，即以多大的概率来保证估计有效。根据抽样分布曲线可知，抽样分布曲线与估计量坐标轴之间的极限面积为 1，或者说抽样分布曲线涵盖所有可能估计值的概率为 100%。在抽样分布标准差（即抽样标准误）既定时，所要求的概率保证程度越高（低），被曲线覆盖的可能估计值就越多，可能的最高估计值或最低估计值就离抽样分布中心位置越远，抽样极限误差也就越大（小）。

为了清楚表示抽样极限误差、抽样标准误和抽样概率保证程度三者的关系，我们把抽样极限误差与抽样标准误之比称为抽样概率度。在正态分布下，抽样概率度用 $z_{\alpha/2}$ 来表示，即

$$\Delta = z_{\alpha/2} SE(\hat{\theta}) \tag{4-11}$$

或

$$z_{\alpha/2} = \frac{\Delta}{SE(\hat{\theta})} \tag{4-12}$$

不难发现，Δ 分别与 $z_{\alpha/2}$、$SE(\hat{\theta})$ 成正比，而 $z_{\alpha/2}$ 与 $SE(\hat{\theta})$ 成反比。因此，在一定的概率保证下，要想提高抽样估计精度，必须缩小抽样极限误差，就必须通过抽样设计来降低抽样标准误。

$z_{\alpha/2}$ 正是当显著性水平为 α 时的标准正态分布的双侧临界值，概率保证程度 $1-\alpha$ 的高低变化正好可以通过 $z_{\alpha/2}$ 的大小变化来反映。例如当 $z_{\alpha/2}$ 分别为 1，1.64，1.96，2，2.58 和 3 时，$1-\alpha$ 分别为 68.27%，90%，95%，95.45%，99% 和 99.73%，如图 4-2 所示。

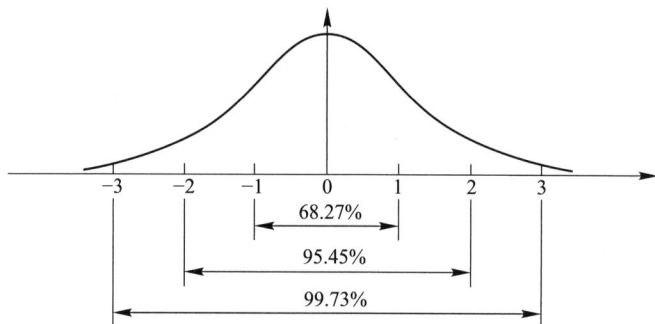

图 4-2　标准正态分布临界值与置信水平

第三节　参数估计方法

一、估计量的评价标准

如前所述，估计量构造是影响抽样分布的重要因素之一。所谓估计量，就是用以估计总体参数的量，或者说是根据样本结果来估计总体参数的规则或形式。一般情况下，估计量就是样本统计量。估计量的具体结果，就称为估计值，它由所抽样本的观测数据计算而得。

在参数估计时,可选择的估计量可能有多个。例如要估计总体平均水平,可选择的估计量有算术平均数、中位数、众数等,到底用哪一个估计量更合适? 这就需要有评价标准。通常,评价估计量好坏的标准有四个:无偏性、一致性、有效性和充分性。

（一）无偏性

所谓无偏性是指估计量的数学期望等于总体参数,即以样本估计总体时,基于该估计量的所有可能的实际误差之和为零。对于总体参数 θ,若其估计量 $\hat{\theta}$ 的数学期望等于 θ,即 $E(\hat{\theta}) = \theta$,或离差 $(\theta - \hat{\theta})$ 的数学期望为 0,即 $E(\hat{\theta} - \theta) = 0$,则称 $\hat{\theta}$ 为总体参数 θ 的无偏估计量。否则,估计量就是有偏的,即估计值平均来讲会偏高或偏低。容易证明,样本均值 $\bar{x}$ 是总体均值 $\bar{X}$ 的无偏估计量,样本成数 p 是总体成数 P 的无偏估计量,样本方差 s^2 是总体方差 S^2 的无偏估计量。

（二）一致性

所谓一致性是指估计误差会随样本容量的增大而减少,即以样本估计总体时,随着样本容量的增大,估计量的值会越来越靠近于总体参数的真值。或者说,随着样本容量的增大,估计量与总体参数之差的绝对值小于任意小的正数的可能性越来越大甚至达到100%。符合这一要求的估计量就叫作一致性估计量。同样可以证明,样本均值 $\bar{x}$、样本成数 p 和样本方差 s^2 分别是总体均值 $\bar{X}$、总体成数 P 和总体方差 S^2 的一致性估计量。

（三）有效性

所谓有效性是指优良估计量的抽样分布方差小于其他估计量的方差,即以样本估计总体时,优良估计量的估计误差小于其他估计量的估计误差。若以 $\hat{\theta}_0$ 表示某一无偏估计量,$\hat{\theta}_i$ 表示其他无偏估计量,则 $\hat{\theta}_0$ 比 $\hat{\theta}_i$ 有效的前提是 $V(\hat{\theta}_0) < V(\hat{\theta}_i)$。例如,对于正态分布总体来说,样本均值 $\bar{x}$ 和样本中位数 M_e 都是总体均值 $\bar{X}$ 的无偏估计量,但两者的方差不同,样本中位数的方差 $V(M_e)$ 是样本均值的方差 $V(\bar{x})$ 的 1.57 倍,因此样本均值比样本中位数有效。容易证明,样本均值 $\bar{x}$、样本成数 p 和样本方差 s^2 分别是总体均值 $\bar{X}$、总体成数 P 和总体方差 S^2 的有效估计量。

（四）充分性

所谓充分性是指估计量提取了样本中所包含的有关总体参数的全部信息,即以样本估计总体时,估计量 $\hat{\theta}$ 的构造能最大限度地减少有关总体信息的损失。若估计量 $\hat{\theta}$ 做到这一点,那它就是 θ 的充分估计量。同样可以证明,样本均值 $\bar{x}$、样本成数 p 和样本方差 s^2 分别是总体均值 $\bar{X}$、总体成数 P 和总体方差 S^2 的充分估计量。

同时满足上述四个标准的估计量,就是优良的估计量。样本均值 $\bar{x}$、样本成数 p 和样本方差 s^2 都是优良估计量。

有时,估计量的选择会在无偏性与有效性之间产生矛盾,即某估计量无偏但方差较大,另一估计量有偏但方差（均方误差）较小,这时的基本原则是如果有偏估计量的偏差不是很大（可以忽略）,应该优先选择有偏但更有效的估计量。

二、参数估计的具体方法

参数估计的具体方法有点估计与区间估计两种。

(一) 点估计

所谓点估计也称定值估计,就是直接用一个具体样本的统计值去估计未知的总体参数。例如,以某一样本的均值 $\bar{x}$ 去估计总体均值,即 $\hat{\bar{X}}=\bar{x}$;以某一样本的成数 p 去估计总体成数,即 $\hat{P}=p$;以某一样本的方差 s^2 去估计总体方差,即 $\hat{S}^2=s^2$ 等。在实践中,根据样本观测数据估计某市居民人均年收入 80 000 元,估计某批产品合格率 98% 等,就属于点估计。

点估计的优点是能给出一个明确的值,缺点是没有指出这种估计的允许波动范围和把握程度大小。因此,在实践中点估计往往与区间估计同时进行。

(二) 区间估计

所谓区间估计,就是指用一个具有一定可靠程度的区间范围来估计总体参数,即对于未知的总体参数 θ,想办法找出两个数值 θ_1 和 $\theta_2(\theta_1<\theta_2)$,使 θ 处于区间 (θ_1,θ_2) 内的概率为 $1-\alpha$,即

$$\pi(\theta_1<\theta<\theta_2)=1-\alpha \tag{4-13}$$

区间 (θ_1,θ_2) 为总体参数的估计区间或置信区间,θ_1 为估计下限或置信下限,θ_2 为估计上限或置信上限。

区间估计的特点是它不指出被估计参数的确定数值,而是在一定的概率保证下指出被估计参数的可能范围。区间估计的两个基本要素(也即评价标准)是置信度和精确度。一方面,我们希望估计区间 (θ_1,θ_2) 包含 θ 的概率 $1-\alpha$ 越大越好,因为 $1-\alpha$ 越大表示参数估计的可靠性越好;另一方面,我们希望估计区间 (θ_1,θ_2) 的长度越短越好,因为估计区间越短表示估计精度越高。然而在样本容量 n 一定的条件下,这两个基本要素往往相互矛盾:若概率 $1-\alpha$ 增大,则估计区间会拉长,估计精度下降;相反,若提高估计精度,则概率 $1-\alpha$ 会下降。因此,我们一般是在给定的概率保证下,尽可能提高估计的精度。

在区间估计中,θ_1 和 θ_2 都是不依赖于未知参数的随机变量,其具体数值依被抽取样本的观测结果而定,即每一个可能的样本都可以给出一个估计区间,这个估计区间可能包含 θ 在内,也可能不包含 θ 在内。但对于所有可能的样本而言,会有 $100(1-\alpha)\%$ 的估计区间包含 θ 在内。因此,概率 $1-\alpha$ 就是所有可能样本所给出的估计区间中包含总体参数 θ 在内的估计区间出现的频率。

当然,有时人们只关心总体参数在一定概率保证下的下限或上限。例如,产品的平均使用寿命越长越好,所以人们只关心估计的下限,即 (θ_1,∞);产品的不合格率越低越好,因而人们只关心估计的上限,即 $(0,\theta_2)$。这种只给出下限 θ_1 或上限 θ_2 的区间估计称为单侧区间估计。由于双侧区间估计用得较多,因此本书只讨论双侧区间估计。

对于双侧区间估计,在正态分布情况下,样本统计量关于总体参数对称分布。因此我们要求 θ_1 与 θ 的距离等同于 θ_2 与 θ 的距离,即 $|\theta_1-\theta|=|\theta_2-\theta|$。这一距离规定了所允许的最高或最低估计值与总体参数真值之间的离差大小,即前述的抽样极限误差 Δ,因此 $\Delta=\theta_2-\theta=\theta-\theta_1$。由于 θ 未知,要以估计量 $\hat{\theta}$ 来估计,因此就有 $\theta_1=\hat{\theta}-\Delta$,$\theta_2=\hat{\theta}+\Delta$,这样,我们就有:

$$\pi(\hat{\theta}-\Delta<\theta<\hat{\theta}+\Delta)=1-\alpha \tag{4-14}$$

即总体参数 θ 被 $(\hat{\theta}-\Delta,\hat{\theta}+\Delta)$ 所包含的概率为 $1-\alpha$。

至此,只要根据样本观测数据计算出估计值 $\hat{\theta}$,根据相应公式估计出抽样标准误 $se(\hat{\theta})$,根据

给定的概率 $1-\alpha$ 查出临界值 $z_{\alpha/2}$，就可以计算出抽样极限误差 Δ，从而给出总体参数 θ 的估计区间。

例如，当样本容量充分大时，在 $1-\alpha$ 的概率保证下，我们可以得到总体均值 $\overline{X}$ 的估计区间为 $(\overline{x}-z_{\alpha/2}se(\overline{x}),\overline{x}+z_{\alpha/2}se(\overline{x}))$，总体成数 P 的估计区间为 $(p-z_{\alpha/2}se(p),p+z_{\alpha/2}se(p))$。

第四节　各种抽样组织形式的参数估计

不同的抽样组织形式，估计量的具体形式和抽样标准误的计算方法都有所差别，因此，在相同的样本容量 n 和相同的概率保证 $1-\alpha$ 下，不同抽样组织形式的估计结果也不相同。但区间估计的原理是一样的。本节将分别介绍各种抽样组织形式下的总体均值 $\overline{X}$ 和总体成数 P 的估计量及其抽样标准误。

教学视频
参数估计

一、简单随机抽样

（一）总体均值 $\overline{X}$ 的估计

设 x_i 为样本中第 i 个个体的变量值，当样本容量为 n 时，总体均值 $\overline{X}$ 的估计量为：

$$\hat{\overline{X}} = \overline{x} = \sum_{i=1}^{n} x_i/n \tag{4-15}$$

与该估计量相对应的抽样标准误为：

$$SE(\overline{x}) = \sqrt{\frac{S^2}{n}} \quad （重复抽样时） \tag{4-16}$$

或

$$SE(\overline{x}) = \sqrt{\frac{(1-f)S^2}{n}} \quad （不重复抽样时） \tag{4-17}$$

其中 $f=n/N$，称为抽样比。

$1-f$ 称为有限总体校正系数。当 $f<5\%$ 时，$\sqrt{1-f}\approx1$，重复抽样与不重复抽样的抽样标准误相差甚微。

由于总体方差 S^2 通常未知，要以样本方差 s^2 来估计，因此 $SE(\overline{x})$ 就变成了 $se(\overline{x})$。

【例 4-3】　从某高校的 25 500 名学生中随机不重复抽取 200 名学生进行月生活费支出调查，经计算样本均值为 $\overline{x}=1\,246$ 元，样本方差为 $s^2=195\,560$ 元，要求以 95% 的概率保证估计该校全体学生的人均月生活费支出额。

由题意知，$N=25\,500$，$n=200$，$f=0.78\%<5\%$；由 $1-\alpha=95\%$ 可知 $z_{\alpha/2}=1.96$。

根据式（4-16）（因为 $f<5\%$，可用重复抽样公式），并以 s^2 代替 S^2，可估计抽样标准误为：

$$se(\overline{x}) = \sqrt{\frac{s^2}{n}} = \sqrt{\frac{195\,560}{200}} = 31.27（元）$$

抽样极限误差为 $\Delta=z_{\alpha/2}se(\overline{x})=1.96\times31.27=61.29（元）$。

全校学生人均月生活费支出额的点估计为 $\hat{\overline{X}} = \overline{x} = 1\ 246$（元），95%概率保证的区间估计为 $(1\ 246-61.29, 1\ 246+61.29) = (1\ 184.71, 1\ 307.29)$（元）。

（二）总体成数 P 的估计

根据前面关于总体成数与样本成数的定义，总体成数 P 的估计量为：

$$\hat{P} = p = \frac{n_1}{n} \tag{4-18}$$

与该估计量相对应的抽样标准误为：

$$SE(p) = \sqrt{\frac{P(1-P)}{n}} \quad （重复抽样时） \tag{4-19}$$

或

$$SE(p) = \sqrt{\frac{(N-n)P(1-P)}{Nn}} = \sqrt{\frac{(1-f)P(1-P)}{n}} \quad （不重复抽样时） \tag{4-20}$$

当总体方差 $P(1-P)$ 未知时，要以样本方差 $p(1-p)$ 来估计。

【例 4-4】 某批产品 5 000 件，从中随机不重复抽取 500 件进行检查，发现有 50 件不合格，要求以 90%的概率保证估计该批产品的不合格率。

由题意知，$N=5\ 000$，$n=500$，$f=0.1$，$n_1=50$；由 $1-\alpha=90\%$ 可得 $z_{\alpha/2}=1.64$。

容易计算得样本成数为：

$$p = \frac{n_1}{n} = \frac{50}{500} = 10\%。$$

根据式（4-20）并以样本方差 $p(1-p)$ 代替总体方差 $P(1-P)$，可估计抽样标准误为：

$$se(p) = \sqrt{\frac{(1-f)p(1-p)}{n}} = \sqrt{\frac{(1-0.1)0.1(1-0.1)}{500}} = 1.27\%；$$

抽样极限误差为 $\Delta = z_{\alpha/2}se(p) = 1.64 \times 1.27\% = 2.08\%$。

该批产品不合格率的点估计为 $\hat{P} = p = 10\%$，90%概率保证的区间估计（$10\% - 2.08\%$，$10\% + 2.08\%$）= $(7.92\%, 12.08\%)$。

（三）样本容量 n 的确定

样本容量是影响抽样效果最直接的因素，是抽样方案设计的重要内容。如何确定样本容量？这要取决于总体分布方差、对抽样精度和可靠程度的要求、抽样方法及调查经费等因素。在不考虑调查经费时，简单随机抽样的样本容量可由以下公式确定：

$$n_{重} = \frac{z_{\alpha/2}^2 S^2}{\Delta^2} \quad 或 \quad n_{重} = \frac{z_{\alpha/2}^2 P(1-P)}{\Delta^2} \tag{4-21}$$

$$n_{不重} = \frac{n_{重}}{1 + \dfrac{n_{重}}{N}} \tag{4-22}$$

其中 $n_{重}$ 和 $n_{不重}$ 分别表示重复抽样和不重复抽样所需的样本容量，$n_{重} > n_{不重}$。

由于总体方差通常未知，通常要借用最近的过去数据来代替或由经验判断来确定，也可由试抽样的样本方差来估计。

若某次抽样既要估计总体均值,又要估计总体成数,那么它们所需的样本容量可能就不一样,这时若条件(如费用等)允许应取最大者。否则,应根据最重要的指标来确定样本容量。

【例4-5】　某企业生产某种产品,优级标准是耐用时间达到5 000小时以上。现有该产品100 000件,拟进行一次抽样调查。历史数据显示,这种产品耐用时间的方差为1 562 500小时,优级率为0.92。若要求平均耐用时间估计的抽样极限误差不超过130小时,优级率估计的抽样极限误差不超过3.2%,问在95%的概率保证下,应分别抽取多少件产品进行调查才满足要求?

由题意知,$N = 100\ 000$,$S^2 = 1\ 562\ 500$,$P(1-P) = 0.073\ 6$,$\Delta_{\bar{x}} = 130$,$\Delta_p = 3.2\%$,$z_{\alpha/2} = 1.96$。

总体平均耐用时间估计所需的样本容量为:

$$n_{重} = \frac{z_{\alpha/2}^2 S^2}{\Delta^2} = \frac{1.96^2 \times 1\ 562\ 500}{130^2} = 356(件)$$

$$n_{不重} = \frac{n_{重}}{1 + \frac{n_{重}}{N}} = \frac{356}{1 + \frac{356}{100\ 000}} = 355(件)$$

总体优级率估计所需的样本容量为:

$$n_{重} = \frac{z_{\alpha/2}^2 P(1-P)}{\Delta^2} = \frac{1.96^2 \times 0.073\ 6}{(3.2\%)^2} = 277(件)$$

$$= n_{不重} = \frac{n_{重}}{1 + \frac{n_{重}}{N}} = \frac{277}{1 + \frac{277}{100\ 000}} = 277(件)$$

若要同时满足平均耐用时间和优级率估计的需要,那么在重复抽样时应抽取356件,在不重复抽样时应抽355件。本例中,重复抽样与不重复抽样所需的样本容量几乎没有差异。

对于等距抽样,若抽样单位按无关标志排序(随机排序),那么其参数估计与简单随机抽样相同;若按有关标志排序,那么它的抽样标准误估计就比较复杂,实践中需要采用一些变通的方法,读者需要参阅其他相关文献。

二、分层抽样

(一) 总体均值$\bar{X}$的估计

假设总体的N个个体划分为H层,N_i为第i层个体数,$W_i = N_i/N$为第i层的层权,n_i为第i层抽取的个体数,$f_i = n_i/N_i$为第i层的抽样比,x_{ij}为第i层第j个个体的变量值,那么第i层的层均值$\bar{X}_i$的估计量为:

$$\hat{\bar{X}}_i = \bar{x}_i = \frac{\sum\limits_{i=1}^{H} x_{ij}}{n_i} \tag{4-23}$$

总体均值$\bar{X}$的无偏估计量为:

$$\hat{\bar{X}} = \bar{x}_{st} = \sum_{i=1}^{H} W_i \bar{x}_i \tag{4-24}$$

与该估计量相对应的抽样标准误为：

$$SE(\overline{x}_{st}) = \sqrt{\sum_{i=1}^{H} \frac{W_i^2 S_i^2}{n_i}} \quad (\text{重复抽样时}) \qquad (4-25)$$

或

$$SE(\overline{x}_{st}) = \sqrt{\sum_{i=1}^{H} \frac{1-f_i}{n_i} W_i^2 S_i^2} \quad (\text{不重复抽样时}) \qquad (4-26)$$

其中$S_i^2 = \dfrac{\sum_{j=1}^{N_i}(x_{ij}-\overline{X}_i)^2}{N_i}$为第 i 层的方差，它未知时要用层内样本方差$s_i^2 = \dfrac{\sum_{j=1}^{n_i}(x_{ij}-\overline{x}_i)^2}{n_i}$
来估计。

【例 4-6】　某地区有 500 家规模以上工业企业，按以往增加值多少又可分为大、中、小三层。从中按分层抽样方式不重复抽取 50 家进行一季度销售额的调查。各层的层权、各层抽取的企业数、各层样本均值和样本方差等数据如表 4-7 所示，要求以 95.45% 的概率保证程度估计该地区规模以上工业企业一季度的平均销售额。

表 4-7　该地区规模以上工业企业分层情况及样本数据

企业分层	各层企业数 N_i(家)	层权 W_i	各层抽取数 n_i(家)	各层销售额的样本均值 $\overline{x}_i$(万元)	各层销售额的样本方差 s_i^2(万元)
大型企业	50	0.1	5	17 000	280 000
中型企业	150	0.3	15	8 000	698 500
小型企业	300	0.6	30	1 200	1 085 000
合计	500	1.0	50		

由题意知：$N = 500$，$H = 3$，$f_1 = f_2 = f_3 = 0.1$；由 $1-\alpha = 95.45\%$，可得 $z_{\alpha/2} = 2$。

根据表中数据容易计算，该地区规模以上工业企业一季度平均销售额的点估计为：

$$\hat{\overline{X}} = \overline{x}_{st} = \sum W_i \overline{x}_i = 0.1 \times 17\ 000 + 0.3 \times 8\ 000 + 0.6 \times 1\ 200 = 4\ 820(\text{万元})$$

根据式(4-26)，并以各层的样本方差代替层方差，可估计抽样标准误为：

$$se(\overline{x}_{st}) = \sqrt{\sum \frac{1-f_i}{n_i} W_i^2 s_i^2}$$

$$= \sqrt{0.9 \times \left(\frac{0.1^2 \times 280\ 000}{5} + \frac{0.3^2 \times 698\ 500}{15} + \frac{0.6^2 \times 1\ 085\ 000}{30} \right)}$$

$$= 126.47(\text{万元})$$

抽样极限误差为：$\Delta = z_{\alpha/2} se(\overline{x}) = 2 \times 126.47 = 252.94(\text{万元})$。

由此可得，95.45% 概率保证的该地区规模以上工业企业一季度平均销售额的区间估计为：$(4\ 820 - 252.94, 4\ 820 + 252.94) = (4\ 567.06, 5\ 072.94)(\text{万元})$。

（二）总体成数 P 的估计

设 N_{i1} 为第 i 层符合规定特征的个体数，n_{i1} 为第 i 层样本中符合规定特征的个体数，那么第 i

层成数 P_i 的估计量为：

$$\hat{P}_i = p_i = \frac{n_{i1}}{n_i} \qquad (4-27)$$

总体成数 P 的无偏估计量为：

$$\hat{P} = p_{st} = \sum_{i=1}^{H} W_i p_i \qquad (4-28)$$

与该估计量相对应的抽样标准误为：

$$SE(p_{st}) = \sqrt{\sum_{i=1}^{H} \frac{W_i^2}{n_i} P_i(1-P_i)} \qquad (重复抽样时) \qquad (4-29)$$

或

$$SE(p_{st}) = \sqrt{\sum_{i=1}^{H} \frac{(1-f_i)W_i^2}{n_i} P_i(1-P_i)} \qquad (不重复抽样时) \qquad (4-30)$$

层方差 $P_i(1-P_i)$ 未知时要以层内样本方差 $p_i(1-p_i)$ 来估计。

【例 4-7】　某总体的 20 000 个个体分为两层，$N_1 = 14\,000$，$N_2 = 6\,000$；用不重复抽样方法各层分别抽取容量为 $n_1 = 170$，$n_2 = 90$ 的样本；各层样本中符合规定特征的个体数分别为 $n_{i1} = 120$，$n_{i2} = 36$。要求以 95.45% 的概率保证程度对总体成数 P 做出估计。

由题意可知：$W_1 = 0.7$，$W_2 = 0.3$，$f_1 = 0.012$，$f_2 = 0.015$，$p_1 = 70.59\%$，$p_2 = 40\%$；由 $1-\alpha = 95.45\%$ 可得 $z_{\alpha/2} = 2$。

总体成数 P 的点估计为：

$$\hat{P} = p_{st} = \sum W_i p_i = 0.7 \times 70.59\% + 0.3 \times 40\% = 61.41\%$$

根据式（4-30）并以各层样本方差 $p_i(1-p_i)$ 代替各层方差 $P_i(1-P_i)$，可估计抽样标准误为：

$$se(p_{st}) = \sqrt{\sum_{i=1}^{H} \frac{(1-f_i)W_i^2}{n_i} p_i(1-p_i)}$$

$$= \sqrt{\frac{(1-0.012)\times 0.7^2}{170} \times 0.705\,9 \times 0.294\,1 + \frac{(1-0.015)\times 0.3^2}{90} \times 0.4 \times 0.6}$$

$$= 2.88\%$$

抽样极限误差为：$\Delta = z_{\alpha/2} se(p_{st}) = 2 \times 2.88\% = 5.76\%$。

由此可得，95.45% 概率保证的总体成数的估计区间为：$(61.41\% - 5.76\%, 61.41\% + 5.76\%) = (55.65\%, 67.17\%)$。

（三）各层样本容量 n_i 的确定

分层抽样同样存在样本容量的确定问题。总样本容量 n 的确定思路与方法等同于简单随机抽样。那么，当总样本容量 n 确定时，各层样本容量 n_i 该如何确定？我们通常有以下三种方法：

1. 比例分配法

这是分层抽样最常用的分配方法，纯粹按照层权大小来分配各层样本容量，即根据 $\dfrac{n_i}{n} = \dfrac{N_i}{N}$ 的关系来确定 n_i：

$$n_i = W_i n \tag{4-31}$$

这时,分层抽样的抽样标准误公式可简化为(以总体均值估计为例):

$$SE(\overline{x}_{st}) = \sqrt{\frac{1-f}{n} \sum W_i S_i^2} = \sqrt{\frac{\sum W_i S_i^2}{n} - \frac{\sum W_i S_i^2}{N}} \tag{4-32}$$

其中 $f_i = \dfrac{n_i}{N_i} = \dfrac{n}{N} = f$。

2. 最优分配法

最优分配法也叫 Neyman 分配法,除了考虑各层容量 N_i 大小这一因素,还考虑各层标准差 S_i 不同这一因素,目的是使抽样标准误达到最小。根据目标函数可以推导出最优分配法的各层样本容量为:

$$n_i = n \frac{N_i S_i}{\sum N_i S_i} \tag{4-33}$$

这时,分层抽样的抽样标准误公式可改为:

$$SE(\overline{x}_{st}) = \sqrt{\frac{(\sum W_i S_i)^2}{n} - \frac{\sum W_i S_i^2}{N}} \tag{4-34}$$

3. 经济分配法

该法除了考虑 N_i 和 S_i 这两个因素,还考虑各层个体调查费用 C_i 高低这一因素。同样,可以根据目标函数推导出经济分配法的各层样本容量为:

$$n_i = n \frac{\dfrac{W_i S_i}{\sqrt{C_i}}}{\sum \dfrac{W_i S_i}{\sqrt{C_i}}} \tag{4-35}$$

这时,分层抽样的抽样标准误公式可改为:

$$SE(\overline{x}_{st}) = \sqrt{\frac{\sum \dfrac{W_i S_i}{\sqrt{C_i}} \sum W_i S_i \sqrt{C_i}}{n} - \frac{\sum W_i S_i^2}{N}} \tag{4-36}$$

【例 4-8】 某口罩厂向甲、乙两地销售口罩,为了解质量,口罩厂计划抽取 500 位消费者对口罩进行评分。已知甲地佩戴该口罩厂口罩的居民达 10 000 人,乙地佩戴该口罩厂口罩的居民达 20 000 人;甲、乙两地口罩的评分标准差估计分别为 $S_1 = 75$,$S_2 = 60$;同时甲地和乙地每人的平均抽样费用之比为 2∶3,请分别计算出在甲地和乙地进行比例分配、最优分配(不考虑费用因素)、经济分配(考虑费用因素)的样本量。

由题意可知:$N_1 = 10\ 000$,$W_1 = \dfrac{1}{3}$,$S_1 = 75$,$C_1 = 2$;$N_2 = 20\ 000$,$W_2 = \dfrac{2}{3}$,$S_2 = 60$,$C_2 = 3$。

(1)比例分配法。

$$n_1 = W_1 n = \frac{1}{3} \times 500 \approx 167$$

$$n_2 = W_2 n = \frac{2}{3} \times 500 \approx 333$$

（2）最优分配法。

$$n_1 = n \frac{N_1 S_1}{\sum\limits_{i=1}^{2} N_i S_i} = 500 \times \frac{25}{25+40} \approx 192$$

$$n_2 = n \frac{N_2 S_2}{\sum\limits_{i=1}^{2} N_i S_i} = 500 \times \frac{40}{25+40} \approx 308$$

（3）经济分配法。

$$n_1 = n \frac{\dfrac{W_1 S_1}{\sqrt{C_1}}}{\sum\limits_{i=1}^{2} \dfrac{W_i S_i}{\sqrt{C_i}}} = 500 \times \frac{17.677\ 7}{17.677\ 7 + 23.094\ 0} \approx 217$$

$$n_2 = n \frac{\dfrac{W_2 S_2}{\sqrt{C_2}}}{\sum\limits_{i=1}^{2} \dfrac{W_i S_i}{\sqrt{C_i}}} = 500 \times \frac{23.094\ 0}{17.677\ 7 + 23.094\ 0} \approx 283$$

三、整群抽样

在实践中,整群抽样的情况比较复杂,因为群有大有小,可以等概率抽样,也可以不等概率抽样。作为基础,我们这里仅讨论等群等概率抽样的情况。很显然,若把一个群看成一个个体,那么等群等概率抽样就完全等同于简单随机抽样。

（一）总体均值 $\overline{X}$ 的估计

设总体的 N 个个体形成为 R 个群,每群有 M 个个体。从 R 群中随机抽取 r 群(一般采用不重复抽样方法),共 $rM = n$ 个个体构成样本。若以 x_{ij} 表示第 i 群第 j 个个体的变量值,那么群均值 $\overline{X}_i$ 为:

$$\overline{X}_i = \frac{\sum\limits_{j=1}^{M} x_{ij}}{M} \tag{4-37}$$

总体均值 $\overline{X}$ 的估计量为:

$$\hat{\overline{X}} = \overline{x}_{cs} = \frac{\sum\limits_{i=1}^{r} \overline{X}_i}{r} \tag{4-38}$$

与该估计量相对应的抽样标准误为:

$$SE(\overline{x}_{cs}) = \sqrt{\frac{1-f}{r}S_B^2} \qquad (4-39)$$

其中 $f = \dfrac{r}{R}$ 为抽样比，$S_B^2 = \dfrac{\sum\limits_{i=1}^{R}(\overline{X}_i - \overline{X})^2}{B}$ 为总体群间方差。当 S_B^2 未知时要以样本群间方差

$s_b^2 = \dfrac{\sum\limits_{i=1}^{r}(\overline{X}_i - \overline{x}_{cs})^2}{r}$ 来估计。

【例 4-9】　某高校 4 000 名新生进行军训，编成 50 个军训连，每个连 80 名同学。用不重复抽样方法抽取 10 个连进行眼睛视力调查，计算得各样本连的平均视力如表 4-8 所示。要求以 95% 的概率保证估计全体新生的平均视力。

表 4-8　各样本连的平均视力

样本连编号 i	1	2	3	4	5	6	7	8	9	10
平均视力 $\overline{X}_i$	0.50	0.60	0.65	0.65	0.70	0.70	0.72	0.80	0.90	1.00

由题意知：$R = 50, r = 10, f = 0.2$；由 $1-\alpha = 95\%$ 可得 $z_{\alpha/2} = 1.96$。

容易计算，全体新生平均视力的点估计为：

$$\hat{\overline{X}} = \overline{x}_{cs} = \frac{\sum \overline{X}_i}{r} = 0.722$$

样本群间方差为：

$$s_b^2 = \frac{\sum\limits_{i=1}^{r}(\overline{X}_i - \overline{x}_{cs})^2}{r} = \frac{0.190\,6}{10} = 0.019\,1$$

根据式（4-39）并且以样本群间方差代替总体群间方差，可估计抽样标准误为：

$$se(\overline{x}_{cs}) = \sqrt{\frac{1-f}{r}s_b^2} = \sqrt{\frac{(1-0.2)\times 0.019\,1}{10}} = 0.039\,1$$

抽样极限误差为：$\Delta = z_{\alpha/2}se(\overline{x}_{cs}) = 1.96\times 0.039\,1 = 0.076\,6$。

所以，在 95% 的概率保证下，全体新生的平均视力在 $(0.722 - 0.076\,6, 0.722 + 0.076\,6) = (0.645\,4, 0.798\,6)$ 范围内。

（二）总体成数 P 的估计

设 M_{i1} 为第 i 群中符合规定特征的个体数，那么群成数 P_i 为：

$$P_i = \frac{M_{i1}}{M} \qquad (4-40)$$

总体成数 P 的估计量为：

$$\hat{P} = p_{cs} = \frac{\sum\limits_{i=1}^{r} P_i}{r} \qquad (4-41)$$

与该估计量相对应的抽样标准误为:

$$SE(p_{cs}) = \sqrt{\frac{(1-f) S_{PB}^2}{r}} \qquad (4-42)$$

其中 $f = \frac{r}{R}$ 为群抽样比, $S_{PB}^2 = \dfrac{\sum\limits_{i=1}^{R} (P_i - P)^2}{R}$ 为总体群间方差。当 S_{PB}^2 未知时要以样本群间

方差 $s_{pb}^2 = \dfrac{\sum\limits_{i=1}^{r} (p_i - p_{cs})^2}{r}$ 来估计。

【例 4-10】 在例 4-9 中,各样本连视力不佳同学的比重分别为 25%、30%、30%、35%、40%、45%、50%、55%、60% 和 65%,要求以 95% 的概率保证估计全体新生视力不佳同学的比重。

由题意知: $R = 50, r = 10, f = 0.2$;由 $1 - \alpha = 95\%$ 可得 $z_{\alpha/2} = 1.96$。

容易计算,全体新生视力不佳同学比重的点估计为:

$$\hat{P} = p_{cs} = \frac{\sum\limits_{i=1}^{r} P_i}{r} = 43.5\%$$

样本群间方差为:

$$s_{pb}^2 = \frac{\sum\limits_{i=1}^{r} (p_i - p_{cs})^2}{r} = \frac{0.170\ 25}{10} = 0.017\ 025$$

根据式(4-42)并以样本群间方差代替总体群间方差,可估计抽样标准误为:

$$se(p_{cs}) = \sqrt{\frac{(1-f) s_{pb}^2}{r}} = \sqrt{\frac{(1-0.2) 0.017\ 025}{10}} = 3.69\%$$

抽样极限误差为: $\Delta = z_{\alpha/2} se(p_{cs}) = 1.96 \times 3.69\% = 7.23\%$。

所以,95% 概率保证的全体新生视力不佳同学比重的估计区间为:$(43.5\% - 7.23\%, 43.5\% + 7.23\%) = (36.27\%, 50.73\%)$。

同样,关于样本成数 r 的确定,完全等同于简单随机抽样的确定方法。

四、多阶段抽样

我们这里只讨论等群的两阶段抽样的情况,即总体中抽群,抽中的群内再抽个体。

(一) 总体均值 $\overline{X}$ 的估计

设总体的 N 个个体形成 R 个群,每群有 M 个个体。从 R 群中随机不重复抽取 r 群,抽中的群再从 M 个个体中随机不重复抽取 m 个个体。若以 x_{ij} 表示第 i 群第 j 个个体的变量值,那么群均值 $\overline{X}_i$ 的估计量为:

$$\hat{\overline{X}}_i = \overline{x}_i = \frac{\sum\limits_{j=1}^{m} x_{ij}}{m} \qquad (4-43)$$

总体均值 $\overline{X}$ 的估计量为:

$$\hat{\overline{X}} = \overline{x}_{ts} = \frac{\sum\limits_{i=1}^{r} \overline{x}_i}{r} \tag{4-44}$$

与该估计量相对应的抽样标准误为:

$$SE(\overline{x}_{ts}) = \sqrt{\frac{(1-f_1)S_B^2}{r} + \frac{(1-f_2)S_2^2}{rm}} \tag{4-45}$$

其中 $f_1 = \dfrac{r}{R}$ 为第一阶段抽样比, $f_2 = \dfrac{m}{M}$ 为第二阶段抽样比; S_B^2 的含义与整群抽样相同。 $S_2^2 = $

$\dfrac{\sum\limits_{i=1}^{R} \sum\limits_{j=1}^{M} (x_{ij} - \overline{X}_i)^2}{RM}$ 为总体各群方差的平均数,当其未知时要以样本群的样本方差的平均数 $s_2^2 = $

$\dfrac{\sum\limits_{i=1}^{r} \sum\limits_{j=1}^{m} (x_{ij} - \overline{x}_i)^2}{rm}$ 来估计。

考虑到无偏性,当以 s_2^2 估计 S_2^2 时,抽样标准误的估计公式要变为:

$$se(\overline{x}_{ts}) = \sqrt{\frac{(1-f_1)s_b^2}{r} + \frac{f_1(1-f_2)s_2^2}{rm}} \tag{4-46}$$

【例 4-11】 某高校有 50 个新生班,每班 45 人。现随机抽取 5 个班,每班随机抽取 9 人进行英语高考成绩的调查,结果如表 4-9 所示。要求以 95% 的概率保证估计该校全体新生平均英语高考成绩。

表 4-9 45 位同学的英语高考成绩   单位:分

班级	同学								
	1	2	3	4	5	6	7	8	9
1	80	90	82	72	83	93	75	82	87
2	81	88	92	89	71	79	83	83	97
3	87	83	69	79	82	82	95	95	90
4	76	86	78	93	95	95	88	88	80
5	92	83	83	83	88	88	86	86	85

由题意知: $R = 50$, $r = 5$, $M = 45$, $m = 9$, $f_1 = 0.1$, $f_2 = 0.2$,由 $1 - \alpha = 95\%$ 可得 $z_{\alpha/2} = 1.96$ 。

由表中数据计算得: $\overline{x}_1 = 82.67$, $\overline{x}_2 = 84.78$, $\overline{x}_3 = 83.78$, $\overline{x}_4 = 83.44$, $\overline{x}_5 = 87$,由此可得该校全体新生平均英语高考成绩的点估计为:

$$\hat{\overline{X}}_i = \overline{x}_{ts} = \frac{\sum \overline{x}_i}{5} = 84.33(\text{分})$$

样本群间方差为:

$$s_b^2 = \frac{\sum\limits_{i=1}^{r} (\overline{x}_i - \overline{x}_{cs})^2}{r} = \frac{11.181\,5}{5} = 2.236\,3$$

各样本群的样本方差的平均数为：

$$s_2^2 = \frac{\sum\limits_{i=1}^{r}\sum\limits_{j=1}^{m}(x_{ij}-\overline{x}_i)^2}{r(m-1)} = \frac{1\,915.28}{5\times9} = 42.56$$

根据式（4-46），可估计抽样标准误为：

$$se(\overline{x}_{ts}) = \sqrt{\frac{(1-f_1)s_b^2}{r} + \frac{f_1(1-f_2)s_2^2}{rm}}$$

$$= \sqrt{\frac{(1-0.1)2.236\,3}{5} + \frac{0.1(1-0.2)42.56}{5\times9}}$$

$$= 0.69（分）$$

抽样极限误差为：$\Delta = z_{\alpha/2}se(\overline{x}_{ts}) = 1.96\times0.69 = 1.35（分）$。

由此可得，95%概率保证的全校新生平均英语高考成绩的估计区间为：$(84.33-1.35, 84.33+$ $1.35) = (82.98, 85.68)（分）$。

（二）总体成数 P 的估计

设 M_{i1} 为第 i 群符合规定特征的个体数，m_{i1} 为第 i 群样本中符合规定特征的个体数，那么群成数 P_i 的估计量为：

$$\hat{P} = p_i = \frac{m_{i1}}{r} \tag{4-47}$$

总体成数 P 的估计量为：

$$\hat{P} = p_{ts} = \frac{\sum\limits_{i=1}^{r} p_i}{r} \tag{4-48}$$

与该估计量相对应的抽样标准误为：

$$SE(p_{ts}) = \sqrt{\frac{(1-f_1)S_{PB}^2}{r} + \frac{(1-f_2)S_{P2}^2}{rm}} \tag{4-49}$$

其中 $S_{P2}^2 = \dfrac{\sum\limits_{i=1}^{R} P_i(1-P_i)}{R}$ 为各群方差的平均数，当其未知时要以各样本群的样本方差的平

均数 $s_{p2}^2 = \dfrac{\sum\limits_{i=1}^{r} p_i(1-p_i)}{r}$ 来估计。其他符号的含义与前面相同。

同样，考虑到无偏性，当以 s_{p2}^2 估计 S_{P2}^2 时，抽样标准误的估计公式要变为：

$$se(p_{ts}) = \sqrt{\frac{(1-f_1)s_{pb}^2}{r} + \frac{f_1(1-f_2)s_{p2}^2}{rm}} \tag{4-50}$$

【例4-12】 某总体8 000个个体分为80群，每群100个个体。现从中随机抽取8群，每群随机抽取20个个体。经观测，各群样本中符合规定特征的个体数分别为9,9,10,12,13,15,15

和 16,试以 95% 的概率保证估计总体成数。

由题意知:$R = 80, r = 8, M = 100, m = 20, f_1 = 0.1, f_2 = 0.2$;由 $1-\alpha = 95\%$ 可得 $z_{\alpha/2} = 1.96$。

容易计算得:各样本群的样本成数 p_i 分别为 $0.45, 0.45, 0.5, 0.6, 0.65, 0.75, 0.75$ 和 0.8,由此可得总体成数的点估计为:

$$\hat{P} = p_{ts} = \frac{\sum p_i}{8} = 0.618\ 75$$

样本群间方差为:

$$s_{pb}^2 = \frac{\sum_{i=1}^r (p_i - p_{ts})^2}{r} = \frac{0.193\ 7}{8} = 0.024$$

各样本群的样本方差的平均数为:

$$s_{p2}^2 = \frac{\sum_{i=1}^r p_i(1-p_i)}{r} = \frac{1.747\ 5}{8} = 0.218$$

根据式(4-50),可估计抽样标准误为:

$$se(p_{ts}) = \sqrt{\frac{(1-f_1)s_{pb}^2}{r} + \frac{f_1(1-f_2)s_{p2}^2}{rm}}$$

$$\sqrt{\frac{(1-0.1)0.024}{8} + \frac{0.1(1-0.2)0.218}{8 \times 20}}$$

$$= 0.053$$

抽样极限误差为:$\Delta = z_{\alpha/2} se(p_{ts}) = 1.96 \times 0.053 = 0.103\ 9$。

所以可得,95% 概率保证的总体成数的估计区间为:$(0.618\ 75 - 0.103\ 9, 0.618\ 75 + 0.103\ 9) = (0.514\ 9, 0.722\ 7)$。

上述各种抽样组织形式,对于同一总体和相同的样本容量其估计效果(抽样标准误)是不一样的,要根据实际情况加以选择应用,很多时候需要将几种抽样组织形式结合起来。在对总体参数做出估计后,需要检查实际的抽样极限误差是否小于事先规定的要求,否则要修改抽样方案,例如增大样本容量、改进抽样组织方式等,以便降低抽样标准误。

≡ 本章小结

本章的要点是在理解抽样调查概念、类型的基础上,掌握以样本估计总体的原理,能够在各种抽样组织形式下对总体均值、总体成数进行区间估计,能够在抽样方案设计中计算所需的样本量。通过学习,正确理解抽样分布和样本代表性的含义,掌握常用的抽样分布定理;理解抽样调查中的误差构成、抽样误差的有关概念,熟练计算抽样标准误;理解抽样推断三要素的关系,根据给定的条件进行区间估计或样本量的计算。作为学习延伸,可以结合现实问题对抽样误差与非抽样误差的特性与影响进行区分,对最佳样本量设计进行初步探讨,对各种抽样组织形式的抽样效果进行比较。

≡ 思考与练习

一、即测即评

二、计算题

1. 设总体由 2、4、6、8、10 五个数字组成,现从中用简单随机抽样形式(不重复抽样)抽取 3 个数字构成样本。

要求:

(1) 列出样本均值的抽样分布。

(2) 计算样本均值抽样分布的期望与方差。

(3) 计算抽样标准误。

(4) 计算概率保证程度为 95% 时的抽样极限误差。

(5) 若抽中的三个数字是 2、8、10,求 95% 概率保证的总体均值的置信区间。

2. 设总体中有 15 张卡片,其中红色卡片 8 张。现从总体中随机抽取 7 张卡片构成样本,分别求重复抽样和不重复抽样时样本中红色卡片比例的抽样分布。

3. 为调查某中学学生的每月购书支出水平,在全校 2 500 名学生中,用不重复简单随机抽样形式抽取一个容量为 30 的样本。经调查,每名抽中学生上个月的购书支出金额如表 4-10 所示。

表 4-10　30 名学生某月购书支出金额的样本数据

样本序号	支出额(元)	样本序号	支出额(元)	样本序号	支出额(元)
1	185	11	120	21	149
2	162	12	175	22	145
3	142	13	134	23	195
4	115	14	141	24	136
5	150	15	158	25	125
6	139	16	163	26	145
7	183	17	195	27	228
8	165	18	220	28	145
9	132	19	119	29	129
10	146	20	157	30	184

要求：

（1）以 95% 的概率保证程度估计该校学生该月平均购书支出额。

（2）以同样的概率保证程度估计该校学生该月购书支出额超出 170 元的人数。

（3）在以 95% 的概率保证程度估计该校学生该月购书支出超出 170 元的人数比例，要求当抽样极限误差不超过 10% 时，计算所需的样本量。

4．某保险公司欲对某地区家庭拥有私人汽车的情况进行调查，该地区拥有 30 万户家庭，在全体居民中按简单随机抽样方法抽出 150 户家庭，调查后发现其中 30 户家庭拥有私人汽车。

要求：

（1）试估计该地区拥有私人汽车的家庭比例并给出抽样标准误。

（2）在以 95% 的概率保证程度要求估计的极限误差不超过 5% 时，计算所需的样本量。

5．某居委会辖有三个居民新村，居委会欲对居民购买彩票的情况进行调查。调查者考虑以新村分层，在每个新村中随机抽取了 10 个居民户并调查每户最近一个月购买彩票花费的金额，结果如表 4-11 所示。

表 4-11　某居委会三个居民新村居民户最近 1 个月购买彩票花费的金额　　　单位：元

新村	居民户数	1	2	3	4	5	6	7	8	9	10
1	256	10	10	2	0	20	10	0	10	30	20
2	420	20	35	10	50	0	40	50	10	20	20
3	168	0	20	0	30	90	50	40	0	30	0

要求：

（1）估计该小区居民户购买彩票的平均支出，并给出抽样标准误。

（2）当概率保证程度为 95%，要求极限误差不超过 6 元时，计算按比例分配和 Neyman 分配的样本量及各层的样本量。

6．某高校欲估计学生的考研意愿，拟进行抽样调查。把全校学生按学科分为文史哲艺类、理工科类和经济管理类三层，层权分别为 0.2、0.5 和 0.3。预先猜测各层的考研比率分别为 0.3、0.4 和 0.5，如果采用按比例分配的分层抽样，要求抽样标准误与样本量为 100 的简单随机样本相当，则样本量应为多少（不考虑有限总体校正系数）？若差距不大，原因是什么？

7．某灯泡厂每天生产灯泡 2 000 盒，每盒 10 只，现随机抽取 8 盒，测试耐用时数，结果如表 4-12。

表 4-12　某灯泡厂生产灯泡的耐用时数　　　单位：小时

样本	耐用时数									
1	1 036	1 075	1 125	995	1 088	1 065	1 023	988	1 002	994
2	1 047	1 126	1 183	1 058	1 142	1 098	945	968	1 036	987
3	1 046	1 153	1 087	984	1 224	998	1 032	976	1 103	958
4	1 153	1 078	1 039	1 006	1 214	1 076	986	994	1 048	1 126
5	1 216	1 094	1 096	1 035	1 004	1 053	1 004	1 122	1 080	1 152

样本	耐用时数									
6	964	1 136	1 185	1 021	1 007	948	1 024	975	1 083	994
7	1 113	1 093	1 005	1 088	997	1 034	985	997	1 005	1 120
8	1 047	1 097	1 136	989	1 073	1 102	976	984	1 004	1 082

要求：

（1）以每盒灯泡为群实施整群抽样，估计灯泡平均耐用时数及抽样标准误。

（2）如果将以上数据视为从 20 000 个灯泡中按简单随机抽样直接抽取的，估计平均耐用时数及其抽样标准误，并与整群抽样结果进行比较。

8. 在一项植物病害的研究中，植物生长在 160 个小地块上，每个小地块有 9 株植物。随机抽取 40 个小地块，再从每个被抽中的小地块中抽取 3 株植物，考察它们是否有病害。结果发现 22 个小地块上没有病害植物（从被抽取的 3 株植物来看），11 个小地块上各有 1 株有病害的植物，4 个小地块上各有 2 株有病害的植物，3 个小地块上各有 3 株有病害的植物。试以 90% 的可靠程度估计有病害的植物的比例。

9. 为大致了解消费者维权情况，某市市场监管部门拟定于 12 月对本市 100 个街道（镇）的消费维权热线进行评估。首先从 100 个街道（镇）中抽取了一个含有 5 个街道（镇）的简单随机样本。由于连续性拨打可能会导致调查结果失真，同时为减轻调查人员负担，最终决定分别对这 5 个街道（镇）分别在 12 月内随机抽取 3 天作为调查日。其电话拨打评分结果如表 4-13 所示：

表 4-13 样本街道（镇）消费维权热线评分   单位：分

样本街道（镇）	第一天	第二天	第三天
1	57	59	64
2	38	41	50
3	51	60	63
4	48	53	49
5	62	55	54

要求根据这些数据推算全市 100 个街道（镇）消费维权评分总值，并给出估计的 95% 置信区间。

计算题答案

实例 1：

  某豆制品生产企业试图通过引用科学家的结论，鼓动消费者在早餐中尽量多地食用豆制品，以获得更好的市场利润。他们引用科学家的话说："食用豆制品食物，有助于降低癌症发生的可能性。同时，如果人们在早餐中食用豆制品食物，那么平均而言，和早餐没有食用豆制品的人群相比，食用豆制品者在午餐中摄取的热量（大卡）将会显著减少。"如果这个结论成立，豆制品生产厂家将会获得一个很好的市场机遇。他们会大力宣传说："多吃豆制品吧，尤其是早上，这样不但能够防癌，更多的是，有助于减肥！"我们暂且不讨论防癌的结论是否正确，我们去验证他们宣传的食用豆制品有助于减肥的广告是否合理。为了验证这个说法，随机选取了 35 个人，询问他们早餐和午餐的通常食谱，根据食谱，将他们分为两类：一类为经常豆制品食用者（A 类），一类为非经常豆制品食用者（B 类），然后测度每人午餐的热量摄取量。经过一段时间的跟踪调查，得到的结果如表 5-1 所示。

表 5-1　经常豆制品食用者与非经常豆制品食用者热量摄取数值表　　　单位：大卡

食用者类型	热量摄取量									
A	568	681	636	607	555	496	540	539	529	562
	589	646	596	617	584					
B	650	630	628	624	711	723	569	632	688	580
	569	596	706	563	480	651	709	622	637	617

  根据以上的调查数据，能否相信豆制品企业宣传的食用豆制品能够减肥的结论呢？

实例 2：

  在战争中应用泊松分布（Poisson）进行概率计算似乎有点耸人听闻，但是研究战争中的定量问题并且引入数学工具可以说由来已久。在老普鲁士帝国里，骑兵是最重要的战略部队，可骑兵被马踢死的情况时有发生。1898 年，俄罗斯经济学家博尔特科威茨（Ladislaus Bortkiewicz）研究了 1875—1894 年被马踢死的普鲁士士兵数。数据记录来自 13 个不同的军团和 1 个卫队，如表 5-2 所示。

表 5-2　普鲁士士兵被马踢死人数表　　　　　　　单位:人

年份	卫队	军团1	军团2	军团3	军团4	军团5	军团6	军团7	军团8	军团9	军团10	军团11	军团12	军团13
1875	0	0	0	0	0	0	0	1	1	0	0	0	1	0
1876	2	0	0	0	1	0	0	0	0	0	0	0	1	1
1877	2	0	0	0	0	0	1	1	0	0	1	0	2	0
1878	1	2	2	1	1		0	0	0	0	1	0	1	
1879	0	0	0	1	1	2	2	0	1	0	0	2	1	0
1880	0	3	2	1	1	1			2		4	3	0	
1881	1	0		2	1	0	0	1	0	1	0	0	0	0
1882	1	2	0	0	0	0	1	0	1	1	2	1	4	1
1883	0	0	1	2	0	1	2	1	0	1	0	3	0	0
1884	3	0	1	0	0	0	0	1	0	0	2	0	1	1
1885	0	0	0	0	0	0	0	0	0	2	0	1	0	1
1886	2	1	0	0	1	1	1	0	0	1	0	1	3	0
1887	1	1	2	1	0	0	3	2	1	1	0	1	2	0
1888	0	1	1	0	0	1	1	0	0	0	0	1	1	0
1889	0	0	1	1	0	1	1	0	0	0	2	2	0	2
1890	1	2	0	2	0	1	1	2	0	2	1	1	2	2
1891	0	0	0	1	1	1	0	1	1	0	0	3	1	0
1892	1	3	2	0	1	1	3	0	1	1	0	1	1	0
1893	0	1	0	0	0	1	0	2	0	0	0	1	3	0
1894	1	0	0	0	0	0	0	0	1	0	1	1	0	0

博尔特科威茨研究认为,骑兵被马踢死的人数服从泊松分布。你是否同意这样的结论? 他又是怎样获得这个结果的呢?

第一节　假设检验的基本概念

假设检验也叫显著性检验,是推断统计学的重要组成部分。在近一百年的历史中,它帮助解决了许多实际问题,因而在统计学中具有重要地位。在实践中,我们往往会遇到这样的情况:我们观测得到一些结论或根据经验积累得到一些认识(假设),然后根据样本所提供的信息,对所提假设做出"接受"或"拒绝"的结论性判断(检验)。假设检验有其独特的统计思想,许多实际问题都可以作为假设检验问题而得以有效地解决。例如,居民的收入水平是否提高,作物的产

教学视频
假设检验的原理和步骤

量是否增加,产品的质量是否上升,经济发展的地区差别是否存在,现象之间的数量关系是否成立,事物的发展是否具有某种规律等,都是我们经常面对的问题。假设检验的理论方法不仅被广泛应用于医学检验、生物制药等诸多领域,在我们的生产生活,特别是工业产品的质量判断中也有着十分广泛的应用。为了尽可能科学、客观地回答这些问题,使我们的判断、选择和决策避免失误,我们需要借助一定的方法,这就是统计学的假设检验方法。因此,假设检验是一种非常有用的统计方法。

比如说,药厂要研制一种疫苗,首先必须论证这种疫苗是有效的。现行方法是把疫苗和安慰剂放在一起做双盲试验。双盲试验是指病人和医生都不知道病人注射的是疫苗或安慰剂,只有统计分析师知晓内情。最后得到四个数据,$n_{00}, n_{01}, n_{10}, n_{11}$,它们分别代表四组不同的病数:安慰剂无效组、安慰剂有效组、疫苗无效组、疫苗有效组。我们要根据这些数据判断疫苗和安慰剂是否有显著差异。通常可以把这个问题归为判定"注射疫苗和安慰剂与是否有效不相互独立"。然后构造一个基于这四个数据的函数,称之为统计量。如果假定"注射疫苗和安慰剂与是否有效相互独立",则我们构造的统计量不应该很大,如果很大我们就否定独立性,从而认为不相互独立,即认为服用药品和安慰剂与是否有效是相关的。进一步,如果实际估计注射疫苗的有效比率更高,则认为疫苗是有效的。这里的关键问题是,统计量大到什么程度才叫大?这需要在给出错误风险情况下由统计理论给出判断阈值。

为了对假设检验问题有一个直观的认识,我们再来讨论一个案例。

美国军队原来的导弹制导系统是雷达系统,其命中率为 $p_0 = 1/2$。后来,他们又研制了红外线制导系统。为了确定新导弹制导系统的命中率,他们试射了 18 枚红外线制导的导弹,结果有 12 枚击中。此时,如果试验的目的仅仅只是估计新制导系统的命中率,那么这就是一个参数估计问题,$\hat{p} = 2/3$ 显然是这种新制导系统命中率的一个点估计值。但是现在美国国防部需要考虑的问题是,是否有必要更换制导系统,即将雷达制导系统更换为红外线制导系统? 而这首先需要他们回答这么一个问题:根据这个试验结果,能不能认为红外线制导系统的命中率比雷达制导系统的命中率要高?

设装备有红外线制导系统的导弹的命中率为 p,则要回答上述问题,需对以下两个假设进行检验以决定该接受哪一个假设:

$$H_0 : p = p_0$$
$$H_1 : p > p_0$$

其中 $p_0 = 1/2$。

H_0 表示红外线制导系统没有提高命中率,H_1 则表示提高了命中率。前面提到,如果仅仅是估计命中率的问题,那么 $\hat{p} = 2/3$ 就是一个很好的估计,它显然大于 $p_0 = 1/2$。因此,粗看起来,好像确实是提高了命中率。然后,由于更换制导系统(即拒绝 H_0 或接受 H_1)是一件非常昂贵的事情,因此当你在做最后决定的时候可能会有一些犹豫,毕竟即使是雷达制导的导弹,试射 18 枚导弹至少击中 12 枚的结果也是有可能会出现的。也就是说,即使没有提高命中率,上述试验结果也很有可能"碰巧"发生。这样一考虑,红外线制导系统是否提高了导弹的命中率的问题便好像不再是显然的了。

一、假设检验的概念与种类

所谓假设检验,也叫显著性检验,就是事先对总体参数或总体分布形态做出一个规定或假设,然后利用样本提供的信息,以一定的概率来检验假设是否成立(或是否合理),或者说判断总体的真实情况是否与原假设存在显著的系统性差异。因此,统计假设就是关于统计总体分布特征的某种论断。

在统计中,常见的统计假设有:总体均值(或总体成数、总体方差等)等于(或大于、小于)某一数值,总体相关系数等于0,两总体均值(或两总体成数、两总体方差)相等,总体分布服从正态分布等。而这些统计假设是否正确,就是假设检验所要解决的问题。本书只讨论关于总体参数的假设检验。

下面先通过一个例题来说明假设检验的基本思想及由此而形成的一些基本概念。

【例 5-1】 某车间用一台包装机包装葡萄糖,袋装糖重是一个随机变量,它服从正态分布 $N(\overline{X}, 0.015\ 2)$。当机器正常工作时,其净重均值为 0.5 千克。随机抽取袋装葡萄糖 9 袋,称得净重分别为(千克):

$$0.497 \quad 0.506 \quad 0.518 \quad 0.524 \quad 0.498 \quad 0.511 \quad 0.520 \quad 0.515 \quad 0.512$$

问包装机工作是否正常?

我们按照下列步骤来分析,并在分析过程中解释假设检验的一些基本概念。

(1)原假设和备择假设。看包装机工作是否正常,实际上就是看是否可以认为 $\overline{X}$ 等于 0.5。如果可以认为 $\overline{X}$ 等于 0.5,则表明这天的包装机工作正常;如果不能认为 $\overline{X}$ 等于 0.5,则表明这天的包装机工作不正常。因此,本例的问题实际上是要我们根据样本所提供的信息来检验下面的假设:

$$H_0 : \overline{X} = \overline{X}_0$$
$$H_1 : \overline{X} \neq \overline{X}_0 \tag{5-1}$$

其中 $\overline{X}_0 = 0.5$。

通常称 H_0 为原假设(或零假设),H_1 为备择假设。如果接受 H_0,则表明这天的包装机工作正常;如果拒绝 H_0,则接受 H_1,此时表明这天的包装机工作不正常。

现在的问题是,依据什么样的法则来决定拒绝还是接受 H_0?

(2)检验统计量和拒绝域的形式。我们容易知道,当 H_0 为真时,$\overline{x}$ 与 $\overline{X}_0 = 0.5$ 应该比较接近。由于抽样的随机性,$\overline{x}$ 与 $\overline{X}_0$ 之间不可避免地会出现一定的差异,但是如果 $|\overline{x} - \overline{X}_0|$ 很大,我们就有理由怀疑 H_0 的正确性并进而拒绝 H_0。

由于当 H_0 为真时,统计量

$$u = \frac{\overline{x} - \overline{X}}{S/\sqrt{n}} \sim N(0,1), \quad 其中 S = 0.015, n = 9$$

因此当 H_0 为真时,$|u|$ 不应很大,如果很大则拒绝 H_0。基于这种想法,我们所要做的就是确定一个正的临界值 k,当 $|u| \geq k$ 时拒绝 H_0 同时接受 H_1,而当 $|u| < k$ 时接受 H_0。

这就是一个判断的法则(称之为临界值判断规则)。

于是,包装机是否正常的关键是看统计量 $u=\dfrac{\bar{x}-\bar{X}_0}{S/\sqrt{n}}$ 的"表现",我们给这个统计量一个名称,称为检验统计量,而将集合 $\{(x_1,x_2,\cdots,x_n):\ |u|\geqslant k\}$ 称为拒绝域的形式。一旦拒绝域形式中的 k 确定,拒绝域也就随之确定。

因此,可以这样说,确定假设检验法则的过程就是寻找拒绝域的过程。

假设检验的实质就是样本信息是否有充分的理由去否定原假设,而不是去判断原假设与备择假设哪一个更正确。这两个假设的地位不是同等的,原假设虽然被期望推翻但却处于有利地位。接受原假设的含义在于,否定它的根据不充分,而不是认为它必然正确。因此,原假设一方面受到保护而不被轻易否定,另一方面当它被接受时又不认为它一定正确。所以,假设检验就不可避免地可能存在两种错误。

(3)可能犯的两类错误。现在假设临界值 k 已经确定,则当我们使用上面的法则做判断时,由于检验统计量的随机性,不可避免地会导致如下两类错误。

A. 第一类错误(弃真):

原假设 H_0 事实上是真的,但是由于检验统计量的观察值落入拒绝域中,从而拒绝 H_0,这时就犯了"弃真"的错误,即将正确的假设摒弃了。这一类错误,我们称为第一类错误。记犯第一类错误的概率为 α,则有:

$$P\{拒绝\ H_0\ |\ H_0为真\}=\alpha \tag{5-2}$$

上式也可记为:

$$P_{H_0}\{拒绝\ H_0\}=P\{拒绝\ H_0\ |\ H_1\ 为假\}=\alpha$$

在本例中,上式可写成:

$$P_{H_0}\left\{\left|\dfrac{\bar{x}-\bar{X}_0}{S/\sqrt{n}}\right|\geqslant k\right\}=\alpha \tag{5-3}$$

B. 第二类错误(取伪):

原假设 H_0 事实上是假的,但是由于检验统计量的观察值没有落在拒绝域中,从而接受 H_0,这时就犯了"取伪"的错误,即接受了错误的原假设。这一类错误,我们称之为第二类错误。记犯第二类错误的概率为 β,则有:

$$P\{接受\ H_0\ |\ H_0为假\}=\beta \tag{5-4}$$

上式也可记为:

$$P_{H_1}\{接受\ H_0\}=P\{接受\ H_0\ |\ H_1\ 为真\}=\beta$$

在本例中,上式可写成:

$$P_{H_1}\left\{\left|\dfrac{\bar{x}-\bar{X}_0}{S/\sqrt{n}}\right|<k\right\}=\beta \tag{5-5}$$

对于给定的一对 H_0 和 H_1,总可以找出许多的拒绝域,比如在本例中当 k 取不同的值时就得到不同的拒绝域。当然我们希望寻找这样的拒绝域,使得犯两类错误的概率 α 与 β 都很小。但是已有的研究表明,当样本容量给定后,α 与 β 中的一个减小时,另一个却随着增大,要使它们同时都很小是不可能的。

　　基于这种情况,奈曼和皮尔逊(Neyman-Pearson)提出了一个原则,即在控制犯第一类错误的概率 α 的条件下,使犯第二类错误的概率 β 尽量小。根据该原则,首先需要控制的错误是第一类错误,因为该原则的出发点是:我们提出原假设 H_0 时是经过细致调查和考虑的,它必须是一个要加以保护的假设,因此当我们要拒绝它时必须非常慎重,一般情况下不宜轻易拒绝。

　　由于这种假设检验称为显著性检验,所以称犯第一类错误的概率 α 为显著性水平。

　　下面我们再结合一个实际例子来理解两类错误:在新冠疫情发生初期,新闻报道中时常会出现"假阳"的检测结果。我们可以从假设检验的两类错误的角度来理解,事实上,任何检验方法都会存在犯错误的可能性,理想的试剂应是"假阴"和"假阳"出现的概率都越小越好,但当样本量有限,检测技术没有明显优化提升时,一类错误概率的减少必会导致另一类错误概率的增加,因此处理原则是:人为限定犯第一类错误的概率 α,为降低犯第二类错误的概率,我们可以增大样本容量。所以,从统计学的观点看,新闻报道中的"假阴""假阳"患者出现并不奇怪。

　　在确定了显著性水平后,接下来的任务就是确定拒绝域。

　　(4)确定拒绝域及检验结果。设显著性水平即犯第一类错误的概率为 α,由于 H_0 为真时,$u \sim N(0,1)$,则由式(5-2)可知 $k = z_{\alpha/2}$。

　　于是,若 $|u| \geq z_{\alpha/2}$ 则拒绝 H_0,而若 $|u| \leq z_{\alpha/2}$ 则接受 H_0,所以称 $|u| \geq z_{\alpha/2}$ 为拒绝域。

　　在本例中,如果取 $\alpha = 0.05$,则有 $k = z_{0.025} = 1.96$,又已知 $S = 0.015$,$n = 9$,再由样本算得 $\bar{x} = 0.511$,从而有:

$$|u| = \left| \frac{\bar{x} - \bar{X}_0}{S/\sqrt{n}} \right| = \left| \frac{0.511 - 0.5}{0.015/\sqrt{9}} \right| = 2.2 > 1.96 = z_{0.025}$$

　　于是拒绝 H_0,即认为这天包装机工作不正常。

　　(5)假设检验过程中包含的基本思想。通过本例我们可以发现,假设检验过程包含有两个重要的思想,即小概率原理和反证法思想。反证法的思想大家都很熟悉,而小概率原理是指概率很小的事件在一次试验中是不会发生的。

　　例5-1的推理过程是以如下的方式进行的:

　　① 因为通常 α 都取得较小,因此若 H_0 为真,即当 $\bar{X} = \bar{X}_0$ 时,事件 $\{|u| \geq z_{\alpha/2}\}$ 是一个小概率事件;

　　② 概率论中关于小概率事件在一次试验中是不可能事件的原则,是假设检验所要遵循的基本原则。由抽样分布理论可知,若原假设 H_0 成立,则样本统计值与总体参数假设值偏差很大的事件是一个小概率事件。倘若在一次抽样中,样本统计值与总体参数假设值相差很大,那么在原假设成立的条件下,就是出现了一个小概率事件。此例中,若 H_0 为真,则由一次抽样得到的观察值 u 恰好满足不等式 $|u| \geq z_{\alpha/2}$ 是不会发生的(小概率原理);

　　③ 一旦出现小概率事件,就要怀疑原假设的正确性,从而否定原假设。若一次抽样的样本统计值与总体参数假设值相差不大,那么就没有理由拒绝原假设,也只好接受原假设。现在事件 $\{|u| \geq z_{\alpha/2}\}$ "居然"发生了,故我们有理由怀疑原假设 H_0 的正确性,因而拒绝 H_0(反证法思想)。

　　下面对"显著性水平"中"显著(significance)"一词再作些直观的解释。我们曾经提到,由于抽样的随机性,即使是在机器正常运行的情况下,样本均值 $\bar{x}$ 与 $\bar{X}_0$ 之间的机会差异总是难免的,但是如果差异"显著",那么用"碰巧"之类的机会差异来解释则显得有点牵强,此时我们宁愿相信,这种差异是由机器偏离了正常运行轨道而产生的,从而拒绝原假设。

　　但是什么样的差异是"显著"或"有意义"的呢? 这就需要一个准则。事实上,在本例中,我们看到这个准则是根据犯第一类错误的概率来定的。当事件 $\{|u| \geq z_{\alpha/2}\}$ 发生时,我们认为样本均值 $\bar{x}$ 与总体假设的期望 $\bar{X}_0$ 之间差异"显著",而当事件 $\{|u| < z_{\alpha/2}\}$ 发生时,认为差异不"显著"。这就是为什么称犯第一类错误的概率为"显著性水平"的直观解释。

　　现回到本章一开始的问题。美国国防部需要考虑的问题是,能否认为红外线制导系统的导弹命中率要高于原来雷达制导系统的导弹命中率。已知原来雷达制导系统的命中率为 $p_0 = 0.5$,假如红外线制导系统的命中率为 p,则此时需检验的问题为:

$$H_0 : p = 0.5$$
$$H_1 : p > 0.5$$

　　其中 H_0 表示红外线制导系统没有提高命中率。由于更换制导系统(即拒绝 H_0)是一件非常昂贵的事情,因此 H_0 是一个需要保护的假设(这意味着显著性水平要取得很小)。从试验样本的结果看好像确实是提高了命中率(试射 18 枚击中了 12 枚,达到了 2/3),但问题是我们能否据此就可以"很有信心"地更换制导系统了呢?

　　设 X 为试射的 18 枚导弹中击中目标的导弹数,则 $X \sim b(10, p)$。现在我们需确定一个数 k,当 $X \geq k$ 时拒绝 H_0 同时接受 H_1。如果取显著性水平(犯第一类错误的概率)α 为 0.01,则由

$$P\{X \geq k \mid p = 0.5\} \leq 0.01$$

知此时 k 至少应为 15;同理,如果取显著性水平为 0.05,则此时 k 至少应为 14;如果我们将 α 的数值取得更大一些,即显著性水平要更低一些,比如取为 0.1,则此时 k 至少应为 13。因此,在显著性水平 $\alpha = 0.1$ 下根据击中的次数大于 12 是不能拒绝 H_0 的。也就是说,为了谨慎起见,我们宁愿相信试验的结果是随机波动的结果(碰巧的结果),而不是由于导弹的性能有了显著的提高。虽然接受 H_0 有可能会犯错误,但问题并不是很严重,因为不更换制导系统并不比原来更差,命中率仍可维持在 0.5。否则一旦作出拒绝的判断,那么就将消耗巨大的人力物力来更换该系统,其结果却很有可能(概率至少为 10%)并没有改善导弹性能。

二、原假设 H_0 和备择假设 H_1

　　要进行假设检验,必须设立原假设和备择假设。根据事物的二分法,如果我们不能推翻所提出的假设,那就接受该假设;如果有证据推翻所提出的假设,那就接受与该假设相反的结论。故此,我们把事先提出的假设称为原假设,把与原假设相反的结论称为备择假设。显然,原假设与备择假设互相排斥,两者中有且只有一个正确。所以,假设检验的过程就是在提出原假设后,从样本信息中寻找推翻原假设的证据的过程。原假设也称零假设或虚无假设,是研究者对总体参数值事先提出的假设,是被检验的假设。备择假设也称对立假设,是研究者通过检验希望能够成立的假设,是当原假设不成立时可供选择的假设。在显著性检验问题中,若没有非常充足的理由,原假设是不能被轻易拒绝的,因为它是受保护的假设。因此,如何根据问题的需要来合理地

提出原假设和备择假设是一个关键的问题。一般地,我们总是将被拒绝时导致的后果更严重的假设作为原假设。

备择假设有两种。例5-1中的备择假设 $H_1 : \overline{X} \neq \overline{X}_0$,表示 $\overline{X}$ 可能大于 $\overline{X}_0$,也可能小于 $\overline{X}_0$,这两种情况均表示机器不正常,称为双侧备择假设,而针对双侧备择假设的假设检验称为双侧假设检验。

但是对于有些问题,备择假设可能就要取为另一种形式了。比如,某生产线在正常时候生产的产品的平均寿命为 μ_0 ,用了一段时间以后,为了检验生产线是否已经老化,从而需要检验产品的寿命是否下降,则此时需检验如下的假设:

$$H_0 : \overline{X} = \overline{X}_0$$
$$H_1 : \overline{X} < \overline{X}_0 \tag{5-6}$$

其中 $H_1 : \overline{X} < \overline{X}_0$ 表示生产线已老化。这一类假设检验问题称为左单侧检验。

又如,某生产线采用了新的工艺,为了检验新工艺能否提高产品平均寿命,则需检验:

$$H_0 : \overline{X} = \overline{X}_0$$
$$H_1 : \overline{X} > \overline{X}_0 \tag{5-7}$$

这一类假设检验问题称为右单侧检验,前面讨论的关于红外线制导系统是否提高了命中率的问题就是一个右单侧检验的问题。

右单侧检验和左单侧检验统称为单侧检验。

综上所述,设总体参数 θ 的假设值为 θ_0 ,那么原假设记为:

$$H_0 : \theta = \theta_0$$

它表示总体参数值与其假设值之间没有显著差异。

备择假设记为:

$$H_1 : \theta \neq \theta_0 (双侧检验时)$$

或

$$H_1 : \theta > \theta_0 (右单侧检验时)$$

或

$$H_1 : \theta < \theta_0 (左单侧检验时)$$

它们分别表示总体参数值与其假设值之间有显著差异,或总体参数值大于其假设值,或总体参数值小于其假设值。

把原假设与备择假设合在一起就表示为:

$$H_0 : \theta = \theta_0$$
$$H_1 : \theta \neq \theta_0 (或 \theta > \theta_0 或 \theta < \theta_0) \tag{5-8}$$

原假设与备择假设是互相排斥的,两者中有且只有一个正确。通常,总希望原假设 H_0 能被推翻而备择假设 H_1 能被接受,但倘若没有足够充分的依据证明原假设是错误的,就不能轻易推翻原假设。这就要求我们在一定的概率保证下,根据样本得到的信息(统计值)和样本统计量的分布规律(即上一章介绍的抽样分布规律)来考虑接受原假设是否会导致不合理的结果。如果结果是合理的,就接受原假设;如果不合理,则要否定原假设。

三、显著性水平和拒绝域

前面已指出,概率论中关于小概率事件在一次试验中是不可能事件的原则是假设检验所要遵循的基本原则。一旦出现小概率事件,就要怀疑原假设的正确性,从而否定原假设。

现在的问题是,概率小到多少的事件为小概率事件? 这个概率是在假设检验之前由人们事先主观选定的,用 α 表示。α 究竟取多大为宜,应视具体情况而定,通常取 0.05 或 0.01,有时也取 0.10,而把概率小于上述值的事件称为小概率事件。α 越大,样本统计值与总体参数假设值之间的差异成为显著性差异的可能性越大;α 越小,这种差异成为显著性差异的可能性越小。因此 α 的大小就成了判定这种差异是否显著的一个标准,故称为显著性水平。$1-\alpha$ 则是样本统计值与总体参数假设值之差不超过一定范围的概率。

接受或拒绝原假设,最终要以显著性水平为依据确定评判的规则。评判规则有两种:临界值规则和 P-值规则(在本章第四节讨论)。这也就是样本统计量抽样分布曲线图中接受域与拒绝域的划分规则。

所谓临界值规则,就是先把 α 值转化为一定分布下的临界值,然后计算检验统计值,最后把检验统计值与临界值相比较来判断是否拒绝原假设。在双侧检验时,α 平分在两侧,其临界值表示为 $\pm z_{\alpha/2}$(正态分布)或 $\pm t_{\alpha/2}(n-1)$(t-分布)。例如在正态分布下,当 $\alpha = 0.05$ 时,$z_{\alpha/2} = 1.96$。在单侧检验时,α 处于分布的某一侧,左单侧检验时处于左侧,其临界值表示为 $-z_{\alpha}$ 或 $-t_{\alpha}(n-1)$;右单侧检验时处于右侧,其临界值表示为 z_{α} 或 $t_{\alpha}(n-1)$。例如在正态分布下,当 $\alpha = 0.05$ 时,$z_{\alpha} = 1.64$。

然后,把检验统计量的值与临界值进行比较。检验统计量是样本统计量的标准化形式,其构造公式为 $z = \dfrac{\hat{\theta} - \theta}{SE(\hat{\theta})}$ 或者 $t = \dfrac{\hat{\theta} - \theta}{SE(\hat{\theta})}$。凡是检验统计量之值的绝对值小于临界值的绝对值,那么就接受原假设;若检验统计量之值的绝对值大于或等于临界值的绝对值,那么就拒绝原假设。这样,临界值就把样本统计量的概率分布区域分成了两部分(即把检验统计量的取值分成了两个区域):不超过临界值的区域和超过临界值的区域。我们把不超过临界值的区域称为接受域,把超过临界值的区域(含临界值点)称为拒绝域。标准正态分布的接受域与拒绝域如图 5-1、图 5-2 所示。

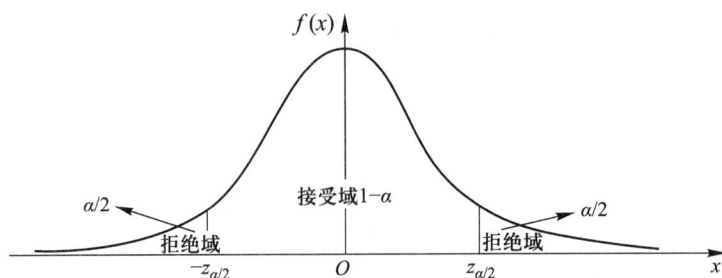

图 5-1 标准正态分布双侧检验接受域与拒绝域示意图

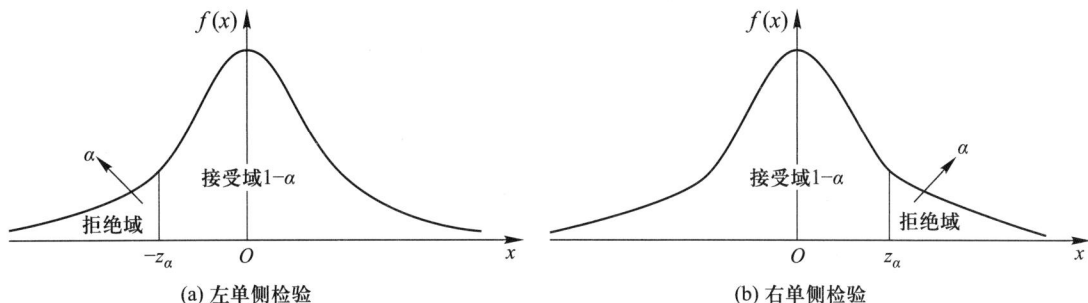

图 5-2　标准正态分布单侧检验接受域与拒绝域示意图

四、假设检验的基本步骤

综上所述,假设检验的基本步骤如下:

(1) 根据问题的实际情况,提出原假设 H_0 和备择假设 H_1;

(2) 选定检验统计量并分析拒绝域的形式;

(3) 由样本统计量的概率分布确定出与 α 相对应的临界值,即确定接受域和拒绝域;

(4) 根据样本观测数据计算出检验统计值;

(5) 比较检验统计值与临界值,做出接受或拒绝原假设的判断。

第二节　单个总体的假设检验

正态分布是一种常用的分布,具有一定的普遍性,关于其总体均值和总体方差的假设检验问题是在实际中经常遇到的问题。

一、总体均值的假设检验

检验目的是总体均值 $\overline{X}$ 是否等于(或大于,或小于) $\overline{X}_0$。此时,关于总体均值 $\overline{X}$ 可以提出以下三种常见的如式(5-1)、式(5-6)和式(5-7)所表示的假设检验问题:

教学视频
单个总体均值
的检验

(1) 双侧假设检验:

$$H_0 : \overline{X} = \overline{X}_0$$

$$H_1 : \overline{X} \neq \overline{X}_0$$

(2) 左单侧假设检验:

$$H_0 : \overline{X} = \overline{X}_0$$

$$H_1 : \overline{X} < \overline{X}_0$$

(3) 右单侧假设检验:

$$H_0 : \overline{X} = \overline{X}_0$$

$$H_1 : \overline{X} > \overline{X}_0$$

其中 $\overline{X}_0$ 表示一已知数。

（一）总体服从正态分布且方差已知

对于双侧检验(5-1)的情形,实际上已经在例 5-1 中讨论过。根据抽样分布原理,当总体服从正态分布 $N(\overline{X}, S^2)$ 时,那么从中抽取容量为 n 的样本,其样本均值 $\bar{x}$ 服从正态分布 $N\left(\overline{X}, \dfrac{S^2}{n}\right)$（为了简便,只讨论重复抽样情况）,此时可以构造检验统计量为 $u = \dfrac{\bar{x} - \overline{X}_0}{S/\sqrt{n}}$,拒绝域的形式为 $\{\,|u| \geqslant k\,\}$。由于当 H_0 为真时,$u \sim N(0,1)$,因此对于给定的显著性水平 α,有

$$P_{H_0}\{\,|u| \geqslant z_{\alpha/2}\,\} = \alpha$$

得此时的拒绝域为

$$C = \{\,|u| \geqslant z_{\alpha/2}\,\} \tag{5-9}$$

下面讨论右单侧检验(5-7)的情形,此时,检验统计量仍然选为 $u = \dfrac{\bar{x} - \overline{X}_0}{S/\sqrt{n}}$,但是拒绝域的形式则有所不同。当 H_0 为真时,u 应该在 0 附近取值,而当 H_1 为真时,$\bar{x}$ 作为 $\overline{X}_0$（比 $\overline{X}_0$ 要大）的无偏估计量,应该比 $\overline{X}_0$ 要大,并且越大越说明 H_1 的正确性。因此,当 u 的值超过某一个足够大的正数 k 时,就拒绝原假设而接受备择假设。故拒绝域形式应取为 $\{u \geqslant k\}$。对于给定的显著性水平 α,由于

$$P_{H_0}\{u \geqslant z_{\alpha}\} = \alpha$$

故此时的拒绝域为:

$$C = \{u \geqslant z_{\alpha}\} \tag{5-10}$$

对于左单侧检验(5-6),仍然取检验统计量为 $u = \dfrac{\bar{x} - \overline{X}_0}{S/\sqrt{n}}$,而拒绝域的形式则取为 $\{u \leqslant -k\}$,由此可得左单侧检验的拒绝域为:

$$C = \{u \leqslant -z_{\alpha}\} \tag{5-11}$$

有一点需要说明的是,右单侧检验

$$H_0 : \overline{X} = \overline{X}_0$$
$$H_1 : \overline{X} > \overline{X}_0$$

与检验

$$H_0 : \overline{X} \leqslant \overline{X}_0$$
$$H_1 : \overline{X} > \overline{X}_0$$

是等价的。所谓等价,是指给定显著性水平 α,在犯第一类错误的概率不超过 α 的意义下,两者的拒绝域相同。

从直观上来说,对于右单侧检验,如果依据拒绝域 $C = \{u \geqslant z_{\alpha}\}$ 做出拒绝原假设 $H_0 : \overline{X} = \overline{X}_0$ 的决定,则更应该拒绝 $H_0 : \overline{X} \leqslant \overline{X}_0$。事实上,在前面的讨论中,关于显著性水平 α 的确定是在 $\overline{X} \leqslant \overline{X}_0$ 的范围内最不容易拒绝的 $\overline{X}_0$ 点处计算得到的。

同样的,给定显著性水平 α,左单侧检验

$$H_0 : \overline{X} = \overline{X}_0$$

$$H_1 : \overline{X} < \overline{X}_0$$

与检验

$$H_0 : \overline{X} \geqslant \overline{X}_0$$

$$H_1 : \overline{X} < \overline{X}_0$$

在犯第一类错误的概率不超过 α 的意义下也是等价的,即两者的拒绝域相同。因此,前面假设检验的原假设均采用"等于"的形式。

【例 5-2】　在正态总体 $N(\overline{X}, 1)$ 中随机抽取 100 个个体,计算得 $\overline{x} = 5.32$,

（1）试在显著性水平 $\alpha = 0.01$ 下检验假设 $H_0 : \overline{X} = 5 \leftrightarrow H_1 : \overline{X} \neq 5$

（2）如果需要在显著性水平 $\alpha = 0.01$ 下检验假设 $H_0 : \overline{X} = 5 \leftrightarrow H_1 : \overline{X} = 4.8$,试计算此时犯第二类错误的概率。

对于问题（1）,这是一个双侧检验问题,检验统计量取为:

$$u = \frac{(\overline{x} - \overline{X}_0)\sqrt{n}}{S}$$

其中 $\overline{X}_0 = 5$,此时拒绝域为 $|u| > z_{\alpha/2}$。

已知 $\overline{x} = 5.32, S = 1, n = 100, \alpha = 0.01$,代入计算得,$u = 3.2$,查表得 $z_{\alpha/2} = z_{0.005} = 2.57$,从而有

$$|u| = 3.2 > 2.57$$

故拒绝 H_0。

对于问题（2）,此时犯第二类错误的概率为:

$$\beta = P\{\text{接受 } H_0 \mid H_1 \text{ 为真}\} = P_{H_1}\{|u| < z_{\alpha/2}\} = P_{H_1}\left\{\left|\frac{\overline{x} - 5}{S/\sqrt{n}}\right| < z_{\alpha/2}\right\}$$

$$= P_{H_1}\left\{-2.57 < \frac{\overline{x} - 4.8 - 0.2}{0.1} < 2.57\right\} = P_{H_1}\left\{-0.57 < \frac{\overline{x} - 4.8}{0.1} < 4.57\right\}$$

当 H_1 为真时,$\dfrac{\overline{x} - 4.8}{S/\sqrt{n}} = \dfrac{\overline{x} - 4.8}{0.1}$ 服从 $N(0, 1)$,所以有

$$\beta = \Phi(4.57) - \Phi(-0.57) = 0.7157$$

从本例中,我们看到虽然犯第一类错误的概率 $\alpha = 0.01$ 是个很小的数,但是犯第二类错误的概率 $\beta = 0.7157$ 却非常大。如何在给定显著性水平 α 下使犯第二类错误的概率 β 尽可能的小,这是一个非常重要的问题。但这已超出本教科书的范围,有兴趣的同学可参看相关教程。

【例 5-3】　某地区小麦的亩产量服从正态分布,平均亩产为 400 千克,标准差为 30 千克。现用一种新化肥进行试验,25 个地块的取样结果为平均亩产 420 千克,试问当 $\alpha = 0.05$ 时这种新化肥是否使小麦增产?

由题意知,这是右单侧检验问题,可建立假设如下:

$$H_0 : \overline{X} = 400, \quad H_1 : \overline{X} > 400$$

由样本均值 $\bar{x}=420$ 和总体标准差 $S=30$,可计算的检验统计量 u 值为:

$$u=\frac{\bar{x}-\bar{X}_0}{S/\sqrt{n}}=\frac{420-400}{30/\sqrt{25}}=3.33$$

在 $\alpha=0.05$ 时,$z_\alpha=1.64$。由于 $u>z_\alpha$,落入了拒绝域,因此要拒绝 $H_0:\bar{X}=400$,而接受 $H_1:\bar{X}>400$,表明新化肥能使小麦增产。

【例 5-4】 设 $X_1,X_2,\cdots,X_n$ 是来自 $N(\bar{X},1)$ 的样本,考虑如下的假设检验问题:

$$H_0:\bar{X}_0=2\leftrightarrow H_1:\bar{X}_0=3$$

若检验由拒绝域为 $W=\{\bar{x}\geq 2.6\}$ 确定。

(1) 当 $n=20$ 时,求检验犯两类错误的概率;

(2) 如果要使得检验犯第二类错误的概率 $\beta\leq 0.01$,n 最小应该取多少?

(3) 证明:当 $n\to\infty$ 时,$\alpha\to 0$,$\beta\to 0$。

解:(1) 犯第一类错误的概率为:

$$\alpha=P\{\bar{x}\in W\mid H_0\}=P\{\bar{x}\geq 2.6\mid \bar{X}_0=2\}=P\left\{\frac{\bar{x}-\bar{X}_0}{1/\sqrt{n}}\geq\frac{2.6-2}{1/\sqrt{20}}\right\}=1-\Phi(2.68)=0.0037$$

犯第二类错误的概率为:

$$\beta=P\{\bar{x}\notin W\mid H_1\}=P\{\bar{x}<2.6\mid \bar{X}_0=3\}=P\left\{\frac{\bar{x}-\bar{X}_0}{1/\sqrt{n}}<\frac{2.6-3}{1/\sqrt{20}}\right\}=1-\Phi(1.79)=0.0367$$

(2) 因为:

$$\beta=P\{\bar{x}<2.6\mid \bar{X}_0=3\}=P\left\{\frac{\bar{x}-\bar{X}_0}{1/\sqrt{n}}<\frac{2.6-3}{1/\sqrt{n}}\right\}=\Phi(-0.4\sqrt{n})\leq 0.01$$

则 $\Phi(0.4\sqrt{n})\geq 0.99$,$0.4\sqrt{n}\geq 2.33$,$n\geq 33.93$,故 n 最小应该取 34。

(3) 由两类错误的计算可知(当 $n\to\infty$ 时):

$$\alpha=P\{\bar{x}\geq 2.6\mid \bar{X}_0=2\}=P\left\{\frac{\bar{x}-\bar{X}_0}{1/\sqrt{n}}\geq\frac{2.6-2}{1/\sqrt{n}}\right\}=1-\Phi(0.6\sqrt{n})\to 0$$

$$\beta=P\{\bar{x}<2.6\mid \bar{X}_0=3\}=P\left\{\frac{\bar{x}-\bar{X}_0}{1/\sqrt{n}}<\frac{2.6-3}{1/\sqrt{n}}\right\}=\Phi(-0.4\sqrt{n})\to 0$$

(二) 总体分布以及方差均未知但大样本

根据中心极限定理,当样本容量足够大时($n>30$),样本均值 $\bar{x}$ 也趋于服从数学期望为 $\bar{X}$,方差为 $\dfrac{S^2}{n}$ 的正态分布。但由于 S^2 未知,$u=\dfrac{\bar{x}-\bar{X}_0}{S/\sqrt{n}}$ 不能作为检验统计量,要以 $S^2=\dfrac{\sum(x_i-\bar{x})^2}{n-1}$ 来估计 S^2。此时,我们可以取检验统计量为 $u=\dfrac{\bar{x}-\bar{X}_0}{s/\sqrt{n}}$,该统计量趋于服从标准正态分布。

根据相同的规则,通过比较 u 值与临界值可以做出接受原假设 H_0 或拒绝原假设 H_0 的判断,唯一不同之处,就是以 s 代替了 S。

【例 5-5】 某城市 2010 年人口普查资料显示平均家庭人口数为 3.8 人。2015 年从该市随机抽取 400 户进行调查,结果为平均每户 3.7 人,标准差为 1.01 人,试问在 0.01 的显著性水平下,该市平均家庭人口数是否有所下降?

由题意知,这是左单侧检验的问题,可建立假设如下:

$$H_0: \overline{X} = 3.8$$

$$H_1: \overline{X} < 3.8$$

由样本均值 $\overline{x} = 3.7$ 和样本标准差 $s = 1.01$,可计算检验统计量的 u 值为:

$$u = \frac{\overline{x} - \overline{X}_0}{s/\sqrt{n}} = \frac{3.7 - 3.8}{1.01/\sqrt{400}} = -1.98$$

在 $\alpha = 0.01$ 时,$-z_\alpha = -2.33$。由于 $u > -z_\alpha$,未落入拒绝域,因此要接受 $H_0: \overline{X} = 3.8$,而拒绝 $H_1: \overline{X} < 3.8$,即没有充分的证据认为平均家庭人口数有了明显下降。

此时需要说明的一点就是,若取 $\alpha = 0.05$,那么 $-z_\alpha = -1.64$,这时 $u < -z_\alpha$,落入了拒绝域,从而要拒绝 $H_0: \overline{X} = 3.8$,而接受 $H_1: \overline{X} < 3.8$,即认为平均家庭人口数有了明显下降。这说明假设检验的结果与 α 的大小密切相关。

(三)总体分布为正态分布,但方差未知且小样本

若总体服从正态分布 $N(\overline{X}, S^2)$,但由于 S^2 未知而要用样本方差 s^2 估计,那么当 $n < 30$ 时,检验统计量 $t = \frac{\overline{x} - \overline{X}_0}{s/\sqrt{n}}$ 在 H_0 为真时,服从自由度为 $n-1$ 的 t 分布,即 $t \sim t(n-1)$。

对于双侧检验的情形,拒绝域的形式应取为 $\{|t| \geq k\}$,于是给定显著性水平 α,有

$$P_{H_0}\{|t| \geq t_{\alpha/2}(n-1)\} = \alpha$$

此时的拒绝域为

$$C = \{|t| \geq t_{\alpha/2}(n-1)\} \tag{5-12}$$

右单侧检验和左单侧检验的情况可类似地讨论,其结果总结如表 5-3 所示。

表 5-3 总体服从正态分布方差未知时关于均值的检验

原假设	备择假设	检验统计量	H_0 为真时检验统计量的分布	拒绝域的形式	拒绝域 C
$\overline{X} = \overline{X}_0$	$\overline{X} \neq \overline{X}_0$	$t = \frac{\overline{x} - \overline{X}_0}{s/\sqrt{n}}$	$t(n-1)$	$|t| \geq k$	$\{|t| > t_{\alpha/2}(n-1)\}$
$\overline{X} = \overline{X}_0$	$\overline{X} > \overline{X}_0$	同上		$t \geq k$	$\{t > t_\alpha(n-1)\}$
$\overline{X} = \overline{X}_0$	$\overline{X} < \overline{X}_0$	同上		$t \leq -k$	$\{t < -t_\alpha(n-1)\}$

【例 5-6】 设某次考试的考生成绩服从正态分布,从中随机地抽取 36 位考生的成绩,算得平均成绩为 65.5 分,标准差为 15 分。问在显著性水平 0.05 下,是否可以认为这次考试全体考生的平均成绩为 70 分?

解:设该次考试的考生成绩为 x,本题是在显著性水平 $\alpha = 0.05$ 下检验假设:

$$H_0 : \overline{X} = \overline{X}_0$$

$$H_1 : \overline{X} \neq \overline{X}_0, \quad 其中 \ \overline{X}_0 = 70$$

检验统计量为 $t = \dfrac{\overline{x} - \overline{X}}{s/\sqrt{n}}$,拒绝域为 $|t| \geq t_{\frac{\alpha}{2}}(n-1)$,由 $n = 36$,$\overline{x} = 66.5$,$s = 15$,算得

$$|t| = \frac{|65.5 - 70|\sqrt{36}}{15} = 1.8$$

由于 $t_{0.025}(36-1) = 2.030\,1$,因此检验统计量的观察值没有落在拒绝域内,故接受原假设,即可以认为这次考试全体考生的平均成绩为 70 分。

关于本例的进一步说明:设某学校考生的平均成绩的达标线为 70 分,如果是要检验该学校是否达标,则此时的检验就是一个如下的左单侧检验问题:

$$H_0 : \overline{X} = \overline{X}_0$$

$$H_1 : \overline{X} < \overline{X}_0, \quad 其中 \ \overline{X}_0 = 70$$

则拒绝域为 $t \leq -t_\alpha(n-1)$。查表得 $t_{0.05}(35) = 1.689\,6$,于是,有

$$t = -1.8 < -t_{0.05}(35)$$

故拒绝 H_0,即认为该次考试该学校没有达标。

同样的原假设,同样的显著性水平,同样的一组数据,但由于备择假设不同,结果导致原假设的不同命运。由此可见,如何根据实际问题合理地提出假设是一个非常重要的问题。

【例 5-7】 为了试验两种不同谷物的种子的优劣,选取了十块土质不同的土地,并将每块土地分成面积相同的两部分,分别种植这两种种子。设在每块土地的两部分人工管理等条件完全一样。表 5-4 给出了各块土地上的产量。

表 5-4 十个地块两种种子的产量 单位:千克

土地编号	1	2	3	4	5	6	7	8	9	10
种子 $A(x_i)$	23	25	29	42	39	29	37	34	35	28
种子 $B(y_i)$	26	39	35	40	38	24	36	26	41	27

设 $d_i = x_i - y_i$,$i = 1, 2, \cdots, 10$ 来自正态总体 $d \sim N(\overline{X}, S^2)$,问这两种种子种植的谷物产量是否有显著的差异(取 $\alpha = 0.05$)?

这是一个成对数据试验问题,对应的差是来自于正态总体的样本。此时要检验的假设是:

$$H_0 : \overline{X} = 0$$

$$H_1 : \overline{X} \neq 0$$

检验拒绝域为(S^2 未知)

$$C = \left\{ \left| \frac{\overline{d}-0}{s/\sqrt{n}} \right| > t_{\alpha/2}(n-1) \right\}$$

这里有 $\overline{d} = -0.12, s = 4.316, n = 10$，查表有 $t_{0.025}(9) = 2.2622$，而且

$$\left| \frac{\overline{d}-0}{s/\sqrt{n}} \right| = \frac{0.2}{4.316/\sqrt{10}} = 0.147 < t_{0.025}(9) = 2.2622$$

故接受 H_0，即认为两种种子种植的产量无显著差异。

二、总体成数的假设检验

检验的目的是判断总体成数 P 是否等于(小于或者大于) P_0，我们可以建立如下假设：

（1）双侧假设检验：

$$H_0 : P = P_0$$
$$H_1 : P \neq P_0 \tag{5-13}$$

（2）右单侧假设检验：

$$H_0 : P = P_0$$
$$H_1 : P > P_0 \tag{5-14}$$

（3）左单侧假设检验：

$$H_0 : P = P_0$$
$$H_1 : P < P_0 \tag{5-15}$$

根据抽样分布定理可知，当样本容量足够大，即 nP 和 $n(1-P)$ 都大于 5 时，样本成数 p 的抽样分布近似服从正态分布，而统计量 $Z = \dfrac{p-P}{\sqrt{\dfrac{P(1-P)}{n}}}$ 服从标准正态分布。其中，由于 N 一般都很大，因此总体方差 $\dfrac{NP(1-P)}{N-1}$ 可以简化为 $P(1-P)$。因此，当原假设为真时，我们可以构造检验统计量为：

$$Z = \frac{p-P_0}{\sqrt{\dfrac{P_0(1-P_0)}{n}}} \tag{5-16}$$

对于给定的显著性水平 α，可查得临界值 z_α 或者 $z_{\alpha/2}$，通过比较 Z 与 z_α 或者 $z_{\alpha/2}$，可做出拒绝原假设或接受原假设的判断。判断规则与总体均值检验相同。

【例 5-8】　某公司收到某企业运来的一批产品，合同规定产品合格率不低于 95%，该公司随机抽取 110 件进行检验，结果合格率为 91%。问在 0.05 的显著性水平下，该公司是否应该接收这批产品？

由题意知，这是左单侧检验问题，可建立假设如下：

$$H_0 : P = 95\%$$

$$H_1 : P<95\%$$

根据已知的样本成数 $p=91\%$ 和 $P_0=95\%$,可计算出检验统计量 Z 值为:

$$Z=\frac{p-P_0}{\sqrt{\dfrac{P_0(1-P_0)}{n}}}=\frac{0.91-0.95}{\sqrt{\dfrac{0.95(1-0.95)}{110}}}=-1.925$$

在 $\alpha=0.05$ 时,$-z_\alpha=-1.64$。由于 $Z<-z_\alpha$,落入拒绝域,因此要拒绝 H_0 而接受 H_1,认为该批产品的合格率未达到合同规定的标准,该公司应予以拒收。

三、总体方差的假设检验

检验目的是判断正态总体方差 S^2 是否等于 S_0^2,同样地,关于正态总体方差 S^2 的假设检验问题可以分为双侧检验、右侧检验和左侧检验三种:

(1)

$$H_0 : S^2 = S_0^2$$

$$H_1 : S^2 \neq S_0^2 \tag{5-17}$$

(2)

$$H_0 : S^2 = S_0^2$$

$$H_1 : S^2 > S_0^2 \tag{5-18}$$

(3)

$$H_0 : S^2 = S_0^2$$

$$H_1 : S^2 < S_0^2 \tag{5-19}$$

其中 S_0^2 是已知的正数。

先讨论双侧检验(5-17)的情形。当 H_0 为真时,s^2 应该在 S_0^2 附近,比值 s^2/S_0^2 一般不应太大也不应太小,当太大或太小时都应该拒绝 H_0,而当 H_0 为真时 $\chi^2=\dfrac{(n-1)s^2}{S_0^2}\sim\chi^2(n-1)$。因此,对于检验统计量 $\chi^2=\dfrac{(n-1)s^2}{S_0^2}$,当 χ^2 不大于一个足够小的正数或者不小于某一个足够大的正数时,就拒绝原假设,即可将拒绝域的形式取为 $\{\chi^2\leqslant k_1$ 或 $\chi^2\geqslant k_2\}$,其中 k_1 是一个足够小的正数而 k_2 是一个足够大的正数。

对于给定的显著性水平 α,有:

$$P_{H_0}\{\chi^2\leqslant k_1 \text{ 或 } \chi^2\geqslant k_2\}=\alpha$$

为计算的方便起见,取:

$$P_{H_0}\{\chi^2\leqslant k_1\}=P_{H_0}\{\chi^2\geqslant k_2\}=\frac{\alpha}{2}$$

解得 $k_1=\chi_{1-\alpha/2}^2(n-1)$,$k_2=\chi_{\alpha/2}^2(n-1)$,于是得出拒绝域为:

$$C=\{\chi^2\leqslant\chi_{1-\alpha/2}^2(n-1)\}\cup\{\chi^2\geqslant\chi_{\alpha/2}^2(n-1)\} \tag{5-20}$$

对于右侧检验的情形,由于 H_1 为真时 χ^2 的值往往偏大,并且 χ^2 的值越大就越倾向于接受 H_1 而拒绝 H_0,因此拒绝域的形式可取为 $\{\chi^2\geqslant k\}$。而对于左单侧检验的情形,拒绝域的形式可取为 $\{\chi^2\leqslant k\}$。然后,对于给定的显著性水平,即可得到相应于不同情形时的拒绝域。

我们将上述检验法具体结果列于表 5-5 中,并如图 5-3、图 5-4 所示。

表 5-5 关于总体方差的检验

原假设	备选假设	检验统计量	H_0 为真时检验统计量的分布	拒绝域 C
$S^2 = S_0^2$	$S^2 \neq S_0^2$	$\chi^2 = \dfrac{(n-1)s^2}{S_0^2}$	$\chi^2(n-1)$	$\{\chi^2 \leqslant \chi_{1-\alpha/2}^2(n-1)\} \cup$ $\{\chi^2 \geqslant \chi_{\alpha/2}^2(n-1)\}$
$S^2 = S_0^2$	$S^2 > S_0^2$	同上		$\{\chi^2 \geqslant \chi_\alpha^2(n-1)\}$
$S^2 = S_0^2$	$S^2 < S_0^2$	同上		$\{\chi^2 \leqslant \chi_{1-\alpha}^2(n-1)\}$

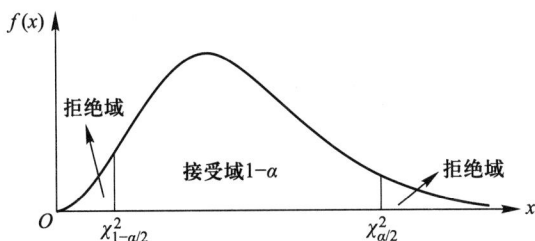

图 5-3 χ^2 分布双侧检验接受域与拒绝域示意图

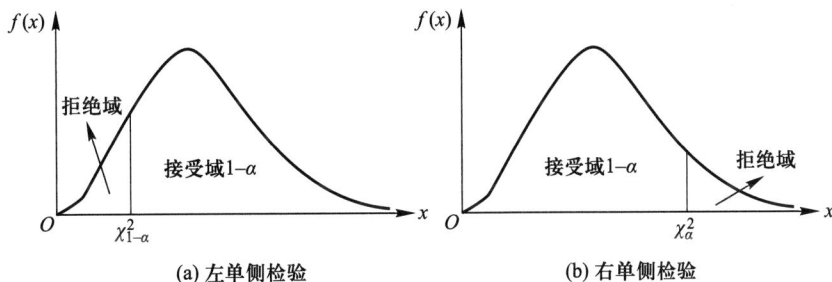

图 5-4 χ^2 分布单侧检验接受域与拒绝域示意图

【例 5-9】 某企业原来职工工资的方差为 6 000 元,工资调整后,各职工的工资都有了变化。现随机抽取 30 名职工进行工资调查,结果方差为 10 000 元。试问在 0.05 的显著性水平下,该企业职工工资的差异性(即方差)是否有了变化? 是否变大了?

由题意知,第一个问题是双侧检验,可建立假设为:

$$H_0 : S^2 = 6\ 000$$
$$H_1 : S^2 \neq 6\ 000$$

检验统计量为:

$$\chi^2 = \frac{(n-1)s^2}{S_0^2}, \quad 其中 S_0^2 = 6\ 000, \quad s^2 = 10\ 000, n = 30$$

检验拒绝域为:

$$C = \{\chi^2 \geqslant \chi_{\alpha/2}^2(n-1)\} \cup \{\chi^2 \leqslant \chi_{1-\alpha/2}^2(n-1)\}$$

当 $\alpha = 0.05$ 时,查表有:$\chi_{0.025}^2(29) = 45.722, \chi_{0.975}^2(29) = 16.047$。计算得 $\chi^2 = \dfrac{(n-1)s^2}{S_0^2} =$

$\dfrac{29 \times 10\ 000}{6\ 000} = 48.43 > 45.722$，落入了拒绝域，因此要拒绝原假设 H_0 而接受备择假设 H_1，即认为职工工资的差异性有了变化。

第二个问题是右单侧检验，可建立假设为：

$$H_0 : S^2 = 6\ 000$$

$$H_1 : S^2 > 6\ 000$$

检验统计量为：

$$\chi^2 = \frac{(n-1)s^2}{S_0^2}, \quad \text{其中} S_0^2 = 6\ 000, \quad s^2 = 10\ 000, \quad n = 30$$

检验拒绝域为：

$$C = \{\chi^2 > \chi_\alpha^2(n-1)\}$$

χ^2 的值仍然为 48.43，$\alpha = 0.05$，查表得 $\chi_{0.05}^2(29) = 42.557$，由于 $48.43 > 42.557$，所以统计量的值落入拒绝域，因此要拒绝 H_0 而接受 H_1，即应该认为该企业职工工资的差异性变大了。

【例 5-10】 要求某种导线电阻的标准差不得超过 0.005 欧姆。今在一批导线中取样品 9 根，测得 $s = 0.007$（欧姆），设总体为正态分布 $N(X, S^2)$。问在显著性水平 $\alpha = 0.05$ 下能否认为这批导线的标准差显著偏大？

解： 此题是要检验如下假设：

$$H_0 : S^2 = 0.005^2; \quad H_1 : S^2 > 0.005^2$$

检验统计量为：

$$\chi^2 = \frac{(n-1)s^2}{S_0^2}, \quad \text{其中} S_0^2 = 0.005^2, \quad n = 9$$

检验拒绝域为：

$$C = \{\chi^2 > \chi_\alpha^2(n-1)\}$$

已知 $s^2 = 0.007^2$，查表有 $\chi_{0.05}^2(8) = 15.507$。因为，

$$\frac{(n-1)s^2}{S_0^2} = \frac{8 \times 0.007^2}{0.005^2} = 15.68 > 15.507$$

所以拒绝 H_0，在显著性水平 $\alpha = 0.05$ 下认为标准差显著偏大。

第三节　两个总体的假设检验

一、两个总体均值之差的检验

设两个总体的均值分别为 $\overline{X}_1$ 和 $\overline{X}_2$，两个总体的方差分别为 S_1^2 和 S_2^2，来自两个总体的样本容量分别为 n_1 和 n_2，样本均值分别为 $\overline{x}_1$ 和 $\overline{x}_2$。检验的目的是看两个总体的均值是否相等，或两个总体的均值之差是否为零。我们可以建立假设如下：

（1）双侧假设检验：

教学视频
两个总体均值
差的检验

$$H_0 : \overline{X}_1 = \overline{X}_2$$

$$H_1 : \overline{X}_1 \neq \overline{X}_2 \tag{5-21}$$

（2）右单侧假设检验：

$$H_0 : \overline{X}_1 = \overline{X}_2$$

$$H_1 : \overline{X}_1 > \overline{X}_2 \tag{5-22}$$

（3）左单侧假设检验：

$$H_0 : \overline{X}_1 = \overline{X}_2$$

$$H_1 : \overline{X}_1 < \overline{X}_2 \tag{5-23}$$

（一）两个总体均服从正态分布且方差已知

还是先讨论双侧检验的情形，此时需要在显著性水平 α 下检验假设：

$$H_0 : \overline{X}_1 = \overline{X}_2$$

$$H_1 : \overline{X}_1 \neq \overline{X}_2$$

由于 $\overline{x}_1 - \overline{x}_2 \sim N\left(\overline{X}_1 - \overline{X}_2, \dfrac{S_1^2}{n_1} + \dfrac{S_2^2}{n_2}\right)$，故 $\overline{x}_1 - \overline{x}_2$ 是 $\overline{X}_1 - \overline{X}_2$ 的无偏估计，因此当 H_0 为真时，$\overline{x}_1 - \overline{x}_2$

应在 0 附近取值。于是，当 $|\overline{x}_1 - \overline{x}_2|$ 较大时拒绝 H_0，取检验统计量为 $u = \dfrac{\overline{x}_1 - \overline{x}_2}{\sqrt{\dfrac{S_1^2}{n_1} + \dfrac{S_2^2}{n_2}}}$。拒绝域形式

应取为 $|u| \geqslant k$。由于当 H_0 为真时，$u \sim N(0,1)$，从而对于给定的显著性水平 α，由 $P_{H_0}\{|u| \geqslant z_{\alpha/2}\} = \alpha$，可得此时的检验拒绝域为：

$$C = \{|u| \geqslant z_{\alpha/2}\} \tag{5-24}$$

对于右单侧检验和左单侧检验也可以做类似的讨论，具体的结果如表 5-6 所示。

表 5-6　两个正态总体方差已知均值差的假设检验

原假设	备择假设	检验统计量	H_0 为真时检验统计量的分布	拒绝域 C
$\overline{X}_1 = \overline{X}_2$	$\overline{X}_1 \neq \overline{X}_2$	$u = (\overline{x}_1 - \overline{x}_2) / \sqrt{\dfrac{S_1^2}{n_1} + \dfrac{S_2^2}{n_2}}$	$N(0,1)$	$\{|u| \geqslant z_{\alpha/2}\}$
$\overline{X}_1 = \overline{X}_2$	$\overline{X}_1 > \overline{X}_2$	同上		$\{u \geqslant z_\alpha\}$
$\overline{X}_1 = \overline{X}_2$	$\overline{X}_1 < \overline{X}_2$	同上		$\{u \leqslant -z_\alpha\}$

（二）两个总体方差未知且不相等但大样本

还是先讨论双侧检验的情形，此时需在显著性水平 α 下检验假设

$$H_0 : \overline{X}_1 = \overline{X}_2$$

$$H_1 : \overline{X}_1 \neq \overline{X}_2$$

若两个总体方差S_1^2和S_2^2未知且不相等,要分别以样本方差s_1^2和s_2^2来估计,那么当n_1和n_2都足够大时,统计量$u=\dfrac{\bar{x}_1-\bar{x}_2-(\bar{X}_1-\bar{X}_2)}{\sqrt{\dfrac{s_1^2}{n_1}+\dfrac{s_2^2}{n_2}}}$趋向服从于标准正态分布。因此,当$H_0$为真时,取检验

统计量为$u=\dfrac{\bar{x}_1-\bar{x}_2}{\sqrt{\dfrac{s_1^2}{n_1}+\dfrac{s_2^2}{n_2}}}$,可得此时的检验拒绝域为:

$$C=\{\,|\,u\,|\geqslant z_{\alpha/2}\}\tag{5-25}$$

对于右单侧检验和左单侧检验也可以做类似的讨论,具体的结果如表5-7所示。

表5-7　两个正态总体方差未知且不相等但大样本均值差的假设检验

原假设	备择假设	检验统计量	H_0为真时检验统计量的分布	拒绝域 C
$\bar{X}_1=\bar{X}_2$	$\bar{X}_1\neq\bar{X}_2$	$u=(\bar{x}_1-\bar{x}_2)\Big/\sqrt{\dfrac{s_1^2}{n_1}+\dfrac{s_2^2}{n_2}}$		$\{\,|\,u\,|\geqslant z_{\alpha/2}\}$
$\bar{X}_1=\bar{X}_2$	$\bar{X}_1>\bar{X}_2$	同上	$N(0,1)$	$\{u\geqslant z_\alpha\}$
$\bar{X}_1=\bar{X}_2$	$\bar{X}_1<\bar{X}_2$	同上		$\{u\leqslant -z_\alpha\}$

(三) 两个总体方差未知且相等但小样本

若两个总体服从正态分布,方差未知且相等,那么当n_1和n_2都不够大时,对于双侧检验

$$H_0:\bar{X}_1=\bar{X}_2$$

$$H_1:\bar{X}_1\neq\bar{X}_2$$

由抽样分布定理可知,$t=\dfrac{(\bar{x}_1-\bar{x}_2)-(\bar{X}_1-\bar{X}_2)}{s_w\sqrt{\dfrac{1}{n_1}+\dfrac{1}{n_2}}}$服从自由度为$n_1+n_2-2$的$t$分布,其中

$s_w^2=\dfrac{(n_1-1)s_1^2+(n_2-1)s_2^2}{n_1+n_2-2}$。

当H_0为真时,取检验统计量为$t=\dfrac{\bar{x}_1-\bar{x}_2}{s_w\sqrt{\dfrac{1}{n_1}+\dfrac{1}{n_2}}}$,其中$s_w^2=\dfrac{(n_1-1)s_1^2+(n_2-1)s_2^2}{n_1+n_2-2}$称为混合方差。

拒绝域形式可取为$\{\,|\,t\,|\geqslant k\}$。对于给定显著性水平α,由$P_{H_0}\{\,|\,t\,|\geqslant k\}=\alpha$可解得检验拒绝域为

$$C=\{\,|\,t\,|\geqslant t_{\alpha/2}(n_1+n_2-2)\}\tag{5-26}$$

对于右单侧检验和左单侧检验也可以做类似的讨论,具体的结果如表5-8所示。

表 5-8 两个正态总体方差未知且相等但小样本均值差的假设检验

原假设	备选假设	检验统计量	H_0为真时检验统计量的分布	拒绝域 C
$\overline{X}_1 = \overline{X}_2$	$\overline{X}_1 \neq \overline{X}_2$	$t = \dfrac{\overline{x}_1 - \overline{x}_2}{s_w\sqrt{\dfrac{1}{n_1}+\dfrac{1}{n_2}}}$		$\{|t| \geq t_{\alpha/2}(n_1+n_2-2)\}$
$\overline{X}_1 = \overline{X}_2$	$\overline{X}_1 > \overline{X}_2$	同上	$t(n_1+n_2-2)$	$\{t \geq t_\alpha(n_1+n_2-2)\}$
$\overline{X}_1 = \overline{X}_2$	$\overline{X}_1 < \overline{X}_2$	同上		$\{t \leq -t_\alpha(n_1+n_2-2)\}$

【例 5-11】 有推测认为,矮个子人比高个子人的寿命要长一些。下面将 31 个自然死亡的人分为矮个子与高个子两类(以 172.72 cm 为界),其寿命(年龄)如表 5-9 所示。

表 5-9 矮个子、高个子总统的寿命数据 单位:年

矮个子	85	79	67	90	80									
高个子	68	53	63	70	88	74	64	66	60	60	78	71	67	90
	73	71	77	72	57	78	67	56	63	64	83	65		

假设两个寿命总体均服从正态分布且方差相等,问矮个子的人比高个子的人寿命是否要长一些?($\alpha = 0.05$)

设矮个子与高个子的寿命分别为 x_1, x_2,由题意,可建立假设知下:

$$H_0 : \overline{X}_1 = \overline{X}_2$$

$$H_1 : \overline{X}_1 > \overline{X}_2$$

检验统计量为:

$$t = \frac{\overline{x}_1 - \overline{x}_2}{s_w\sqrt{\dfrac{1}{n_1}+\dfrac{1}{n_2}}}, \quad \text{其中 } s_w = \sqrt{\frac{(n_1-1)s_1^2+(n_2-1)s_2^2}{n_1+n_2-2}}$$

检验拒绝域为:

$$C = \{t \geq t_\alpha(n_1+n_2-2)\}$$

$n_1 = 5, n_2 = 26$,经计算算得

$$\overline{x}_1 = 80.2, \quad \overline{x}_2 = 69.15, \quad s_1 = 8.585, \quad s_2 = 9.315$$

$$s_w = 9.218, \quad t = \frac{80.2-69.15}{9.218\times0.488} = 2.4564$$

$\alpha = 0.05$,查表得 $t_{0.05}(29) = 1.6991$,由于 $t = 2.4564 > t_{0.05}(29) = 1.6991$,故拒绝 H_0,即认为矮个子人的寿命较高个子人的寿命长。

二、两总体成数之差的假设检验

设两个总体成数分别为 P_1 和 P_2,来自两个总体的样本容量分别为 n_1 和 n_2,样本成数分别

为 p_1 和 p_2。检验两个总体成数是否相等,或两个总体成数之差是否为零。我们可以建立如下假设:

(1) 双侧假设检验:

$$H_0 : P_1 = P_2$$
$$H_1 : P_1 \neq P_2 \tag{5-27}$$

(2) 右单侧假设检验:

$$H_0 : P_1 = P_2$$
$$H_1 : P_1 > P_2 \tag{5-28}$$

(3) 左单侧假设检验:

$$H_0 : P_1 = P_2$$
$$H_1 : P_1 < P_2 \tag{5-29}$$

当 n_1 和 n_2 都足够大时(即当 $n_1 p_1, n_1(1-p_1), n_2 p_2, n_2(1-p_2)$ 均超过 5 时),两个样本成数之差的抽样分布渐近服从标准正态分布。即有:

$$u = \frac{(p_1 - p_2) - (P_1 - P_2)}{\sqrt{\dfrac{P(1-P)}{n_1} + \dfrac{P(1-P)}{n_2}}} \sim N(0,1) \tag{5-30}$$

其中,由于 P_1, P_2 未知,要用 p_1, p_2 对 P 进行估计,即

$$P = \frac{n_1 p_1 + n_2 p_2}{n_1 + n_2} \tag{5-31}$$

当 H_0 为真时,检验统计量为:

$$u = \frac{p_1 - p_2}{\sqrt{\dfrac{P(1-P)}{n_1} + \dfrac{P(1-P)}{n_2}}} \tag{5-32}$$

拒绝域形式应取为 $|u| \geqslant k$。由于当 H_0 为真时,$u \sim N(0,1)$,从而对于给定的显著性水平 α,由 $P_{H_0}\{|u| \geqslant z_{\alpha/2}\} = \alpha$,可得此时的检验拒绝域为:

$$C = \{|u| \geqslant z_{\alpha/2}\} \tag{5-33}$$

对于右单侧检验和左单侧检验也可以做类似的讨论,具体的结果如表 5-10 所示。

表 5-10 两个总体成数之差的假设检验

原假设	备择假设	检验统计量	H_0 为真时检验统计量的分布	拒绝域 C
$P_1 = P_2$	$P_1 = P_2$	$u = \dfrac{p_1 - p_2}{\sqrt{\dfrac{P(1-P)}{n_1} + \dfrac{P(1-P)}{n_2}}}$	$N(0,1)$	$\{|u| \geqslant z_{\alpha/2}\}$
$P_1 = P_2$	$P_1 > P_2$	同上		$\{u \geqslant z_{\alpha}\}$
$P_1 = P_2$	$P_1 < P_2$	同上		$\{u \leqslant -z_{\alpha}\}$

【例 5-12】 某城市分为新区和老区两块,有人认为新区居民的高速宽带网普及率高于老区。在新区随机调查 150 户居民家庭,有高速宽带网 100 户;在老区随机调查 120 户,有高速宽

带网 70 户。问在 0.05 的显著性水平下能否支持上述说法？

由题意知,这是右单侧检验问题,可建立假设如下:

$$H_0 : P_1 = P_2$$
$$H_1 : P_1 > P_2$$

计算可得,新区居民的高速宽带网普及率 $p_1 = 0.667$,老区居民的高速宽带网普及率 $p_2 = 0.583$,合并估计值 $\hat{P} = \dfrac{100+70}{150+120} = 0.63$。由此计算检验统计量 u 值为:

$$u = \frac{p_1 - p_2}{\sqrt{\dfrac{P(1-P)}{n_1} + \dfrac{P(1-P)}{n_2}}} = \frac{0.667 - 0.583}{\sqrt{0.63 \times 0.37 \times \left(\dfrac{1}{150} + \dfrac{1}{120}\right)}} = 1.42$$

在 $\alpha = 0.05$ 时,$z_\alpha = 1.64$。由于 $u < z_\alpha$,未落入拒绝域,因此要接受原假设,即认为新区高速宽带网普及率没有高于老区。

三、两个正态总体方差之比的假设检验

考虑如下假设检验问题:

$$H_0 : \frac{S_1^2}{S_2^2} = 1$$
$$H_1 : \frac{S_1^2}{S_2^2} \neq 1 \tag{5-34}$$

或

$$H_0 : S_1^2 = S_2^2$$
$$H_1 : S_1^2 \neq S_2^2 \tag{5-35}$$

当 H_0 为真时,$\dfrac{s_1^2}{s_2^2}$ 应在 1 附近,而当 H_1 为真时,$\dfrac{s_1^2}{s_2^2}$ 往往偏大或偏小,故拒绝域形式可取为:

$$\{s_1^2/s_2^2 \leq k_1 \quad \text{或} \quad s_1^2/s_2^2 \geq k_2\} \tag{5-36}$$

由于 $\dfrac{(n_1-1)s_1^2}{S_1^2} \sim \chi^2(n_1-1)$,$\dfrac{(n_2-1)s_2^2}{S_2^2} \sim \chi^2(n_2-1)$,又 s_1^2 与 s_2^2 独立,所以当 H_0 为真时,即 $S_1^2 = S_2^2$ 时,由 F 分布的定义,有 $\dfrac{s_1^2}{s_2^2} = \dfrac{\dfrac{(n_1-1)s_1^2}{S_1^2} \Big/ (n_1-1)}{\dfrac{(n_2-1)s_2^2}{S_2^2} \Big/ (n_2-1)} \sim F(n_1-1, n_2-1)$,故取检验统计量为:

$$F = \frac{s_1^2}{s_2^2} \tag{5-37}$$

这样,对于给定显著性水平 α,由 $P_{H_0}\{F \leq k_1 \text{ 或 } F \geq k_2\} = \alpha$ 可解得:

$$k_1 = F_{1-\frac{\alpha}{2}}(n_1-1, n_2-1), \quad k_2 = F_{\frac{\alpha}{2}}(n_1-1, n_2-1)$$

所以拒绝域为:

$$C = \{ F \leqslant F_{1-\frac{\alpha}{2}}(n_1-1,n_2-1) \quad 或 \quad F \geqslant F_{\frac{\alpha}{2}}(n_1-1,n_2-1) \} \qquad (5-38)$$

其他形式假设检验的拒绝域如表 5-11 所示。

表 5-11　两个正态总体方差比的假设检验

原假设	备选假设	检验统计量	H_0 为真时检验统计量的分布	拒绝域 C
$S_1^2 = S_2^2$	$S_1^2 = S_2^2$	$F = s_1^2 / s_2^2$	$F(n_1-1,n_2-1)$	$\{F \leqslant F_{1-\frac{\alpha}{2}}(n_1-1,n_2-1)\}$ 或 $\{F \geqslant F_{\frac{\alpha}{2}}(n_1-1,n_2-1)\}$
$S_1^2 = S_2^2$	$S_1^2 > S_2^2$	同上		$\{F \geqslant F_{\alpha}(n_1-1,n_2-1)\}$
$S_1^2 = S_2^2$	$S_1^2 < S_2^2$	同上		$\{F \leqslant F_{1-\alpha}(n_1-1,n_2-1)\}$

【例 5-13】　测得两批电子器件样品的电阻如表 5-12 所示。

表 5-12　两批电子器件样品的电阻　　　　　　　　　单位:欧

A 批(x)	0.140	0.138	0.143	0.142	0.114	0.137
B 批(y)	0.135	0.140	0.142	0.136	0.138	0.140

设这两批器件的电阻值分别服从正态分布,且两样本独立,要求以 $\alpha = 0.05$ 检验如下假设:

(1)
$$H_0 : S_1^2 = S_2^2$$
$$H_1 : S_1^2 \neq S_2^2$$

(2) 在(1)的基础上检验假设

$$H_0 : \overline{X}_1 = \overline{X}_2$$
$$H_1 : \overline{X}_1 \neq \overline{X}_2$$

对于问题(1),由题意知这是一个双侧检验问题,取检验统计量为:
$$F = s_1^2 / s_2^2$$

拒绝域为:
$$C = \{ F \leqslant F_{1-\frac{\alpha}{2}}(n_1-1,n_2-1) \quad 或 \quad F \geqslant F_{\frac{\alpha}{2}}(n_1-1,n_2-1) \}$$

已知 $n_1 = n_2 = 6, \alpha = 0.05$,经计算得 $s_1^2 = 8 \times 10^{-6}, s_2^2 = 7.1 \times 10^{-6}, F = 1.13$,查表得 $F_{0.025}(5,5) = 7.15$,于是 $F_{0.975}(5,5) = \dfrac{1}{F_{0.025}(5,5)} = \dfrac{1}{7.15} = 0.14$。

由于 $F_{0.975}(5,5) \leqslant F \leqslant F_{0.025}(5,5)$,即 F 没有落在拒绝域内,故接受 H_0,即在显著性水平 $\alpha = 0.05$ 下,可以认为 $S_1^2 = S_2^2$。

对于(2),由上面的讨论知,可取检验统计量为:
$$t = \frac{\overline{x}_1 - \overline{x}_2}{s_w\sqrt{\frac{1}{n_1}+\frac{1}{n_2}}}, \quad 其中 s_w^2 = \frac{(n_1-1)s_1^2+(n_2-1)s_2^2}{n_1+n_2-2}$$

拒绝域为:
$$C = \{ |t| \geqslant t_{\frac{\alpha}{2}}(n_1+n_2-2) \}$$

经计算得，$\bar{x} = 0.141$，$\bar{y} = 0.138\,5$，$s_w^2 = 7.55 \times 10^{-6}$，查表得 $t_{0.025}(10) = 2.228\,1$。由于

$$| t | = \frac{| 0.141 - 0.138\,5 |}{\sqrt{7.55 \times 10^{-6}} \times \sqrt{\dfrac{1}{6} + \dfrac{1}{6}}} = 1.58 < 2.228\,1$$

故接受 H_0，可以认为均值无显著差异。

【例 5-14】　将种植某种作物的一块土地等分为 15 小块，其中 5 块施有某种肥料，而其他 10 块没有施肥，收获时分别测量亩产量如表 5-13 所示。

表 5-13　两种地块的作物产量　　　　单位：千克

施肥地块	250	241	270	245	260					
不施肥地块	200	208	210	213	230	224	205	220	216	214

假设施肥与不施肥的作物亩产量均服从正态分布且方差相同，试问施肥的作物平均亩产量比不施肥的作物平均亩产量是否提高一成以上？

设施肥的土地亩产量 $x_1 \sim N(X_1, S^2)$，不施肥的土地亩产量 $x_2 \sim N(X_2, S^2)$，由题意知，需在显著性水平 $\alpha = 0.05$ 下检验假设：

$$H_0 : \overline{X}_1 = 1.1 \overline{X}_2$$

$$H_1 : \overline{X}_1 > 1.1 \overline{X}_2$$

由于

$$\bar{x}_1 - 1.1 \bar{x}_2 \sim N\left(\overline{X}_1 - 1.1 \overline{X}_2, \frac{S^2}{n_1} + \frac{1.1^2 S^2}{n_2} \right)$$

所以当 H_0 为真时，有：

$$\frac{\bar{x}_1 - 1.1 \bar{x}_2}{\sqrt{\dfrac{S^2}{n_1} + \dfrac{1.21 S^2}{n_2}}} \sim N(0, 1)$$

另外，由于 $\dfrac{(n_1 - 1) s_1^2}{S^2} + \dfrac{(n_2 - 1) s_2^2}{S^2} \sim \chi^2(n_1 + n_2 - 2)$，所以当 H_0 为真时，

$$t = \frac{\bar{x}_1 - 1.1 \bar{x}_2}{s_w \sqrt{\dfrac{1}{n_1} + \dfrac{1.21}{n_2}}} \sim t(n_1 + n_2 - 2)$$

拒绝域为：

$$\{ t \geq t_{1-\alpha}(n_1 + n_2 - 2) \}$$

已知 $n_1 = 5$，$n_2 = 10$，查表得 $t_{0.95}(13) = 1.770\,9$，计算得 $s_1^2 = 138.7$，$s_2^2 = 80.667$，

$$s_w^2 = \frac{4 \times 138.7 + 9 \times 80.667}{13} = 98.523\,3$$

由于

$$t = \frac{253.2 - 214}{\sqrt{98.5233}\sqrt{\dfrac{1}{5} + \dfrac{1.21}{10}}} = 6.97 > 1.7709$$

所以拒绝 H_0，即可以认为施肥地块的作物亩产量比不施肥地块提高一成以上。

第四节　置信区间与假设检验的关系及 p 值法

一、置信区间与假设检验的关系

置信区间和假设检验是统计推断问题的两个重要内容，它们之间存在着明显的联系。先考虑置信区间与双侧检验之间的关系。设 $X_1, X_2, \cdots, X_n$ 是来自总体 X 的样本，$x_1, x_2, \cdots, x_n$ 是样本观察值，$\theta \in \Theta$，θ 是未知参数。

设 $\underline{\theta} = \underline{\theta}(X_1, \cdots, X_n)$，$\overline{\theta} = \overline{\theta}(X_1, \cdots, X_n)$。$(\underline{\theta}, \overline{\theta})$ 是 θ 的置信度为 $1-\alpha$ 的置信区间，则对于任意的 $\theta \in \Theta$，有：

$$P_\theta \{ \underline{\theta} < \theta < \overline{\theta} \} \geqslant 1 - \alpha \tag{5-39}$$

考虑显著性水平为 α 的双侧检验：

$$H_0 : \theta = \theta_0$$
$$H_1 : \theta \neq \theta_0 \tag{5-40}$$

可得

$$P_{\theta_0} \{ \underline{\theta} < \theta_0 < \overline{\theta} \} \geqslant 1 - \alpha \tag{5-41}$$

即有

$$P_{\theta_0} \{ (\theta_0 \leqslant \underline{\theta}) \cup (\theta_0 \geqslant \overline{\theta}) \} \leqslant \alpha \tag{5-42}$$

根据显著性水平为 α 的假设检验拒绝域的定义，检验式(5-39)的拒绝域为 $\theta_0 \leqslant \underline{\theta}$ 或者 $\theta_0 \geqslant \overline{\theta}$；接受域为 $\underline{\theta} < \theta_0 < \overline{\theta}$。

这就是说，当我们要检验假设式(5-39)时，先求出 θ 的置信度为 $1-\alpha$ 的置信区间 $(\underline{\theta}, \overline{\theta})$，然后考察区间 $(\underline{\theta}, \overline{\theta})$ 是否包含 θ_0，若 $\theta_0 \in (\underline{\theta}, \overline{\theta})$，则接受 H_0；若 $\theta_0 \notin (\underline{\theta}, \overline{\theta})$，则拒绝 H_0。

反之，对于任意的 $\theta_0 \in \Theta$，对于 $H_0 : \theta = \theta_0$，$H_1 : \theta \neq \theta_0$ 这个显著性水平为 α 的假设检验问题，它的接受域为 $\underline{\theta} < \theta_0 < \overline{\theta}$。由 θ_0 的任意性，有 $P_\theta \{ \underline{\theta} < \theta < \overline{\theta} \} \geqslant 1 - \alpha$。因此，$(\underline{\theta}, \overline{\theta})$ 是 θ 的置信度为 $1-\alpha$ 的置信区间。

这就是说，为求出参数 θ 的置信度为 $1-\alpha$ 的置信区间，我们可以先求显著性水平为 α 的假设检验问题 $H_0 : \theta = \theta_0$，$H_1 : \theta \neq \theta_0$ 的接受域 $\underline{\theta} < \theta_0 < \overline{\theta}$，那么 $(\underline{\theta}, \overline{\theta})$ 就是 θ 的置信度为 $1-\alpha$ 的置信区间。

同样，还可以验证，置信度为 $1-\alpha$ 的单侧置信区间 $(-\infty, \overline{\theta})$ 与显著性水平为 α 的左单侧检

验问题 $H_0:\theta\geqslant\theta_0,H_1:\theta<\theta_0$ 也有类似的对应关系。即若已求得单侧置信区间 $(-\infty,\overline{\theta})$,则当 $\theta_0\in(-\infty,\overline{\theta})$ 时接受 H_0,当 $\theta_0\notin(-\infty,\overline{\theta})$ 时拒绝 H_0。反之,若已知检验问题 $H_0:\theta\geqslant\theta_0,H_1:\theta<\theta_0$ 的接受域为 $-\infty<\theta_0<\overline{\theta}$,则可得 θ 置信区间 $(-\infty,\overline{\theta})$。

置信度为 $1-\alpha$ 的单侧置信区间 $(\underline{\theta},+\infty)$ 与显著性水平为 α 的右单侧检验问题 $H_0:\theta\leqslant\theta_0$, $H_1:\theta>\theta_0$ 也有类似的对应关系。即若已求得单侧置信区间 $(\underline{\theta},+\infty)$,则当 $\theta_0\in(\underline{\theta},+\infty)$ 时接受 H_0,当 $\theta_0\notin(\underline{\theta},+\infty)$ 时拒绝 H_0。反之,若已知求得检验问题 $H_0:\theta\leqslant\theta_0,H_1:\theta>\theta_0$ 的接受域为 $\underline{\theta}<\theta_0<+\infty$,则可得 θ 的置信区间 $(\underline{\theta},+\infty)$。

【例 5-15】 设 $X\sim N(\overline{X},S^2)$,$S^2$ 未知,$\alpha=0.05,n=16$,且由一组样本算得 $\overline{x}=5.20,s^2=1$,于是得到参数 $\overline{X}$ 的一个置信水平为 $1-\alpha=0.95$ 的置信区间:

$$\left(\overline{x}-\frac{1}{\sqrt{16}}t_{1-0.025}(15),\overline{x}+\frac{1}{\sqrt{16}}t_{1-0.025}(15)\right)=(5.20-0.533,5.20+0.533)=(4.667,5.733)$$

考虑检验问题 $H_0:\overline{X}=5.5,H_1:\overline{X}\neq5.5$,因为 $5.5\in(4.667,5.733)$,所以接受 H_0。

二、假设检验问题的 p 值法

以上我们讨论的假设检验方法称为临界值法。为了有效应用现代计算机各种统计软件,本节介绍另一种被称为 p 值法的检验方法。

在例 5-10 中,由于检验统计量的观察值

$$\chi^2=\frac{(n-1)s^2}{S_0^2}=15.68>\chi_{0.05}^2(8)=15.507$$

因此,在显著性水平 $\alpha=0.05$ 下拒绝原假设。现在设想,如果根据样本算得 $\chi^2=20.1$,那么我们依然可以在显著性水平 $\alpha=0.05$ 下拒绝原假设。虽然在两种情形下都是拒绝原假设,并且显著性水平相同,但很显然,后一种情形下(当 $\chi^2=20.1$ 时)拒绝原假设的信心要更足一些。直观上看,此时犯第一类错误的概率要更小一些,或者检验效果要更显著一些。

为了对检验效果的显著性有更为准确和直观地把握,我们引入 p 值的概念。所谓假设检验问题的 p 值(probability value),指的是在样本给定的情况下,由检验统计量的观察值得出的原假设可被拒绝的最小显著性水平。

设总体 $x\sim N(X,S^2)$,现在需要在显著性水平 α 下检验假设

$$H_0:S^2=S_0^2$$
$$H_1:S^2>S_0^2$$

则我们可按如下步骤进行检验:

(1)计算检验统计量 $\chi^2=\frac{(n-1)s^2}{S_0^2}$ 的观察值,设为 χ_0^2;

(2)计算概率 $P\{\chi^2\geqslant\chi_0^2\mid H_0\text{为真}\}$,由定义可知所得的概率即为 p 值;

(3)若 p 值 $\leqslant\alpha$,则在显著性水平 α 下拒绝 H_0;若 p 值 $>\alpha$,则在显著性水平 α 下接受 H_0。

以上检验过程称为 p 值法,其他各种假设检验问题的 p 值法检验过程可类似进行。

因此,根据 p 值法,如果在例 5-10 中算得 $\chi^2 = 20.1$,而 $\chi^2_{0.01}(8) = 20.09$,则该假设检验问题的 p 值不会大于 0.01,即可以在显著性水平 $\alpha = 0.01$ 下拒绝原假设。

一般地,如果 p 值 ≤ 0.01,则称推断拒绝原假设的检验是高度显著的;如果 $0.01 < p$ 值 ≤ 0.05,则推断拒绝原假设的检验是显著的;如果 $0.05 < p$ 值 ≤ 0.1,则推断拒绝原假设的检验是不显著的;如果 p 值 > 0.1,则没有理由拒绝原假设。

一般来说,通过查表只能获得 p 值的近似值,要想获得 p 值的精确值则不是一件简单的事情,此时需要运用统计软件来帮忙。

第五节　分布拟合检验

前面我们讨论了总体未知参数的假设检验问题。由于实际中往往并不知道总体分布的类型,因此也需要对其进行假设检验,这一类问题就是非参数假设检验问题中的分布拟合检验问题。本节介绍分布拟合检验的一种常用方法——皮尔逊 χ^2 拟合检验法。

设总体 x 的分布函数 $F(x)$ 未知,$(x_1, x_2, \cdots, x_n)$ 是总体 x 的样本,现在需在显著性水平 α 下检验假设

$$H_0 : F(x) = F_0(x)$$
$$H_1 : F(x) \neq F_0(x) \tag{5-43}$$

其中 $F_0(x)$ 为某已知分布函数或者是某一已知类型中的分布函数。

设总体 x 的可能取值都落在 (a, b) 内,a 可以为 $-\infty$,b 可以为 $+\infty$,将区间 (a, b) 分成 m 个小区间,不妨设第 i 个小区间为 $[t_{i-1}, t_1)$,$i = 1, 2, \cdots, m$(当 $i = 1$ 时,第一个小区间应为开区间,以下将不再声明),设样本落入第 i 个小区间中的个数为 v_i 个。

假设当 H_0 为真时,总体 x 落入 i 个小区间 $[t_{i-1}, t_1)$ 的概率为 p_i,则有:

$$p_i = P_{H_0}\{t_{i-1} \leq x < t_i\}, \quad i = 1, 2, \cdots, m \tag{5-44}$$

按照大数定律,当 H_0 成立时,"理论频数"np_i(或 $n\hat{p}_i$)与"实际频数"v_i 的差异不应太大,根据这个思想,皮尔逊构造了一个统计量:

$$\chi^2 = \sum_{i=1}^{m} \frac{(v_i - np_i)^2}{np_i} \tag{5-45}$$

称为皮尔逊 χ^2-统计量。根据上面的分析,当 H_1 为真时,χ^2 往往偏大,从而拒绝域的形式应取为 $\{\chi^2 \geq k\}$。

现在的关键问题是,当 H_0 为真时,皮尔逊 χ^2-统计量服从什么分布?

皮尔逊证明了这样的定理:若 n 充分大($n \geq 50$),则当 H_0 为真时(不论 $F_0(x)$ 属于什么分布),统计量 $\chi^2 = \sum_{i=1}^{m} \dfrac{(v_i - np_i)^2}{np_i}$ 近似地服从自由度为 $m-1$ 的 χ^2 分布。

于是,由 $P_{H_0}\{\chi^2 \geq k\} = \alpha$ 可得拒绝域为:

$$C = \{\chi^2 \geq \chi^2_\alpha(m-1)\} \tag{5-46}$$

如果在原假设 H_0 中只确定了总体分布的类型,但是分布中还含有若干个未知参数,则我们不能将上述定理作为检验的理论依据,因为此时皮尔逊 χ^2-统计量中的 p_i 无法确定。

为了解决含未知参数情形的分布检验问题,费歇证明了如下定理:设 $F_0(x;\theta_1,\cdots,\theta_k)$ 是总体的真实分布,其中 $\theta_1,\cdots,\theta_k$ 为 k 个未知参数,在 $F_0(x;\theta_1,\cdots,\theta_k)$ 中用 $\theta_1,\cdots,\theta_k$ 的极大似然估计 $\hat{\theta}_1,\cdots,\hat{\theta}_k$ 代替 $\theta_1,\cdots,\theta_k$,令

$$\hat{p}_i = F(t_i;\hat{\theta}_1,\cdots,\hat{\theta}_k) - F(t_{i-1};\hat{\theta}_1,\cdots,\hat{\theta}_k), \quad i=1,2,\cdots,m \tag{5-47}$$

则当 n 很大时,统计量 $\chi^2 = \sum\limits_{i=1}^{m} \dfrac{(v_i - n\hat{p}_i)^2}{n\hat{p}_i}$ 近似服从自由度为 $m-k-1$ 的 χ^2 分布。

此时,假设检验的拒绝域为:

$$C = \left\{ \chi^2 = \sum_{i=1}^{m} \frac{(v_i - n\hat{p}_i)^2}{n\hat{p}_i} \geqslant \chi_\alpha^2(m-k-1) \right\} \tag{5-48}$$

注:当 $F_0(x)$ 是离散型随机变量的分布函数时,其分组可直接以可能的取值中的一个或若干个组成一组而完成。

皮尔逊 χ^2-统计量可用下式计算:

$$\sum_{i=1}^{m} \frac{(v_i - np_i)^2}{np_i} = \sum_{i=1}^{m} \frac{v_i^2}{np_i} - n \tag{5-49}$$

这是因为,

$$\sum_{i=1}^{m} \frac{(v_i - np_i)^2}{np_i} = \sum_{i=1}^{m} \frac{v_i^2 - 2n\,v_i p_i + n^2 p_i^2}{np_i} = \sum_{i=1}^{m} \frac{v_i^2}{np_i} - 2\sum_{i=1}^{m} v_i + \sum_{i=1}^{m} np_i$$

$$= \sum_{i=1}^{m} \frac{v_i^2}{np_i} - 2n + n\sum_{i=1}^{m} p_i = \sum_{i=1}^{m} \frac{v_i^2}{np_i} - n$$

所以,在式(5-45)中 p_i 改成 $\hat{p}_i$ 等式也成立。

【例 5-16】 在一批灯泡中抽取 300 只做寿命试验,其结果如表 5-14 所示。

表 5-14 300 只灯泡使用寿命

寿命 t(小时)	$t<100$	$100 \leqslant t < 200$	$200 \leqslant t < 300$	$t \geqslant 300$
灯泡数(只)	121	78	43	58

要求在显著性水平 $\alpha=0.05$ 下检验假设

H_0:灯泡寿命服从参数为 0.005 的指数分布;

H_1:灯泡寿命不服从参数为 0.005 的指数分布。

题中已将样本分成 4 组,各组的个数分别为 121,78,43,58。利用皮尔逊 χ^2 检验法($n=300$ 较大),检验假设的拒绝域为 $\left\{ \sum\limits_{i=1}^{m} \dfrac{(v_i - np_i)^2}{np_i} > \chi_\alpha^2(3) \right\}$,其中:

$$p_1 = \int_0^{100} 0.005 e^{-0.005t} dt = 1 - e^{-0.5} = 0.393\,5$$

其余的 p_i 可类似地算出,其结果如表 5-15 所示。

表 5-15　p_i 的计算结果

寿命 t(小时)	$t<100$	$100 \leqslant t<200$	$200 \leqslant t<300$	$t \geqslant 300$
频数 v_i(只)	121	78	43	58
p_i	0.393 5	0.238 6	0.145 3	0.222 6
np_i	118.05	71.58	43.59	66.78
$(v_i-np_i)^2/np_i$	0.073 7	0.575 8	0.008 0	1.154 4
χ^2	1.811 9			

查表有 $\chi^2_{0.05}(3)=7.815>1.811\,9$,故接受 H_0,可以认为灯泡寿命服从指数为 0.005 的指数分布。

本章小结

本章的要点是理解假设检验的基本原理与应用意义,掌握假设检验的基本步骤,能够根据具体问题建立科学的原假设和备择假设,能够初步掌控两类错误。通过学习,正确认识假设检验的内涵与种类,理解原假设与备择假设的意义;理解什么是小概率事件和显著性水平,理解双侧检验与单侧检验的意义;理解什么是接受域和拒绝域,懂得如何做出接受或拒绝原假设的判断;掌握假设检验两类错误的性质与差异,正确认识两者的关系;理解假设检验与区间估计的关系,理解临界值法与 p 值法的关系;能够构造各种情况下的检验统计量,并给出正确的结论。作为学习延伸,可以通过阅读相关文献对显著性水平的意义及确定原则进行探究,对假设检验的缺陷与适用性进行分析,对如何科学控制两类错误进行讨论。

思考与练习

一、即测即评

二、计算题

1. 设某产品的指标服从正态分布,它的标准差 $S=150$,今抽了一个容量为 26 的样本,计算得平均值为 1 637。问在显著性水平 5% 下能否认为这批产品的指标的期望值 $\overline{X}$ 为 1 600?

2. 按规定,100 g 罐头番茄汁中的平均维生素 C 含量不得少于 21 mg/g。先从工厂的产品中抽取 17 瓶罐头,其 100 g 番茄汁中,测得维生素 C 含量(mg/g)记录如下:

16,25,21,20,23,21,19,15,13,23,17,20,29,18,22,16,22

设维生素含量服从正态分布 $N(\overline{X},S^2)$, $\overline{X},S^2$ 均未知,问这批罐头是否符合要求?($\alpha=0.05$)

3. 要求一种元件使用寿命不得低于 1 000 小时,今从一批这种元件中随机抽取 25 件,测得寿命的平均值为 950 小时。已知该种元件的寿命服从标准差为 $S=100$ 小时的正态分布,试在显著性水平 $\alpha=0.05$ 下确定这批元件是否合格?

4. 测定某种溶液中的水分,它的 10 个测定值给出样本均值为 0.452%,样本标准差为 0.037%,设测定值总体服从正态分布 $N(\overline{X},S^2)$,试在显著性水平 $\alpha=0.05$ 下,分别检验假设:
(1) $H_0:\overline{X}=0.5\%$;(2) $H_0:S=0.04\%$。

5. 随机地挑选 8 个人,分别测量了他们在早晨起床和晚上就寝时的身高(厘米),得到如表 5-16所示的数据。

表 5-16　8 个人早晨起床和晚上就寝时的身高　　　　单位:厘米

序号	1	2	3	4	5	6	7	8
早上(x_i)	172	168	180	181	160	163	165	177
晚上(y_i)	172	167	177	179	159	161	166	175

设各对数据的差 $d_i=x_i-y_i(i=1,2,\cdots,8)$ 是来自正态总体 $N(\overline{X},S^2)$ 的样本,$\overline{X},S^2$ 均未知,问是否可以认为早晨的身高比晚上的身高要高?($\alpha=0.05$)

6. 为了比较两种枪弹的速度(单位是米/秒),在相同的条件下进行速度测试。算得样本均值和样本标准差如下:

枪弹甲:$n_1=110$,$\overline{x}_1=2\,805$,$s_1=120.41$

枪弹乙:$n_2=100$,$\overline{x}_2=2\,680$,$s_2=105.00$

在显著性水平 $\alpha=0.05$ 下,这两种枪弹在速度方面及均匀性方面有无显著差异?

7. 表 5-17 分别给出文学家马克·吐温的 8 篇小品文以及思诺特格拉斯的 10 篇小品文中由 3 个字母组成的词的比例。

表 5-17　两位作家小品文中 3 个字母组成的词的比例

作家	3 个字母组成的词的比例
马克·吐温	0.225　0.262　0.217　0.240　0.230　0.229　0.235　0.217
思诺特格拉斯	0.209　0.205　0.196　0.210　0.202　0.207　0.224　0.223　0.220　0.201

设两组数据分别来自两个方差相等而且相互独立的正态总体,问两个作家所写的小品文中包含由 3 个字母组成的词的比例是否有显著的差异?($\alpha=0.05$)

8. 某机床厂某日从两台机器所加工的同一种零件中,分别抽若干个样品测量零件尺寸,得到如下结果:

第一台机器:15.0　14.5　15.2　15.5　14.8　15.1　15.2　14.8

第二台机器:15.2　15.0　14.8　15.2　15.0　15.0　14.8　15.1　14.8

设零件尺寸服从正态分布,问第二台机器的加工精度是否比第一台机器的高? ($\alpha = 0.05$)

9. 为了考察感觉剥夺对脑电波的影响,加拿大某监狱随机地将囚犯分成两组,每组 10 人,其中一组中每人被单独地关禁闭,另一组的人不关禁闭,几天后,测得这两组人脑电波中的 α 波的频率如表 5-18 所示。

表 5-18　两组囚犯脑电波中的 α 波数据

| 没关禁闭 | 10.7 | 10.7 | 10.4 | 10.9 | 10.5 | 10.3 | 9.6 | 11.1 | 11.2 | 10.4 |
| 关禁闭 | 9.6 | 10.4 | 9.7 | 10.3 | 9.2 | 9.3 | 9.9 | 9.5 | 9.0 | 10.9 |

设这两组数据分别来自两个相互独立的正态总体,问在显著性水平 $\alpha = 0.05$ 下,能否认为这两个总体的均值与方差有显著的差别?

10. 两台车床生产同一型号的滚珠,根据经验可以认为两车床生产的滚珠的直径均服从正态分布,先从两台车床的产品中分别抽出 8 个和 9 个,测得滚珠直径的有关数据如下:

甲车床:$\sum\limits_{i=1}^{8} x_i = 120.8$, $\sum\limits_{i=1}^{8} (x_i - \overline{x})^2 = 0.672$

乙车床:$\sum\limits_{i=1}^{9} y_i = 134.91$, $\sum\limits_{i=1}^{9} (y_i - \overline{y})^2 = 0.208$

设两个总体的方差相等,问是否可以认为两车床生产的滚珠直径的均值相等? ($\alpha = 0.05$)

11. 某种零件的椭圆度服从正态分布,改变工艺前抽取 16 件,测得数据并算得 $\overline{x}_1 = 0.081$, $s_1 = 0.025$;改变工艺后抽取 20 件,测得数据并计算得 $\overline{x}_2 = 0.07$, $s_2 = 0.02$,问:(1) 改变工艺前后,方差有无明显差异? (2) 改变工艺前后,均值有无明显差异? ($\alpha = 0.05$)

12. 有两台机器生产金属部件,分别在两台机器所生产的部件中各取一容量 $n_1 = 60$, $n_2 = 40$ 样本,测得部件重量的样本方差分别为 $s_1^2 = 15.46$, $s_2^2 = 9.66$.设两样本相互独立。问在显著性水平 ($\alpha = 0.05$) 下能否认为第一台机器生产的部件重量的方差显著地大于第二台机器生产的部件重量的方差?

13. 上海 1875 年到 1955 年的 81 年间,选择其中的 63 年,观察一年中(5 月到 9 月)下暴雨次数,并整理资料如表 5-19 所示。

表 5-19　上海 1875—1955 年中的 63 年每年下暴雨的次数

| 一年中暴雨次数(次) | 0 | 1 | 2 | 3 | 4 | 5 | 6 | 7 | 8 | ≥9 |
| 实际年数 n_i(年) | 4 | 8 | 14 | 19 | 10 | 4 | 2 | 1 | 1 | 0 |

试检验一年中暴雨次数是否服从泊松分布? ($\alpha = 0.05$)

14. 某工厂近 5 年来发生了 63 次事故,按星期几分类如表 5-20 所示。

表 5-20　某工厂近 5 年发生的事故按星期几分类数据

| 星期 | 一 | 二 | 三 | 四 | 五 | 六 | 日 |
| 次数 | 9 | 10 | 11 | 8 | 13 | 12 | |

注:该厂的休息日是星期天,星期一至星期六是工作日。

问:事故的发生是否与星期几有关?（$\alpha = 0.05$）

15. 下面列出了 84 个依特拉斯坎人男子的头颅的最大宽度（毫米）,试验证这些数据是否来自正态总体?（$\alpha = 0.1$）

141	148	132	138	154	142	150	146	155	158
150	140	147	148	144	150	149	145	149	158
143	141	144	144	126	140	144	142	141	140
145	135	147	146	141	136	140	146	142	137
148	154	137	139	143	140	131	143	141	149
148	135	148	152	143	144	141	143	147	146
150	132	142	142	143	153	149	146	149	138
142	149	142	137	134	144	146	147	140	142
140	137	152	145						

16. 设总体 X 的概率密度为:

$$f(x,\theta) = \begin{cases} \theta x^{\theta-1} & 0 < x < 1 \\ 0 & \text{其他} \end{cases}$$

$\theta = 1, 2$。作假设 $H_0 : \theta = 1$，$H_1 : \theta = 2$。现从总体 X 中抽出容量为 2 的样本 (x_1, x_2)，拒绝域为 $C = \left\{ (x_1, x_2) \,\middle|\, \dfrac{3}{4x_1} \leq x_2 \right\}$，试求犯第一类错误的概率 α 和犯第二类错误的概率 β。

17. 一药厂生产一种新的止痛片,厂方希望验证服用新药片后至开始起作用的时间间隔较原有止痛片至少缩短一半,因此厂方提出需检验 $H_0 : X_1 = 2X_2$，$H_1 : X_1 > 2X_2$。此处 μ_1, μ_2 分别是服用原有止痛片和服用新止痛片后至起作用的时间间隔的总体的均值。设两总体均为正态分布且方差分别为已知值 S_1^2, S_2^2。现分别在两总体中取一样本 $x_1, x_2, \cdots, x_{n_1}$ 和 $y_1, y_2, \cdots, y_{n_2}$，设两个样本独立。试给出上述假设 H_0 的拒绝域（取显著性水平为 α）。

18. 设有 A 种药随机地给 8 个病人服用,经过一个固定时间后,测得病人身体细胞内药的浓度,其结果为:

1.40　1.42　1.41　1.62　1.55　1.81　1.60　1.52

又有 B 种药给 6 个病人服用,并在同样固定时间后测得病人身体细胞内药的浓度,结果为:

1.76　1.41　1.81　1.49　1.67　1.81

并设两种药在病人身体细胞内的浓度都服从正态分布。试问 A 种药在病人身体内的浓度的方差是否为 B 种药在病人身体细胞内浓度方差的 $\dfrac{2}{3}$?（$\alpha = 0.10$）

计算题答案

第六章　方差分析

实例1:

哥伦比亚大学的某教授进行了一项研究,1991 年 8 月份的《商业报告》(Report on Business)对该研究做了报道,统计了 3 个不同院系的教授在讲座中每分钟发出 "uh"或"ah"来填补话语当中间断的次数。数据来源于对 3 个院系的教授 100 分钟的观测结果。

如果我们假设使用"uh"或"ah"的次数越多,讲课就越枯燥,我们是否能够得出:某些院系教授的课比其他院系教授的课更乏味?

实例2:

2022 年,杭州一运动品牌卖场为促进商品的销售,结合不同节日主题采取了不同的促销方式。为了更好地了解不同节日主题促销方式下商品的销售情况,卖场选择了安踏、李宁、阿迪达斯、耐克和新百伦五种运动品牌服装为研究对象。在"新春聚惠""礼献中秋""喜迎国庆""欢购元旦"4 个不同节日主题促销活动中,各品牌服装的销售量如表 6-1 所示。

表 6-1　各服装品牌促销方式与销售量　　　　　　　单位:件

促销方式(A)	品牌(B)				
	安踏	李宁	阿迪达斯	耐克	新百伦
新春聚惠	183	236	339	258	189
礼献中秋	101	178	169	135	142
喜迎国庆	202	249	347	263	226
欢购元旦	158	221	189	136	159

不同节日主题促销方式对销售量的影响是否相同?不同品牌服装的销售量是否有显著差异?我们能否采用假设检验方法,用 t 检验做两两比较呢?

第一节　方差分析概述

一、方差分析的基本概念

方差分析(analysis of variance,ANOVA)是英国著名统计学家费希尔于 20 世纪 20 年代在进行实验设计时为解释实验数据而提出的一种分析两个或两个以

教学视频
方差分析的含义与基本思路

上类别自变量对数值因变量影响的统计方法。在实例 2 中,如果用 t 检验做两两比较,证明至少有一组检验中的销售量均值存在差异,那么我们就能认为不同节日主题促销方式下的销售量存在差异。但我们一般不用多个 t 检验来分析,原因有两个:第一,用 t 检验需要做 $C_4^2 = 6$ 次比较,计算量大,而且如果有更多的类别间的比较,即使使用分析软件(如 SPSS),多出的工作量也较大;第二,更为重要的原因是,进行多个检验会增加犯第一类错误的可能性,如果降低每个 t 检验的显著性水平,又将增加犯第二类错误的概率。无论显著性水平多大,进行多个 t 检验都将增加出错的可能。解决上述问题的一个有效方法是方差分析法。

自变量对因变量影响效应的大小通过因变量的误差有多少是由于自变量造成的来体现。因此,方差分析是通过对数据误差的分析来检验影响效应是否显著。早期,方差分析应用于农业、生物领域,随后逐渐推广到心理学、医学、社会学、经济学、教育学等众多学科领域。

为了了解方差分析的基本思想,应首先了解方差分析涉及的几个基本概念。待分析的指标一般称为"因变量"或"响应变量"(dependent variable,通常用 x 或 y 表示),即调查类数据中我们所获得的现象数量表现或实验类数据的实验结果。调查或实验中需要分析的、可以控制的条件或影响因素称为因素或因子,也称"自变量"(independent variable,通常用 A、B、C 等大写字母表示)。因素或因子所处的不同状态(自变量的不同取值)称为水平(通常记为 A_i、B_i、C_i 等)。每个因素每一个水平下的调查结果或实验结果可以称为一个"组"或一个"类"。在表 6-1 中,涉及两个因素(自变量)——"品牌"和"促销方式",一个数值因变量——即"销售量"。因素"品牌"有 5 个水平,即"安踏""李宁""阿迪达斯""耐克""新百伦";因素"促销方式"有 4 个水平,即"新春聚惠""礼献中秋""喜迎国庆""欢购元旦"。每个因素不同水平下得到的销售量为样本观测值。

根据影响因素(自变量)的个数不同,方差分析分为单因素方差分析、双因素方差分析和多因素方差分析。根据因变量的个数不同,方差分析也可分为一元方差分析和多元方差分析。在实例 2 中,如果只分析促销方式或品牌一个因素对销售量的影响,则称为单因素方差分析(one-way analysis of variance);如果只分析促销方式和品牌两个因素对销售量的单独影响,而不考虑两者对销售量的交互效应(interaction effect),则称为只考虑主效应的双因素方差分析(无交互效应的双因素方差分析);如果除了考虑促销方式和品牌两个因素对销售量的单独影响,还考虑二者对销售量的交互效应,则称为考虑交互效应的双因素方差分析。本章主要介绍以上三种方差分析方法。

二、方差分析的基本思想

方差分析认为观测值的变化受两类因素的影响:第一类是影响因素(自变量)的不同水平所产生的影响;第二类是随机因素(随机变量)所产生的影响。随机因素主要是指人为很难控制的因素,多指抽样误差。如果影响因素的不同水平对因变量产生了显著影响,那么,它和随机因素共同作用必然会使观测值有显著变动;反之,如果影响因素的不同水平没有对因变量产生显著影响,那么,观测值的变动可以归结为随机变量的影响所致。

为了便于理解,我们以"促销方式"一个因素对销售量的影响为例来阐述方差分析的基本思想。为此,将表 6-1 中的销售量数据以表 6-2 的形式呈现。

要研究不同促销方式对销售量的影响效果,我们可以通过分析销售量的差异入手。在表 6-2 中,每种促销方式各有 5 个样本数据,总共获得 20 个销售量数据。每个数据都来自每种促销方式

表 6-2　促销方式与销售量　　　　　　　　　　　　　　单位:件

促销方式(A)	销售量				
新春聚惠	183	236	339	258	189
礼献中秋	101	178	169	135	142
喜迎国庆	202	249	347	263	226
欢购元旦	158	221	189	136	159

所对应的总体(这里对应"新春聚惠""礼献中秋""喜迎国庆""欢购元旦"4 个总体)。反映全部 20 个观测数据的误差称为总误差。20 个样本数据间的差异可能是由以下两个原因引起:

(1) 促销方式的影响。不同的促销方式会使消费者产生不同的消费冲动和购买欲望,从而产生不同的购买行为。这种由不同影响水平造成的差异,我们称为组间误差。

(2) 随机因素的影响。同一种促销方式下,因为消费者的喜好、经济能力、销售员的态度等因素的影响,导致销售量的差异,我们称为随机性误差。它反映了随机因素对总体内观测数据的影响,因此也称为组内误差。

在统计学中,数据间的差异通常用离差平方和来计量。组间差异用组间平方和(between-group sum of squares)来反映,记为 SSA(反映影响因素 A 对观测数据的效应)。例如不同促销方式之间销售量的离差平方和就是组间平方和。随机性差异用误差平方和(sum of squares of error)来反映,记为 SSE,也称为组内平方和(within-group sum of squares)。例如每种促销方式内部销售量的离差平方和就是误差平方和。全部数据的总误差用总平方和(sum of squares for total)来反映,记为 SST。例如 20 个销售量数据之间的离差平方和就是总平方和,它反映了全部销售量的总离散程度。

这样,总平方和可以分解成两部分,一部分是组间平方和 SSA,另一部分是误差平方和 SSE。前者既包括因素水平影响差异,也包括随机性差异;后者仅包括随机性差异。如果不同的水平对结果没有影响,如促销方式对销售量不产生影响,那么组间平方和也仅包括了随机性差异,它与误差平方和应该非常接近,两者的比值就会接近于 1;反之,如果不同水平对结果产生影响,组间平方和不仅包括随机性差异,也包括因素水平影响的差异,这时组间平方和就会大于误差平方和,两者的比值就会大于 1,当这个比值大至某个临界点,我们就可以认为不同水平之间存在显著性差异。

所以,方差分析的基本思想可以归结为一个检验问题。通过方差分解入手,检验多个总体均值是否相等。在只考虑一个因素影响的情况下,以表 6-2 数据为例,检验如下假设(μ_i 为每种促销方式下总体均值):

H_0:$\mu_1 = \mu_2 = \mu_3 = \mu_4$(促销方式对销售量没有显著影响)

H_1:$\mu_1, \mu_2, \mu_3, \mu_4$ 不全相等(促销方式对销售量有显著影响)

三、方差分析的基本假设前提

方差分析需要满足三个基本假设前提。

（一）正态性假定

正态性假定要求每个水平所对应的总体都服从正态分布，即对于任何一个因素水平，其观测值是来自正态分布总体的简单随机样本。例如，上述案例中，要求每一种促销方式下的销售量必须服从正态分布。

检验正态分布的方法有图示法和统计检验法。当每个水平下的样本量足够大时，可以对每个样本绘制正态概率图来检查每个水平对应的总体是否服从正态分布。当样本量较小时，正态概率图的效果受限，可以采用 K-S、Shapiro-Wilk 等统计检验法。

在正态分布假定不能完全满足的情况下，方差分析已被证明是一个非常稳健的方法。也就是说，当正态性略微不满足时，对分析结果的影响不是很大。

（二）方差齐性假定

方差齐性（homogeneity of variance）假定要求各因素水平的总体方差必须相等。例如，上述案例中，要求每一种促销方式下的销售量方差必须相同。

检验方差齐性的方法也有图示法和统计检验法。当每个水平下的样本量足够大时，可以绘制箱线图或残差图来检验方差齐性。绘制箱线图是最为方便的方法，通过绘制出每个样本数据的箱线图，可以观察各样本数据的离散程度，如果各样本箱线图的离散程度相近，那么就可能满足方差齐性假定。当样本量较小时，较难利用图示方法发现样本数据的离散程度，可以采用 Bartlett、Levene 等统计检验法。

需要注意的是，虽然方差分析对正态性假定是稳健的，但对于方差齐性的假定是不稳健的。对每个总体等方差的背离可能影响方差分析的结果。但是当每个因素水平下的样本容量相等时，方差分析对不等方差是稳健的。

（三）独立性假定

独立性假定要求每个样本数据是来自不同因素水平的独立随机样本。只有是独立的随机样本，才能保证变异的可加性。例如，上述案例中，4 种促销方式的销售量数据来自不同的 4 个独立随机样本。方差分析对独立性假定要求比较严格，如果独立性假定得不到满足，方差分析的结果会受到较大的影响。

第二节　单因素方差分析

单因素方差分析只考虑一个影响因素（自变量）对因变量的影响效应。例如，在实例 2 中（表 6-1），只分析促销方式（因素 A）对销售量的影响，或只分析品牌（因素 B）对销售量的影响。再如，研究学历水平对收入的影响；教学方法对学习成绩的影响；地区差异对大数据产业发展的影响，这些问题都可以通过单因素方差分析得到答案。

教学视频
单因素方差
分析

一、单因素方差分析的统计模型

若影响单因素为 A，因素 A 有 r 个水平，记为 $A_1, A_2, \cdots, A_r$，水平 A_i 下有 n_i 个观测值，记为 $x_{i1}, x_{i2}, x_{i3}, \cdots, x_{in_i}(i=1,2,\cdots,r)$。各观测值视为来自总体 $X_i(i=1,2,\cdots,r)$，X_i 服从正态分布，X_i 与 $X_j(i \neq j)$ 相互独立且等方差，即满足方差分析的三个假定前提。$X_{i1}, X_{i2}, \cdots, X_{in_i}$ 表示从总体 X_i

中抽取的样本,$x_{i1},x_{i2},x_{i3},\cdots,x_{in_i}$是相应的观测值,则我们可以基于表6-3所示的数据结构进行单因素方差分析。

表6-3　单因素方差分析数据结构表

水平	观测指标值				算术平均数	方差
A_1	x_{11}	x_{12}	$\cdots$	x_{1n_1}	$\overline{x}_1$	s_1^2
A_2	x_{21}	x_{22}	$\cdots$	x_{2n_2}	$\overline{x}_2$	s_2^2
$\vdots$	$\vdots$	$\vdots$		$\vdots$	$\vdots$	$\vdots$
A_r	x_{r1}	x_{r2}	$\cdots$	x_{rn_r}	$\overline{x}_r$	s_r^2

其中:

$$\overline{x}_i = \frac{1}{n_i}\sum_{j=1}^{n_i} x_{ij} \tag{6-1}$$

$$s_i^2 = \frac{1}{n_i}\sum_{j=1}^{n_i} (x_{ij}-\overline{x}_i)^2 \tag{6-2}$$

对于每一个x_{ij},可以分解为三部分。第一部分是"一般水平",即$\overline{x}=\frac{1}{r}\sum_{i=1}^{r}\overline{x}_i$,它是指不考虑任何影响因素的因变量的一般水平。例如表6-2所示案例中,是指不受促销方式影响,也不受其他随机因素影响的基本销售量。第二部分为影响因素A对因变量的影响效应(如果存在影响),即$\alpha_i=\overline{x}_i-\overline{x}(i=1,2,\cdots,r;$且$\sum_{i=1}^{r}\alpha_i=0)$,例如表6-2所示案例中,是指受促销方式影响产生的效应部分。第三部分为随机因素对因变量的影响效应,即随机误差$\varepsilon_{ij}=x_{ij}-\overline{x}_i(i=1,2,\cdots,r;j=1,2,\cdots,n_i;\varepsilon_{ij}\sim N(0,S^2)$且相互独立),例如表6-2所示案例中,指销售量的偶然性差异。

于是,我们可得单因素方差分析的基本统计模型:

$$x_{ij}=\overline{x}+\alpha_i+\varepsilon_{ij} \tag{6-3}$$

显然,如果因素A对因变量没有影响,则各水平的影响效应α_i应全部为0,否则应不全为0。单因素方差分析就是要对影响因素A的所有影响效应是否同时为0进行检验。

二、单因素方差分析的基本步骤

单因素方差分析本质上是多个正态总体差异性统计检验,其基本步骤与假设检验一致。

(一)提出原假设

单因素方差分析的原假设是:影响因素A不同水平下因变量各总体的均值无显著差异,即影响因素不同水平下的影响效应全都为0,意味着影响因素A不同水平的变化对因变量均值没有产生显著影响。备择假设是:影响因素A不同水平下因变量各总体的均值有显著差异,即影响因素不同水平下的影响效应不同时为0。

(1)H_0:$\overline{X}_1=\overline{X}_2=\cdots=\overline{X}_r$

　　　H_1:$\overline{X}_1,\overline{X}_2,\cdots,\overline{X}_r$不全相等

或（2） $H_0: \alpha_1 = \alpha_2 = \cdots = \alpha_r = 0$

　　　　 $H_1: \alpha_1, \alpha_2, \cdots, \alpha_r$ 不全为 0

（二）选择检验统计量

本章基于（1）的原假设和备择假设，单因素方差分析采用的检验统计量是 F 统计量：

$$F = \frac{SSA/(r-1)}{SSE/(n-r)} \tag{6-4}$$

其中：

$$SSA = \sum_{i=1}^{r} n_i (\bar{x}_i - \bar{x})^2 \text{（组间离差平方和）} \tag{6-5}$$

$$SSE = \sum_{i=1}^{r} \sum_{j=1}^{n_i} (x_{ij} - \bar{x}_i)^2 \text{（组内离差平方和，也称误差平方和）} \tag{6-6}$$

$$SST = SSA + SSE = \sum_{i=1}^{r} \sum_{j=1}^{n_i} (x_{ij} - \bar{x})^2 \text{（总离差平方和）} \tag{6-7}$$

式中：n 为总样本量，r 为因素 A 的水平数，n_i 为第 i 水平下的样本数，$r-1$ 和 $n-r$ 分别为 SSA 和 SSE 的自由度。F 统计量服从 $(r-1, n-r)$ 个自由度的 F 分布。

（三）计算检验统计量的观测值

如果影响因素对因变量造成了显著影响，因变量总的变差中影响因素影响所占的比例相对于随机变量必然较大，F 值会显著大于 1；反之，如果影响因素对因变量没有造成显著影响，因变量的变差可归结为由随机因素影响造成的，F 值会接近于 1。

（四）根据给定的显著性水平 α 做出决策

在给定显著性水平 α 的情况下，查 F 分布表值 $F_\alpha(r-1, n-r)$，若统计量的观测值超过这一临界点，则拒绝原假设，认为影响因素不同水平下因变量各总体的均值之间不完全相同，否则，不应拒绝原假设。

如果使用分析软件（如 SPSS），也可以把给定的显著性水平 α 与检验统计量的概率 P 值作比较。如果概率 P 值小于显著性水平 α，则拒绝原假设，认为影响因素不同水平下因变量各总体的均值存在显著差异，影响因素不同水平下的影响效应不同时为 0；反之，如果概率 P 值大于显著性水平 α，则不应拒绝原假设，认为影响因素不同水平下因变量各总体的均值无显著差异，影响因素不同水平下的影响效应同时为 0，影响因素的不同水平对因变量均值没有产生显著影响。

基于以上 4 个分析步骤，我们把有关统计量和分析结果列在一张表中，如表 6-4 所示，分析结果一目了然。

表 6-4　单因素方差分析表

方差来源	自由度（df）	离差平方和	均方差	F 值	显著性水平（P 值）
因素 A	$r-1$	SSA	$SSA/(r-1)$	$F = \dfrac{SSA/(r-1)}{SSE/(n-r)}$	P
随机误差	$n-r$	SSE	$SSE/(n-r)$		
总和	$n-1$	SST			

表 6-4 中离差平方和公式除采用式(6-5)、(6-6)、(6-7)中的计算方法外,也可用离差平方和的展开式进行计算,公式如下:

$$SSA = \sum_{i=1}^{r} n_i \bar{x}_i^2 - n\bar{x}^2 \qquad (6-8)$$

$$SSE = \sum_{i=1}^{r} \sum_{j=1}^{n_i} x_{ij}^2 - \sum_{i=1}^{r} n_i \bar{x}_i^2 \qquad (6-9)$$

$$SST = SSA + SSE = \sum_{i=1}^{r} \sum_{j=1}^{n_i} x_{ij}^2 - n\bar{x}^2 \qquad (6-10)$$

三、单因素方差分析的应用举例

【例 6-1】 试对表 6-2 中的数据进行单因素方差分析,说明不同节日主题促销方式对销售量的影响是否显著。($\alpha = 0.05$)

首先,建立如下假设:

H_0 : $\bar{X}_1 = \bar{X}_2 = \bar{X}_3 = \bar{X}_4$(促销方式对销售量没有显著影响)

H_1 : $\bar{X}_1, \bar{X}_2, \bar{X}_3, \bar{X}_4$ 不全相等(促销方式对销售量有显著影响)

根据表 6-2 中的数据,计算出相关中间结果:

$$\bar{x} = \sum_{i=1}^{4} \sum_{j=1}^{5} x_{ij}/20 = 204, r = 4, n = 4 \times 5 = 20, \bar{x}_1 = \frac{1}{5} \sum_{j=1}^{5} x_{1j} = 241,$$

$$\bar{x}_2 = \frac{1}{5} \sum_{j=1}^{5} x_{2j} = 145, \bar{x}_3 = \frac{1}{5} \sum_{j=1}^{5} x_{3j} = 257.40, \bar{x}_4 = \frac{1}{5} \sum_{j=1}^{5} x_{4j} = 172.60,$$

$$\sum_{i=1}^{4} n_i \bar{x}_i^2 = 5 \times 175\ 151.52 = 875\ 757.6, n\bar{x}^2 = 20 \times 204^2 = 832\ 320,$$

$$\sum_{i=1}^{4} \sum_{j=1}^{5} x_{ij}^2 = 911\ 988;所以:$$

$$SSA = \sum_{i=1}^{r} n_i \bar{x}_i^2 - n\bar{x}^2 = 875\ 757.6 - 832\ 320 = 43\ 437.6$$

$$SSE = \sum_{i=1}^{r} \sum_{j=1}^{n_i} x_{ij}^2 - \sum_{i=1}^{r} n_i \bar{x}_i^2 = 911\ 988 - 875\ 757.6 = 36\ 230.4$$

$$F = \frac{SSA/(r-1)}{SSE/(n-r)} = \frac{43\ 437.6/3}{36\ 230.4/16} = 6.394$$

上述方差分析结果如表 6-5 所示。当显著性水平取 $\alpha = 0.05$ 时,由 F 分布表查得 $F_{0.05}(3,16) = 3.24$,因 $F = 6.394 > F_{0.05}(3,16) = 3.24$,或显著性水平 $P = 0.005 < 0.05$,所以拒绝 H_0,即认为不同节日主题促销方式对销售量的影响是显著的。不同节日主题促销方式销售量的均值比较如图 6-1 所示。

表 6-5 促销方式对销售量影响的单因素方差分析表

方差来源	自由度(df)	离差平方和	均方差	F 值	显著性水平(P 值)
促销方式	3	43 437.6	14 479.2	6.394	0.005
随机误差	16	36 230.4	2 264.4		
总和	19	796 68.0			

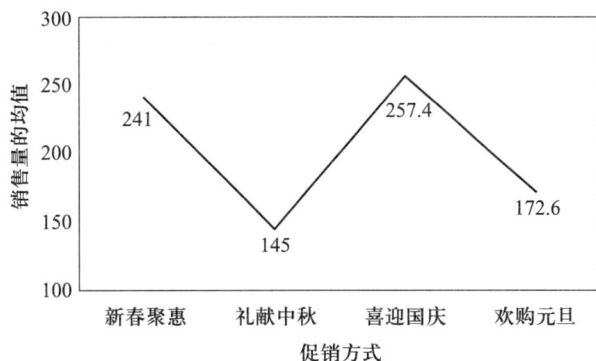

图 6-1 不同节日主题促销方式销售量均值比较图

四、多重比较

例 6-1 的分析结果表明不同节日主题促销方式对销售量的影响是显著的,但这一结果并未说明哪些促销主题之间销售量的差异是显著的。为了进一步分析销售量的差异究竟是由哪些促销主题导致的,我们可以使用多重比较法(multiple comparisons)。

多重比较的方法有许多种,常见的有 LSD(least significant difference)方法、HSD(honestly significant difference)方法等。LSD 方法是由统计学家费希尔最先提出,因此也称为 Fisher 的最小显著差异方法。HSD 方法是由图基(Jone W.Tukey)提出的,因此也称为图基的 HSD 方法。该方法依据学生化极差分布(studentized range distribution)确定一个临界值,如果某一对样本均值的差异值比临界值大,我们就可以得出该样本对相应的总体均值之间存在显著差异。以下介绍图基的 HSD 方法。

图基的 HSD 临界值的计算公式:

$$HSD = q_a(r, n-r) \times \sqrt{MSE/n_k} \tag{6-11}$$

式中:$q_a(r,n-r)$ 为给定的显著性水平 α 下,自由度为 r 和 $n-r$ 的学生化极差分布的临界值,可通过查表获得,r 为因素的水平数,即样本均值的个数,n 为总样本容量,即因素所有水平下样本观测值的个数;MSE 为均方误差,即 $SSE/(n-r)$;n_k 是 r 个样本中每个样本的观测值的个数。

从理论上讲,Tukey 的 HSD 方法要求因素各水平的样本容量相等。如果各样本容量大小不完全相等,但较为相近,我们仍然可以使用这种方法,n_k 为各样本容量的调和平均值。

【例 6-2】 沿用例 6-1,由于检验结果拒绝了原假设,认为不同节日主题促销方式对销售量的影响是显著的,用 HSD 方法对不同节日主题促销方式的销售量均值做多重比较,探究哪些主

题之间存在显著差异。($\alpha = 0.05$)

首先,建立如下假设:

$$H_0 : \overline{X}_i = \overline{X}_j$$

$$H_1 : \overline{X}_i \neq \overline{X}_j$$

然后,计算出 HSD 值:

查表得 $q_a(r, n-r) = q_{0.05}(4, 20-4) = 4.05$,计算得 HSD 为:

$$HSD = 4.05 \times \sqrt{2\ 264.4/5} = 86.19$$

最后,计算出因素各水平样本均值差的绝对值 $|\overline{x}_i - \overline{x}_j|$,并与 HSD 进行比较,若 $|\overline{x}_i - \overline{x}_j|$ > HSD,拒绝原假设。

$|\overline{x}_1 - \overline{x}_2| = |241 - 145| = 96 > 86.19$,拒绝 H_0,"新春聚惠"和"礼献中秋"两个节日主题促销方式下销售量均值差异显著。

$|\overline{x}_1 - \overline{x}_3| = |241 - 257.4| = 16.4 < 86.19$,不拒绝 H_0,"新春聚惠"和"喜迎国庆"两个节日主题促销方式下销售量均值差异不显著。

$|\overline{x}_1 - \overline{x}_4| = |241 - 172.6| = 68.4 < 86.19$,不拒绝 H_0,"新春聚惠"和"欢购元旦"两个节日主题促销方式下销售量均值差异不显著。

$|\overline{x}_2 - \overline{x}_3| = |145 - 257.4| = 112.4 > 86.19$,拒绝 H_0,"礼献中秋"和"喜迎国庆"两个节日主题促销方式下销售量均值差异显著。

$|\overline{x}_2 - \overline{x}_4| = |145 - 172.6| = 27.6 < 86.19$,不拒绝 H_0,"礼献中秋"和"欢购元旦"两个节日主题促销方式下销售量均值差异不显著。

$|\overline{x}_3 - \overline{x}_4| = |257.4 - 172.6| = 84.8 < 86.19$,不拒绝 H_0,"喜迎国庆"和"欢购元旦"两个节日主题促销方式下销售量均值差异不显著。

第三节　双因素方差分析

双因素方差分析是考虑两个影响因素(自变量)对因变量的影响效应。例如,在实例 2 中(表 6-1),不仅分析促销方式(因素 A)对销售量的影响,还分析品牌(因素 B)对销售量的影响。再如,研究学历水平及毕业院校类型对收入的影响;教学方法及性别对学习成绩的影响;地区、行业差异对大数据产业发展的影响,这些问题都可以通过双因素方差分析获得答案。

教学视频
双因素方差
分析

一、双因素方差分析的统计模型

在双因素方差分析中,因变量的变动可能会受到以下三个方面的影响:

第一,影响因素 A 和 B(自变量)独立作用的影响。例如,促销方式对销售量的影响、品牌对销售量的影响。

第二,影响因素 A 和 B(自变量)交互作用的影响。双因素交互作用的影响是指因素 A 和 B 不同水平相互组合后联合产生的对因变量的影响。例如,表 6-1 中,促销方式有 4 个水平,品牌有 5 个水平,它们的交互作用影响包括(新春聚惠,安踏)、(新春聚惠、李宁)等 20 种可能组合对销售量产生的影响。

第三,随机因素的影响。随机因素的影响主要指抽样误差导致的影响。

因素 A 和 B 对因变量独立作用的影响称为主效应。所以在双因素方差分析中,如果只考虑因素 A 和 B 对因变量独立作用的影响,而不考虑两个因素的交互作用的影响,称为只考虑主效应的双因素方差分析。如果除考虑两个因素的主效应外,还考虑两个因素组合对因变量产生的交互作用的影响,称为考虑交互效应的双因素方差分析。

设因素 A 有 r 个水平,因素 B 有 s 个水平。因此,两个因素共有 $r×s$ 个不同的组合。如果每个水平组合只有一个观测值,则有 $r×s$ 个观测值,这样的观测属于无重复观测(无重复实验)。如果每个水平组合有多个观测值,这样的观测属于重复观测(重复实验)。如果每个水平组合重复观测的次数相同(次数为 m),这时两个因素的不同水平组合共有 $r×s×m$ 个观测值。

如果只考虑主效应,而不考虑交互效应,两个因素的每个水平组合可以只有一个观测值,即 $k=1$。但如果要考虑交互作用,每个水平组合则必须有多个观测值,一般要求 $k≥2$。因为对于考虑交互效应的双因素分析,不仅要考虑因素 A 和 B 的独立影响,还要考虑 A 和 B 之间的交互作用,如果 $r×s$ 个水平组合都只有一个观测值,我们无法区别数据的变化是由于自变量的交互作用,还是外界其他随机因素影响的结果。只有每个水平组合至少观测 2 次,才有可能把外界其他随机因素从 A 和 B 之间交互作用的影响因素中分离出来。

若 $x_{ijk}(i=1,2,\cdots,r;\quad j=1,2,\cdots,s;\quad k=1,2,\cdots,m)$ 表示因素 A 的第 i 个水平和因素 B 的第 j 个水平组合的第 k 个观测值,$\overline{x}$ 表示所有观测值的总平均值,$\overline{x}_i(i=1,2,\cdots,r)$ 表示因素 A 第 i 个水平的平均值,$\overline{x}_j(j=1,2,\cdots,s)$ 表示因素 B 第 j 个水平的平均值,α_i 表示因素 A 的第 i 个水平的平均值与总平均值的差异程度,即因素 A 在水平 i 下对因变量的效应,β_j 表示因素 B 的第 j 个水平的平均值与总平均值的差异程度,即因素 B 在水平 j 下对因变量的效应,r_{ij} 表示因素 A 的第 i 个水平和因素 B 的第 j 个水平组合产生的对因变量的交互效应,ε_{ijk} 表示因素 A 的第 i 个水平和因素 B 的第 j 个水平组合中的第 k 个观测值的随机误差,对 ε_{ijk} 的假定与单因素方差分析类似,假定其是服从正态分布 $N(0,S^2)$ 的一个随机变量。

于是我们可得到考虑交互效应的双因素方差分析的统计模型:

$$x_{ijk}=\overline{x}+\alpha_i+\beta_j+r_{ij}+\varepsilon_{ijk}$$
$$(i=1,2,\cdots,r;\quad j=1,2,\cdots,s;\quad k=1,2,\cdots,m) \tag{6-12}$$

当交互效应 $r_{ij}=0$ 时,我们便得到只考虑主效应的双因素方差分析的统计模型:

$$x_{ijk}=\overline{x}+\alpha_i+\beta_j+\varepsilon_{ijk}$$
$$(i=1,2,\cdots,r;\quad j=1,2,\cdots,s;\quad k=1,2,\cdots,m) \tag{6-13}$$

若因素 A 和 B 的每个水平组合只有一个观测值,即 $k=1$,则式(6-13)可简化为:

$$x_{ij}=\overline{x}+\alpha_i+\beta_j+\varepsilon_{ij}$$
$$(i=1,2,\cdots,r;\quad j=1,2,\cdots,s) \tag{6-14}$$

二、只考虑主效应的双因素方差分析

如果两个影响因素为 A 和 B,只考虑主效应的双因素方差分析指只考虑因素 A 和 B 对因变量独立作用的影响,而不考虑两个因素的交互作用的影响。若因素 A 有 r 个水平,因素 B 有 s 个水平,因素 A、B 的每个水平组合只有一个观测值(实验值),即 $k=1$。假设 $x_{ij}(i=1,2,\cdots,r;$ $j=1,2,\cdots,s)$ 之间相互独立,且满足方差分析的三个假定条件。两个因素共有 $r\times s$ 个不同的组合,即共有 $n=r\times s$ 个观测值。数据结构如表 6-6 所示。

表 6-6　只考虑主效应的双因素方差分析数据结构表

双因素		因素 B				因素 A 各水平下的均值
		B_1	B_2	$\cdots$	B_s	
因素 A	A_1	x_{11}	x_{12}	$\cdots$	x_{1s}	$\overline{x}_1$
	A_2	x_{21}	x_{22}	$\cdots$	x_{2s}	$\overline{x}_2$
	$\vdots$	$\vdots$	$\vdots$		$\vdots$	$\vdots$
	A_r	x_{r1}	x_{r2}	$\cdots$	x_{rs}	$\overline{x}_r$
因素 B 各水平下的均值		$\overline{x}_1$	$\overline{x}_2$	$\cdots$	$\overline{x}_s$	$\overline{x}$

其中:

水平 A_i 下的样本均值:
$$\overline{x}_i = \frac{1}{s}\sum_{j=1}^{s} x_{ij} \tag{6-15}$$

水平 B_j 下的样本均值:
$$\overline{x}_j = \frac{1}{r}\sum_{i=1}^{r} x_{ij} \tag{6-16}$$

总体样本均值:
$$\overline{x} = \frac{1}{n}\sum_{i=1}^{r}\sum_{j=1}^{s} x_{ij} \tag{6-17}$$

则总离差平方和为:
$$SST = \sum_{i=1}^{r}\sum_{j=1}^{s} (x_{ij}-\overline{x})^2 \tag{6-18}$$

因素 A 的组间平方和:
$$SSA = \sum_{i=1}^{r} s(\overline{x}_{i.}-\overline{x})^2 \tag{6-19}$$

因素 B 的组间平方和:
$$SSB = \sum_{j=1}^{s} r(\overline{x}_{.j}-\overline{x})^2 \tag{6-20}$$

误差平方和:
$$SSE = \sum_{i=1}^{r}\sum_{j=1}^{s} (x_{ij}-\overline{x}_{i.}-\overline{x}_{.j}+\overline{x})^2 \tag{6-21}$$

因素 A 的组间平方和反映了因素 A 的水平差异对因变量产生的影响效应,因素 B 的组间平方和反映了因素 B 的水平差异对因变量产生的影响效应,误差平方和反映了随机误差及其他因素对因变量产生的影响效应。

通过简单的计算,有
$$SST = SSA+SSB+SSE \tag{6-22}$$

所以,与单因素方差分析类似,只考虑主效应的双因素方差分析等价于以下两种假设。

一是,因素 A 对因变量影响不显著,等价于 $H_{01}:\overline{X}_{1.}=\overline{X}_{2.}=\cdots=\overline{X}_{r.}$;二是,因素 B 对因变量影响不显著,等价于 $H_{02}:\overline{X}_{.1}=\overline{X}_{.2}=\cdots=\overline{X}_{.s}$。它们的备择假设是对应的均值不全相等。

在总体分布的正态等方差性条件满足时,我们仍通过构造 F 统计量的方法来检验。

对于 H_{01},有:$F_A = \dfrac{SSA/(r-1)}{SSE/(r-1)(s-1)}$ (6-23)

对于 H_{02},有:$F_B = \dfrac{SSB/(s-1)}{SSE/(r-1)(s-1)}$ (6-24)

在给定显著性水平 α 的情况下,对于因素 A,若 $F_A > F_\alpha(r-1,(r-1)(s-1))$ 则拒绝原假设 H_{01},认为因素 A 对因变量有显著影响。对于因素 B,若 $F_B > F_\alpha(s-1,(r-1)(s-1))$ 则拒绝原假设 H_{02},认为因素 B 对因变量有显著影响。

基于以上分析,我们把只考虑主效应的双因素方差分析有关统计量和分析结果列在一张表中,如表6-7和表6-8所示。

表 6-7 只考虑主效应的双因素方差分析表

方差来源	自由度(df)	离差平方和	均方差	F 值
因素 A	$r-1$	SSA	$SSA/(r-1)$	$F_A = \dfrac{SSA/(r-1)}{SSE/(r-1)(s-1)}$
因素 B	$s-1$	SSB	$SSB/(s-1)$	
随机误差	$(r-1)(s-1)$	SSE	$SSE/(r-1)(s-1)$	$F_B = \dfrac{SSB/(s-1)}{SSE/(r-1)(s-1)}$
总和	$rs-1$	SST		

表 6-8 只考虑主效应的双因素(促销方式、品牌)方差分析均值计算表

促销方式(A)	品牌(B)					
	安踏	李宁	阿迪达斯	耐克	新百伦	均值
新春聚惠	183	236	339	258	189	241.0
礼献中秋	101	178	169	135	142	145.0
喜迎国庆	202	249	347	263	226	257.4
欢购元旦	158	221	189	136	159	172.6
均值	161	221	261	198	179	204.0

【例 6-3】 试对表6-1数据进行只考虑主效应的双因素方差分析,说明不同节日主题促销方式和品牌对销售量的影响是否显著。($\alpha = 0.05$)

首先,建立如下假设:

H_{01}:$\overline{X}_{1.} = \overline{X}_{2.} = \overline{X}_{3.} = \overline{X}_{4.}$

H_{11}:$\overline{X}_{1.},\overline{X}_{2.},\overline{X}_{3.},\overline{X}_{4.}$ 不全相等

H_{02}:$\overline{X}_{.1} = \overline{X}_{.2} = \overline{X}_{.3} = \overline{X}_{.4} = \overline{X}_{.5}$

H_{12}:$\overline{X}_{.1},\overline{X}_{.2},\overline{X}_{.3},\overline{X}_{.4},\overline{X}_{.5}$ 不全相等

$$r=4, s=5, n=r\times s=20, SSA=\sum_{i=1}^{r} s(\bar{x}_{i.}-\bar{x})^2=43\ 437.6,$$

$$SSB=\sum_{j=1}^{s} r(\bar{x}_{.j}-\bar{x})^2=24\ 192, SSE=\sum_{i=1}^{r}\sum_{j=1}^{s}(x_{ij}-\bar{x}_{i.}-\bar{x}_{.j}+\bar{x})^2=12\ 038.4,$$

$$F_A=\frac{SSA/(r-1)}{SSE/(r-1)(s-1)}=14.433, F_B=\frac{SSB/(s-1)}{SSE/(r-1)(s-1)}=6.029,$$

当显著性水平 $\alpha=0.05$ 时,由 F 分布表查得:

$$F_{0.05}(3,12)=3.49, F_{0.05}(4,12)=3.26$$

由此: $F_A>F_{0.05}(3,12)$, $F_B>F_{0.05}(4,12)$

所以,在显著性水平 $\alpha=0.05$ 时,拒绝原假设,认为不同节日主题促销方式对销售量的影响是显著的,不同品牌对销售量的影响也是显著的。分析结果见表6-9。

表6-9　只考虑主效应的双因素(促销方式、品牌)方差分析表

方差来源	自由度(df)	离差平方和	均方差	F 值	显著性水平(P 值)
促销方式	3	43 437.6	14 479.2	14.433	0.000
品牌	4	24 192.0	6 048.0	6.029	0.007
随机误差	12	12 038.4	1 003.2		
总和	19	79 668.0			

三、考虑交互效应的双因素方差分析

如果两个影响因素为 A 和 B,考虑交互效应的双因素方差分析指除了考虑因素 A 和 B 对因变量的主效应,还考虑两个因素组合对因变量的交互作用。若因素 A 有 r 个水平,因素 B 有 s 个水平,因素 A、B 的每个水平组合都有 m 个观测值(实验值)。$x_{ijk}(i=1,2,\cdots,r;\ j=1,2,\cdots,s;\ k=1,2,\cdots,m)$ 表示因素 A 的第 i 个水平和因素 B 的第 j 个水平组合的第 k 个观测值,两个因素的不同水平组合共有 $n=r\times s\times m$ 个观测值(实验值)。假设 x_{ijk} 之间相互独立,且满足方差分析的三个假定条件。数据结构如表6-10所示。

表6-10　考虑交互效应的双因素方差分析数据结构表

双因素		因素 B						
		B_1		B_2		$\cdots$	B_s	
因素 A	A_1	x_{111} $\cdots$	x_{11m}	x_{121} $\cdots$	x_{12m}	$\cdots$	x_{1s1} $\cdots$	x_{1sm}
	A_2	x_{211} $\cdots$	x_{21m}	x_{221} $\cdots$	x_{22m}	$\cdots$	x_{2s1} $\cdots$	x_{2sm}
	$\vdots$	$\vdots$	$\vdots$	$\vdots$	$\vdots$		$\vdots$	$\vdots$
	A_r	x_{r11} $\cdots$	x_{r1m}	x_{r21} $\cdots$	x_{r2m}	$\cdots$	x_{rs1} $\cdots$	x_{rsm}

其中：

水平 A_i 下的样本均值：

$$\overline{x}_{i..} = \frac{1}{m \times s} \sum_{j=1}^{s} \sum_{k=1}^{m} x_{ijk} \qquad (6-25)$$

水平 B_j 下的样本均值：

$$\overline{x}_{.j.} = \frac{1}{m \times r} \sum_{i=1}^{r} \sum_{k=1}^{m} x_{ijk} \qquad (6-26)$$

水平 $A_i B_j$ 下的样本均值：

$$\overline{x}_{ij.} = \frac{1}{m} \sum_{k=1}^{m} x_{ijk} \qquad (6-27)$$

总体样本均值：

$$\overline{x} = \frac{1}{n} \sum_{i=1}^{r} \sum_{j=1}^{s} \sum_{k=1}^{m} x_{ijk} \qquad (6-28)$$

则总离差平方和：

$$SST = \sum_{i=1}^{r} \sum_{j=1}^{s} \sum_{k=1}^{m} (x_{ijk} - \overline{x})^2 \qquad (6-29)$$

因素 A 的组间平方和：

$$SSA = \sum_{i=1}^{r} sm(\overline{x}_{i..} - \overline{x})^2 \qquad (6-30)$$

因素 B 的组间平方和：

$$SSB = \sum_{j=1}^{s} rm(\overline{x}_{.j.} - \overline{x})^2 \qquad (6-31)$$

因素 A 与 B 交互作用的离差平方和：$SSAB = \sum_{i=1}^{r} \sum_{j=1}^{s} m(\overline{x}_{ij.} - \overline{x}_{i..} - \overline{x}_{.j.} + \overline{x})^2 \qquad (6-32)$

误差平方和：

$$SSE = \sum_{i=1}^{r} \sum_{j=1}^{s} \sum_{k=1}^{m} (x_{ijk} - \overline{x}_{ij.})^2 \qquad (6-33)$$

因素 A 的组间平方和反映了因素 A 的水平差异对因变量产生的影响效应，因素 B 的组间平方和反映了因素 B 的水平差异对因变量产生的影响效应，因素 A 与 B 交互作用的离差平方和反映了 A、B 交互作用对因变量产生的影响效应，误差平方和反映了随机误差及其他因素对因变量产生的影响效应。

通过简单的计算，有

$$SST = SSA + SSB + SSAB + SSE \qquad (6-34)$$

考虑交互效应的双因素方差分析（结合式（6-12））等价于以下三种假设。一是：因素 A 对因变量影响不显著，等价于 $H_{01}: \alpha_1 = \alpha_2 = \cdots = \alpha_r = 0$，$H_{11}: \alpha_i$ 至少有一个不为 0；二是：因素 B 对因变量影响不显著，等价于 $H_{02}: \beta_1 = \beta_2 = \cdots = \beta_r = 0$，$H_{12}: \beta_i$ 至少有一个不为 0；三是：因素 A、B 交互作用对因变量影响不显著，等价于 $H_{03}: r_{ij} = 0(i=1,2,\cdots,r; \quad j=1,2,\cdots,s)$，$H_{13}: r_{ij}$ 至少有一个不为 0。

在总体分布的正态等方差性条件满足时，我们仍通过构造 F 统计量的方法来检验。

对于 H_{01}，有：$F_A = \dfrac{SSA/(r-1)}{SSE/rs(m-1)} \qquad (6-35)$

对于 H_{02}，有：$F_B = \dfrac{SSB/(s-1)}{SSE/rs(m-1)} \qquad (6-36)$

对于 H_{03}，有：$F_{AB} = \dfrac{SSAB/(r-1)(s-1)}{SSE/rs(m-1)} \qquad (6-37)$

在给定显著性水平 α 的情况下，若 $F_A > F_\alpha(r-1, rs(m-1))$，则拒绝原假设 H_{01}，认为因素 A 对因变量有显著影响。若 $F_B > F_\alpha(s-1, rs(m-1))$，则拒绝原假设 H_{02}，认为因素 B 对因变量有显

著影响。若 $F_{AB}>F_\alpha((r-1)(s-1),rs(m-1))$，则拒绝原假设 H_{03}，认为因素 A、B 对因变量有显著的交互影响。

基于以上分析，我们把考虑交互效应的双因素方差分析有关统计量和分析结果列在一张表中，如表 6-11 所示。

表 6-11　考虑交互效应的双因素方差分析表

方差来源	自由度(df)	离差平方和	均方差	F 值
因素 A	$r-1$	SSA	$SSA/(r-1)$	$F_A = \dfrac{SSA/(r-1)}{SSE/rs(m-1)}$
因素 B	$s-1$	SSB	$SSB/(s-1)$	$F_B = \dfrac{SSB/(s-1)}{SSE/rs(m-1)}$
AB	$(r-1)(s-1)$	$SSAB$	$SSAB/(r-1)(s-1)$	
随机误差	$rs(m-1)$	SSE	$SSE/rs(m-1)$	$F_{AB} = \dfrac{SSAB/(r-1)(s-1)}{SSE/rs(m-1)}$
总和	$rsm-1$	SST		

【例 6-4】　一家营销公司为检验不同广告媒介与广告方案对产品销售量的影响，进行了一项实验，在保证其他因素尽可能一致的前提下，考察三种广告媒介和两种广告方案，获得销售量数据如表 6-12 所示。不同广告媒介与广告方案销售量均值如图 6-2 所示。检验广告媒介、广告方案及其交互作用对销售量的影响是否显著。（$\alpha=0.05$）

表 6-12　广告媒介、广告方案与销售量

双因素		广告方案	
		甲	乙
广告媒介	报纸	8	12
		12	8
	电视	10	18
		18	14
	互联网	22	26
		14	30

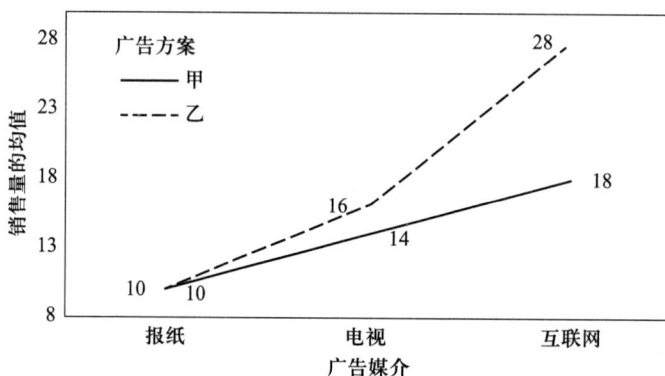

图 6-2　不同广告媒介与广告方案销售量均值比较图

首先,建立如下假设:

检验广告媒介对销售量的影响 $H_{01}:\alpha_1=\alpha_2=\alpha_3=0;H_{11}:\alpha_1,\alpha_2,\alpha_3$ 至少有一个不为 0。

检验广告方案对销售量的影响 $H_{02}:\beta_1=\beta_2=0;H_{12}:\beta_1,\beta_2$ 至少有一个不为 0。

检验交互作用对销售量的影响 $H_{03}:r_{ij}=0(i=1,2,3;j=1,2);H_{13}:r_{ij}$ 至少有一个不为 0。

$$r=3,\quad s=2,\quad m=2,\quad n=r\times s\times m=12,\quad \bar{x}=\frac{1}{n}\sum_{i=1}^{r}\sum_{j=1}^{s}\sum_{k=1}^{m}x_{ijk}=16$$

由 $\bar{x}_{i..}=\frac{1}{m\times s}\sum_{j=1}^{s}\sum_{k=1}^{m}x_{ijk}$,得出:$\bar{x}_{1..}=10,\bar{x}_{2..}=15,\bar{x}_{3..}=23$,

由 $\bar{x}_{.j.}=\frac{1}{m\times r}\sum_{i=1}^{r}\sum_{k=1}^{m}x_{ijk}$,得出:$\bar{x}_{.1.}=14,\bar{x}_{.2.}=18$,

由 $\bar{x}_{ij.}=\frac{1}{m}\sum_{k=1}^{m}x_{ijk}$,得出:$\bar{x}_{11.}=10,\bar{x}_{12.}=10,\bar{x}_{21.}=14,\bar{x}_{22.}=16,\bar{x}_{31.}=18,\bar{x}_{32.}=28$,

$$SSA=\sum_{i=1}^{r}sm(\bar{x}_{i..}-\bar{x})^2=344,SSB=\sum_{j=1}^{s}rm(\bar{x}_{.j.}-\bar{x})^2=48,$$

$$SSAB=\sum_{i=1}^{r}\sum_{j=1}^{s}m(\bar{x}_{ij.}-\bar{x}_{i..}-\bar{x}_{.j.}+\bar{x})^2=56,SSE=\sum_{i=1}^{r}\sum_{j=1}^{s}\sum_{k=1}^{m}(x_{ijk}-\bar{x}_{ij.})^2=96,$$

$$F_A=\frac{SSA/(r-1)}{SSE/rs(m-1)}=10.75,F_B=\frac{SSB/(s-1)}{SSE/rs(m-1)}=3,$$

$$F_{AB}=\frac{SSAB/(r-1)(s-1)}{SSE/rs(m-1)}=1.75$$

当显著性水平 $\alpha=0.05$ 时,由 F 分布表查得:

$$F_{0.05}(2,6)=5.14,F_{0.05}(1,6)=5.99,$$

$$F_A=10.75>F_\alpha(r-1,rs(m-1))=F_{0.05}(2,6),$$

$$F_B=3<F_\alpha(s-1,rs(m-1))=F_{0.05}(1,6),$$

$$F_{AB}=1.75<F_\alpha((r-1)(s-1),rs(m-1))=F_{0.05}(2,6)$$

所以拒绝原假设 H_{01},认为广告媒介对销售量有显著影响;接受原假设 H_{02},认为广告方案对销售量无显著影响;接受原假设 H_{03},认为广告媒介和广告方案对销售量无交互影响。分析结果见表 6-13。

表 6-13　考虑交互效应的双因素(广告媒介、广告方案)方差分析表

方差来源	自由度(df)	离差平方和	均方差	F 值	显著性水平(P 值)
广告媒介	2	344	172	10.75	0.010
广告方案	1	48	48	3	0.134
交互	2	56	28	1.75	0.252
随机误差	6	96	16		
总和	11	544			

☰ 本章小结

本章的要点是理解方差分析的思想和应用意义,掌握方差分析的基本原理。通过学习,熟知方差分析中的一些基本概念,熟知方差分析的基本步骤、基本分类和基本假设前提;掌握单因素方差分析的统计模型和基本步骤;掌握双因素方差分析的统计模型以及两种具体情况下的双因素方差分析。作为学习延伸,可以通过阅读相关文献掌握和运用更为复杂一些的方差分析方法,并且研讨方差分析方法的不足与缺陷。

☰ 思考与练习

一、即测即评

二、计算题

1. 以下表 6-14 是 3 种不同方式完全随机实验得到的数据,请分析 3 种不同方式对实验结果有没有显著影响?($\alpha = 0.05$)

表 6-14 三种不同方式完全随机实验数据

方式 1	方式 2	方式 3
3.8	5.4	1.4
4.1	2.2	0.8
5.5	4.8	2.2
1.4	3.8	
2.3		

2. 某连锁超市在同城 3 个不同地点开设了 3 家分店,从这 3 家分店随机抽取 5 天的营业额的数据如表 6-15 所示。

要求:

(1)求总离差、组内离差和组间离差平方和;

(2)检验 3 家分店的不同地点对每天的营业额是否有显著的影响;($\alpha = 0.05$)

(3)编制方差分析表。

表 6-15　某连锁超市同城三家分店 5 天的营业额数据　　　单位:万元

时间	第一家分店	第二家分店	第三家分店
第一天	10	7	14
第二天	12	11	8
第三天	9	8	12
第四天	8	13	10
第五天	11	10	11

3. 从统计学院随机抽取 5 位学生,分别获取他们的"统计学原理""数据挖掘""多元统计分析"3 门课程的考试成绩,如表 6-16 所示,试分析不同课程、不同学生考试成绩有没有显著差异。($\alpha = 0.05$)

表 6-16　统计学院 5 位学生 3 门课程的考试成绩　　　单位:分

学生	统计学原理	数据挖掘	多元统计分析
学生 1	84	90	86
学生 2	70	86	83
学生 3	65	84	70
学生 4	82	78	69
学生 5	88	85	81

4. 人民城市为人民,建设人与自然和谐共生的现代化,必须把保护城市生态环境摆在更加突出的位置,科学合理规划城市的生产空间、生活空间、生态空间,处理好城市生产生活和生态环境保护的关系,既提高经济发展质量,又提高人民生活品质。以下表 6-17 是两种污水治理方案在不同城市取得的经济效益的随机抽样调查数据。试分析污水治理方案、城市以及两者的交互作用中哪些因素对经济效益有显著影响。($\alpha = 0.05$)

表 6-17　两种污水治理方案在不同城市取得的经济效益　　　单位:万元

治理方案	城市 1	城市 2	城市 3	城市 4
方案 1	336 342	352 340	354 350	340 367
方案 2	375 388	380 377	385 370	377 380

5. 为研究攻读不同学士学位的学生暑期实习收入是否会不同,分别从经济学学士、工学学士和管理学学士中随机抽取 5 位学生,询问他们暑假工作的收入,结果如表 6-18 所示。

要求:

（1）试分析攻读不同学士学位学生的暑期实习收入有没有显著差异。（$\alpha = 0.05$）

（2）如果攻读不同学士学位学生的暑期实习收入存在显著差异，请使用 HSD 法判断攻读哪些学位学生之间存在显著差异。（$\alpha = 0.05, q_{0.05}(3,12) = 3.77$）

表 6-18　攻读不同学士学位学生的暑期实习收入　　　　　　单位：千元

经济学	工学	管理学
3.6	4.2	3.5
2.8	5.1	4.0
4.5	6.8	2.6
5.2	6.6	4.8
3.4	6.1	5.1

计算题答案

实例 1：

　　十九世纪二十年代,宾州大学沃顿商学院的经济学家乔治·泰勒提出了"裙长理论",即"女性的裙摆越短,经济越繁荣;相反,女性的裙摆越长,则经济越萧条"。女性的裙摆长短跟经济繁荣与否这两件事真的存在因果关系吗?泰勒认为,经济增长时,女人会穿短裙,因为她们要炫耀里面的长丝袜;当经济不景气时,女人买不起丝袜,只好把裙边放长,来掩饰没有穿长丝袜的窘迫。经济的繁荣与否直接或间接地影响了女性对于穿衣的选择,丝袜属于消耗品,只有在经济繁荣的时候才能供女性一次又一次使用。经济繁荣导致可支配收入上升,无形之中助推了女性的裙摆缩短,而经济萧条导致可支配收入下降,也相应地造成了女性裙摆的增长。在过去的近百年时间里,裙长理论神奇地经历了一次又一次的验证。自 1914 年起,美国经济迎来经济扩张期,1915 年,美国女性的裙摆第一次缩短到脚踝之上,1930 年的美国经济大萧条,随即而来的是长裙的流行。最神奇的事情发生在 1987 年,当年超短裙受到了全体女性的钟爱,却在当年的 10 月之后突然不流行了,当年秋天,美国股市迎来了第二次巨幅下跌。"裙长理论"虽被一次又一次验证,但也有专家认为其完全是"无稽之谈",比如鹿特丹伊拉斯谟大学经济学院的菲利普·汉斯教授。他在研究了法国的权威时尚杂志 *LOFFCIEL* 的数据后,认为从 1921 到 2009 年,裙长的流行趋势和经济之间并无密切联系。可见,除了经济因素中的可支配收入以外,其他因素有可能对女性裙子的长短产生影响,比如女性思想观念的变化,同时,无论是可支配收入、思想观念还是其他因素,即使对裙摆长短带来影响,也可能存在严重的滞后性。

　　对裙长理论,有学者支持,也有学者反对。那么在当前全球和各地区经济发展态势下,裙摆长短跟经济繁荣与否是否存在因果关系?如果存在因果关系,影响程度有多大?还有哪些因素会影响女性裙摆长短?如果不存在因果关系则应该是哪些因素对女性裙摆长短产生了影响?

实例 2：

　　2012 年《新英格兰医学期刊》(*New England Journal of Medicine*)发表了一篇题为"巧克力消费量,认知能力和诺贝尔奖得主"的论文。论文的作者是纽约哥伦比亚大学的弗朗兹·梅瑟利(Franz Messerli)博士,他选取了一个国家每千万人口中获得诺贝尔奖的人数作为一般国民素质指标,然后与该国每年的人均巧克力消费量进行对比。结果,他吃惊地发现二者之间有着密切的关联。梅瑟利依据 23 个国家的样本数据计算出来的这两个变量的相关系数高达 0.791,检验的 p 值小于 0.000 1。这说明一个国家的人均巧克力消费量和这个国家得诺贝尔奖的人数有着密切关系,人均巧克力消耗越多,获得诺贝尔奖的概率也越高。连梅瑟利本人都表示"不敢相信自己的眼睛"!

　　作为影响因子达到高达 79 的著名医学杂志,这一研究结论被包括美联社在内的多家媒体争相报道。实际上,在我们生活中,看似没有逻辑关系的两种事物呈现出关联性的例子层出不穷。比如,有学者发现,战后德国人口出生率和鹳的数量呈现相同的下降趋势;太阳黑子活动越剧烈,医院接收的抑郁症患者人数越多。梅瑟利博士强调:"当我们看到事物之间的联系时,就会想当然地想起各种因果关系。这是很普遍的思考方式。一般来说是正确的,但也有经典案例表明,我们可能找不到两种事物紧密关联的原因。"他还打趣地指出,按照他发现的关系进一步计算,美国人每年得多吃 1.25 亿千克的巧克力才能多产生一位获奖者,显然这个数量是惊人的!

　　那么,基于数据所揭示出的这些事物之间的关系是什么关系? 用于测度这种关系密切程度的"相关系数"是如何计算的? 这种关系是"因果关系"吗?

第一节　相关分析基本问题

一、相关关系与函数关系

客观世界中许多现象的相互联系一般都可以通过一定的数量关系反映出来。这种数量关系归纳起来可以分为两种类型:一种是确定性的关系,也称函数关系;另一种是非确定的关系,也称相关关系。

(一) 函数关系

函数关系指的是现象间存在的一一对应的确定关系,即对一个变量的任何一个值,另一个变量都有唯一确定的值与之相对应。设有两个变量 x 和 y,变量 y 随变量 x 一起变化,并完全依赖于 x,当变量 x 取某个数值时,y 依照确定的关系取相应的值,则称 y 是 x 的函数,记为 $y=f(x)$,其中 x 称为自变量,y 称为因变量。可以发现各观测点落在一条线上(如图 7-1 所示)。

(二) 相关关系

相关关系,也称统计相关,指的是现象之间存在的非确定性的数量依存关系,即现象之间虽然存在着数量依存关系,当一个现象发生数量上的变化时,另一个现象数量水平也会相应地发生变化,但这种数量关系并不是严格一一对应。表现为变量间关系不能用函数关系精确表达;一个变量的取值不能由另一个变量唯一确定;当变量 x 取某个值时,变量 y 的取值可能有几个;各观测点分布在直线周围(如图 7-2 所示)。例如,商品的消费量(y)与居民收入(x)之间的关系,商品销售额(y)与广告费支出(x)之间的关系,粮食亩产量(y)与施肥量(x_1)、降雨量(x_2)、温度(x_3)之间的关系,收入水平(y)与受教育程度(x)之间的关系等。值得注意的是,相关关系虽然在现实世界中广泛存在,但不能通过个别现象体现其关系的规律性,必须在大量现象中才能得到体现。因此,大量观察法思想同样应该在相关关系中加以贯彻。

教学视频
相关关系的含义与测度

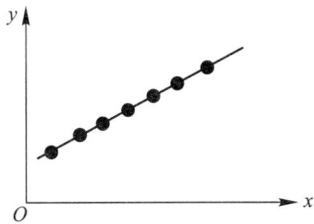

图 7-1　函数关系　　　　　　　　　　　图 7-2　相关关系

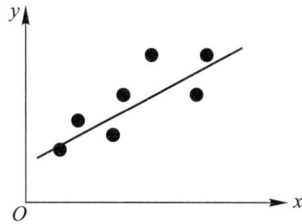

（三）相关关系和函数关系的关系

相关关系和函数关系既有区别又有联系。在实践中,由于存在观察误差和测量误差,函数关系常常通过相关关系表现出来;在研究相关关系时,也常常利用函数关系作为工具,以一定的函数关系式表现相关关系的数量联系。

在具有相互依存关系的两个变量中,作为根据的变量叫自变量,发生对应变化的变量叫因变量。当变量之间存在前因后果的关系时,自变量与因变量的确定较为容易,当变量之间互为因果时,则要根据研究目的来确定哪个是因变量,哪个是自变量。在相关分析中,一般不需要确定自变量和因变量,但在回归分析中,一定要确定因变量和自变量。

二、相关关系的类型

相关关系按照分组依据不同,可以分为不同的类型。

（一）按照相关关系涉及变量（或因素）的多少分为单相关和复相关

单相关又称一元相关,是指两个变量之间的相关关系,如广告费支出与产品销售量之间的相关关系;复相关又称多元相关,是指三个或三个以上变量之间的相关关系,如商品销售额与居民收入、商品价格之间的相关关系。在复相关中存在一种特殊的情况,称为偏相关。偏相关是指在一个变量与两个或两个以上的变量相关的条件下,当假定其他变量不变时,其中两个变量的相关关系称为偏相关。如相关商品价格不变的条件下,该商品的需求量与消费者收入水平的相关关系即为偏相关。

（二）按照相关形式不同分为线性相关和非线性相关

线性相关又称直线相关,是指当一个变量变动时,另一个变量随之发生大致均等的变动,从图形上看,其观察点的分布近似地表现为一条直线;例如,人均消费水平与人均收入水平通常呈线性关系。非线性相关是指当一个变量变动时,另一个变量也随之发生变动,但这种变动不是均等的,从图形上看,其观察点的分布近似地表现为一条曲线,如抛物线、指数曲线等,因此也称曲线相关。例如,工人加班加点在一定数量界限内,产量会增加,但一旦超过一定限度,产量反而可能会下降,这就是一种非线性关系。

（三）按照相关现象变化的方向不同分为正相关和负相关

正相关是指当一个变量的值增加或减少,另一个变量的值也随之增加或减少。如工人劳动生产率提高,产品产量也随之增加;居民的消费水平随个人所支配收入的增加而增加。负相关是指当一个变量的值增加或减少时,另一变量的值反而减少或增加。如商品流转额越大,商品流通费用越低;利润随单位成本的降低而增加。

（四）按相关程度不同分为完全相关、不完全相关和无相关

完全相关是指当一个变量的数量完全由另一个变量的数量变化所决定时，二者之间即为完全相关。例如，在价格不变的条件下，销售额与销售量之间的正比例函数关系即为完全相关，此时相关关系便称为函数关系。不相关又称零相关，是指当变量之间彼此互不影响，其数量变化各自独立时，则变量之间为不相关。例如，股票价格的高低与气温的高低一般情况下是不相关的。如果两个变量的关系介于完全相关和不相关之间，称为不完全相关。各种相关关系如图 7-3 所示。

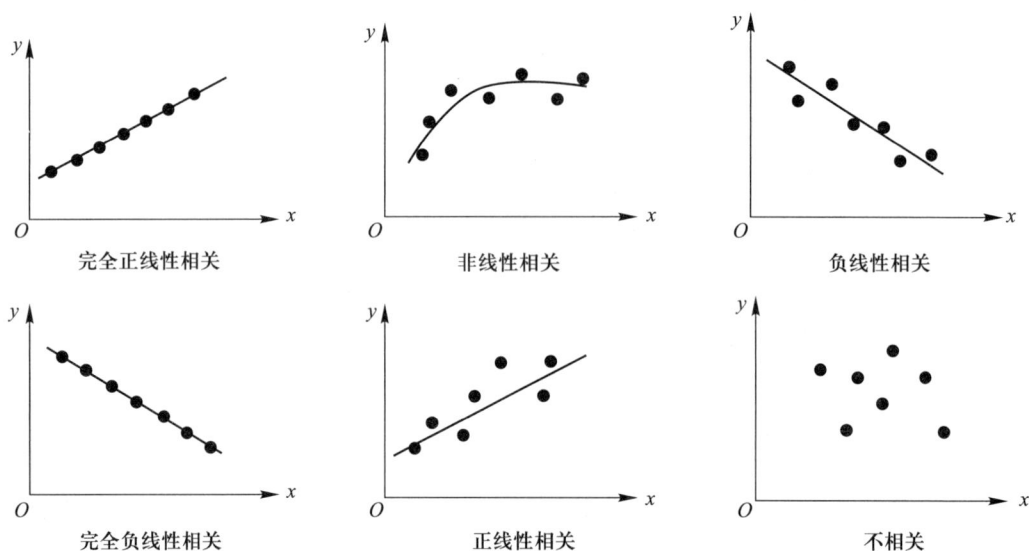

图 7-3 相关关系类型

三、相关分析的基本步骤

对现象之间相互依存关系的定量分析，就称为相关分析。相关分析的目的就是通过科学的定量方法对现象之间的依存关系进行刻画，从而了解和掌握现象之间有无依存关系以及关系的强弱，为把握事物之间的联系关系和探求现象之间的数量变动规律提供依据。因此，相关分析在统计分析中占有重要地位。

例如，美国有一家折扣零售商叫"塔吉塔"（Target），他们使用大数据的相关关系分析已有多年。对于零售商来说，知道一位顾客是否怀孕非常重要。因为这是一对夫妻改变消费观念的开始，他们会光顾以前不会去的商店，渐渐对新的品牌建立忠诚。Target 的市场部向分析部求助，看是否有什么方法能够通过一个人的购物方式发现她是否怀孕。公司分析部的技术人员首先查看了签署婴儿礼物登记本的女性消费记录。他们注意到，登记本上的妇女会在怀孕大概第三个月的时候买很多无香乳液。几个月后，她们会买一些营养品。公司最终找到了大概 20 多种关联物，这些关联物可以给顾客的"怀孕趋势"评分。这些相关物甚至能够比较准确地预测预产期，这样就能够在孕期的每个阶段给客户寄送相应的优惠券，这才是 Target 市场部的目的。

那么该如何进行相关分析呢？归纳起来，其基本步骤大致如下：

第一步：判断确定现象之间有无关系以及相关关系的具体表现形式。通过理论定性的方法或利用图表观察的方法，判断现象之间是否存在关系，如果现象之间存在关系，则进行相关分析才有

意义,可以进一步判断现象之间关系的大致形态,以便在之后的分析中选择相应的分析方法。

第二步:计算相关系数,确定相关关系的密切程度。根据变量数据的类型,选择适当的方法,计算出变量之间的相关系数,确定现象之间的密切程度,为进一步分析提供依据。例如对相关关系的数学形式加以描述,包括拟合回归方程,检验回归方程的合理性,并且应用回归模型进行统计分析与预测控制。

第三步:检测相关关系的显著性。检测现象统计相关的显著性,包括检验相关关系的存在性、检验相关关系的强度是否达到一定的水平,检验现象相关程度的差异性,估计相关系数的取值。

当然,具体该如何解读和应用相关分析的结果,一定要结合实际情况,因为很多情况下相同的相关系数并不意味着具有相同的依存关系。

第二节　相关关系的测定

一、相关关系的一般判断

(一)定性判断

定性判断是相关分析的重要前提,在研究相关关系时,应先根据一定的经济理论和实践经验判断现象之间是否存在相关关系及相关关系的类型。只有在定性判断的基础上,才能进一步定量测度现象之间的相关关系及相关的密切程度。

(二)相关表和相关图

相关表是一种统计表。它直接根据现象之间的原始资料,将一变量的若干变量值按从小到大的顺序排列,并将另一变量的值与之对应排列形成的统计表。

【例 7-1】　将某省 1996—2021 年的全省城镇居民家庭人均可支配收入和人均消费性支出编制成相关表,如表 7-1 所示。从表中可以看出,随着全省城镇居民家庭人均可支配收入的提高,人均消费性支出水平也呈现上升趋势。可见两者之间存在相关关系。

表 7-1　某省的城镇居民家庭人均可支配收入和人均消费性支出相关表

年份	城镇居民家庭人均可支配收入(元)	城镇居民家庭人均消费性支出(元)
1996	6 956	5 764
1997	7 359	6 170
1998	7 825	6 255
1999	8 402	6 600
2000	9 236	7 150
2001	10 399	8 153
2002	11 624	8 990
2003	13 055	10 087
2004	14 387	11 116

年份	城镇居民家庭人均可支配收入(元)	城镇居民家庭人均消费性支出(元)
2005	16 089	12 894
2006	18 007	14 135
2007	20 250	15 014
2008	22 334	16 252
2009	24 148	18 003
2010	26 802	19 391
2011	30 340	22 192
2012	33 846	23 395
2013	37 080	25 254
2014	40 393	27 242
2015	43 714	28 661
2016	47 237	30 068
2017	51 261	31 924
2018	55 574	34 598
2019	60 182	37 508
2020	62 699	36 197
2021	68 487	42 194

　　将表 7-1 的数据绘制成散点图,即得到全省城镇居民家庭人均可支配收入和人均消费性支出的相关图,如图 7-4 所示。从图中可以直观地看出,图中各点虽然不完全在一条直线上,但可以认为该省的城镇居民家庭人均可支配收入和人均消费性支出之间有较强的直线相关关系。

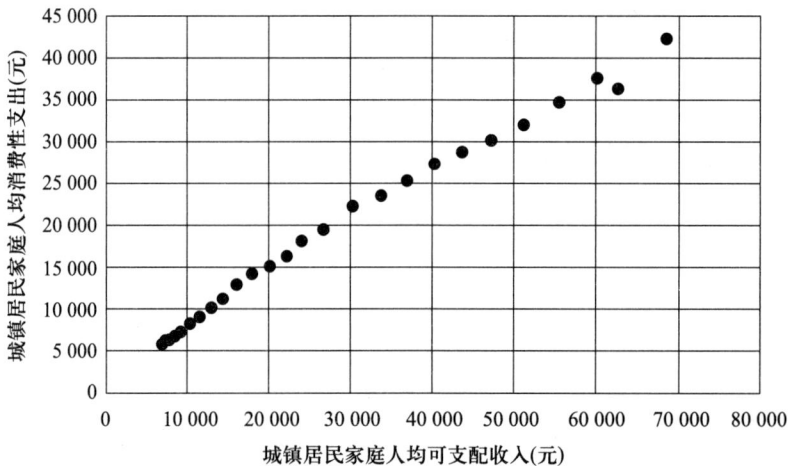

图 7-4　某省城镇居民家庭人均可支配收入和人均消费性支出相关图

二、相关系数的测定

在定性判断和相关图表分析的基础上,我们可以进一步进行定量的测度,以具体了解现象之间的相关密切程度,即进行相关系数的测定。所谓相关系数就是描述两个变量之间线性相关程度和相关方向的统计分析指标。我们主要介绍皮尔逊直线相关系数和斯皮尔曼等级相关系数的测度方法。

(一)皮尔逊直线相关系数

皮尔逊直线相关系数主要用于测度定距变量和定比变量的线性相关系数。根据积差法,皮尔逊直线相关系数用符号 r 表示为:

$$r = \frac{s_{xy}^2}{s_x \cdot s_y} = \frac{\sum (x_i - \overline{x})(y_i - \overline{y})}{n \cdot s_x \cdot s_y} \tag{7-1}$$

其中 s_x 为 x 的标准差,s_y 为 y 的标准差,即

$$s_x = \sqrt{\frac{\sum (x_i - \overline{x})^2}{n}}$$

$$s_y = \sqrt{\frac{\sum (y_i - \overline{y})^2}{n}}$$

式(7-1)是相关系数的基本计算公式,根据已知条件,可以从式(7-1)得出其他计算公式。例如将 s_x 和 s_y 的计算公式代入式(7-1)化简后为:

$$r = \frac{\sum (x_i - \overline{x})(y_i - \overline{y})}{\sqrt{\sum (x_i - \overline{x})^2} \sqrt{\sum (y_i - \overline{y})^2}} \tag{7-2}$$

将式(7-2)的分子分母展开后,便可以得到简化公式如下:

$$r = \frac{n \sum x_i y_i - \sum x_i \sum y_i}{\sqrt{n \sum x_i^2 - (\sum x_i)^2} \sqrt{n \sum y_i^2 - (\sum y_i)^2}} \tag{7-3}$$

根据表7-1某省城镇居民家庭人均可支配收入和人均消费性支出数据计算相关系数如表7-2所示。

表 7-2　相关系数计算表

年份	城镇居民人均可支配收入 x(元)	城镇居民人均消费支出 y(元)	xy	x^2	y^2
1996	6 956	5 764	40 094 384	48 385 936	33 223 696
1997	7 359	6 170	45 405 030	54 154 881	38 068 900
1998	7 825	6 255	48 945 375	61 230 625	39 125 025
1999	8 402	6 600	55 453 200	70 593 604	43 560 000
2000	9 236	7 150	66 037 400	85 303 696	51 122 500
2001	10 399	8 153	84 783 047	108 139 201	66 471 409

年份	城镇居民人均 可支配收入 x(元)	城镇居民人均 消费支出 y(元)	xy	x^2	y^2
2002	11 624	8 990	104 499 760	135 117 376	80 820 100
2003	13 055	10 087	131 685 785	170 433 025	101 747 569
2004	14 387	11 116	159 925 892	206 985 769	123 565 456
2005	16 089	12 894	207 451 566	258 855 921	166 255 236
2006	18 007	14 135	254 528 945	324 252 049	199 798 225
2007	20 250	15 014	304 033 500	410 062 500	225 420 196
2008	22 334	16 252	362 972 168	498 807 556	264 127 504
2009	24 148	18 003	434 736 444	583 125 904	324 108 009
2010	26 802	19 391	519 717 582	718 347 204	376 010 881
2011	30 340	22 192	673 305 280	920 515 600	492 484 864
2012	33 846	23 395	791 827 170	1 145 551 716	547 326 025
2013	37 080	25 254	936 418 320	1 374 926 400	637 764 516
2014	40 393	27 242	1 100 386 106	1 631 594 449	742 126 564
2015	43 714	28 661	1 252 886 954	1 910 913 796	821 452 921
2016	47 237	30 068	1 420 322 116	2 231 334 169	904 084 624
2017	51 261	31 924	163 645 616 4	2 627 690 121	1 019 141 776
2018	55 574	34 598	1 922 749 252	3 088 469 476	1 197 021 604
2019	60 182	37 508	2 257 306 456	3 621 873 124	1 406 850 064
2020	62 699	36 197	2 269 515 703	3 931 164 601	1 310 222 809
2021	68 487	42 194	2 889 740 478	4 690 469 169	1 780 333 636
合计	747 686	505 207	19 971 184 077	30 908 297 868	12 992 234 109

$$r=\frac{26\times19\ 971\ 184\ 077-747\ 686\times505\ 207}{\sqrt{26\times30\ 908\ 297\ 868-747\ 686^2}\sqrt{26\times12\ 992\ 234\ 109-505\ 207^2}}=0.995\ 9$$

计算结果表明该省城镇居民家庭人均可支配收入和人均消费性支出之间为正相关关系,且高度相关。

相关系数的取值范围在-1 和+1 之间,带负号表示负相关,带正号表示正相关。一般情况下,通过相关系数判断相关关系密切程度的标准如下:

当 $r=0$ 时,表示两变量间无线性相关关系;

$0<|r|<0.3$,表示两变量间存在微弱相关;

$0.3\leqslant|r|<0.5$,表示两变量间存在低相关(弱相关);

$0.5\leqslant|r|<0.8$,表示两变量间存在中度相关;

$|r|\geqslant0.8$,表示两变量间存在高度相关;

当 $|r|=1$ 时,表示两变量存在完全线性相关,即为函数关系。

皮尔逊直线相关系数是一种线性(直线)相关程度的度量。因此,比较、判断现象的相关系数 r 时,务必注意到这点:两个变量的皮尔逊相关系数低,只能表示它们之间线性相关程度很低,不表示他们之间其他形式的相关密切程度很低,因为现象之间的关系也许是非线性的。同样地,如果存在两组变量(x,y)和(s,t),而(x,y)之间的皮尔逊相关系数高于(s,t),只能说(x,y)的关系更像直线。

上述相关系数是基于样本计算的,是对总体相关系数的估计,因此需要对相关系数进行统计检验。

设随机变量(X,Y)服从正态分布。总体相关系数记为ρ。则对于由样本资料$(x_i,y_i)(i=1,2,\cdots,n)$计算的皮尔逊相关系数$r$,需要检验一下原假设与备择假设:

$$H_0:\rho=0$$
$$H_1:\rho\neq0$$

在H_0成立的情况下,有以下t统计量:

$$t=\frac{r\sqrt{n-2}}{\sqrt{1-r^2}}\sim t(n-2)$$

在给定显著性水平之下,当$t>t_{\alpha/2}(n-2)$时,即表示总体线性相关系数显著不等于零,即存在一定程度上的线性相关关系。

(二)斯皮尔曼等级相关系数

皮尔逊直线相关系数一般适用于连续变量,当数据是以等级或次序进行衡量的定序数据,或不满足正态分布假设的定距数据时,我们可以用斯皮尔曼等级相关系数加以测度。斯皮尔曼等级相关系数是由英国统计学家斯皮尔曼在皮尔逊积差法思想的基础上,推导出计算等级相关系数的方法,也被称为"等级差数法"用r_s表示。

$$r_s=1-\frac{6\sum D^2}{n(n^2-1)} \tag{7-4}$$

式中:n为样本容量,D为两个序列等级X与Y之差。

一般若按自然数列排列,当出现相同观测值时,要用平均等级,例如100,90,90,80,若100等级为1,80等级为4,则90的等级应为2.5。

【例7-2】 某市有12所大专院校,现组织一个评审委员会对各校校园及学生体质进行评价,结果如表7-3所示,试求环境质量与学生体质的关系的斯皮尔曼等级相关系数。

表7-3 环境质量与学生体质数据

环境名次	3	9	7	5	12	8	10	2	11	4	1	6
体质名次	5	9	6	7	12	8	11	1	10	3	2	4

解:根据表中数据可计算得:

$$r_s=1-\frac{6\sum D^2}{n(n^2-1)}=1-\frac{6[(3-5)^2+(9-9)^2+\cdots+(6-4)^2]}{12(12^2-1)}=0.94$$

结果表明环境质量与学生体质之间有着高度相关关系。

一般情况下,斯皮尔曼等级相关系数r_s的取值范围亦为$[-1,1]$。完全正相关时,两数列等级一致,$r_s=1$;完全负相关时,两数列等级相反,$r_s=-1$。

三、利用相关系数应注意的问题

第一,相关系数不能解释两变量间的因果关系。相关系数只是表明两个变量间互相影响的程度和方向,它并不能说明两变量间是否有因果关系,以及何为因,何为果,即使是在相关系数非常大时,也并不意味着两变量间具有显著的因果关系。

例如,有个相关性的研究结论为,小学女教师占学校教师总体的比例在 75% 左右的学校,其学生学业成绩高于女教师占比 60% 以下和 85% 以上的学校。该结论仅仅反映了"女教师占比"和"学生学业成绩"两个变量的取值之间存在相关性,或者可继续推论为"存在一定规律性变化"的关系。从研究结果的实际效用来说,这个结论不仅使教育实践者理解到"小学女教师始终占比较高"是某种客观存在,而且理解到其还与另一种客观存在"学生学业成绩高"具有相关关系,有助于对未来小学师资发展做出合理规划。但倘若把这种关系作"因果"看待,将女教师占比 60% 以下学校或 85% 以上学校的教师结构进行调整,以求女教师占比达到 75%,则是可笑的决策。同样,也有研究结果表明,城市地区女校长所在学校总体上其学生学业成绩高于男校长所在学校,这个结果也仅仅表明校长性别与学生学业成绩间的某种相关性而并非因果关系。因此,不能因为这项研究的结果就去撤换城市地区的男校长。

第二,警惕虚假相关导致的错误结论。有时两变量之间并不存在相关关系,但却可能出现较高的相关系数。如存在另一个共同影响两变量的因素。在时间序列资料中往往就会出现这种情况,有人曾对教师薪金的提高和酒价的上涨作了相关分析,计算得到一个较大的相关系数,这是否表明教师薪金提高导致酒的消费量增加,从而导致酒价上涨呢?经分析,事实是由于经济繁荣导致教师薪金和酒价的上涨,而教师薪金增长和酒价之间并没有什么直接关系。

原因的混杂也可能导致错误的结论。如有人做过计算,发现在美国经济学学位越高的人,收入越低,笼统地计算学位与收入之间的相关系数会得到负值。但分别对大学、政府机构、企业各类别计算学位与收入之间的相关系数得到的则是正值,即对同一行业而言,学位高,收入也高。

第三,注意不要在相关关系据以成立的数据范围以外,推论这种相关关系仍然保持。例如,雨下得多,农作物长得好,在缺水地区,干旱季节雨是一种福音,但雨量太大,却可能损坏庄稼。又如,广告投入多,销售额上涨,利润增加,但盲目加大广告投入,却未必使销售额再增长,利润还可能减少。正相关达到某个极限,就可能变成负相关。这个道理似乎人人都明白,但在分析问题时却容易忽视。

第三节　回归分析

如前所述,在社会经济现象中,各种经济变量相互联系,相互制约。通过相关分析,可以分析现象之间相关关系的方向和相关的密切程度。但相关分析不能判断现象之间具体的数量变动依存关系,也不能根据相关系数来估计或预测因变量 Y 可能发生的数值。因此,为了探求经济变量之间的具体数量变动关系,一般在相关分析的基础上再进行回归分析。

一、回归分析概述

(一)回归的概念

"回归"一词最早由英国统计学家高尔登(Galton,1822—1911 年)提出。高尔登曾经调查了 1 078 户家庭中父亲身高和子女身高,于 1889 年发表了一篇关于遗传学的论文。在这篇论文里,

教学视频
回归分析的基
本问题

他指出：① 父亲个子高的子女个子也高，父亲个子矮的子女个子也矮；② 但平均来说，高个子父亲的子女平均身高要低于父亲的平均身高，矮个子父亲的子女平均身高要高于他们父亲的平均身高。也就是说，他们都有"回归"到父亲平均身高的趋势。不然的话，人类的身高就会出现两极分化，这就是著名的"回归规律"。从此，回归一词就成为统计学研究事物间相互关系的通用语，并广泛应用于生物学、心理学、教育学、经济学等各个学科领域。

回归分析就是对具有相关关系的现象之间的数量变化规律所做的分析，即通过回归方程式来建立相关现象之间的数量联系，然后据以从数量上对某一或一些现象的变化可能引起某特定现象的变化情况做出估计。

（二）回归分析和相关分析的联系和区别

回归分析和相关分析之间既有联系又有区别。其联系在于：① 相关分析是回归分析的基础和前提。如果缺少相关分析，没有从定性上说明现象之间是否具有相关关系，没有对相关关系的密切程度做出判断，就不能进行回归分析。② 回归分析是相关分析的深入和继续。仅仅说明现象之间具有密切的相关关系是不够的，只有进行了回归分析，拟合了回归方程，才可能进行有关的分析和预测，相关分析才有实际的意义。

区别在于：① 相关分析中涉及的变量不存在自变量和因变量的划分问题，变量之间的关系是对等的；而在回归分析中，则必须根据研究对象的性质和研究分析的目的，对变量进行自变量和因变量的划分。② 在相关分析中所有的变量都必须是随机变量；而在回归分析中，自变量是给定的，因变量才是随机的，即将自变量的给定值代入回归方程后，所得到的因变量的估计值不是唯一确定的，而会表现出一定的随机波动性。③ 相关分析主要是通过一个指标即相关系数来反映变量之间相关程度的大小，由于变量之间是对等的，因此相关系数是唯一确定的。而在回归分析中，对于互为因果的两个变量（如人的身高与体重，商品的价格与需求量），则有可能存在多个回归方程。④ 相关分析的目的仅仅是判断现象之间存不存在相互依存关系，而回归分析的目的则在于根据自变量去估计或预测因变量，即根据给定的自变量的数值去估计因变量的可能值，或以限定的因变量取值范围来推断自变量取值应控制在什么范围。

（三）回归分析的主要内容

1. 根据研究目的和现象之间的内在联系，确定自变量和因变量

现象之间除了有相关关系，还存在着因果关系。作为原因的变量为自变量，作为结果的变量为因变量；或者说影响因素为自变量，被影响因素为因变量。做回归分析时，应该首先从理论出发进行定性分析，根据现象的内在联系确定变量之间的因果关系，从而确定何为自变量，何为因变量。必要时，需要对自变量进行筛选（如采用逐步回归分析）、合并（如主成分分析），甚至于选择定性变量、设置虚拟变量等。

2. 确定回归分析模型的类型及数学表达式

根据现象之间的内在影响机制或通过对具体变量数据描述性分析，找出最适合的回归分析模型，再通过计算求出模型的待估参数，得到回归方程。估计方法可以是普通最小二乘法、岭回归、偏最小二乘法回归、约束最小二乘法回归等。

3. 对回归分析模型进行评价与诊断

得到具体的回归方程以后，要对其进行统计检验。如对回归方程计算一些检验统计量，如 t 值、F 值、估计标准误、可决系数等，来对回归方程的代表性及拟合程度进行评价。又如，要检验

判断回归模型基本假设是否合理、是否满足,并作相应改进。

4. 根据给定的自变量数值确定因变量的数值

回归方程可以用于统计估计或预测,即可根据给定的自变量数值估计因变量的数值或置信区间,以及利用回归模型进行回归控制。

(四)回归分析模型的种类

按照回归模型的形式不同,回归分析模型可进行如下划分。

1. 简单回归与多元回归

回归分析模型按照具有相关关系的变量个数划分,可分为简单回归分析模型和多元回归分析模型。简单回归分析模型是指只有一个自变量和一个因变量的回归分析模型。多元回归分析模型也称复回归分析模型,是指由多个自变量和一个因变量组成的回归分析的模型。它与简单回归分析模型相比,增加了自变量的个数,是对简单回归分析模型的拓展。

2. 线性回归与非线性回归

回归分析模型按照变量间相互关系的形态来分,可分为线性回归分析模型和非线性回归分析模型。当变量之间关系的形态表现为线性相关时,拟合的模型称为线性回归分析模型,其模型表达式为线性回归方程;当变量之间相互关系的形态表现为某种曲线趋势时,拟合的模型称为非线性回归分析模型,其模型表达式为某种曲线回归方程。

除上述分类外,根据简单回归和多元回归与直线回归和非直线回归的交叉结合,还可以进一步细分为简单线性回归和简单非线性回归,多元线性回归和多元非线性回归等不同类型。

二、简单线性回归分析

(一)简单线性回归模型

在社会经济现象中,许多相互关联的两个变量之间存在着线性关系。例如家庭消费支出(y)与家庭收入(x)之间基本上是一种线性相关关系。虽然在很多情况下,影响因变量的因素不止一个,但在实际工作中,往往因客观条件的限制,或者出于研究的目的,需要突出其中某一个最重要因素,即只研究某一个自变量对因变量的影响。这是对经济过程的一种抽象,抓住主要矛盾才能得到最有意义的结论。简单线性回归分析是所有回归分析的基础,多元回归分析和非线性回归分析都是从简单回归分析的基本理论上延伸发展起来的。

在相关分析中,通过计算相关系数,可以判断两个变量之间直线相关的紧密程度,但不能说明它们之间因果的数量关系。简单线性回归就是对具有显著线性相关的两个变量间数量变化的一般关系进行测定,拟合一个直线回归方程,以便估计或预测的统计方法。

简单线性回归模型中只有一个自变量和一个因变量,是线性方程中变量最少、最简单的一种。它在平面坐标图上表现为一条直线,所以也称为简单直线回归方程。简单线性回归方程的理论模型与估计模型可分别写成:

理论模型:$y = \alpha + \beta x + \varepsilon$

估计模型:$y_c = a + bx$ （7-5）

在数学分析中,上式中的 α、β 为回归参数或待定系数,a、b 为相应的估计值。a、b 值确定

后,估计的直线方程就确定了,式(7-5)称为 y 对 x 的直线回归方程。由该回归方程确定的直线称为回归直线,其中 a 是直线的截距,b 是直线的斜率。将给定的自变量 x 的值代入上述方程中,可求出因变量 y 的估计值 y_c。但这个估计值不是一个实际的变量数值,而是 y 的许多可能取值的平均数,所以用 y_c 表示。

在 x 和 y 互为因果关系的资料中,还可以求出另一条回归直线,该回归方程为:

$$x_c = c + dy \tag{7-6}$$

即 x 对 y 的直线回归方程。

(二)简单线性回归模型的参数估计

拟合回归直线的主要任务是估计待定参数 a、b 的值,常用的方法就是最小二乘法(ordinary least squares,OLS),用这种方法求出的回归直线是原始数据的"最佳"拟合直线。最小二乘法的原理是使实际值 y 与估计值 y_c 的离差平方和最小。据此拟合直线方程的具体方法如下:

$$Q = \sum (y - y_c)^2 = 最小值$$

用直线方程 $y_c = a + bx$ 代入上式得:

$$Q = \sum (y - a - bx)^2 = 最小值$$

分别求 Q 关于 a 和 Q 关于 b 的偏导并令它们等于 0:

$$\begin{cases} \dfrac{\partial Q}{a} = \sum 2(y - a - bx)(-1) = 0 \\ \dfrac{\partial Q}{b} = \sum 2(y - a - bx)(-x) = 0 \end{cases}$$

整理可得出以下列两个方程式所组成的标准方程组为:

$$\begin{cases} \sum y = na + b \sum x \\ \sum xy = a \sum x + b \sum x^2 \end{cases}$$

解得:

$$b = \frac{n \sum xy - \sum x \sum y}{n \sum x^2 - (\sum x)^2} \tag{7-7}$$

$$a = \frac{\sum y - b \sum x}{n} = \overline{y} - b\overline{x} \tag{7-8}$$

回归系数 b 是回归直线的斜率,其含义为:自变量 x 每增加(或减少)一个单位,因变量 y 将平均增加(或减少)b 个单位。

如果 x 和 y 互为因果关系,还可以求出 x 对 y 回归方程中的参数:

$$d = \frac{n \sum yx - y \sum x}{n \sum y^2 - (\sum y)^2} \tag{7-9}$$

$$c = \sum \overline{x} - d \sum \overline{y} \tag{7-10}$$

【例 7-3】 例如,某省 2001—2020 年生产总值与能源消费量数据如表 7-4 所示(已消除物价影响后的可比数据),要求建立以全省能源消费量为因变量的回归方程。

按照式(7-5)拟合简单线性回归方程,有关计算如表 7-5 所示。

表 7-4　某省 2001—2020 年生产总值与能源消费量

年份	全省生产总值 x（千亿元）	全省能源消费量 y（千万吨标准煤）	年份	全省生产总值 x（千亿元）	全省能源消费量 y（千万吨标准煤）
2001	6.93	7.25	2011	31.85	17.83
2002	8.04	8.28	2012	34.38	18.08
2003	9.75	9.52	2013	37.33	18.64
2004	11.48	10.82	2014	40.02	18.83
2005	13.03	12.03	2015	43.51	19.61
2006	15.30	13.22	2016	47.25	20.28
2007	18.64	14.52	2017	52.40	21.03
2008	21.28	15.11	2018	58.00	21.67
2009	22.83	15.57	2019	62.46	22.39
2010	27.40	16.87	2020	64.61	24.66

表 7-5　参数估计计算表

年份	x	y	xy	x^2	y_c	$(y-y_c)^2$
2001	6.93	7.25	50.25	47.99	10.17	8.50
2002	8.04	8.28	66.57	64.65	10.45	4.70
2003	9.75	9.52	92.88	95.13	10.88	1.84
2004	11.48	10.82	124.29	131.84	11.32	0.24
2005	13.03	12.03	156.75	169.74	11.70	0.11
2006	15.30	13.22	202.28	234.17	12.28	0.89
2007	18.64	14.52	270.73	347.45	13.12	1.98
2008	21.28	15.11	321.54	453.03	13.78	1.75
2009	22.83	15.57	355.45	521.38	14.17	1.94
2010	27.40	16.87	462.11	750.75	15.32	2.38
2011	31.85	17.83	567.88	1 014.73	16.44	1.91
2012	34.38	18.08	621.50	1 182.15	17.08	0.99
2013	37.33	18.64	695.92	1 393.88	17.82	0.67
2014	40.02	18.83	753.48	1 601.88	18.50	0.11
2015	43.51	19.61	853.19	1 892.92	19.38	0.05
2016	47.25	20.28	958.10	2 232.94	20.32	0.00
2017	52.40	21.03	1 102.04	2 746.09	21.62	0.34

年份	x	y	xy	x^2	y_c	$(y-y_c)^2$
2018	58.00	21.67	1 257.19	3 364.33	23.03	1.83
2019	62.46	22.39	1 398.71	3 901.50	24.15	3.08
2020	64.61	24.66	1 593.36	4 174.88	24.69	0.00
合计	626.53	326.21	11 904.23	26 321.43	326.21	33.33

根据表 7-5 的数据,由式(7-7)和(7-8),得:

$$b=\frac{n\sum xy-\sum x\sum y}{n\sum x^2-(\sum x)^2}=\frac{20\times11\ 904.23-626.53\times326.21}{20\times26\ 321.43-(626.53)^2}=\frac{33\ 704.248\ 7}{133\ 888.759\ 1}=0.252$$

$$a=\bar{y}-b\bar{x}=\frac{326.21}{20}-0.252\times\frac{626.53}{20}=8.42$$

最终可得估计的 y 对 x 的回归方程式为:

$$y_c=8.42+0.252x$$

计算表明,该回归直线的斜率为 0.252,即生产总值每增加 1 单位,能源消费量平均增加 0.252 单位。根据这一方程,可以根据自变量 x 的值计算因变量 y 的估计值 y_c,如表 7-5 所示。从表中可以看到,$\sum y_c=\sum y=326.21$,即 $\sum(y-y_c)=0$;每个 y_c 与 y 之间都有误差,其误差平方和 $\sum(y-y_c)^2=33.33$,但在所有可能拟合直线中,这个值为最小值,也就是说这条回归线是最能代表所有观测点的直线。

这一组数据还向我们展示了自 2001 年至 2020 年,该省份单位生产总值的能源消耗呈现不断下降趋势。从 2001 年每万元生产总值消耗 10.46 万吨标准煤下降至 2020 年每万元生产总值消耗 0.38 万吨标准煤,平均降幅 3.18%(水平法),展示了我国在节能减碳方面付出的极大努力并取得的显著成效。实现"碳达峰""碳中和"目标,是我国各地区转变经济增长方式、实现经济可持续发展的重要途径,也是习近平生态文明思想的重要实践。

根据得到的线性回归方程,可以绘制回归直线,如图 7-5 所示。

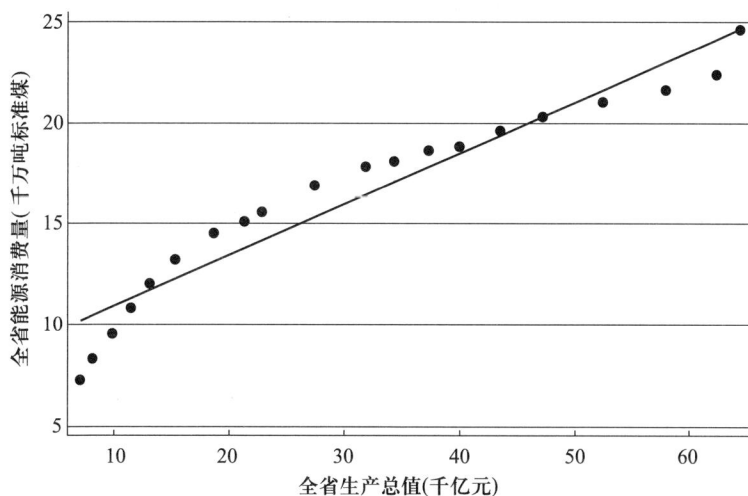

图 7-5 回归直线示意图

对斜率 b 的公式进行数学形式转换,可得到 b 的另一些表达形式:

$$b = \frac{s_{xy}^2}{s_x^2} = \frac{\overline{xy} - \overline{x}\,\overline{y}}{\overline{x^2} - \overline{x}^2} = \frac{\sum(x-\overline{x})(y-\overline{y})}{\sum(x-\overline{x})^2} \tag{7-11}$$

而由式(7-1)可知相关系数的积差法计算公式为:

$$r = \frac{s_{xy}^2}{s_x s_y}$$

由式(7-1)和式(7-11),可得到回归系数 b 和相关系数 r 的关系式为:

$$b = r \cdot \frac{s_y}{s_x} \tag{7-12}$$

由式(7-12)可以看出,由于 $\frac{s_y}{s_x} > 0$,所以 b 和 r 具有相同的正负符号,即当 r 大于 0 时,b 也大于 0。即当 r 大于 0 时,x 和 y 正相关,此时回归直线向上倾斜,斜率 b 大于 0。反之,当 r 小于 0 时,b 也小于 0。

(三) 线性回归模型的检验

1. 样本的拟合优度——可决系数 r^2

在估计了模型并确定了回归直线之后,还需要了解这条回归直线与样本观测值拟合得怎么样,也就是说需要测度观测值与该回归直线的离差。观测值离直线越近,拟合优度就越好。可能有的读者认为,前面论证的最小二乘法已经使我们所估计的样本回归函数具有最小离差,为什么还要讨论拟合优度的问题?

这是因为最小二乘法估计式具有最小方差性和无偏性,只是反映了这样一个事实,即相对于一切样本回归函数来说,由最小二乘法估计式所确定的样本回归函数具有某些特性,但它并不能说明单个样本回归函数具有较高的拟合程度。

在直线回归中,实际观察值 y 的大小是围绕其平均值 $\overline{y}$ 上下波动的,y 的这种波动现象称为变差。这种变差产生的原因有两方面:一是受自变量 x 的影响,x 取值不同会引起 y 取值不同。二是受其他因素(包括随机因素和观测误差)的影响。对每个观察值来说,变差的大小可以通过离差 $y-\overline{y}$ 来表示,而全部 n 个观察值的总变差则可由这些离差的平方和表示。

由于 $y-\overline{y} = (y-y_c) + (y_c-\overline{y})$

两边同时平方:

$$(y-\overline{y})^2 = (y-y_c)^2 + (y_c-\overline{y})^2 + 2(y-y_c)(y_c-\overline{y})$$

两边同时求和有:

$$\sum(y-\overline{y})^2 = \sum(y-y_c)^2 + \sum(y_c-\overline{y})^2 + 2\sum(y-y_c)(y_c-\overline{y})$$

其中 $\sum(y-y_c)(y_c-\overline{y}) = 0$

所以,$\sum(y-\overline{y})^2 = \sum(y-y_c)^2 + \sum(y_c-\overline{y})^2$

其中 $\sum(y-\overline{y})^2$ 称为总变差,记为 SST;$\sum(y_c-\overline{y})^2$ 称为回归变差(由 x 变动造成的变差),记为 SSR;$\sum(y-y_c)^2$ 称为随机变差或剩余变差(由随机因素引起的变差),记为 SSE。

从而:

$$总变差 = 回归变差 + 随机变差$$

$SST = SSR + SSE$。变差分解如图 7-6 所示。

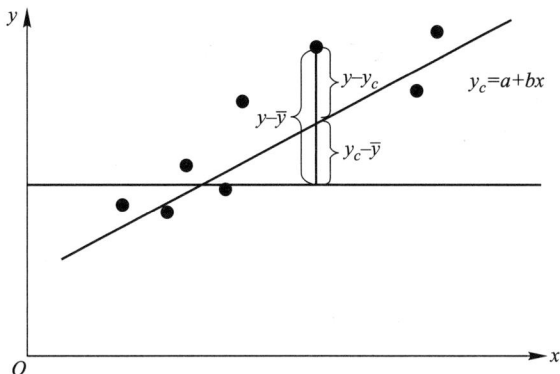

图 7-6 变差分解图

若对 $\sum(y-\overline{y})^2 = \sum(y_c-\overline{y})^2 + \sum(y-y_c)^2$ 等号两边同时除以 $\sum(y-\overline{y})^2$，则有：

$$1 = \frac{\sum(y_c-\overline{y})^2}{\sum(y-\overline{y})^2} + \frac{\sum(y-y_c)^2}{\sum(y-\overline{y})^2} \tag{7-13}$$

显然，回归变差在总变差中所占的比重 $\dfrac{\sum(y_c-\overline{y})^2}{\sum(y-\overline{y})^2}$ 愈大，则剩余变差在总变差中所占比重 $\dfrac{\sum(y-y_c)^2}{\sum(y-\overline{y})^2}$ 愈小，所有观测点距离回归直线就愈近，说明回归方程由自变量 x 估计因变量 y 的误差就愈小，此时 x 与 y 之间的相关程度就愈大。由此可见，回归变差占总变差的比值，可以作为衡量两个变量之间相关程度大小的统计指标，我们称之为可决系数。可以证明它就是相关系数 r 的平方，故记为 r^2：

$$r^2 = \frac{\sum(y_c-\overline{y})^2}{\sum(y-\overline{y})^2} = 1 - \frac{\sum(y-y_c)^2}{\sum(y-\overline{y})^2} \tag{7-14}$$

可决系数 r^2 又称判定系数，它表明自变量 x 的方差对因变量 y 的方差的解释程度，反映回归方程的拟合程度。换句话说，它表明 y 的方差在多大程度上由 x 原因所引起。

根据表 7-5 的数据，可以计算得到 $r^2 = 0.927\,4$，表明回归方程的拟合度较好。

2. 回归估计标准误

由于样本回归直线 $y_c = a + bx$ 只是总体回归直线 $y = \alpha + \beta x + \varepsilon$ 的估计线（ε 为随机误差），以样本回归系数 a、b 估计总体回归系数 α、β 时，同样存在样本代表性问题，因此在做回归分析时需要对所拟合回归方程的代表性进行衡量。

在求得线性回归方程之后，可推算出因变量的各个估计值 y_c，估计值 y_c 与实际观测值 y 是不等的，其估计误差为 $y - y_c$。估计误差的大小能反映估计值的准确性。但我们要观察的不是某一个估计值的误差，而是所有估计误差的一般水平。根据算术平均数的数学性质，我们需要用离差平方和的平均数来反映，并称之为剩余方差，记为 S_{yx}^2（下标 yx 表示以 y 为因变量，以 x 为自变量）。考虑到自由度（因为需按最小二乘法求解两个参数 a 和 b），其计算公式为：

$$S_{yx}^2 = \frac{\sum (y-y_c)^2}{n-2} \tag{7-15}$$

对剩余方差开方即得回归估计标准误,它是衡量回归估计精确度高低或回归方程代表性大小的统计分析指标。其计算公式为:

$$S_{yx} = \sqrt{\frac{\sum (y-y_c)^2}{n-2}} \tag{7-16}$$

显然,S_{yx} 的数值越小,观测点越靠近回归直线,其离散程度就越小。特殊地,当 $S_{yx}=0$ 时,说明 y 和 y_c 完全一致,在散点图上表现为所有的观测点都落在回归直线上。反之,S_{yx} 越大,说明观测点的离散程度越大,回归直线方程的代表性越差,回归估计结果就越不精确。

为了便于计算,我们可以利用以下简化公式来计算回归估计标准误:

$$S_{yx} = \sqrt{\frac{\sum y^2 - a\sum y - b\sum xy}{n-2}} \tag{7-17}$$

【例 7-4】 根据表 7-5 中的数据,$\sum y = 326.21$,$\sum xy = 11\,904.23$,$a = 8.42$,$b = 0.252$,再计算 $\sum y^2 = 5\,788.14$,代入式(7-17)得:

$$S_{yx} = \sqrt{\frac{\sum y^2 - a\sum y - b\sum xy}{n-2}} = \sqrt{\frac{5\,788.14 - 8.42\times 326.21 - 0.252\times 11\,904.23}{18}} = 1.520$$

在大样本条件下,我们可以把回归估计标准误公式近似为:

$$S_{yx} = \sqrt{\frac{\sum (y-y_c)^2}{n}}$$

即 $\sum (y-y_c)^2 = nS_{yx}^2$。

由于 $\sum (y-\bar{y})^2 = ns_y^2$,因此式(7-14)可以写成如下形式:

$$r^2 = 1 - \frac{nS_{yx}^2}{ns_y^2} = 1 - \frac{S_{yx}^2}{s_y^2} \tag{7-18}$$

从而也有:

$$S_{yx} = \sigma_y\sqrt{1-r^2} \tag{7-19}$$

由此可见,回归估计标准误与相关系数在数值大小上表现为相反的关系。r 值越大,相关程度越密切,S_{yx} 值越小;当 r 值大到 $r = \pm 1$ 时,$S_{yx}=0$,此时所有的观测点都在回归直线上,也就是完全相关。反之,r 值越小,则 S_{yx} 越大。

3. 模型整体拟合效果的显著性检验——F 检验

根据 $\sum (y-\bar{y})^2 = \sum (y_c-\bar{y})^2 + \sum (y-y_c)^2$,由方差分析原理可知,当随机误差项服从正态分布时,应该有:

$$SSR \sim \chi^2(1),\ SSE \sim \chi^2(n-2),$$

所以,有 F 统计量:

$$F = \frac{SSR/1}{SSE/(n-2)} \sim F(1, n-2) \tag{7-20}$$

当回归方程拟合效果越好,表明方程解释部分所占比重越大,SSR 与 SSE 相比的值也越大,

F 统计量也越大。因此，方程整体显著性检验的假设为：

$H_0：\alpha = \beta = 0$（回归方程整体是不显著的）

$H_1：\alpha \neq 0$ 或 $\beta \neq 0$（回归方程整体是显著的）   (7-21)

在给定的显著性水平 α 之下，若 $F > F_\alpha(1, n-2)$，则拒绝原假设，认为回归方程整体是显著的。

根据表 7-5 的数据，计算得到 F 值为 228.48，查表得拒绝原假设，说明方程整体是显著的。

4. 模型参数显著性的检验——t 检验

模型参数显著性检验主要是判断每一个自变量对于回归模型是否必要。在一元线性回归模型中，主要是检验模型系数理论值 α 和 β 是否显著地等于零。若 α 等于零，则意味着模型的截距项可舍去，构造无截距回归模型，若 β 等于零，则意味着方程中的自变量对于回归模型是不显著或不重要的。

如果模型的误差项是符合建模假设的，则有：

$$\alpha \sim N\left(\alpha, \left(\frac{1}{n} + \frac{\overline{x}^2}{\sum(x - \overline{x})^2}\right)\sigma_{yx}^2\right)$$

$$b \sim N\left(\beta, \frac{\sigma_{yx}^2}{\sum(x - \overline{x})^2}\right)$$

因此，截距项 α 的 t 检验为：

$$H_0：\alpha = 0$$
$$H_1：\alpha \neq 0$$ (7-22)

在原假设成立时，t 统计量为：

$$t = \frac{a}{S_{yx}\sqrt{\frac{1}{n} + \frac{\overline{x}^2}{\sum(x - \overline{x})^2}}} \sim t(n-2)$$ (7-23)

其中 S_{yx}^2 是 σ_{yx}^2 的无偏估计量。

在给定的显著性水平 α 之下，若该 t 统计量值大于 $t_{\alpha/2}(n-2)$，则拒绝原假设，认为截距项是显著的。否则，应该考虑拟合无截距项的直线回归模型。

同样地，回归系数 β 的 t 检验为：

$$H_0：\beta = 0$$
$$H_1：\beta \neq 0$$ (7-24)

在原假设成立时，t 统计量为：

$$t = \frac{b}{S_{yx}\sqrt{\frac{1}{\sum(x - \overline{x})^2}}} \sim t(n-2)$$ (7-25)

若该 t 统计量值大于 $t_{\alpha/2}(n-2)$，则拒绝原假设，认为回归系数对方程的影响是显著的，或自变量是重要的。否则，说明该参数显著为零，该自变量对模型的影响是不重要的，应该考虑更换或变换该变量。

根据表 7-5 的数据，计算得到回归系数的 t 值为 13.565，查表得拒绝原假设，表明回归系数都是显著的。

关于 t 检验有三点值得说明,由于计算机软件包可以提供 t 统计量的计算结果,t 检验很容易操作,所以初学者有时就试图运用 t 检验来"证明"一些它不可能检验的事情。所以,t 检验容易被"滥用"或"错用"。

(1)t 检验不适用于检验理论的有效性。t 检验的目的在于帮助研究者基于总体的一个样本所得到的估计值,对总体的某一系数进行推断。一些初学者则认为,所有在统计上显著的结果在理论上都是正确的。这样的结论是很危险的,因为它混淆了统计显著性和理论有效性的含义。

(2)t 检验不检验"重要性"。回归方程的一种可能的用途是有助于判定哪个自变量对因变量具有最大的相对效应。一些初学者容易得出一个不可靠的结论:回归模型中最具有统计显著性的变量,因其解释了因变量的最大部分而被认为是最重要的变量,统计显著性所指的是偶然获得一个特定的样本结果的可能性,而几乎不反映哪个变量决定了因变量的最大份额。为了确定变量的重要性,以其系数乘以自变量的平均值或标准误差,其数值结果的大小更能反映自变量对因变量变动的解释能力。

(3)t 检验不能扩展到检验整个总体。t 检验从总体的一个样本所计算的估计值对总体参数的真值进行推断。随着样本容量逐渐接近总体规模,系数的无偏估计趋向于总体的真值。如果系数是由整个总体计算出来的,那么无偏估计值本身就是总体真值,t 检验对于检验总体参数就几乎没有任何意义。有些人可能忽视了这一性质,而过于强调由规模近似于总体的样本中所得到的 t 值的重要性。实际上,t 检验所能提供的所有信息只不过是在基于一个特定的小样本拒绝关于总体参数真值的假设时,帮助研究者确定犯错误的可能性。

(四)线性回归模型因变量的置信区间估计

根据回归方程和回归估计标准误,可以进一步用来对因变量 y 进行估计或预测,其中最常用的就是根据给定的 x 值来估计 y 的数值,称为置信区间估计。

按照误差为正态分布的原理,当样本容量 $n>30$ 时,我们可以作以下的假定:

(1)y 的实际观测值在对应的每个估计值 y_c 周围都是正态分布的;

(2)所有的正态分布都具有相同的标准差,即所谓的同方差性。

根据以上两条假设,如果观测值的点在回归直线两侧呈正态分布,则约有 68.27% 的点落在回归直线 $\pm S_{yx}$ 范围内;约有 95.45% 的点落在回归直线 $\pm 2S_{yx}$ 范围内;约有 99.73% 的点落在回归直线 $\pm 3S_{yx}$ 范围内。如图 7-7 所示。

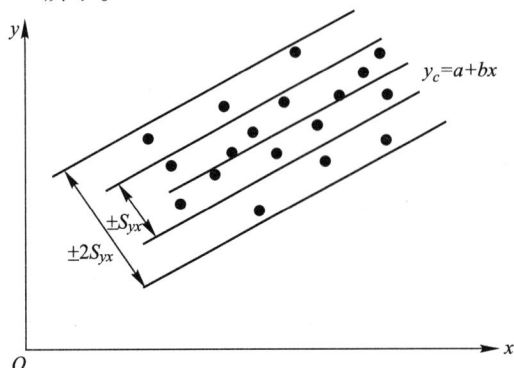

图 7-7　回归估计的置信区间图

置信区间估计的步骤为:由样本数据 x 求出估计值 y_c 及回归估计标准误 S_{yx} 以后,再利用标准化正态分布曲线下的面积查对表,就可在一定的概率保证下对总体估计值做出置信区间估计。

置信区间的公式为:

$$y_c - tS_{yx} \leqslant y \leqslant y_c + tS_{yx} \qquad (7-26)$$

【例 7-5】　以例 7-3 中表 7-4 的资料为例,在 95% 的概率保证下,求某省生产总值为 50 千亿元时,该省平均能源消费量的置信区间。

已经求得 $y_c = 8.42 + 0.252x$

当 $x = 50$, $y_c = 8.42 + 0.252 \times 50 = 21.02$

已算得 $S_{yx} = 1.520$,又知当 $f(t) = 95\%$ 时,$t = 1.96$,所以:

$$21.02 - 1.96 \times 1.520 \leqslant y \leqslant 21.02 + 1.96 \times 1.520$$

得: $18.041 \leqslant y \leqslant 23.999$。

即在 95% 的概率保证下,某省生产总值为 50 千亿元时该省平均能源消费量的置信区间为 18.041~23.999。(应该指出,这只是一个举例,结果并不很精确,因为所采用的是小样本,要涉及 t 分布问题)。

三、多元线性回归分析

(一)多元线性回归模型

前面介绍的简单线性回归,是指一个自变量 x 与一个因变量 y 之间的线性回归。实际上在复杂的经济现象中,对因变量产生影响的自变量往往不止一个,而是有多个。因此仅仅以一个自变量来解释因变量往往是不全面的,需要建立一个因变量与多个自变量的联系模型来进行分析,才能获得较全面、准确的分析结果。例如,企业的获利能力,不仅取决于生产技术水平,还取决于企业的管理水平及市场需求总量;一国的 GDP 水平,不仅受该国的投资总量影响,还受该国的消费总量、进出口差额等因素的影响。所以,在对一些复杂经济现象进行分析时,就涉及比简单线性回归更为复杂的多元回归问题。

研究在线性相关条件下两个或两个以上自变量对一个因变量的数量变动关系,称为多元线性回归,表现这个数量关系的数学公式,称为多元线性回归模型。多元线性回归分析是对一元线性回归分析的拓展,其步骤、方法和一元线性回归分析基本上相类似,只是在计算上相对比较复杂些。

将一元线性回归模型推广,可以得到多元线性回归的理论模型:

$$\gamma_i = \alpha + \beta_1 x_{1i} + \beta_2 x_{2i} + \beta_3 x_{3i} + \cdots + \beta_n x_{ni} + \varepsilon_i \qquad (7-27)$$

估计模型:

$$y_c = a + b_1 x_{1i} + b_2 x_{2i} + b_3 x_{3i} + \cdots + b_n x_{ni} \qquad (7-28)$$

式中: $b_1, b_2, b_3, \cdots, b_n$ 是偏回归系数, b_i 表示当其他解释变量不变的情况下, x_i 每变化一个单位时 y 的均值的变化。

由于多元线性回归分析涉及多个变量和多个需要顾及的位置参数,而且每个变量都有多个观测数据,所以多元线性回归分析的运算和表达比较复杂和烦琐。为了简化分析过程的表达和分析,在实际中,一般都把矩阵的计法和运算法则引入来加以利用。下面简单说明一下如何用矩阵表示多元线性回归模型。

$$y_1 = \alpha + \beta_1 x_{11} + \beta_2 x_{21} + \beta_3 x_{31} + \cdots + \beta_n x_{n1} + \varepsilon_1$$
$$y_2 = \alpha + \beta_1 x_{12} + \beta_2 x_{22} + \beta_3 x_{32} + \cdots + \beta_n x_{n2} + \varepsilon_2$$
$$\cdots\cdots\cdots$$
$$y_k = \alpha + \beta_1 x_{1k} + \beta_2 x_{2k} + \beta_3 x_{3k} + \cdots + \beta_n x_{nk} + \varepsilon_k$$

可以写成：

$$\begin{bmatrix} y_1 \\ y_2 \\ \vdots \\ y_k \end{bmatrix} = \begin{bmatrix} 1 & x_{11} & \cdots & x_{n1} \\ 1 & x_{12} & \cdots & x_{n3} \\ \vdots & \vdots & & \vdots \\ 1 & x_{k1} & \cdots & x_{kn} \end{bmatrix} \begin{bmatrix} \alpha \\ \beta_1 \\ \vdots \\ \beta_n \end{bmatrix} + \begin{bmatrix} \varepsilon_1 \\ \varepsilon_2 \\ \vdots \\ \varepsilon_k \end{bmatrix}$$

即：
$$Y = X\boldsymbol{\beta} + \boldsymbol{\varepsilon} \tag{7-29}$$

（二）多元线性回归模型的参数估计

简单线性回归模型参数估计的思路为最小二乘法,对多元线性回归模型同样适用,不同的是,多元线性回归的样本数据点是多维空间的点,得到的回归直线也是多维空间中的直线。

直接根据回归残差平方和最小的准则,推导多元线性回归模型参数的最小二乘估计量。对式(7-28)求回归残差平方和为：

$$v = \sum e^2 = \sum [y - (a + b_1 x_{1i} + b_2 x_{2i} + b_3 x_{3i} + \cdots + b_n x_{ni})]^2 \tag{7-30}$$

令 v 对 $b_1, b_2, b_3, \cdots, b_n$ 的微分都等于0,即得下列方程组：

$$\frac{\partial v}{\partial a} = \sum 2[y - (a + b_1 x_{1i} + b_2 x_{2i} + b_3 x_{3i} + \cdots + b_n x_{ni})](-1) = 0$$

$$\frac{\partial v}{\partial b_1} = \sum 2[y - (a + b_1 x_{1i} + b_2 x_{2i} + b_3 x_{3i} + \cdots + b_n x_{ni})](-x_{1i}) = 0$$

$$\cdots\cdots\cdots\cdots$$

$$\frac{\partial v}{\partial b_n} = \sum 2[y - (a + b_1 x_{1i} + b_2 x_{2i} + b_3 x_{3i} + \cdots + b_n x_{ni})](-x_{ni}) = 0$$

这就是多元线性回归模型待估参数估计值的方程组。只要解释变量之间不存在严格线性关系就可以解出 $b_1, b_2, b_3, \cdots, b_n$ 的一组唯一值,它们就是理论模型 $\alpha, \beta_1, \beta_2, \cdots, \beta_n$ 的最小二乘估计。

上述推导和表达可以用矩阵来表达,使得推导过程就会简洁：

$$Y_c = XB \tag{7-31}$$

回归残差矩阵为：

$$\boldsymbol{\varepsilon} = Y - Y_c = Y - XB$$

进一步可得残差平方和为：

$$V = \sum \varepsilon_i^2 = \boldsymbol{\varepsilon}'\boldsymbol{\varepsilon} = (Y - XB)'(Y - XB) = Y'Y - 2B'X'Y + B'X'XB \tag{7-32}$$

求最小二乘参数估计的残差平方和 V 对 $b_1, b_2, b_3, \cdots, b_n$ 的偏导数等于0构成的方程组,等于 V 对 b 的梯度向量等于0,可得：

$$X'XB = X'Y \tag{7-33}$$

两边同时乘 $X'X$ 的逆矩阵 $(X'X)^{-1}X'XB = (X'X)^{-1}X'Y$ 得

$$B = (X'X)^{-1}X'Y \tag{7-34}$$

这就是多元线性回归模型参数的最小二乘估计量。

【例 7-6】 某农场通过试验取得早稻收获量与春季降雨量和春季温度的数据如下：

表 7-6 早稻收获量、春季降雨量和春季温度数据

收获量 $y(\mathrm{kg/hm^2})$	降雨量 $x_1(\mathrm{mm})$	温度 $x_2(℃)$
2 250	25	6
3 450	33	8
4 500	45	10
6 750	105	13
7 200	110	14
7 500	115	16
8 250	120	17

求：（1）试确定早稻收获量对春季降雨量和春季温度的二元线性回归方程。（2）解释回归系数的实际意义。

由理论分析可知，对早稻收获量主要受春季降雨量和春季温度等因素的影响，这里假设这种影响是线性的，因此，可以用多元线性回归模型研究消费支出的变化规律。因此，设定矩阵模型：

$$Y_c = XB$$

$$Y = \begin{bmatrix} 2\ 250 \\ 3\ 450 \\ \vdots \\ 8\ 250 \end{bmatrix}, X = \begin{bmatrix} 1 & 25 & 6 \\ 1 & 33 & 8 \\ \vdots & \vdots & \vdots \\ 1 & 120 & 17 \end{bmatrix}, B = \begin{bmatrix} a \\ b_1 \\ \vdots \\ b_n \end{bmatrix}$$

$$X'X = \begin{bmatrix} 1 & 1 & \cdots & 1 \\ 25 & 33 & \cdots & 120 \\ 6 & 8 & \cdots & 17 \end{bmatrix} \begin{bmatrix} 1 & 25 & 6 \\ 1 & 33 & 8 \\ \vdots & \vdots & \vdots \\ 1 & 120 & 17 \end{bmatrix} = \begin{bmatrix} 7 & 553 & 84 \\ 553 & 54\ 489 & 7\ 649 \\ 84 & 7\ 649 & 1\ 110 \end{bmatrix}$$

$$(X'X)^{-1} = \begin{bmatrix} 7 & 553 & 84 \\ 553 & 54\ 489 & 7\ 649 \\ 84 & 7\ 649 & 1\ 110 \end{bmatrix}^{-1} = \begin{bmatrix} 3.73 & 0.05 & -0.66 \\ 0.05 & 0.001 & -0.01 \\ -0.66 & -0.01 & 0.14 \end{bmatrix}$$

$$X'Y = \begin{bmatrix} 1 & 1 & \cdots & 1 \\ 25 & 33 & \cdots & 120 \\ 6 & 8 & \cdots & 17 \end{bmatrix} \begin{bmatrix} 2\ 250 \\ 3\ 450 \\ \vdots \\ 8\ 250 \end{bmatrix} = \begin{bmatrix} 39\ 900 \\ 3\ 725\ 850 \\ 534\ 900 \end{bmatrix}$$

因此，

$$B = (X'X)^{-1}X'Y = \begin{bmatrix} 3.73 & 0.05 & -0.66 \\ 0.05 & 0.001 & -0.01 \\ -0.66 & -0.01 & 0.14 \end{bmatrix} \begin{bmatrix} 39\ 900 \\ 3\ 725\ 850 \\ 534\ 900 \end{bmatrix} = \begin{bmatrix} -0.591 \\ 22.386 \\ 327.67 \end{bmatrix}$$

拟合的回归方程：$y_c = -0.591 + 22.386x_1 + 327.67x_2$

偏斜率 $b_1 = 22.386$ 表示当其他因素不变时，春季降雨量每增加 1 mm，早稻收获量平均增加 22.386 kg/hm²；偏斜率 $b_2 = 327.67$ 表示当其他因素不变时，春季气温每提高 1 ℃，早稻收获量平均增加 327.67 kg/hm²。

上述案例采用的是比较简单的二元线性回归模型进行参数估计，现实中，因变量可能受到三个及以上自变量的影响，相应地能够拟合成三元、四元……线性回归方程。有几个自变量则表示几元线性回归。我们依然可以参照上述矩阵计算的方式对参数进行估计，当然，现有的各种统计分析软件能够帮助我们高效地完成参数估计和检验过程。

【例 7-7】　从国家统计局获得表 7-7 中的数据。

表 7-7　国内生产总值与进出口总额、全社会固定资产投资
与研究与试验发展经费支出数据 单位：亿元

年份	国内生产总值	进出口总额（人民币）	全社会固定资产投资	研究与试验发展经费支出
2002	121 717.4	51 378.15	43 500	1 287.64
2003	137 422.0	70 483.45	53 841	1 539.63
2004	161 840.2	95 539.09	66 235	1 966.33
2005	187 318.9	116 921.77	80 994	2 449.97
2006	219 438.5	140 974.74	97 583	3 003.1
2007	270 092.3	166 924.07	118 323	3 710.24
2008	319 244.6	179 921.47	144 587	4 616.02
2009	348 517.7	150 648.06	181 760	5 802.11
2010	412 119.3	201 722.34	218 834	7 063
2011	487 940.2	236 401.95	238 782	8 687
2012	538 580.0	244 160.21	281 684	10 298.41
2013	592 963.2	258 168.89	329 318	11 846.6
2014	643 563.1	264 241.77	373 637	13 015.63
2015	688 858.2	245 502.93	405 928	14 169.88
2016	746 395.1	243 386.46	434 364	15 676.75
2017	832 035.9	278 099.24	461 284	17 606.13
2018	919 281.1	305 010.09	488 499	19 677.93
2019	986 515.2	315 627.32	513 608	22 143.6
2020	1 013 567.0	322 215.24	527 270	24 393.11
2021	1 143 670.0	391 008.54	552 884.2	27 864

　　利用 stata 软件可以分别画出国内生产总值与进出口总额(见图 7-8),国内生产总值与全社会固定资产投资(见图 7-9),国内生产总值与研究与试验发展经费支出的散点图(见图 7-10)。

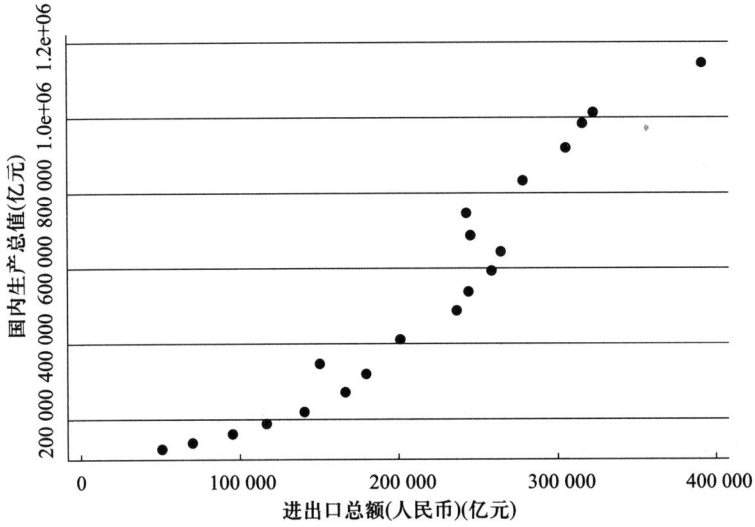

图 7-8　国内生产总值与进出口总额散点图

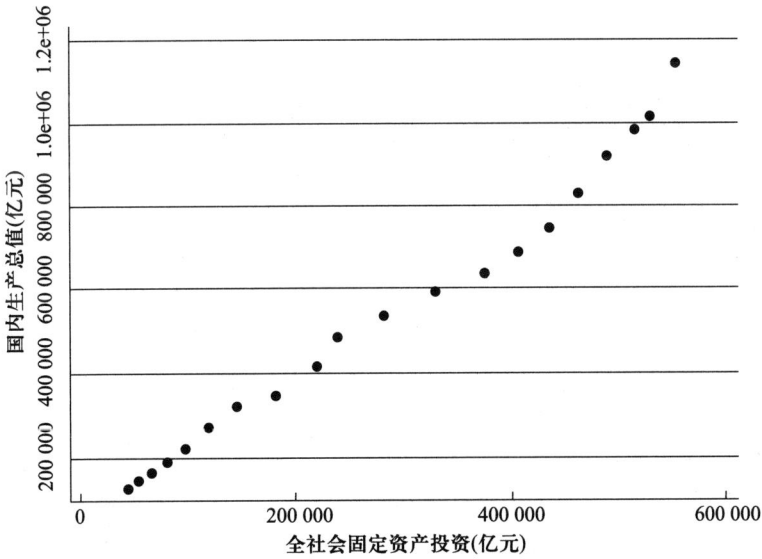

图 7-9　国内生产总值与全社会固定资产投资散点图

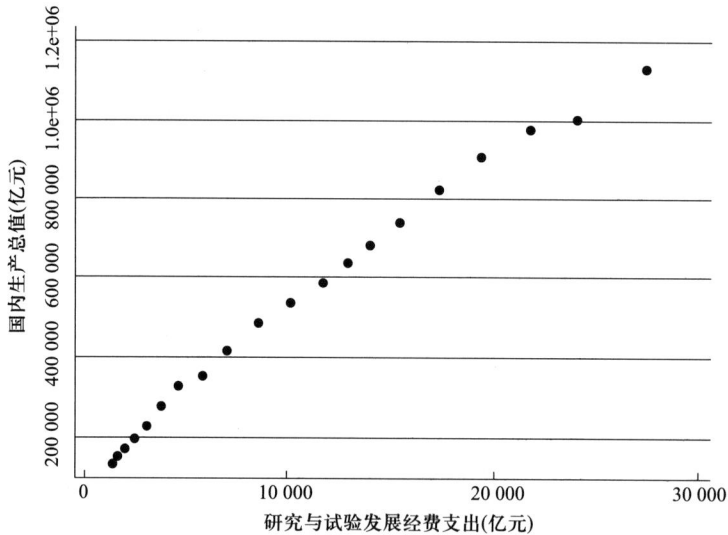

图 7-10　国内生产总值与研究与试验发展经费支出的散点图

可以看出,国内生产总值与进出口总额、全社会固定资产投资、研究与试验发展经费支出呈线性相关关系。利用 stata 可得多元线性回归结果如图 7-11 所示。

Source	SS	df	MS		
				Number of obs =	20
				F(3, 16) =	4180.82
Model	1.9774e+12	3	6.5914e+11	Prob > F =	0.0000
Residual	2.5225e+09	16	157657603	R-squared =	0.9987
				Adj R-squared =	0.9985
Total	1.9799e+12	19	1.0421e+11	Root MSE =	12556

国内生产总值	Coef.	Std. Err.	t	P>|t|	[95% Conf. Interval]	
进出口总额人民币	.423339	.1043436	4.06	0.001	.2021404	.6445375
全社会固定资产投资	.5998551	.0864018	6.94	0.000	.4166915	.7830188
研究与试验发展经费支出	21.90135	1.801873	12.15	0.000	18.08155	25.72115
_cons	42218.56	10924.22	3.86	0.001	19060.25	65376.87

图 7-11　stata 多元线性回归结果

从图 7-11 中可以看出,模型估计结果为:

$$y_c = 42\ 218.56 + 0.423\ 3x_1 + 0.599\ 9x_2 + 21.901\ 4x_3$$
$$(10\ 924.22)\ (0.104\ 3)\ (0.086\ 4)\ (1.801\ 9)$$
$$t = \quad \{3.86\} \quad \{4.06\} \quad \{6.94\} \quad \{12.15\}$$
$$R^2 = 0.998\ 7 \quad Adj\ R^2 = 0.998\ 5 \quad F = 4\ 180.82$$

模型估计结果说明,在假定其他变量不变的情况下,进出口总额每增长 1 亿元,国内生产总值平均增长 0.423 3 亿元;在假定其他变量不变的情况下,全社会固定资产投资每增长 1 亿元,国内生产总值平均增长 0.599 9 亿元;在假定其他变量不变的情况下,研究与试验发展经费支出每增加 1 亿元,国内生产总值平均增加 21.901 4 亿元。拟合优度检验结果 R^2 为 0.998 7,调整的拟合优度检验结果 R^2 为 0.998 5,说明模型对样本拟合较好。F 检验在显著性水平 0.01 下依然显著,说明回归方程显著,即进出口总额、全社会固定资产投资、研究与试验发展经费支出联合起来对国内生产总值有显著影响。t 检验结果在显著性水平 0.01 下均显著,说明当其他自变量不变的情况下,自变量进出口总额、全社会固定资产投资、研究与试验发展经费支出分别对国内生产总值都有显著的影响。

当然,影响国内生产总值的因素还有很多,这里仅为举例说明。比如画出国内生产总值与第二产业就业人员的散点图可以发现,当第二产业就业人员增加到一定水平以后,对国内生产总值的正向影响出现了拐点,说明两者关系可能不是线性相关,对此,我们可以考虑非线性回归分析。

四、非线性回归分析

实践中,经常遇到的问题是经济变量之间的关系并非线性关系,而是呈现出某种曲线关系。此时就必须根据具体数据情况为两个变量拟合一个恰当的曲线回归模型。

对于非线性回归,通常采用变量代换法将非线性模型线性化,从而将曲线回归问题转化为线性回归问题,再按照线性模型的方法来处理。

(一)指数曲线模型

当自变量 x 呈现等差的增加或减少时,因变量 y 随之呈现等比的增加或减少,则 x 与 y 之间的关系为指数函数关系,可以拟合指数曲线模型,其回归方程为:

$$y_c = ab^x \tag{7-35}$$

其中 a 和 b 为待估参数。

对式(7-35)两边取对数,即:

$$\lg y_c = \lg a + x \lg b \tag{7-36}$$

设 $\lg y_c = y_c'$,$\lg a = a'$,$\lg b = b'$ 则可得到简单线性模型:

$$y'c = a' + b'x \tag{7-37}$$

再根据最小二乘法原理,得到:

$$\begin{cases} \sum y' = na' + b' \sum x \\ \sum xy' = a' \sum x + b' \sum x^2 \end{cases} \tag{7-38}$$

其中 $y' = \lg y$,代入数据即可解出 a' 和 b' 的值。由于 $\lg a = a'$,$\lg b = b'$,所以对 a' 和 b' 分别求反对数即可得到指数曲线模型的参数 a 和 b。

大部分常见的非线性回归模型,基本上都可以找到相应的变量转换的方法,使之转化为线性回归方程再对参数求解。

(二)幂函数曲线模型

幂函数曲线回归方程为:

$$y_c = ax^b \tag{7-39}$$

对式(7-39)两边取对数可以转化为:

$$\lg y_c = \lg a + b \lg x \tag{7-40}$$

令 $y_c' = \lg y_c$,$x' = \lg x$,$A = \lg a$ 则可得到线性回归方程为:

$$y_c' = A + bx' \tag{7-41}$$

(三)双曲线模型

双曲线回归方程为:

$$\frac{1}{y_c} = a + b \frac{1}{x} \tag{7-42}$$

令 $y_c' = \frac{1}{y_c}$,$x' = \frac{1}{x}$ 则线性回归方程为:

$$y'_c = a + bx' \tag{7-43}$$

（四）抛物线模型

抛物线回归方程为：

$$y_c = a + bx + cx^2 \tag{7-44}$$

设 $x_1 = x, x_2 = x^2$，则得到：

$$y_c = a + bx_1 + cx_2 \tag{7-45}$$

这是一个二元线性回归模型，按照前面所述二元线性回归模型的参数求解方法，即可得到拟合的抛物线回归方程。

▤ 本章小结

本章的要点是理解相关分析和回归分析的基本思想与应用意义，能够进行相关关系的测度、回归模型的构建，掌握定量分析研究现象之间数量关系的基本方法。通过学习，理解相关分析的基本原理与步骤，熟知相关关系的含义与分类；熟练掌握简单线性相关系数和相应等级相关系数的计算方法，理解相关系数的意义；理解回归分析的基本原理与步骤，掌握回归分析的主要特点；熟练掌握一元线性回归模型及方程的求解，能够利用回归方程对因变量做出点估计和区间估计；初步认识多元回归模型和各种非线性回归模型。作为学习延伸，可以通过阅读相关文献就如何识别和防范伪相关关系、伪因果关系进行探讨，就相关关系与回归关系的关系进行思考，就相关分析、回归分析的适用性进行评价。

▤ 思考与练习

一、即测即评

二、计算题

1. 检查 5 位同学统计学的学习时间与成绩分数如表 7-8 所示：

表 7-8　每周学习时间与学习成绩数据

每周学习时间（小时）	学习成绩（分）
4	40
6	60
7	50
10	70
13	90

（1）计算出每周学习时间与学习成绩之间的相关系数。

（2）使用斯皮尔曼等级相关的方法计算每周学习时间与学习成绩之间的相关系数，并比较两种结果。

（3）建立直线回归方程。

（4）计算估计标准误差。

2. 某企业 2017—2021 年的总产值和利润额资料如表 7-9 所示。

表 7-9　某企业 2017—2021 年总产值和利润额　　　　单位：百万元

年份	总产值	利润额
2017	15	4.5
2018	17	5.0
2019	22	6.5
2020	25	8.0
2021	30	10.0

要求：

（1）计算总产值和利润额之间的相关系数，并判别相关程度和相关方向。（计算结果保留四位小数）

（2）求出利润额对总产值的直线回归方程，并说明斜率的含义。

（3）当总产值为 5 000 万元时，企业的利润总额为多少？

3. 设销售收入 X 为自变量，销售成本 Y 为因变量，现根据某百货公司 12 个月的有关资料计算出以下数据（单位：万元）：

$$\sum (X_t - \overline{X})^2 = 425\,053.73, \overline{X} = 647.88, \sum (Y_t - \overline{Y})^2 = 262\,855.25,$$

$$\overline{Y} = 549.8, \sum (Y_t - \overline{Y})(X_t - \overline{X}) = 334\,229.09$$

（1）拟合简单线性回归方程，并对方程中回归系数的经济意义做出解释。

（2）计算可决系数和回归估计标准误。

（3）假定明年 1 月销售收入为 800 万元，利用拟合的回归方程预测相应的销售成本。

4. 有 10 个同类企业的生产性固定资产年均价值和工业增加值资料如表 7-10 所示。

表 7-10　10 个同类企业的生产性固定资产年均价值和工业增加值　　　　单位：万元

企业编号	生产性固定资产年均价值	工业增加值	企业编号	生产性固定资产年均价值	工业增加值
1	318	524	6	502	928
2	910	1 019	7	314	605
3	200	638	8	1 210	1 516
4	409	815	9	1 022	1 219
5	415	913	10	1 225	1 624

要求：

（1）计算相关系数，说明两变量相关的方向和程度。

（2）建立以工业增加值为因变量的直线回归方程，说明方程参数的经济意义。

（3）计算估计标准误。

（4）在95%的概率保证下，估计生产性固定资产为1 100万元时，工业增加值的可能置信区间。

5. 表7-11是十家商店的月销售资料。

表7-11　10家商店的月销售情况

商店	月平均销售额 X（千元）	利润率 Y（%）	商店	月平均销售额 X（千元）	利润率 Y（%）
1	6	12.6	6	7	16.3
2	5	10.4	7	6	12.3
3	8	18.5	8	3	6.2
4	1	3	9	3	6.6
5	4	8.1	10	7	16.8

要求：

（1）计算每人月平均销售额与利润率的相关系数，判断二者相关程度。

（2）求利润率对每人月平均销售额的回归方程。

（3）计算估计标准误差。

（4）预测每人月平均销售额为2千元时的利润率。

6. 已知 $r=0.9$，$\overline{x}=25$，$\overline{y}=50$，s_y 是 s_x 的3倍，求以 y 为因变量的直线回归方程。

7. 在一项对2021年某社区家庭对某种消费品的消费需求调查中，得到表7-12所示的资料，请对该社区家庭对该商品的消费需求支出做多元线性回归分析。

要求：

（1）试确定某商品消费需求对商品单价和家庭月收入的二元线性回归方程。

（2）解释回归系数的实际意义。

表7-12　某社区某种商品的单价、家庭月收入和对该商品的消费支出数据　　　单位：元

家庭序号	对某商品的消费需求支出 y	该商品单价 x_1	家庭月收入 x_2
1	591.9	23.56	7 620
2	654.5	24.45	9 120
3	623.6	32.07	10 670
4	647.0	32.46	11 160
5	674.0	31.15	11 900

家庭序号	对某商品的消费需求支出 y	该商品单价 x_1	家庭月收入 x_2
6	644.4	34.14	12 900
7	680.0	35.30	14 340
8	724.0	38.70	15 960
9	757.1	39.63	18 000
10	706.8	46.68	19 300

计算题答案

实例 1:

2021 年 3 月 12 日《中华人民共和国国民经济和社会发展第十四个五年规划和 2035 年远景目标纲要》对外公布,这是指导我国今后 5 年及 15 年国民经济和社会发展的纲领性文件,部分指标的计划情况见表 8-1,表中的中括号内数值为 5 年累计值。

表 8-1　"十四五"时期我国经济社会发展部分指标

指标	2020 年	2025 年	年均/累计	属性
国内生产总值(GDP)增长(%)	2.3	—	保持在合理区间、各年度视情况提出	预期性
全员劳动生产率增长(%)	2.5	—	高于 GDP 增长	预期性
数字经济核心产业增加值占 GDP 比重(%)	7.8	10	—	预期性
居民人均可支配收入增长(%)	2.1	—	与 GDP 增长基本同步	预期性
城镇调查失业率(%)	5.2	—	<5.5	预期性
劳动年龄人口平均受教育年限(年)	10.8	11.3	—	约束性
单位 GDP 能源消耗降低(%)	—	—	[13.5]	约束性
单位 GDP 二氧化碳排放降低(%)	—	—	[18]	约束性

表中指标的年均增速是如何计算的?为什么有些指标的目标值是五年累计值,有些指标的目标值又是期末 2025 年数值?

实例 2:

我国 2018 年第 1 季度至 2021 年第 4 季度的第一产业增加值如图 8-1 所示,从中可以发现,我国第一产业增加值表现出明显的季节性变化,且呈现一定的上升趋势。

如何度量季节性变动和长期趋势?时间序列的影响因子有哪些?

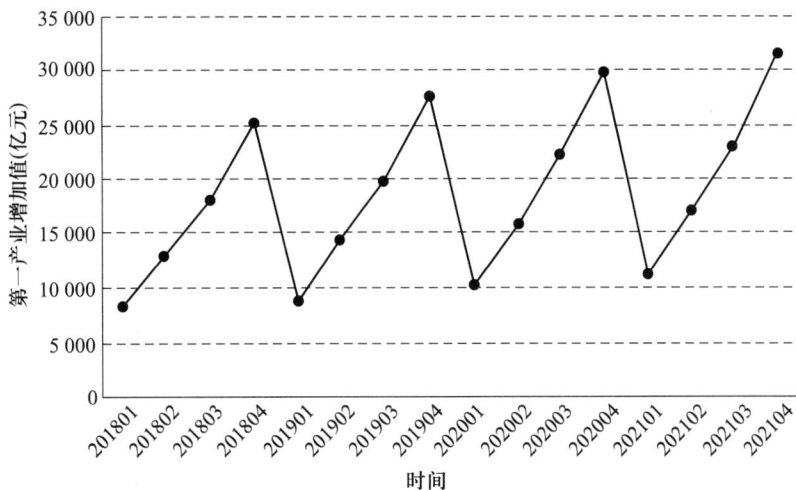

图 8-1　2018 年第 1 季度至 2021 年第 4 季度中国第一产业增加值
资料来源:国家统计局网站

第一节　时间序列概述

一、时间序列的概念

时间序列,是指指标数值按照时间先后顺序依次排列而形成的数列。前面图 8-1 即为第一产业增加值时间序列。图 8-2 显示的是中国人均 GDP 指数时间序列,它可以分析 1992 年以来我国历年人均 GDP 的具体表现及其变化趋势。由于时间序列是从动态角度反映现象的数量变化,所以又称动态序列。

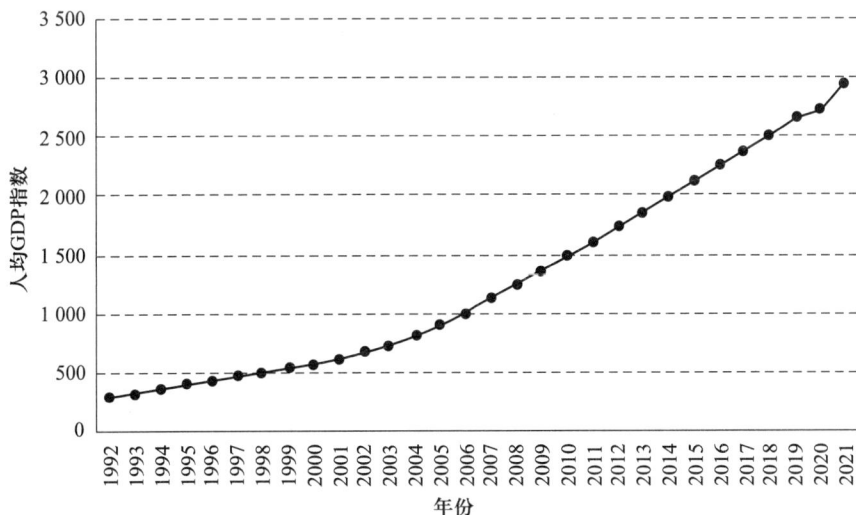

教学视频
时间序列的基本问题

图 8-2　1992—2021 年中国人均 GDP 指数(1978 = 100)
资料来源:国家统计局网站

从图 8-1 和图 8-2 可以看出,时间序列图形的横坐标为时间,纵坐标为指标数值,因此构成时间序列有两个基本要素。一是现象所属的时间,可以为年份、季度、月份、周或者天等;也可以为若干年之和,比如长期以来我国执行国民经济和社会发展五年规划,我们就可以分析"一五"到"十三五"期间每个五年的经济发展指标。二是指标数值,这是时间序列分析的核心。

一般来说,通过对特定时间序列的实证分析,至少可以达到以下三个目的:一是把握事物发展的动态变化过程,帮助人们客观准确地认识事物的发展方向和程度;二是分析时间序列背后的影响因子,探讨各个影响因子的具体表现及其作用,研究事物发展变化的趋势和规律;三是根据事物过去的变化规律,对未来发展进行预测,为国民经济管理和企业经营决策提供重要参考。

二、时间序列的种类

由于时间序列包括时间和指标数值两个基本要素,因此时间序列的分类也主要从这两个方面展开。考虑到时间主要有年份、季度、月份、日期等不同类别,时间序列也因而有年度时间序列、季度时间序列等不同类型,但这种分类的意义不大。鉴于统计指标按性质不同,可分为总量指标、相对指标和平均指标,从而时间序列可以分为总量指标时间序列、相对指标时间序列和平均指标时间序列。其中,总量指标时间序列是最基础的,后两种序列由其派生而来。

(一) 总量指标时间序列

总量指标时间序列是指由总量指标按时间先后顺序排列而形成的时间序列,它反映事物在不同时间上的总规模。比如,图 8-1 所反映的第一产业增加值就是总量指标时间序列。由于总量指标按其反映的时间状态不同可分为时期指标和时点指标,因此总量指标时间序列也可分为时期指标序列和时点指标序列。

1. 时期指标序列

时期指标序列是指某个时期指标按时间先后顺序排列而形成的序列,其中时期指标是指现象在一定时间内累计达到的总量。

时期指标序列的特点主要有:① 可加性,即不同时期的指标数值可以累加。比如企业利润序列,将 1 月、2 月和 3 月利润相加即为第一季度利润,将四个季度利润相加即为一年的利润。② 指标数值的大小与时期长短有直接关系。一般来说,时期越长,数值越大,这也是由可加性特点所决定的。③ 指标数值一般通过连续登记获得。由于时期指标是现象在一段时间内累计达到的总量,因此必须将这段时间内现象发生的数值逐一登记,然后才能相加计算总量。要说明的是,此处连续登记并非严格意义上的时时登记,而是现象只要有变化就立即登记,是针对现象变化而言的连续登记。

2. 时点指标序列

时点指标序列是指时点指标按时间先后顺序排列而形成的序列,其中时点指标是指现象在某一时点或瞬间所达到的总量。

与时期指标序列的特点相对应,时点指标序列的特点主要有:① 不可加性,即不同时点的指标数值不能累加或相加没有实际意义。比如,企业 1 月初、2 月初和 3 月初的职工均为 100 人,如果将这三个月的月初人数相加得到 300 人,那么这个数值没有任何意义,它也并非第 1 季度的职工人数,因为假定该企业的职工人数 100 一直没变,第一季度的职工人数还是 100。② 指标数值的大小与时间点间隔的时间长短一般无直接关系。比如,若已知企业 1 月初的职工人数为

100,那么后面每天的职工人数与所经历的天数没有任何关系,不能说 3 月初的职工人数一定大于 2 月初。③ 时点指标的数值一般通过不连续登记(或间断登记)获得。由于时点指标是反映现象在某一时点的总规模,只需要在该时点登记数据,不必连续登记。比如,我国第四次人口普查的数据所属时间为 1990 年 7 月 1 日零点,第五、六、七次人口普查的资料所属时间分别为 2000 年、2010 年和 2020 年的 11 月 1 日零点。由于人口普查消耗大量的人财物,因而普查年份之外的年末人口数只能通过一定方法估计得到。

（二）相对指标时间序列

相对指标按时间先后顺序形成的序列称为相对指标时间序列,它反映某个现象在不同时间上的相对水平。比如,图 8-2 中人均 GDP 指数时间序列,它由 GDP 与人口数这两个总量指标序列对比得到,是衡量经济发展水平的重要指标。相对指标可以是两个时期指标相对比得到(如三次产业的产值比重),也可以是时期指标与时点指标相对比得到(如人均 GDP),还可以是两个时点指标相对比得到(如三次产业的从业人员比重)。

（三）平均指标时间序列

平均指标按时间先后顺序排列形成的序列为平均指标时间序列,它反映某个现象在不同时间上的一般水平。比如,劳动生产率时间序列,它由 GDP 与从业人员两个总量指标相对比得到,反映的是每个劳动者产出 GDP 的一般水平。

表 8-2 为 2012—2021 年我国部分社会经济指标,其中年末总人口、男性人口和女性人口均为时点指标序列,国内生产总值和进出口总额为时期指标序列,人均水资源量为相对指标序列,城镇单位就业人员平均工资为平均指标序列。

表 8-2　2012—2021 年中国部分社会经济指标

年份	年末总人口（万人）	年末男性人口（万人）	年末女性人口（万人）	国内生产总值（亿元）	进出口总额（亿元）	人均水资源量（立方米/人）	城镇单位就业人员平均工资（元）
2012	135 404	69 395	66 009	538 580.0	244 160.0	2 186.0	46 769
2013	136 072	69 728	66 344	592 963.2	258 169.0	2 059.7	51 483
2014	136 782	70 079	66 703	643 563.1	264 242.0	1 998.6	56 360
2015	137 462	70 414	67 048	688 858.2	245 503.0	2 039.2	62 029
2016	139 232	71 307	67 925	746 395.1	243 386.5	2 339.4	67 569
2017	140 011	71 650	68 361	832 035.9	278 099.2	2 059.9	74 318
2018	140 541	71 864	68 677	919 281.1	305 010.1	1 957.7	82 413
2019	141 008	72 039	68 969	986 515.2	315 627.3	2 062.9	90 501
2020	141 212	72 357	68 855	1 013 567.0	322 215.2	2 239.8	97 379
2021	141 260	72 311	68 949	1 143 670.0	391 008.5	2 090.1	106 837

资料来源:根据国家统计局网站年度数据整理得到。

三、时间序列的组成因子

就一个特定时间序列而言,其影响因素可能很多,既有人文社会方面的因素,也有来自自然界的因素。而对于任何一个时间序列,我们可以将其发展轨迹分解为不同因子的影响,纵然不同现象组成因子的具体原因可能各不相同。时间序列的组成因子大致分成四类:长期趋势、季节变动、循环变动和不规则变动。时间序列分析的一个任务,就是对这四类组成因子进行分解和测度,揭示现象变动的规律,预测现象未来的发展趋势。

(一) 四类组成因子

1. 长期趋势

长期趋势(long-term trend)是指社会经济现象由于受决定性因素的影响,在较长的一段时间内持续上升、下降或保持不变趋势的一种现象。长期趋势是社会经济现象变化的主旋律,是最重要的组成因子。有的社会经济现象可以没有季节变动因子和循环变动因子,也很少有不规则变动因子,主要就是长期趋势因子。比如,由于地球上石油、贵金属等资源的拥有量是一定的,而人类在不断开采利用,因此这些资源的储备量呈现下降趋势,长期来看这是不可逆转的趋势。

2. 季节变动

季节变动(seasonal variation)是指由于自然条件或社会因素造成的社会经济现象在一年内有序的周期性波动。季节变动是一种有规律的周期变动,掌握社会经济现象的季节变动规律,对及时、有效地组织商品供求有十分重要的作用。比如,羽绒衣的销售旺季在冬天,冷饮的销售旺季为夏天。要说明的是,季节变动的变动周期并非字面上的"季节",只要呈现稳定、重复的有规律变动,变动周期可以是月份、星期和日期等。例如,学校周边餐饮业的火爆时间是每学期的周末,正常情况下每天脉搏最慢的时间为晨起。

3. 循环变动

循环变动(cyclical variation)是指由于自然因素或者政治、经济因素导致的社会经济现象以数年为长度的周期变动。循环变动是一种较季节变动更为复杂的周期变动,变动周期不固定且不易把握。循环变动多见于宏观经济预测,比如宏观经济景气分析。

4. 不规则变动

不规则变动(irregular movement)是指由于偶然因素引起的、无规律的随机变动。不规则变动由于没有规律性,所以无法准确测量,也不能完全控制。在统计预测中,不规则变动对预测结果准确性的影响很大,是预测误差的重要组成部分。

(二) 分解模型

在时间序列分解中,原序列可以表示为长期趋势因子、季节变动因子、循环变动因子和不规则变动因子这四个因子的函数,比较常见的函数形式有加法模型和乘法模型两种。

1. 加法分解模型

时间序列的加法分解模型,是将时间序列分解成四个彼此独立的因子,这四个因子的绝对量之和等于原数列。加法分解模型如下:

$$Y_t = T_t + S_t + C_t + I_t \tag{8-1}$$

式中:Y_t 为原始数列,T_t 为长期趋势因子,S_t 为季节变动因子,C_t 为循环变动因子,I_t 为不规则变动因子。

在加法分解模型中,各个因子都为独立变量,所以它们均与 Y_t 具有相同量纲,且满足 $\sum S_t = 0$。

2. 乘法分解模型

乘法分解模型是将时间序分解成相互联系的四个组成因子,这四个组成因子的乘积等于原

数列,其中长期趋势因子为最主要的组成因子。实践中乘法分解较为常见,模型如下:

$$Y_t = T_t \times S_t \times C_t \times I_t \tag{8-2}$$

式中:T_t 与 Y_t 有相同的量纲;S_t、C_t 和 I_t 皆为无名数,一般是百分数,并且 $\sum S_t = k$(k 为季节变动的周期)。

当然,并非每一个时间序列都同时存在这四种因子。一个时间序列究竟存在哪几种因子?这些因子采取哪种形式组合?这需要我们根据所掌握的资料、时间序列的性质以及研究目的来确定。此外,除了上述两种基本模型外,基于加法模型和乘法模型之上的一些混合模型在实践中也得到一定运用。

四、时间序列的编制原则

为了科学分析时间序列的发展变化,不同时间的指标必须保持高度的可比性或一致性,否则时间序列的规律和预测分析就毫无意义,因此可比性原则是编制时间序列的最基本原则。具体来说,时间序列的可比性原则主要有:

1. 时间的可比性

对于时期指标序列,由于其数值大小跟时期长短有直接关系,因此每个时期指标所对应的时间长短应该相等。如果时期指标序列在时间上还有间隔,那么其时间间隔也尽可能相等。

对于时点序列,虽然其值大小与时间长短没有直接关系,但每一数值所处的时点应该统一。比如,都采用年末数据或都采用年初数据,当年初、年中、年末数据混合出现时,给统计分析带来不便。

2. 统计范围的可比性

对于某些基于区域的统计指标,应该注意区域范围的可比性。如果行政区划有过变动,则前后指标值就不能直接对比,要作相应调整。此外,各期指标值所包括的总体单位应该是相同的。比如,人口序列要明确是常住人口还是户籍人口,工业增加值序列要说明是规模以上工业企业还是所有工业企业。

3. 经济内容的可比性

一个指标名称与其所处的年代、统计制度以及经济理论有很大关系,名称相同但经济内容不同的时间序列是不具有可比性的。比如,国民经济核算中,物质产品平衡体系(MPS)的国民收入和国民账户体系(SNA)的国民收入的所指不同,经济内容发生了较大变化。

4. 计算方法的可比性

计算方法是统计指标的要素之一,同一经济内容但前后计算方法不同的时间序列不具有可比性。比如,国内生产总值(GDP)有生产法、收入法和使用法三种计算方法,GDP 序列应该采用同一种方法计算的 GDP,否则不同数据不具有可比性,不能进行统计分析。

分析时间序列的主要目的是探寻其随时间变化而变化的规律和趋势,并对原有趋势进行延伸和预测,因此时间序列的分析方法至关重要。总的来看,时间序列的分析方法可以分为综合指标法和统计模型法两大类。综合指标法是指通过计算各种动态指标来描述现象的动态变化特征,包括各种水平指标与速度指标。统计模型法主要借助数量模型来描述和刻画现象的发展规律,主要包括确定型时间序列和随机型时间序列两类统计模型。本章着重分析时间序列的组成因子,目的是通过对组成因子的分解分析,揭示现象的变化规律,因此按照长期趋势分析、季节变动和循环变动分析进行分类展开。至于时间序列的各种具体模型,读者可参考时间序列的相关专业书籍。

第二节 时间序列的水平分析

本节"水平指标"是指时间序列分析时带有量纲的指标,对应于下节所要介绍的没有量纲的"速度指标"。时间序列的水平指标主要有发展水平、平均发展水平、增长水平和平均增长水平。

一、发展水平

发展水平是现象实际达到的水平,也就是时间序列的各项指标数值。发展水平通常用 y_1,$y_2,\cdots,y_n$ 表示,其中第一项 y_1 称为最初水平,最末一项 y_n 称为最末水平。此外,一般把被研究的时期称为报告期,相应的发展水平称为报告期发展水平,并把研究中作为比较基数的时期称为基期,对应的发展水平称为基期发展水平。

发展水平常用"增加到"或"降低到"来表示。比如,1978 年我国人均 GDP 为 385 元,2021年增加到 80 976 元。

二、平均发展水平

现象在不同时间的发展水平有高低之分,平均发展水平就是计算现象在一段时间内发展的一般水平,它把不同时间上的数量差异抽象化,便于对比分析。平均发展水平又称序时平均数或动态平均数,它与一般的静态平均数既有联系又有区别。共同点都是反映现象的一般水平或代表水平,都属于平均数。不同之处在于:静态平均数是消除了总体中各个单位在某一时间上的数量差异,反映该时间各个单位的一般水平或代表水平;而序时平均数则是消除了同一现象在不同时间上的数量差异,从动态上反映现象的一般水平或代表水平。一般而言,静态平均数依据截面数据计算,序时平均数根据时间序列(纵向数据)计算。

由于发展水平有总量指标、相对指标和平均指标之分,总量指标还有时期指标和时点指标之别,不同形式发展水平对序时平均数的计算带来很大差异,因此下面分别从时期指标序列、时点指标序列、相对指标和平均指标时间序列介绍序时平均数的计算。

(一) 时期指标序时平均数

时期指标满足可加性,它的序时平均数直接用简单算术平均法计算。设各期发展水平为 $y_1,y_2,\cdots,y_n$,则序时平均数 $\bar{y}$ 为:

$$\bar{y} = \frac{y_1 + y_2 + \cdots + y_n}{n} = \frac{\sum_{i=1}^{n} y_i}{n} \tag{8-3}$$

根据表 8-2 中进出口总额数据,可以计算 2012—2021 年我国年平均进出口总额为 $\frac{244\ 160+258\ 169+\cdots+391\ 008.5}{10}=286\ 742$(亿元)。

(二) 时点指标序时平均数

时点指标序时平均数的计算比较复杂,需要根据时点指标的获取方式选择相应的计算公式,主要有四种情形:连续登记且间隔相等、连续登记但间隔不等、不连续登记但间隔相等、不连续登记且间隔不等。

1. 连续登记且间隔相等的时点序列

连续登记是指不间断登记,比如日期序列需要每天登记,小时序列要每个小时都登记等。如果每个时点均对现象的发展水平进行了登记,就可以直接运用简单算术平均数计算序时平均数。比如已知周一到周五的每天职工人数,则计算这一周的平均职工人数即为简单算数平均数。设 n 个连续时点的发展水平分别为 $y_1, y_2, \cdots, y_n$,则序时平均数为 $\bar{y} = \dfrac{y_1 + y_2 + \cdots + y_n}{n} = \dfrac{\sum\limits_{i=1}^{n} y_i}{n}$。

2. 连续登记但间隔不等的时点序列

现实生活中的某些时点序列,并不是时时在变化,通常只在变化时点登记数据,这种连续登记就演变为"变化登记"。由于变化的时点是不确定的,因此一般利用加权算术平均数进行计算,权重即为两个变化时点之间的时间间距。

假设 n 个时点的发展水平分别为 $y_1, y_2, \cdots, y_n$,每一数值持续的时间长度(间隔)分别为 $f_1, f_2, \cdots, f_n$,则序时平均数为:

$$\bar{y} = \frac{y_1 f_1 + y_2 f_2 + \cdots + y_n f_n}{f_1 + f_2 + \cdots + f_n} = \frac{\sum\limits_{i=1}^{n} y_i f_i}{\sum\limits_{i=1}^{n} f_i} \tag{8-4}$$

【例 8-1】 某公司 3 月 1 日至 10 日的固定资产为 5 000 万元,11 日至 25 日为 6 000 万元,26 日至 31 日 6 500 万元,则 3 月份的平均固定资产为:

$$\bar{y} = \frac{5\,000 \times 10 + 6\,000 \times 15 + 6\,500 \times 6}{31} = 5\,774.19(万元)$$

3. 不连续登记但间隔相等的时点序列

不连续登记是指间断收集数据,比如针对日期序列,只在每个月的月初甚至每年的年初登记数据,其他日期的数据并不知晓。由于两个相邻数据所对应的时点并非相邻时点,中间各个时点的发展水平是未知和变化的,因此只能估计这段时间的平均发展水平。一般假设这段时间的数据变化是均匀的,从而可用期初和期末的算术平均数作为这段时间的平均发展水平。比如,已知某公司 3 月初的职工人数是 500 人,3 月末的职工人数为 556 人,那么可以近似认为月内增加的56 人是均匀分布的,而非集中在临近月初或月末的某个时间段,因而 3 月份的平均职工人数为(500+556)/2 = 528(人)。当然,这种估算结果肯定存在一定误差,但这是在数据不全情形下最合理的估算方法。

以此类推,对于不连续登记但间隔相等的时点序列 $y_0, y_1, y_2, \cdots, y_n$,其序时平均数就是各期平均发展水平的简单算术平均数,即

$$\bar{y} = \frac{\bar{y}_1 + \bar{y}_2 + \cdots + \bar{y}_n}{n} = \frac{\dfrac{y_0 + y_1}{2} + \dfrac{y_1 + y_2}{2} + \cdots + \dfrac{y_{n-1} + y_n}{2}}{n}$$

$$= \frac{\frac{y_0}{2}+y_1+y_2+\cdots+y_{n-1}+\frac{y_n}{2}}{n} \tag{8-5}$$

式(8-5)的分子共有 $n+1$ 项,比分母多 1,但是首项 y_0 和尾项 y_n 均为一半数值,故称"首尾折半法"。

针对表 8-2 的年末总人口,我们可以计算出 2013—2021 年的年均人口为:

$$\overline{y} = \frac{135\ 404/2+136\ 072+\cdots+141\ 212+141\ 260/2}{9} = 139\ 254.8(万人)$$

【例 8-2】　某公司于 2021 年的部分日期登记了固定资产金额,具体情况如下:1 月 1 日为480 万元;4 月 1 日为 556 万元;7 月 1 日为 560 万元,10 月 1 日为 545 万元;12 月 31 日为 542 万元,试计算 2021 年该公司的平均固定资产。

由于登记时间间隔均为 3 个月,根据"首尾折半法"的计算公式,可得该公司 2021 年平均固定资产为:

$$\overline{y} = \frac{480/2+556+560+545+542/2}{4} = 543(万元)$$

4. 不连续登记且间隔不等的时点序列

如果时点指标不连续登记,并且时间间隔也不完全相等,那么可以用时间的间隔长度作为权数,通过计算加权算术平均数得到序时平均数。设不连续登记的指标值为 $y_0, y_1, y_2, \cdots, y_n$,相邻两次登记的时间间隔分别为 $f_1, f_2, \cdots, f_n$,则序时平均数为:

$$\overline{y} = \frac{\overline{y_1}f_1+\overline{y_2}f_2+\cdots+\overline{y_n}f_n}{f_1+f_2+\cdots+f_n}$$

$$= \frac{\frac{y_0+y_1}{2}f_1+\frac{y_1+y_2}{2}f_2+\cdots+\frac{y_{n-1}+y_n}{2}f_n}{f_1+f_2+\cdots+f_n} \tag{8-6}$$

【例 8-3】　某商业银行支行 2021 年部分时点的存款余额如下:1 月初 12.5 亿元,3 月初12.9 亿元,8 月初 13.2 亿元,11 月初 12.8 亿元,12 月末 13.5 亿元,试求该支行 2021 年全年的平均存款余额。

本例相邻数据的时间间隔不完全相等,分别为 2 个月、5 个月、3 个月和 2 个月,因而可用间隔的时间长度作为权重,即为:

$$\overline{y} = \frac{\frac{(12.5+12.9)}{2}\times2+\frac{(12.9+13.2)}{2}\times5+\frac{(13.2+12.8)}{2}\times3+\frac{(12.8+13.5)}{2}\times2}{2+5+3+2}$$

$$= 13(亿元)$$

（三）相对指标和平均指标的序时平均数

相对指标和平均指标都是由两个总量指标对比得到,本质上刻画的是一个单位分母对应了多少单位分子,由于它们在不同时间或空间上的分母不尽相同,因而不同时间或空间上的相对指标和平均指标是不能直接相加的。比如,同一条山路,汽车上山和下山的速度分别为 40 公里/小时、60 公里/小时,计算平均速度不能为(40+60)/2=50(公里/小时),因为速度公式的分母是时间,上山和下山的用时不等。我们知道速度=路程÷时间,所以上山和下山的平均速度=平均路程÷平均时间,也即平均速度=$1 \div \left[\dfrac{\dfrac{1}{40} + \dfrac{1}{60}}{2} \right] = 48$(公里/小时)。

假设一个相对指标或平均指标 y 的分子指标为 a,分母指标为 b,则有:

$$y = \frac{a}{b} \Rightarrow \bar{y} = \frac{\bar{a}}{\bar{b}} \qquad (8-7)$$

也就是说,当计算相对指标或平均指标 y 的序时平均数时,先要分别计算分子指标 a 和分母指标 b 的序时平均数,然后再把这两个序时平均数进行对比,而不能直接对 y 进行算术平均,即按照 $\bar{y} = \dfrac{\sum\limits_{i=1}^{n} y_i}{n}$ 计算序时平均数是错误的。

由于分子指标 a 和分母指标 b 均为总量指标,因此计算 $\bar{a}$ 和 $\bar{b}$ 时无非是时期指标或时点指标的序时平均数公式。从分子和分母的组合来看,可分为三种情形:一是都为时期序列;二是分子为时期序列,分母为时点序列;三是均为时点序列。

【例 8-4】　某公司 2021 年各季商品销售及季初库存资料如表 8-3 所示,又知年末库存为 58 万元,试计算该公司全年平均每季的商品流转次数和平均每季的流通费用率。

表 8-3　某公司 2021 年商品流转的有关数据　　　　　　　　　单位:万元

项目	1 季度	2 季度	3 季度	4 季度
销售额	110	125	108	155
期初库存	60	55	52	48
流通费用	11	12	13	14

本例首先要弄清楚商品流转次数和流通费用率的概念,然后再对照相对指标序时平均数的公式进行计算。

商品流转次数 $= \dfrac{\text{商品销售额}}{\text{平均库存额}}$,分子是时期指标,分母是时点指标。

其中分子平均每季销售额:

$$\bar{a} = \frac{a_1 + a_2 + a_3 + a_4}{4} = \frac{110 + 125 + 108 + 155}{4} = 124.5(\text{万元})$$

分母年平均库存额:

$$\bar{b} = \frac{\dfrac{b_0}{2} + b_1 + b_2 + b_3 + \dfrac{b_4}{2}}{4} = \frac{60/2 + 55 + 52 + 48 + 58/2}{4} = 53.5(\text{万元})$$

所以平均每季的商品流转次数为:

$$\frac{\bar{a}}{\bar{b}} = \frac{124.5}{53.5} = 2.327\ 1(\text{次})$$

而流通费用率 = $\dfrac{流通费用额}{销售额}$，分子分母均为时期指标。

其中分子平均每季流通费用额为：

$$\frac{11+12+13+14}{4} = 12.5（万元）$$

从而平均每季的商品流通费用率为：

$$\frac{12.5}{124.5} = 10.04\%$$

如果要求计算全年的商品流转次数和流通费用率，需要将分子和分母均转化为年度指标，其中年度时期指标等于每个季度指标之和，年度时点指标等于季度时点指标的序时平均数。

本例全年的商品流转次数为：

$$\frac{110+125+108+155}{\dfrac{60/2+55+52+48+58/2}{4}} = 9.308\ 4（次）$$

或者 $2.3271 \times 4 = 9.308\ 4（次）$

全年的商品流通费用率为：

$$\frac{12.5 \times 4}{124.5 \times 4} = 10.04\%$$

可以看出，全年商品流转次数是全年季均商品流转次数的 4 倍，全年商品流通费用率等于全年季均流通费用率。这主要是由于时期指标具有可加性特点，全年销售额和流通费用分别是季均销售额、季均流通费用的 4 倍，而时点指标不具有可加性，全年商品流转次数就等于全年季均流转次数。

三、增长水平

（一）增长水平的含义与计算

增长水平是报告期发展水平与基期发展水平之差，也称作增长量，用公式表示即为：

$$增长水平 = 报告期发展水平 - 基期发展水平 \tag{8-8}$$

增长水平大于 0，说明报告期水平值较基期有所上升；若增长水平小于 0，表示报告期水平值较基期有所下降。

由于选择的基期不同，增长水平有逐期增长水平和累计增长水平两种，其中逐期增长水平为报告期发展水平减去上一期发展水平的差，累计增长水平为报告期发展水平减去某一固定时期发展水平（通常为首项）的差。

用符号表示，对于时间序列 $y_1, y_2, \cdots, y_n$，逐期增长水平依次为：

$$y_2 - y_1, y_3 - y_2, \cdots, y_n - y_{n-1}$$

累计增长水平依次为：

$$y_2 - y_1, y_3 - y_1, \cdots, y_n - y_1$$

可以看出，逐期增长水平与累计增长水平之间存在如下两个数量关系：第一，逐期增长水平之和等于相应的累计增长水平，即：

$$(y_2-y_1)+(y_3-y_2)+\cdots+(y_n-y_{n-1})=y_n-y_1 \tag{8-9}$$

第二,两个相邻累计增长水平的差等于相应的逐期增长水平,即:

$$(y_i-y_1)-(y_{i-1}-y_1)=y_i-y_{i-1} \tag{8-10}$$

实际生活中,增长水平常用"增加了"或"减少了"等表示。比如,我国 2000 年第五次人口普查的人数为 129 533 万人,2020 年第七次人口普查的人数增加到 141 178 万人,第七次人口普查较第五次人口普查的人数增加了 11 645 万人。

(二)基于增长水平的相关指标

1. 年距增长水平

对于月份时间序列和季度时间序列而言,为了消除季节变动的影响,其增长水平的基期并不是"上月"或"上季",而是"上年同月"或"上年同季",此即年距增长水平。公式为:

年距增长水平＝报告期某月(季)发展水平－上年同月(季)发展水平

理论上,年距增长水平也有逐期和累计之分,但实践中一般只与上年进行对比,称之为同比增长水平。

2. 边际倾向

边际倾向是两个有联系指标的增长水平之比,用公式表示即为:

$$m=\frac{a_i-a_{i-1}}{b_i-b_{i-1}}=\frac{\Delta a_i}{\Delta b_i} \tag{8-11}$$

边际倾向 m 反映了分母 b 每增加一个单位引起分子 a 增加的水平,常常用来度量指标 b 增长对指标 a 增长的贡献。比如边际消费倾向,指的就是收入每增加一元,消费能增加多少元。

四、平均增长水平

对于逐期增长水平而言,它也是一个时间序列,由于数值存在差异,所以可以利用平均增长水平作为它的一般水平。平均增长水平就是逐期增长水平的序时平均数,说明现象在一段时期内平均每期的增长水平,也称作平均增长量。用文字表示即为:

$$平均增长水平=\frac{逐期增长水平之和}{逐期增长水平个数}=\frac{累计增长水平}{项数-1} \tag{8-12}$$

用符号表示即为:

$$\Delta\overline{y}_i=\frac{\sum_{i=2}^{n}(y_i-y_{i-1})}{n-1}=\frac{y_n-y_1}{n-1} \tag{8-13}$$

当然,按照上述公式计算的平均增长水平只是一个理论值,它只能说明按照平均增长水平发展,最末一期的理论值等于实际值,但中间各期的理论值未必等于实际值。这是因为由式(8-13)可得 $y_n\equiv y_1+(n-1)\times\Delta\overline{y}_i$,这是一个恒等式,表明最末一期的理论水平总是等于实际水平。因此,这种计算平均增长水平的方法通常称为"水平法",意指它只关注最末一期的发展水平。

对于时点指标,一般只关心最末一期的发展水平,而对于时期指标,通常更多地关注整个考察期的累计完成量,因此可以按照累计法计算平均增长水平。

假设基期的发展水平为 y_1,平均每期的增长水平为 $\overline{\Delta}$,则第二期发展水平为 $y_1 + \overline{\Delta}$,第三期发展水平为 $y_1 + 2\overline{\Delta}$,$\cdots$,第 n 期发展水平为 $y_1 + (n-1)\overline{\Delta}$。按累计法则有:

$$(y_1 + \overline{\Delta}) + (y_1 + 2\overline{\Delta}) + \cdots + (y_1 + (n-1)\overline{\Delta}) = y_2 + \cdots + y_n$$

$$(n-1)y_1 + (1 + 2 + \cdots + n - 1)\overline{\Delta} = \sum_{i=2}^{n} y_i$$

从而有:

$$\overline{\Delta} = 2\sum_{i=2}^{n}(y_i - y_1)/n(n-1) \tag{8-14}$$

【例 8-5】　依据表 8-2 数据,试分别计算 2016—2021 年男性人口的平均比重以及男性、女性人口的年均增长量。

由于 2016—2021 年的年均男性人口和总人口分别为:

$$\frac{70\ 414/2 + 71\ 307 + \cdots + 72\ 357 + 72\ 311/2}{6} = 71\ 763.25(万人)$$

$$\frac{137\ 462/2 + 139\ 232 + \cdots + 141\ 212 + 141\ 260/2}{6} = 140\ 227.5(万人)$$

所以 2016—2021 年男性人口的平均比重为:

$$\frac{年均男性人口}{年均总人口} = \frac{71\ 763.25}{140\ 227.5} = 51.18\%$$

2016—2021 年男性和女性人口年均增长量为分别为

$$\left(\frac{72\ 357 + 72\ 311}{2} - \frac{70\ 414 + 71\ 307}{2}\right)/5 = 294.7(万人)$$

$$\left(\frac{68\ 855 + 68\ 949}{2} - \frac{67\ 048 + 67\ 925}{2}\right)/5 = 283.1(万人)$$

第三节　时间序列的速度分析

物理学上的速度一般是指物体在单位时间内通过的路程,经济学上的发展速度通常是指经济指标动态变化的相对数。反映社会经济现象发展变化的速度指标主要有:发展速度、增长速度、平均发展速度和平均增长速度等。

一、发展速度

发展速度是指报告期发展水平除以基期发展水平的商,说明报告期发展水平是基期的百分之多少,属于动态相对数。计算公式为:

$$发展速度 = \frac{报告期发展水平}{基期发展水平} \tag{8-15}$$

由于社会经济指标的发展水平总是大于 0,因此当发展速度大于 1 时,说明报告期水平大于基期发展水平;当发展速度小于 1 时,表明报告期发展水平小于基期发展水平;当发展速度等于

1 时,说明报告期发展水平和基期相等。

　　根据对比的基期不同,发展速度可以分为环比发展速度和定基发展速度。其中,环比发展速度是报告期发展水平与前一期水平之比,说明现象逐期变化的相对程度;定基发展速度是报告期发展水平与某个固定时期发展水平(通常为首项)的对比,说明现象在一段时期累计变化的相对程度。计算公式分别为:

$$环比发展速度 = 报告期发展水平 \div 前一期发展水平 \qquad (8-16)$$

$$定基发展速度 = 报告期发展水平 \div 某一固定时期发展水平 \qquad (8-17)$$

由此可见,对于时间序列 $y_0, y_1, y_2, \cdots, y_n$,其发展速度构成了一个时间序列:

环比发展速度序列:
$$\frac{y_1}{y_0}, \frac{y_2}{y_1}, \frac{y_3}{y_2}, \cdots, \frac{y_n}{y_{n-1}} \qquad (8-18)$$

定基发展速度序列:
$$\frac{y_1}{y_0}, \frac{y_2}{y_0}, \frac{y_3}{y_0}, \cdots, \frac{y_n}{y_0} \qquad (8-19)$$

由于 $\frac{y_1}{y_0} \times \frac{y_2}{y_1} \times \frac{y_3}{y_2} \times \cdots \times \frac{y_n}{y_{n-1}} = \frac{y_n}{y_0}$,$\frac{y_i}{y_0} \div \frac{y_{i-1}}{y_0} = \frac{y_i}{y_{i-1}}$,因此环比发展速度与定基发展速度之间存在以下两个数量关系:

　　(1)各期环比发展速度的连乘积等于相应时期的定期发展速度;

　　(2)两个相邻定基发展速度的商等于相应时期的环比发展速度。

　　在实际统计工作中,当时间单位是月份或季度等时,为了消除季节变动的影响,需要计算年距发展速度,即为:

$$年距发展速度 = \frac{本年某月(季)发展水平}{上年同月(季)发展水平} \qquad (8-20)$$

二、增长速度

(一)基本概念与计算公式

　　增长速度是反映现象增长程度的相对指标,是报告期增长量与基期发展水平之比,也称作增长率。增长速度的公式为:

$$增长速度 = \frac{报告期增长量}{基期发展水平} \qquad (8-21)$$

$$= \frac{报告期发展水平 - 基期发展水平}{基期发展水平} \qquad (8-22)$$

$$= 发展速度 - 100\% \qquad (8-23)$$

　　上面是增长速度的三种计算方法,可以根据实际掌握的数据灵活运用。如果指标是正指标(即数值越大越好),增长速度大于 0,说明该现象处于上升态势,增长速度小于 0,说明该现象处于萎缩状态;对于逆指标(即数值越小越好),上述结论刚好相反。

　　与发展速度类似,增长速度也有定基增长速度和环比增长速度之分。其中,定基增长速度表示现象在一段时期内总的增长速度,环比增长速度表示现象每期较前一期的增长速度。两者的计算公式如下:

$$定基增长速度 = \frac{报告期累计(定基)增长量}{基期发展水平} \qquad (8-24)$$

$$= \frac{报告期发展水平-基期发展水平}{基期发展水平} \qquad (8-25)$$

$$= 定基发展速度-100\% \qquad (8-26)$$

$$环比增长速度 = \frac{报告期逐期增长量}{上一期发展水平} \qquad (8-27)$$

$$= \frac{报告期发展水平-上一期发展水平}{上一期发展水平} \qquad (8-28)$$

$$= 环比发展速度-100\% \qquad (8-29)$$

对于时间序列 $y_0, y_1, y_2, \cdots, y_n$，其增长速度也构成了一个时间序列：

$$环比增长速度序列：\quad \frac{y_1-y_0}{y_0}, \frac{y_2-y_1}{y_1}, \frac{y_3-y_2}{y_2}, \cdots, \frac{y_n-y_{n-1}}{y_{n-1}} \qquad (8-30)$$

$$定基增长速度序列：\quad \frac{y_1-y_0}{y_0}, \frac{y_2-y_0}{y_0}, \frac{y_3-y_0}{y_0}, \cdots, \frac{y_n-y_0}{y_0} \qquad (8-31)$$

要说明的是，环比发展速度和定基发展速度存在两个数量关系，但是环比增长速度和定基增长速度并不存在直接的数量关系，或者说两者不能直接相互推算，而需要通过发展速度间接推算。

（二）其他相关指标

1. 年距增长速度

对于以月份或季度为时间单位的时间序列，为避免季节变动的影响，可以计算年距增长速度。它既可根据年距增长量除以上年同月或同季发展水平求得，也可由年距发展速度减去100%得到。年距增长速度说明现象本期较上年同期的相对增长程度，统计工作中通常用"同比增长"表示。

2. 弹性系数

当把两个有联系现象的增长速度进行对比（相除），可以用来反映一个现象相对变动对另一个现象相对变动的影响程度，在经济学中称为弹性系数。设某段时间内，指标 a 和 b 的增长速度分别为 v_a 和 v_b，则弹性系数为：

$$e = \frac{v_a}{v_b} = \frac{\Delta a / a_0}{\Delta b / b_0} \qquad (8-32)$$

3. 增长1%的绝对水平

用增长速度对不同现象进行比较分析时，应注意速度背后的绝对水平。如果基期发展水平比较低，增长速度可能比较容易上升，而若基期发展水平比较高，保持较高的增长速度可能不太容易。因此，增长速度高可能掩盖了低水平，增长速度低可能暗藏了高水平。改革开放的前30年我国经济保持了高速增长，这与当时的低水平有一定关系，而目前的经济增速降档可能与高水平也有一定关联。由于基数不同，增长速度不具有可比性，因此可以将增长速度和增长量结合起来，计算增长1%的绝对水平。计算公式为：

$$增长1\%的绝对水平 = 基期发展水平 \times 1\% = \frac{增长量}{增长速度 \times 100} \qquad (8-33)$$

三、平均发展速度

平均发展速度是各期环比发展速度的序时平均数,说明现象在较长时期内环比发展速度的一般水平。在实际工作中,根据目标任务的不同,平均发展速度有两种计算方法,即水平法和累计法。

(一) 水平法

对于时间序列 $y_0, y_1, y_2, \cdots, y_n$,设其平均速度为 $\bar{y}$,那么以基期 y_0 为起点,之后各期发展水平的理论值分别为 $y_0\bar{y}, y_0\bar{y}^2, \cdots, y_0\bar{y}^n$。从最末一期看,如果其理论值等于实际值,即 $y_0\bar{y}^n = y_n$,从而有:

$$\bar{y} = \sqrt[n]{\frac{y_n}{y_0}} \tag{8-34}$$

上式计算平均发展速度的着眼点是最末一期的发展水平,因此将该方法称作水平法。由于 $\frac{y_1}{y_0} \times \frac{y_2}{y_1} \times \frac{y_3}{y_2} \times \cdots \times \frac{y_n}{y_{n-1}} = \frac{y_n}{y_0}$,因而有:

$$\bar{y} = \sqrt[n]{\frac{y_1}{y_0} \times \frac{y_2}{y_1} \times \frac{y_3}{y_2} \times \cdots \times \frac{y_n}{y_{n-1}}} = \sqrt[n]{\prod_{i=1}^{n} v_i} \tag{8-35}$$

其中 $v_i = \frac{y_i}{y_{i-1}}$ 为第 i 期环比发展速度。式(8-35)表明平均发展速度为各期环比发展速度的几何平均数,因而该方法也被称作几何平均法。

(二) 累计法

同样地,对于时间序列 $y_0, y_1, y_2, \cdots, y_n$,设其平均速度为 $\bar{y}$,那么首期以后各期发展水平的理论值分别为 $y_0\bar{y}, y_0\bar{y}^2, \cdots, y_0\bar{y}^n$。如果不仅仅着眼于最末一期,而是要求各期理论值之和等于实际值之和,即

$$y_0\bar{y} + y_0\bar{y}^2 + \cdots + y_0\bar{y}^n = y_1 + y_2 + \cdots + y_n$$

从而有:

$$\bar{y} + \bar{y}^2 + \cdots + \bar{y}^n = \frac{\sum_{i=1}^{n} y_i}{y_0} \tag{8-36}$$

上述一元 n 次方程的正根即为平均发展速度。该方法注重的是各期发展水平之和,因而称其为累计法。又由于求解平均发展速度时,对应的是一个高次方程,故又被称作方程式法。

(三) 水平法与累计法的区别

水平法计算的平均发展速度侧重于考察最末一期的实际发展水平,按此速度推算最末一期发展水平,可以确保最末一期推算值与实际值相等。从水平法的计算公式来看,平均发展速度只取决于最初水平和最末水平,或者说它只取决于总的发展速度,但与中间各期发展水平无关。在制定国民经济发展规划时,如果规定某个指标经过若干年后应该达到一个特定水平,就可以按照水平法计算平均发展速度。比如,在制定高铁里程数和贫困人口数等指标的目标任务时,可以运

用水平法计算平均发展速度。

累计法计算的平均发展速度侧重于考察所有时期的累计总量,按此速度推算的各期发展水平累计值等于实际各期发展水平的累计值,但包括最末一期在内的各期推算值未必等于实际值。从累计法的计算公式看,其平均发展速度受各期发展水平的影响。在制定国民经济发展规划时,如果目标是所有时期总的发展情况而不仅仅是最末一期的发展水平,则应该按照累计法计算平均发展速度。像廉租房面积数、固定资产投资额、植树造林面积数等指标,应该采用累计法计算平均发展速度。

四、平均增长速度

平均增长速度是说明现象每期较上一期平均增长的相对程度,通常用平均发展速度减100%来计算,即

$$平均增长速度=平均发展速度-100\% \tag{8-37}$$

由于平均发展速度有"水平法"与"累计法"之分,因此平均增长速度也有"水平法"与"累计法"之分。但要强调的是,各期环比增长速度相乘没有意义,不能将各期环比增长速度的几何平均数作为平均增长速度。

【例 8-6】 根据表 8-2 中进出口总额数据,试分别计算 2016—2021 年各年的逐期增长量、累计增长量、环比发展速度、定基发展速度、环比增长速度、定基增长速度和增长 1% 的绝对值,并分别用水平法和累计法测算 2019—2021 年的年均增长速度。

依据相关指标的计算公式,计算结果如表 8-4 所示。

表 8-4　2016—2021 年我国进出口总额增长情况分析

年份	进出口总额（亿元）	逐期增长量（亿元）	累计增长量（亿元）	环比发展速度	定基发展速度	环比增长速度	定基增长速度	增长 1% 的绝对值
2016	243 386.5	—	—	—	—	—	—	—
2017	278 099.2	34 713	34 713	114.26	114.26	14.26	14.26	2 433.86
2018	305 010.1	26 911	61 624	109.68	125.32	9.68	25.32	2 780.99
2019	315 627.3	10 617	72 241	103.48	129.68	3.48	29.68	3 050.10
2020	322 215.2	6 588	78 829	102.09	132.39	2.09	32.39	3 156.27
2021	391 008.5	68 793	147 622	121.35	160.65	21.35	60.65	3 222.15

注:表中绝对数单位为亿元,相对数单位为%。

2019—2021 年水平法计算的年均增长速度为:

$$\sqrt{\frac{391\,008.5}{315\,627.3}}-1=11.30\%$$

对于累计法,设年均发展速度为 x,根据式(8-36)有:

$$x+x^2=\frac{322\,215.2+391\,008.5}{315\,627.3}=2.26$$

解上述方程可得 $x = 1.084\ 3$,因此年均增长速度为 $1.084\ 3 - 1 = 8.43\%$。

可以看出,两种方法计算的年均增长速度存在较大差异,这主要是由于水平法仅仅考察最后一年的发展水平,与中间年份发展水平无关。本例的中间年份 2020 年进出口总额相对较小,而最后一年 2021 年进出口总额相对较大,致使累计法计算的年均增长速度没有水平法那么高。

此外,实际生活中的年度化增长率,是假设在某个较短时期(比如一个月或一个季度)增长率保持不变的情况下,一年发生变化的幅度,也称作年化增长率。在金融投资领域,年化收益率是一个非常普遍的概念,它与年化增长率的含义及计算方法完全一致。年度化增长率的计算公式为:

$$年度化增长率 = \left(\sqrt[n]{\dfrac{报告年某期水平}{某一前期水平}} \right)^{m} - 100\% \qquad (8\text{-}38)$$

式中:m 为 1 年中的时期数目,如果是月度增长率计算年度化增长率,则 $m = 12$;如果是季度增长率计算年度化增长率,则 $m = 4$;若是每天增长率计算年度化增长率,则 $m = 365$。n 为实际两个时期间隔的总期数(比如多少个月或季或天数)。

【例 8-7】　某人购买了一项理财产品,2021 年 3 月 1 日账户本金为 30 万元,99 天后的 6 月 8 日账户金额变成 30.4 623 万元,求该项理财产品的年化收益率。

由于是日期数据,所以 $m = 365$,又因为 $n = 99$,所以该项理财产品的年化收益率为:

$$\left(\sqrt[99]{\dfrac{30.462\ 3}{30}} \right)^{365} - 100\% = 5.80\%$$

第四节　长期趋势的测定

长期趋势是时间序列在较长时期内表现出的总态势,所谓"不要只看眼前,眼光看得长远",说得就是这个意思,它的目的是从跌宕起伏的时间序列中挖掘和归纳出现象变化的基本走势。长期趋势的测定方法比较多。最便捷直观的方法是描绘散点图等图形(对于时间序列一般统称历史图),据此观察现象变动的基本形状,判断现象变化的基本走势。当然,历史图只适合对长期趋势进行初步判断,实践中长期趋势测定的方法主要有时距扩大法、移动平均法和数学模型法(拟合函数法)三类。

一、时距扩大法

时距扩大法是通过将原时间序列较小时间单位的若干个数据加以合并,形成较大时间单位的序列。虽然时距扩大后,数据的项数减少了,但它可以削弱甚至消除原时间序列中可能的季节变动、循环变动和不规则变动,将现象变动的基本态势呈现出来,此即长期趋势。比如,把以月份或季度为单位的数据通过合并变成以年份为时间单位的时间序列,把以年份为单位的时间序列合并为以"五年"为时间单位的时间序列等。

【例 8-8】　表 8-5 为 2018 年第 1 季度至 2021 年第 4 季度我国第一产业增加值,折线图见前面图 8-1。可以看出,第一产业增加值的季节性波动非常显著,造成长期趋势不太容易把握。如果将季度数据扩展为年度数据,数值见表 8-5 最右边一列,折线图见图 8-3。可以发现,第一产业增加值呈现出明显的上升趋势。

表 8-5　2018 年第 1 季度至 2021 年第 4 季度中国第一产业增加值　单位:亿元

年份	1 季度	2 季度	3 季度	4 季度	合计
2018	8 575.7	13 003.8	18 226.9	24 938.7	64 745.1
2019	8 768.3	14 439.9	19 801.0	27 464.4	70 473.6
2020	10 222.5	15 934.5	22 158.1	29 715.7	78 030.8
2021	11 373.8	17 139.0	23 100.5	31 472.2	83 085.5

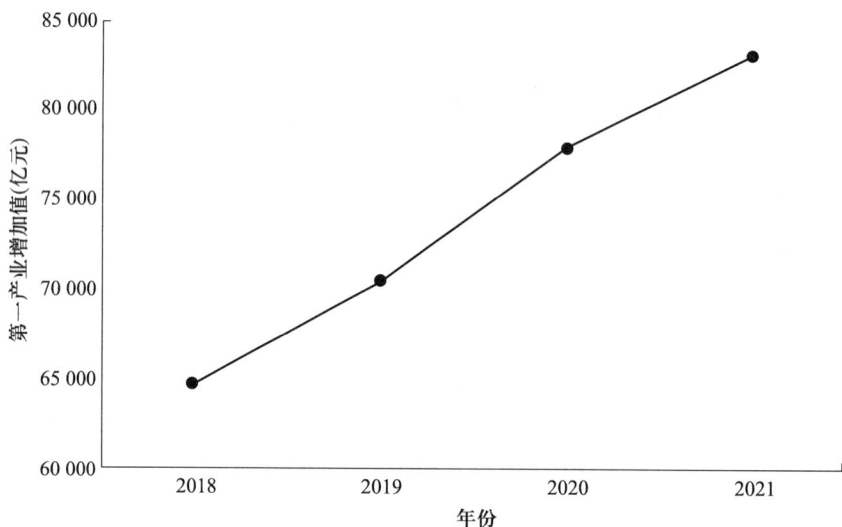

图 8-3　2018—2021 年中国第一产业增加值年度数据

二、移动平均法

移动平均法是将时间序列通过逐项递推移动的方式,依次计算包含一定项数的序时平均数。该序时平均数序列能一定程度上削弱或消除原序列中可能包含的季节变动、循环变动和不规则变动,得到反映现象发展变化的长期趋势。移动平均法是时距扩大法的一种改良,其操作思路是:先确定被平均数据的项数,然后对原时间序列按照逐项递推移动的方式计算一系列序时平均数,并以这些移动平均数作为中间时间的趋势值。移动平均法包括一次简单移动平均法、一次加权移动平均法和二次移动平均法等,本部分介绍一次移动平均法。

【例 8-9】　2018 年第 1 季度至 2021 年第 4 季度我国第一产业增加值见表 8-6 第二列,请分别用三项移动平均和四项移动平均计算相应年份的长期趋势值。

如果采用三项移动平均,第一个平均数是 2018 年第 1、2、3 季度三个数据的算术平均数,作为中间第 2 季度的趋势值,然后 2018 年第 2、3、4 季度的算术平均数作为第 3 季度趋势值,以此类推,具体见表 8-6 第三列。如果是四项移动平均,第一个平均数为 2018 年第 1、2、3、4 季度四个数据的算术平均数,第二个平均数是 2018 年第 2、3、4 季度和 2019 年第 1 季度四个数据的算术平均数,以此类推。与三项移动平均不同的是,四项移动平均值对应的位置在两个时间之间,还需要将相邻两个移动平均值再依次平均才能对准时间,此即移正平均。四项移动平均以及移正平均的结果见表 8-6 的第四列和第五列。原序列、三项移动平均序列和四项移动平均序列的折线图见图 8-4。

表 8-6　中国第一产业增加值移动平均值

季度	第一产业增加值	三项移动平均	四项移动平均	四项移正平均
201801	8 575.7	—	—	—
201802	13 003.8	13 268.80	—	—
201803	18 226.9	18 723.13		16 210.35
201804	24 938.7	17 311.30	12 874.35	16 413.94
201901	8 768.3	16 048.97	12 822.85	16 790.21
201902	14 439.9	14 336.40	13 207.95	17 302.69
201903	19 801.0	20 568.43	13 490.93	17 800.18
201904	27 464.4	19 162.63	13 692.88	18 168.78
202001	10 222.5	17 873.80	13 773.40	18 650.24
202002	15 934.5	16 105.03	14 047.60	19 226.29
202003	22 158.1	22 602.77	14 088.68	19 651.61
202004	29 715.7	21 082.53	14 408.95	19 946.09
202101	11 373.8	19 409.50	14 578.30	20 214.45
202102	17 139.0	17 204.43	14 671.50	20 551.81
202103	23 100.5	23 903.90	14 774.73	—
202104	31 472.2	—	14 821.95	—

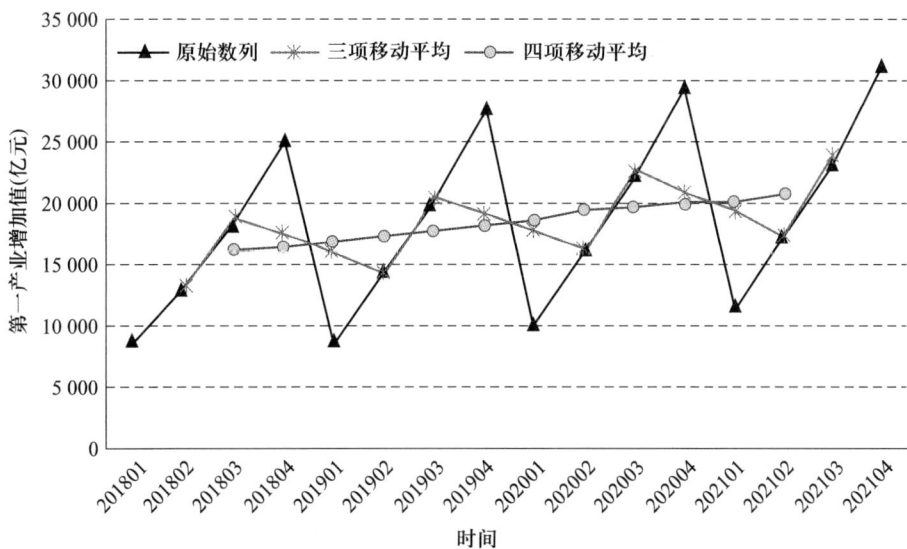

图 8-4　2018 年第 1 季度至 2021 年第 4 季度第一产业增加值及移动平均值

移动平均法的关键是确定移动项数,不同的移动项数对长期趋势的判断将会产生较大影响。实际应用时,以下四点需要注意:

(1)移动平均的项数可以是奇数,也可以是偶数。如果移动项数为奇数,移动一次就可以得到趋势值;如果移动项数是偶数,则需要再进行一次"移正"平均。比如,对于时间序列 y_1,$y_2,\cdots,y_n$,移动项数为4,则移动平均数依次为 $\dfrac{y_1+y_2+y_3+y_4}{4}$、$\dfrac{y_2+y_3+y_4+y_5}{4}$、$\cdots$、$\dfrac{y_{n-3}+y_{n-2}+y_{n-1}+y_n}{4}$。由于此时移动平均数对应的是4项数据的中间项数,即分别为第2期和第3期之间、第3期和第4期之间等,因此需要将相邻两个数据再依次平均才能正好对应某个时期。以第一个序时平均数为例,第3期的移动平均值应该为:

$$\left(\frac{y_1+y_2+y_3+y_4}{4}+\frac{y_2+y_3+y_4+y_5}{4}\right)/2=\frac{\frac{1}{2}y_1+y_2+y_3+y_4+\frac{1}{2}y_5}{4} \tag{8-39}$$

式(8-39)与首尾折半法的序时平均数计算公式相同,因而可以仿照首尾折半法将两步移动平均简并为一步移动平均。

(2)一般来说,移动平均的项数越多,对原序列修匀的作用会越大,但相比原序列减少的项数也越多。因为被平均的项数越多,隐藏的季节变动、循环变动和不规则变动被削弱的功效就越大,因而小的波动越容易被修匀。极端地看,如果移动平均的项数等于原序列的项数,那么移动平均序列就退化为算术平均数一个数值,没有任何波动。当然,其代价是数据项数的锐减,而判断长期趋势是基于一定数目的数据之上,数据太少是没有趋势和规律可言的,因此移动平均的项数应该适中。不难看出,当移动项数 k 为奇数时,首尾各减少 $(k-1)/2$ 项;当移动项数 k 为偶数时,首尾各减少 $k/2$ 项。

(3)如果时间序列存在周期性变动,移动项数应该与变动周期相同。比如,对于以季度为时间单位的时间序列,通常取4项移动平均,因为任意相邻四项包含了春、夏、秋、冬,能够更好地剔除或削弱季节变动的影响。类似地,对于以月份为时间单位的时间序列,通常要进行12项移动平均;对于以天为时间单位的时间序列,如果存在星期效应,通常移动项数为5(周末两天休息),如股票价格中的5项移动平均值。

(4)由于上述移动平均值采用的是简单算术平均,各期数值对趋势值的影响是相同的,实践中也可以采取加权算术平均计算移动平均值,以体现不同数据的重要性。比如,对于3项移动平均,由于移动平均值对应的是中间时期的趋势值,通常数值越接近中间时期,其重要性越大,因而3项数据的权重可设为 $1:2:1$,即第一个序时平均数可以为 $\dfrac{y_1+2y_2+y_3}{4}$。当然,具体权重的设定,取决于现象的数值分布以及研究者的主观判断,总的原则是增大近期数值的影响,降低远期数值的影响。

要说明的是,除了判断长期趋势外,移动平均法还是统计预测的一种方法,只是移动平均值是作为下一期的预测值,并不是对应中间时间,即为:

$$\hat{y}_{t+1}=\frac{y_t+y_{t-1}+y_{t-2}+\cdots+y_{t-k+1}}{k}(t>k) \tag{8-40}$$

三、数学模型法

数学模型法是运用适当的数学模型拟合时间序列的变动趋势,这是测定长期趋势最常见的方法。具体采用什么数学模型,主要由数据的变化规律来定。当时间序列的逐期增长量(一阶差分)近似为常数时,可以拟合线性模型;当时间序列的二级增长量(二阶差分)接近为常数时,可以拟合二次函数;而当时间序列的环比发展速度近似为常数时,可以拟合指数曲线。本部分主要讲解线性模型,这是趋势方程中最简单和基础的一种方法。

假定时间序列为 $y_1, y_2, \cdots, y_n$,对应的时间变量记为 $t_1, t_2, \cdots, t_n$,设直线趋势方程为:

$$\hat{y}_i = a + bt_i \qquad (8-41)$$

求出参数 a 和 b,即可得到 y 的各期趋势值,并能预测其未来时间的可能数值。求解参数的方法虽然比较多,但以第七章已经介绍过的最小二乘法最为常见,下面对它进行简要分析。

最小二乘法的基本思想是所有趋势值和实际值的误差平方和(sum of squares for error, SSE)达到最小。如果对各期数值同等看待,也即每个误差是等权的,称其为普通最小二乘法。由于误差平方和为:

$$SSE = \sum_{i=1}^{n} (y_i - \hat{y}_i)^2 = \sum_{i=1}^{n} (y_i - a - bt_i)^2 \qquad (8-42)$$

欲使 SSE 达到最小,SSE 关于 a 和 b 的偏导数应等于 0,即

$$\begin{cases} \dfrac{\partial SSE}{\partial a} = \dfrac{\partial \sum\limits_{i=1}^{n} (y_i - a - bt_i)^2}{\partial a} = -2\sum_{i=1}^{n} (y_i - a - bt_i) = 0 \\[4mm] \dfrac{\partial SSE}{\partial b} = \dfrac{\partial \sum\limits_{i=1}^{n} (y_i - a - bt_i)^2}{\partial b} = -2\sum_{i=1}^{n} (y_i - a - bt_i)t_i = 0 \end{cases} \qquad (8-43)$$

化简为:

$$\begin{cases} \sum y_i = na + b\sum t_i \\ \sum t_i y_i = a\sum t_i + b\sum t_i^2 \end{cases} \qquad (8-44)$$

解上述方程组可得:

$$\begin{cases} b = \dfrac{n\sum ty - \sum t\sum y}{n\sum t^2 - (\sum t)^2} = \dfrac{\overline{ty} - \overline{t}\,\overline{y}}{\overline{t^2} - \overline{t}^2} \\[4mm] a = \overline{y} - b\overline{t} \end{cases} \qquad (8-45)$$

上述公式中使用了简化符号,比如 $\sum ty = \sum\limits_{i=1}^{n} t_i y_i$,以此类推。参数 b 的含义是:时间 t 每增加一个单位,y 将平均增加 b 个单位。当 t 的单位为年份时,b 即为年平均增长量。a 是时间 $t=0$ 时 y 的趋势值。

根据上述推导过程及公式,我们可以得到两点结论:

(1) 从式(8-43)的第一个式子可以看出,实际值 y_i 与趋势值 $\hat{y}_i$ 之间的离差和(残差和)

为 0,即

$$\sum_{i=1}^{n} (y_i - \hat{y}_i) = 0 \qquad (8-46)$$

（2）由式（8-45）的第二个式子可得 $\bar{y} = a + b\bar{t}$,意味着 $(\bar{t},\bar{y})$ 是方程 $y = a + bt$ 的解,表明趋势线一定经过平均数所在的点 $(\bar{t},\bar{y})$ 。

前面第七章回归分析中的自变量非常广泛,但是此处自变量仅为时间 t 。时间 t 是一个等差数列,如何取值并不影响最终的结论,但会影响计算的简洁程度。通常 t 并不直接取具体的时间数值,比如具体的年份,而是取自然数 $1, 2, \cdots, n$ 。

理论上,时间变量可以是任意等差数列,最后的趋势值将不受影响。实践中,为方便计算, t 的取值如果满足 $\sum t = 0$,式（8-45）可简化为:

$$\begin{cases} b = \dfrac{\sum ty}{\sum t^2} = \dfrac{\overline{ty}}{\overline{t^2}} \\ a = \bar{y} \end{cases} \qquad (8-47)$$

我们将式（8-47）称作简洁法公式,而将式（8-45）称为普通法公式。运用简洁法求参数时,应该正确确定时间 t 的取值。当时间序列为奇数项时,取中间一项为 0（原点）,原点以前的时间依次取 $-1, -2, -3, \cdots$,原点之后各期分别取 $1, 2, 3, \cdots$ 。当时间序列为偶数项时,原点为中间两项的中点,此时可取中间两项分别为 -1 和 1,由于间距为 2,因此往前依次取 $-3, -5, -7, -9, \cdots$,往后分别取 $3, 5, 7, 9, \cdots$ 。因为偶数项的时间变量 t 为公差等于 2 的等差数列,此时 t 增加 2 个单位等价于原来 t 增加一个单位,因此斜率 b 为原来斜率的一半。

【例 8-10】 某公司 2014 年至 2021 年的销售收入（万元）如表 8-7 所示,试分别用最小二乘法的普通法和简洁法拟合直线趋势方程,并预测 2023 年可能的销售收入。

表 8-7 某公司 2014—2021 年销售收入及普通法计算过程

年份	销售收入 y	t	t^2	ty	趋势值 $\hat{y}$
2014	850	1	1	850	849.75
2015	868	2	4	1 736	869.25
2016	890	3	9	2 670	888.75
2017	910	4	16	3 640	908.25
2018	925	5	25	4 625	927.75
2019	946	6	36	5 676	947.25
2020	970	7	49	6 790	966.75
2021	985	8	64	7 880	986.25
合计	7 344	36	204	33 867	7 344

从销售收入的时间序列来看,逐期增长量约为 20 万元,而且散点图也大致呈一条直线,因此可以拟合线性模型。设直线趋势方程为:

$$\hat{y} = a + bt$$

根据普通法计算公式(8-45),有关计算过程见表 8-7 第 3 到第 5 列,代入公式可得:

$$b = \frac{n\sum ty - \sum t \sum y}{n\sum t^2 - (\sum t)^2} = \frac{8\times 33\,867 - 36\times 7\,344}{8\times 204 - 36^2} = 19.5$$

$$a = \bar{y} - b\bar{t} = \frac{7\,344}{8} - 19.5\times 4.5 = 830.25$$

因此趋势方程为:

$$\hat{y} = 830.25 + 19.5t$$

当 $t = 10$ 时,可得 2023 年销售收入的预测值:

$$\hat{y}_{2023} = 830.25 + 19.5\times 10 = 1\,025.25(万元)$$

如果采用简洁法,时间变量 t 的取值依次为 $-7, -5, -3, -1, 1, 3, 5, 7$,有关变量的计算过程见表 8-8 的第 3 到第 5 列。代入简洁法计算公式可得:

$$b = \frac{\sum ty}{\sum t^2} = \frac{1\,638}{168} = 9.75$$

$$a = \bar{y} = \frac{7\,344}{8} = 918$$

所以趋势方程为:

$$\hat{y} = 918 + 9.75t$$

2023 年对应的时间 t 为 11,因此 2023 年销售收入的预测值为:

$$\hat{y}_{2023} = 918 + 9.75\times 11 = 1\,025.25(万元)$$

表 8-8　某公司 2014—2021 年销售收入及简洁法计算过程

年份	销售收入 y	t	t^2	ty	趋势值 $\hat{y}$
2014	850	−7	49	−5 950	849.75
2015	868	−5	25	−4 340	869.25
2016	890	−3	9	−2 670	888.75
2017	910	−1	1	−910	908.25
2018	925	1	1	925	927.75
2019	946	3	9	2 838	947.25
2020	970	5	25	4 850	966.75
2021	985	7	49	6 895	986.25
合计	7 344	0	168	1 638	7 344

可以发现,虽然普通法和简洁法的中间过程有差异,但最终预测的 2023 年销售收入是一样的,此所谓"条条大路通罗马"。只是从手工计算的角度看,简洁法相对简便一些。此外,利用求

得的趋势方程,可估计出 2014—2021 年的每年趋势值,具体见表 8-7 和表 8-8 的第 6 列。可以看出,各年的趋势值也完全相同。

拟合模型的好坏,主要根据残差的大小及分布来判断,可以通过残差 $(y_i-\hat{y}_i)$ 构造统计量进行综合判断,限于篇幅,本书不深入展开,有兴趣的读者可以参看相关专业书籍。对于本例,可决系数 $R^2=0.999\,1$,参数 a 和 b 均通过了 1% 显著性检验,预测精度较高。

第五节　季节变动和循环变动的测定

季节变动和循环变动均属于周期性变动的范畴。不同之处在于,季节变动的周期相对较小(不超过 1 年),变动规律较为稳定,多用于微观领域的经营管理;循环变动周期较长且不稳定,多用于宏观管理中的景气分析。

一、季节变动的测定

季节变动是指现象按照一定的周期重复变动,且每个周期内的变化大体相同。在社会经济领域很多现象呈现出季节性变动规律,测定季节变动有利于合理安排生产和生活,提高资源的利用效率。

测定季节变动通常需要计算季节指数或称季节比率,它等于某个特定时期(比如月份或季度)数值与一般(或正常)水平之比。当季节指数大于 100% 时,说明该月(或季)发展水平高于一般水平,属于旺季,其值越大,旺季的程度也越大;当季节指数小于 100% 时,说明该月(或季)的发展水平低于一般水平,属于淡季,其值越小,淡季的程度越大。当所有时期的季节指数均等于 100% 时,表明不存在季节变动。由于季节变动的最大周期为一年,因此年度序列不存在季节变动。其实,前面时距扩大法将四个季度(或 12 个月)的数据转变为年度数据时,其用意就包含了消除季节变动。

测定季节变动时,为避免单一年份可能的偶然因素影响,数据应该尽量多一点,一般至少需要三年数据。当然,时间过长也未必合适,因为有些现象的季节性规律随着时间推移会发生变化,从而影响近期季节变动规律的准确把握。

测定季节变动的方法较多,大致可分为同期平均法和趋势剔除法两种。如果时间序列没有明显的上升或下降趋势,也即不存在长期趋势,可以运用同期平均法测定季节变动;如果时间序列存在明显的上升或下降趋势,则应该采用趋势剔除法测定季节变动。

(一) 同期平均法

同期平均法是测定季节变动最简单的方法,适用于测定水平趋势的季节变动。以季度(或月度,下同)数据为例,它是以若干年份数据为基础,直接求出同一个季度在所有年份的平均水平,然后用该季平均水平除以所有季度总的平均水平,此即季节指数,即

$$季节指数=\frac{同期平均水平}{总的平均水平} \tag{8-48}$$

【例 8-11】　某公司 2017 年到 2022 年各季度的销售额资料见表 8-9,试计算四个季度的季节指数。若已知 2023 年的销售任务是 640 万元,请预测 2023 年各季度的销售额。

表 8-9　某公司 2017 年到 2022 年各季度销售额及季节指数　　　单位:万元

年份	一季度	二季度	三季度	四季度	平均
2017	180	150	120	150	150
2018	210	160	130	160	165
2019	220	150	110	160	160
2020	200	140	120	150	152.5
2021	230	130	120	170	162.5
2022	220	140	130	170	165
平均	210	145	121.7	160	159.2
季节指数(%)	131.94	91.10	76.44	100.52	100

根据表 8-9 资料,可以计算出历年四个季度的平均销售额、每年的季均销售额和总的季均销售额,具体计算结果见表 8-9 中。下面以第一季度为例,将季节指数的计算过程简单列举如下:

(1) 第一季平均销售额为(180+210+220+200+230+220)/6 = 210(万元)

(2) 总的季均销售额就是所有年份的季均销售额,可以是四个季度平均销售额的平均数,即(210+145+121.7+160)/4 = 159.2(万元);也可以是六个年份季均销售额的平均数,即(150+165+…+165)/6 = 159.2(万元)。

(3) 第一季的季节指数为 210/159.2 = 131.94%

由于 2023 年的季均销售额为 640/4 = 160(万元),所以各个季度的销售额分别为:

第一季度预测值 = 160×139.41% = 211.1(万元)

第二季度预测值 = 160×91.1% = 145.8(万元)

第三季度预测值 = 160×76.44% = 122.3(万元)

第四季度预测值 = 160×100.52% = 160.8(万元)

(二) 趋势剔除法

对于具有显著上升或下降趋势的时间序列,为了测定季节变动,必须先将趋势因子剔除后,再按照同期平均法测定季节指数。

假定时间序列的四个因子用乘法模型表示为 $Y = T×S×C×I$,其中 T 为长期趋势值,S、C 和 I 分别为季节变动、循环变动和不规则变动的相对数。趋势剔除法的基本步骤如下:

第一步,根据原始序列 Y 计算时间序列的长期趋势值 T。测定长期趋势的方法比较多,可以采用上一节的移动平均法,也可以采用数学模型法。

第二步,剔除原始序列中的趋势变动。将实际值 Y 除以长期趋势值 T,得到去趋势比率:

$$\frac{Y}{T} = \frac{T×S×C×I}{T} = S×C×I \qquad (8-49)$$

第三步,对于去趋势比率序列,参照前面同期平均法计算季节指数。

【例 8-12】已知某网店 2020—2022 年各月销售额资料如表 8-10 所示。试用趋势剔除法计算各月季节指数,并预测 2023 年各月销售额。

表 8-10　某网店 2020—2022 年各月商品销售额　　　　　　单位:万元

时间	1	2	3	4	5	6	7	8	9	10	11	12
2020 年	5	3	12	9	13	20	37	44	26	14	5	1
2021 年	3	13	18	19	31	34	60	62	56	24	8	2
2022 年	9	15	31	37	42	51	90	98	80	40	11	4

为了直观地判断原数列的趋势特征,根据原数列绘制趋势图,见图 8-5。从图中可以看到,原数列中主要包含长期趋势和季节变动两个因子,季节变化明显。具体计算过程如下:

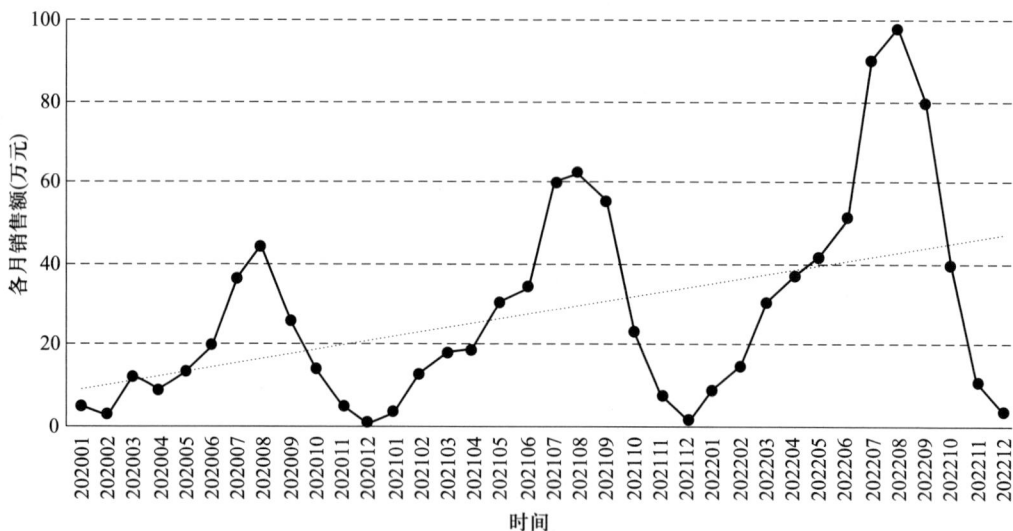

图 8-5　某网店 2020—2022 年各月销售额折线图

第一步,建立直线趋势方程。将 3 年 36 个月度数据利用最小二乘法建立直线趋势方程,结果为:

$$T_t = 8.235 + 1.097t$$

其中 $t=0$ 代表 2019 年 12 月。各期趋势值见表 8-11 各年的趋势值一行。

第二步,将各月实际值除以长期趋势值 T,得到各期的去趋势比率。每年各月的去趋势比率计算过程见表 8-11,汇总后见表 8-12。

第三步,参照同期平均法计算季节指数。先计算历年同月去趋势比率的平均数和所有去趋势比率的平均数,然后将各月去趋势比率平均数除以总的去趋势比率平均数,即为季节指数。由于计算过程存在近似数误差,12 个月实际的季节指数之和未必等于 1 200%,因此可能需要调整。如果需要调整,调整方法就是同时乘以一个系数,该系数 $= \dfrac{1\,200\%}{\text{实际的季节指数之和}}$。本例计算的 12 个月份季节指数之和为 1 194%(平均数为 99.5%),所以调整系数 $= 1\,200/1\,194$。

下面以 1 月为例,将计算过程简要列举如下:

2020 年、2021 年和 2022 年 1 月的趋势值分别为:$8.235 + 1.097 \times 1 = 9.3$,$8.235 + 1.097 \times 13 = 22.5$,$8.235 + 1.097 \times 25 = 35.7$。

表 8-11　各月趋势值及趋势比率

时间		1	2	3	4	5	6	7	8	9	10	11	12
2020年	实际销售额（万元）	5	3	12	9	13	20	37	44	26	14	5	1
	趋势	9.3	10.4	11.5	12.6	13.7	14.8	15.9	17.0	18.1	19.2	20.3	21.4
	趋势比率	53.6	28.8	104.1	71.3	94.8	135.0	232.5	258.7	143.6	72.9	24.6	4.7
2021年	实际销售额（万元）	3	13	18	19	31	34	60	62	56	24	8	2
	趋势	22.5	23.6	24.7	25.8	26.9	28.0	29.1	30.2	31.3	32.4	33.5	34.6
	趋势比率	13.3	55.1	72.9	73.7	115.3	121.5	206.4	205.5	179.1	74.1	23.9	5.8
2022年	实际销售额（万元）	9	15	31	37	42	51	90	98	80	40	11	4
	趋势	35.7	36.8	37.9	38.9	40.0	41.1	42.2	43.3	44.4	45.5	46.6	47.7
	趋势比率	25.2	40.8	81.9	95.0	104.9	124.0	213.1	226.1	180.0	87.9	23.6	8.4

表 8-12　趋势剔除法季节指数计算过程及预测结果

时间	1	2	3	4	5	6	7	8	9	10	11	12	平均
2020年	53.6	28.8	104.1	71.3	94.8	135.0	232.5	258.7	143.6	72.9	24.6	4.7	102.0
2021年	13.3	55.1	72.9	73.7	115.3	121.5	206.4	205.5	179.1	74.1	23.9	5.8	95.5
2022年	25.2	40.8	81.9	95.0	104.9	124.0	213.1	226.1	180.0	87.9	23.6	8.4	100.9
同月平均	30.7	41.6	86.3	80.0	105.0	126.8	217.3	230.1	167.6	78.3	24.0	6.3	99.5
季节指数（%）	30.9	41.8	86.7	80.4	105.5	127.5	218.4	231.3	168.4	78.7	24.2	6.3	100
2023年预测	15.1	20.9	44.2	41.9	56.1	69.2	121.0	130.7	97.0	46.2	14.5	3.8	—

　　2020 年、2021 年和 2022 年 1 月的趋势比率分别为：5/9.3 = 53.6%，3/22.5 = 13.3%，9/35.7 = 25.2%。

　　三年 1 月份去趋势比率的平均数 =（53.6% + 13.3% + 25.2%）/3 = 30.7%。调整后的 1 月季

节指数 = 30.7%×1 200/1 194 = 30.9%。

对于 2023 年各月销售额的预测,首先将 $t = 37, 38, \cdots, 48$ 分别代入趋势方程中,得到各月的趋势值,再乘以各月的季节指数即可,具体计算结果见表 8-12 最后一行。

关于本例季节变动的测定,还存在不同的方法。比如,可以运用移动平均法测度趋势值,这样计算的季节指数一般会有差异。当然,在方法均被允许的条件下,结论只要不发生大的差异(尤其没有方向性差异),数量上的细微差别不必细究。

二、循环变动的测定

循环变动是一个较长时期内的周期性变动,它不同于长期趋势朝着一个方向持续上升或下降,而是经历从高到低、再从低到高的循环往复变化。它也不同于季节变动,它的变动周期没有稳定的规律,周期长短不一,难以识别和预测。因此,对于循环变动的测度,不仅要根据数量变化借助统计方法进行定量分析,还要结合经济理论和历史经验进行定性分析。下面根据时间序列的两种类型,简要介绍循环变动的两种测度方法。

(一)关于年度序列的循环变动测定

由于年度时间序列不存在季节变动,若假设不规则变动忽略不计,则时间序列只受长期趋势和循环变动两个组成因子的影响。根据乘法模型 $Y = T \times C$,可得循环变动系数为:

$$C = Y/T \times 100\% \tag{8-50}$$

这种方法计算简便且易于理解,但是它有较强的假定性,对于月份(季度)序列并不适用。

(二)关于月份(季度)序列的循环变动测定

对于分月(季度)时间序列,可能存在长期趋势、季节变动以及不规则变动的影响,为了同时消除长期趋势和季节变动,可以先将实际值除以长期趋势值和季节变动指数,得到循环不规则系数 CI,再对 CI 计算移动平均值削弱不规则变动影响,最后得到循环变动系数 C。计算步骤如下:

第一步,测定原始数据序列中的长期趋势值 T,方法可以是数学模型法或者移动平均法等。

第二步,测定原始序列中的季节指数 S,具体方法见前一部分。

第三步,剔除原时间序列的长期趋势和季节变动的影响,得到仅包含循环不规则变动的序列 CI:

$$\frac{Y}{T \times S} = \frac{T \times S \times C \times I}{T \times S} = CI \tag{8-51}$$

第四步,对 CI 序列进行移动平均,削弱或消除不规则变动 I 的影响后,得到循环变动序列 C。

【例 8-13】 1981—2021 年中国全社会固定资产投资总额如表 8-13 所示,假设不存在不规则变动,请测定其循环变动。

首先,求各年全社会固定资产投资总额的长期趋势值。该指标的折线图如图 8-6 所示,可以看出指数变化趋势较为明显,因此采用指数曲线拟合。最小二乘法的拟合结果为:

$$\hat{y}_t = 1\,168.86 e^{0.165\,4t}$$

其中,时间 $t = 0$ 为 1980 年,$R^2 = 0.985\,5$,参数均通过 1% 的显著性检验。依据拟合模型,各年的预测值见表 8-13。

然后计算循环变动系数,即为 $C = y / \hat{y}$,具体结果见表 8-13。

表 8-13　1981—2021 年中国全社会固定资产投资总额及循环变动测定

年份	实际值 y(亿元)	预测值 $\hat{y}$	循环变动系数 $y/\hat{y}$	年份	实际值 y(亿元)	预测值 $\hat{y}$	循环变动系数 $y/\hat{y}$
1981	961	1 379.1	0.697	2002	43 500	44 504.5	0.977
1982	1 230	1 627.3	0.756	2003	53 841	52 511.1	1.025
1983	1 430	1 920.0	0.745	2004	66 235	61 958.1	1.069
1984	1 833	2 265.4	0.809	2005	80 994	73 104.7	1.108
1985	2 543	2 673.0	0.951	2006	97 583	86 256.7	1.131
1986	3 121	3 153.9	0.99	2007	118 323	101 774.7	1.163
1987	3 792	3 721.3	1.019	2008	144 587	120 084.6	1.204
1988	4 754	4 390.8	1.083	2009	181 760	141 688.5	1.283
1989	4 410	5 180.7	0.851	2010	218 834	167 179.0	1.309
1990	4 517	6 112.7	0.739	2011	238 782	197 255.5	1.211
1991	5 595	7 212.5	0.776	2012	281 684	232 742.8	1.21
1992	8 080	8 510.0	0.949	2013	329 318	274 614.6	1.199
1993	13 072	10 041.0	1.302	2014	373 637	324 019.3	1.153
1994	17 042	11 847.5	1.438	2015	405 928	382 312.2	1.062
1995	20 019	13 978.9	1.432	2016	434 364	451 092.3	0.963
1996	22 974	16 493.8	1.393	2017	461 284	532 246.3	0.867
1997	24 941	19 461.1	1.282	2018	488 499	628 000.5	0.778
1998	28 406	22 962.3	1.237	2019	513 608	740 981.3	0.693
1999	29 855	27 093.3	1.102	2020	527 270	874 288.0	0.603
2000	32 918	31 967.5	1.03	2021	552 884	1 031 577.3	0.536
2001	37 214	37 718.7	0.987	—	—	—	—

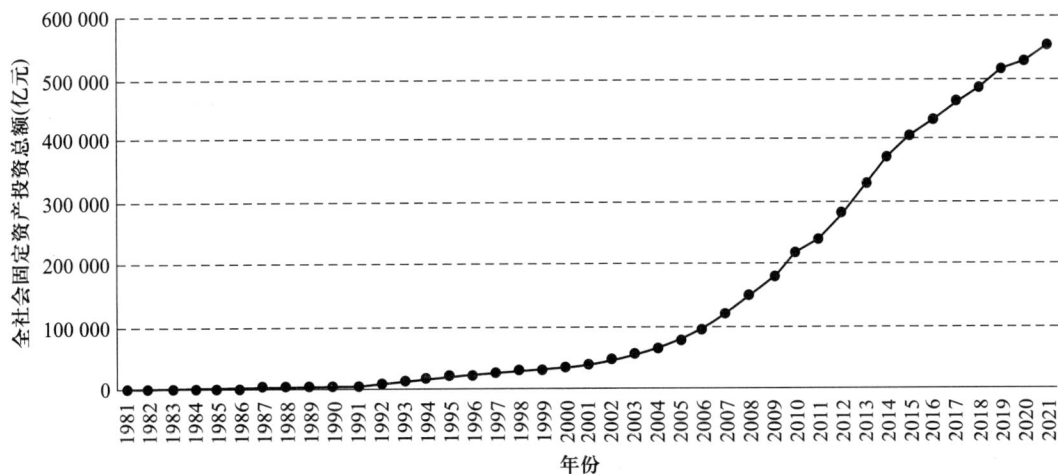

图 8-6　1981—2021 年中国全社会固定资产投资总额

为了直观判断循环变动的规律,我们绘制了循环变动系数的折线图,见图 8-7。可以发现,从 1981—2021 年的 40 年间,我国全社会固定资产投资大致经历了 3 个循环周期,即 1981—1990 年、1991—2002 年、2003—2021 年。

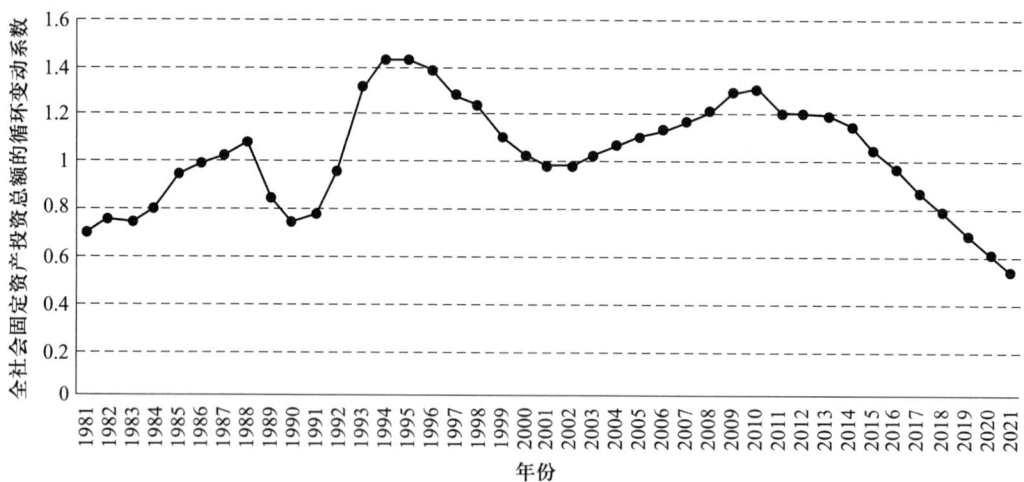

图 8-7　1981—2021 年中国全社会固定资产投资总额的循环变动系数

≡ 本章小结

本章的要点是理解时间序列的分析方法。通过学习理解时间序列是指标数值按照时间先后顺序依次排列而形成的数列,可比性原则是其基本原则。时间序列的水平指标主要有发展水平、平均发展水平、增长水平和平均增长水平。时期指标序时平均数直接用简单算术平均法计算,时点指标序时平均数视情形有四种计算方法,相对指标和平均指标序时平均数均等于分子、分母两个序时平均数之比。增长水平有逐期增长水平和累计增长水平两种,平均发展水平的计算方法包括水平法和累计法两种。时间序列的发展速度分为环比发展速度和定基发展速度;平均发展速度是各期环比发展速度的序时平均数,也有水平法和累计法两种计算方法。

时间序列的组成因子大致有长期趋势、季节变动、循环变动和不规则变动四类。长期趋势是时间序列在较长时期内表现出的总态势,测定方法主要有历史图、时距扩大法、移动平均法和数学模型法等,其中线性模型的拟合方法主要为最小二乘法,包括普通法和简洁法两个公式。季节变动的周期相对较小且规律较为稳定,测定方法主要有同期平均法和趋势剔除法两种。循环变动的变动周期较长且不固定,不规则变动是无规律的随机变动。作为学习延伸,可以通过阅读相关文献就发展速度和增长速度受基期水平值影响较大的情形如何应用,以及最小二乘法的假定条件进行思考与讨论。

三 思考与练习

一、即测即评

二、计算题

1. 某工业企业 2015—2021 年不变价总产值如表 8-14：

表 8-14　某工业企业 2015—2021 年不变价总产值　　　　单位：万元

年份	2015	2016	2017	2018	2019	2020	2021
工业总产值	650	694	728	759	790	825	854

计算 2015—2021 年工业总产值的平均发展水平、年平均增长量及平均增长速度。

2. 某超市 1—4 月销售人员与销售额资料如表 8-15：

表 8-15　某超市销售资料

月份	1	2	3	4
商品销售额（万元）	800	751	780	850
月初销售员人数（人）	86	70	77	82

要求：

（1）第一季度该店平均每月商品销售额。

（2）第一季度平均售货员人数。

（3）第一季度平均每售货员的销售额。

（4）第一季度平均每月每个售货员的销售额。

3. 某公司 1—7 月的销售额、库存和流通费用如表 8-16：

表 8-16　某公司 1—7 月销售额、库存和流通费用数据　　　　单位：万元

时间	1 月	2 月	3 月	4 月	5 月	6 月	7 月
销售额	120	124	128	137	141	150	152
月初库存额	40	42	51	55	50	48	52
流通费用额	8	10	11	12	9	13	12

分别计算：

（1）该公司一季度、二季度和上半年的商品流转次数；

（2）该公司一季度、二季度和上半年平均每月的商品流转次数；

（3）该企业一季度、二季度和上半年的商品流通费用率；

（4）该企业一季度、二季度和上半年平均每月的商品流通费用率。

4. 某公司历年产量（单位：吨）数据如表 8-17 所示，请根据指标之间的相互关系，计算并填入表中所缺的指标。

表 8-17　某公司历年产量数据

年份	产量	增长量		发展速度（%）		增长速度（%）		增长 1% 的绝对值
		逐期	累计	环比	定基	环比	定基	
2015								
2016						5		
2017				95				
2018					125			
2019	88					10		
2020	90							
2021	100							

5. 某市 1978—1991 年生产总值平均每年以 15% 的速度增长，1991—2002 年间生产总值年均增长 12%，2002—2016 年的年均增速为 10%，2016—2021 年的年均增速为 5%，求该市 1978—2021 年的年均增长速度是多少？

6. 某地为国家设定的限制开发区域，2010 年人口是 120 万人，2020 年人口下降到 90 万人，请问按照 2010—2020 年的年均下降速度，经过多少年后人口下降到 60 万人？如果规定 2025 年人口必须控制在 50 万人以内，则 2020—2025 年的年均下降速度是多少？

7. 某公司 2015—2021 年产值（单位：万元）如表 8-18 所示：

表 8-18　某公司 2015—2021 年产值

年份	2015	2016	2017	2018	2019	2020	2021
产值	100	122	148	183	200	245	278

要求：

（1）拟合直线方程，分别用最小平方法的普通法和简洁法求解参数，并预测该地区 2023 年这种产品可能达到的产值。

（2）比较两种方法得出的结果有何异同。

8. 某企业 2018—2021 年各季的销售收入如表 8-19 所示：

表 8-19　某企业 2018—2021 年各季的销售收入

年份	第一季度	第二季度	第三季度	第四季度
2018	82	48	68	107
2019	97	66	85	134
2020	113	91	100	158
2021	130	95	125	179

分别用同期平均法和趋势剔除法测定季节变动，你认为哪种方法更适合本题。

计算题答案

第九章 统计指数分析

实例1：

  据《中国统计年鉴2022》数据显示，与2020年相比，2021年全国居民消费价格指数为100.9%，其中城市居民和农村居民的消费价格指数分别为101.0%和100.7%、商品零售价格指数为101.6%、农产品生产者价格指数97.8%、工业生产者出厂价格指数与工业生产者购进价格指数为108.1%和111.0%、进出口商品价格指数分别为103.8%和112.8%；同年，主要的定基指数有：居民消费价格指数692.7%（1978＝100），其中城市居民消费价格指数746.1%（1978＝100），农村居民消费价格指数523.3%（1985＝100）、商品零售价格指数485.6%（1978＝100）、工业生产者出厂价格指数412.1%（1985＝100）、工业生产者购进价格指数398.3%（1990＝100）。

  究竟什么是指数？上述各种指数是如何计算出来的？又能阐释怎样的现实问题呢？

实例2：

  党的二十大指出"十八大召开至今已经十年了。十年来，我们经历了对党和人民事业具有重大现实意义和深远历史意义的三件大事：一是迎来中国共产党成立一百周年，二是中国特色社会主义进入新时代，三是完成脱贫攻坚、全面建成小康社会的历史任务，实现第一个百年奋斗目标。"[①]在全面小康建设推进过程中，中国信息协会信用信息服务专业委员会等编制了《中国城市全面建成小康社会监测报告》，依据全面建成小康社会监测体系，利用公开权威数据，对全国31个省区市和653个城市，从经济发展、人民生活、文化建设、生态环境、社会治理五大领域进行监测，形成"小康经济指数""小康生活指数""小康文化指数""小康生态指数""小康治理指数"五个小康分项指数，分别衡量各领域建成水平。五个小康分项指数集成"全面建成小康社会指数"（简称"全面小康指数"），衡量地区全面小康整体水平。

  "全面建成小康社会指数"对党的二十大报告提出的"全面建设社会主义现代化国家"的具体推进有何启示意义呢？

实例3：

  杭州某品牌茶叶专卖店十月份的销售额比九月份有所下降，店主欲究其原因。翻阅了这两个月的销售资料，具体如表9-1所示。

---

  ① 习近平.高举中国特色社会主义伟大旗帜 为全面建设社会主义现代化国家而团结奋斗——在中国共产党第二十次全国代表大会上的报告[M].人民出版社 2022:4.

表 9-1　某品牌茶叶专卖店销售资料

茶叶等级	销售量(个/500 克)		销售价格(元/500 克)	
	九月	十月	九月	十月
特级品	25	18	900	950
一等品	90	70	280	300
二等品	120	130	200	150
三等品	580	600	100	100

店主该如何根据销售资料寻找销售额下降的原因呢?

第一节　统计指数概述

一、统计指数的含义

统计指数(statistic index),简称指数,起源于人们对物价变动的研究。1675年,英国经济学家赖斯·沃恩(Rice Vaughan)为了测定当时的劳资双方对于货币的比例,将 1650 年的谷物、家畜、鱼类、皮革和布帛的价格分别与 1352 年的价格相比较来考察商品价格的变动情况,这便是统计指数的萌芽。

教学视频
统计指数的基本问题

此后,指数的应用开始从反映单一商品价格的变动,过渡到反映多种商品价格的综合变动,并且随着社会经济活动的不断深入与发展被广泛应用到价格变动之外的各个领域。有些指数,如居民消费价格指数、商品零售价格指数、气象指数、交通出行指数、情感指数、幸福指数等,同人们的日常生活息息相关;有些指数,如工业生产指数、股票价格指数、固定资产投资指数,房地产价格指数等直接影响人们的投资活动,成为社会经济的晴雨表;还有些指数,如小康指数、和谐指数、廉政指数、预警指数、景气指数、竞争力指数等,成为社会经济管理的重要工具。

那么,究竟什么是统计指数呢?从广义上说,一切用以说明所研究事物发展变化方向及其程度的相对数均可视为指数。例如,人们所关心的"物价水平是上升了还是下降了?""居民收入水平是增加了还是减少了?""不同地区居民收入差距是扩大了还是缩小了?""计划完成程度是提高了还是降低了?""交通拥堵情况是改善了还是恶化了?"等问题,这些都是通过相对数来反映事物的发展变化,都是广义指数的范畴。所以,广义的指数即一切同类指标在不同时间或不同空间上对比的相对数。

与广义统计指数涵盖一切相对数所不同的是,狭义的统计指数特指复杂现象总体某一方面数量的综合变动方向和变动程度的相对数。所谓复杂现象总体是指那些由于各个部分的不同性质而在研究其数量特征时不能直接加总或直接对比的总体,即不可计数总体。例如,某超市同时销售鞋帽、成衣和电视机等商品,由于这几种商品的性质不同、使用价值不同,故不能通过直接相加来对比其报告期与基期销售量的变化。国家统计局发布的数据显示,2022 年 7 月份,全国居民消费价格同比上涨 2.7%,其中食品烟酒价格同比上涨 4.7%,交通和通信、教育文化和娱乐价格分别上涨 6.1% 和 1.5%,生活用品及服务、其他用品和服务价格分别上涨 1.4% 和 0.9%,衣

着、居住、医疗保健价格均上涨 0.7%。

广义和狭义的统计指数在实践中均有广泛的应用,但从指数理论和方法上看,主要针对的是狭义层面。因此,本书后续的分析主要针对狭义指数。

二、统计指数的分类

统计指数繁多,从不同的角度对其进行适当的分类,将有助于深入地分析各类指数的特性。

(一)按照研究对象范围的不同,可分为个体指数和总指数

个体指数是反映总体中单个事物或单个项目某一数量变动的相对数,属于广义指数范畴,通常是将某一指标的报告期数值与基期数值直接对比而得。此时,个体指数实际就是同一种现象的报告期指标数值与基期指标数值对比而得的发展速度指标。

总指数是反映多种事物构成的复杂现象总体综合数量变动的相对数,如居民消费价格指数、商品零售物价指数、工业总产量指数。总指数与个体指数有一定的联系,通常可以用个体指数计算相应的总指数。其中,用个体指数的简单平均求得总指数,称为简单指数;用个体指数加权平均求得的总指数,称为加权指数。

介于个体指数和总指数之间的还有类指数等,它们是反映总体中某一类现象数量变动的相对数。例如,在居民消费价格指数中,食品烟酒价格指数、生活用品及服务指数等就是其中的类指数,城市居民消费价格指数和农村居民消费价格指数也是类指数。显然,类指数皆属于小范围内的总指数,故其编制方法与总指数相同。

(二)按照表现形式的不同,可分为综合指数、平均指数和平均指标指数

总指数按照计算和编制方法的不同,可以分为综合指数、平均指数和平均指标指数。综合指数是由两个总量指标对比而形成的指数;平均指数是指先通过对比计算个别现象的个体指数,然后将个体指数进行加权平均而得到的总指数,主要有算术平均指数和调和平均指数两类;平均指标指数则是通过两个有联系的加权算术平均指标对比计算得到的总指数。这三类指数既有区别,又有密切的联系,各适用于说明不同的问题。

(三)按照指数化指标性质的不同,可分为数量指标指数和质量指标指数

所谓指数化指标,是指数所要测定其变动的统计指标。统计指标按照其反映内容的不同,分成数量指标和质量指标两类,相应地,统计指数亦可以分成数量指标指数和质量指标指数。数量指标指数即指数化指标为数量指标的指数,用来说明总体规模变动情况。例如,工业产品产量指数、商品销售量指数、职工人数指数等。质量指标指数即指数化指标为质量指标的指数,例如,产品成本指数、劳动生产率指数、商品价格指数等,可以反映生产经营所取得的效益状态。

(四)按照反映现象对比性质的不同,可分成动态指数和静态指数

动态指数又称时间指数,是通过不同时间上同类现象水平的对比,来反映现象在时间上的动态变化。动态指数是最普遍的指数,居民消费价格指数、股票价格指数、房地产价格指数等常见的指数均是动态指数。动态指数按照计算过程中采用的基期不同,可细分为定基指数和环比指数两类。定基指数以某一固定时期作为对比基期,环比指数则以前一期作为对比基期。

静态指数是通过不同空间上同类现象水平的对比,来反映同类现象某种数量特征在不同空间上的发展变化状况或差异程度。静态指数主要包括空间指数和计划完成指数两类,空间指数反映同一时期不同空间指标值的变动,例如,地区人均收入指数、地区价格比较指数等。计划完

成指数则通过现象同一时期的实际水平与计划水平的对比结果来考察计划目标的实现程度,例如,营业达成率指数、成本降低计划完成指数、全面小康建设进程指数等。

本书将以各种数量指标和质量指标为例,着重介绍综合指数、平均指数、平均指标指数的编制方法及其在统计分析中的应用。

三、统计指数的特点

统计指数具有以下主要特点:

(一) 综合性

统计指数是综合反映多事物或多项目构成的复杂总体某一方面数量的变动方向和变动程度的相对数,是对多事物或多项目数量变动的综合反映结果。综合性是指数的最重要特征之一,没有综合性,指数就不可能发展成为一种独立的理论和方法论体系。例如,由若干种商品和服务构成的一组消费项目,通过综合后计算价格指数,以反映消费价格水平的综合变动。显然,消费价格指数是该组消费项目价格变动的综合反映。

(二) 平均性

统计指数所反映的综合变动实际上是多事物或多项目某一数量变动的平均水平,是综合了所有变动的平均结果。例如,消费价格指数,说明的是所有消费的商品和服务项目价格变动的平均变动状况。

(三) 相对性

统计指数的相对性特征可以从两个层面上理解:一是,形式上的相对性,即统计指数是总体各现象在不同场合下对比形成的相对数。它既可以是反映一个现象在不同时间或空间变化的相对数,如单一商品的个体价格指数,又可以用于反映一组现象的综合变动的相对数,如消费价格指数。二是,结果的相对性,编制总指数时要在假定其他指标或因素不变的情况下来反映指数化指标的变动情况,其结果具有相对准确性。例如,在编制商品销售价格指数时,往往需要将商品的销售量先固定下来,进而来考察指数化指标(销售价格)的变动,在此假定下分析的价格变动,结果必然具有相对性。

(四) 代表性

编制总指数时,有时涉及的项目太多,难以全面加以考虑,通常选择部分项目作代表进行编制,以表示全部项目的变动。例如,中国住宅销售价格指数就是基于全国 70 个代表性大中城市的新建住宅销售价格和二手住宅销售价格编制而成。

四、统计指数的主要作用

(一) 反映复杂现象总体某一方面数量变动方向和变动程度

通过编制工业产品产量指数或商品零售价格指数将那些由于使用价值、计量单位或价格单位不同而不能加总的产品或商品过渡到可以加总、综合和对比,进而达到分析它们的总变动方向和变动程度的目的,这就是统计指数法。例如,商品零售价格指数为 110%,说明多种商品零售物价总体变动呈上升状态,且上升了 10%。

(二) 对复杂现象总体变动进行因素分析

统计指数法还可以从相对数和绝对数两方面分析和测定复杂现象中各构成因素的变动对现

象总变动的影响方向和影响程度,即可以进行因素分析。例如,商场销售额的变动受到商品的销售量和销售价格两个基本因素变动的影响,采用统计指数法,不仅能够反映商场销售额的变动情况,而且还可以从销售量变动和销售价格变动两个方面考察它们对销售额变动的影响,包括影响方向、影响程度(相对数)和影响的绝对效果(绝对数)。

(三)研究现象的长期发展变化趋势

利用连续编制的动态指数数列,发现复杂现象总体长时间内的发展变化过程、规律和趋势。例如,根据 2000—2022 年共 23 年的零售商品价格资料,编制 22 个环比价格指数,并按照时间的先后顺序排列,就可以构成价格指数数列。据此可以揭示价格的长期变化过程,分析其变化规律和趋势,进而研究物价变动对经济建设和人民生活水平的影响程度。该方法避免了不同性质数列不能直接比较的问题,特别适用于对比分析有联系但性质不同的时间数列之间的变动关系。

(四)对社会经济现象进行综合评价和测定

随着统计指数在实际应用中的深入和发展,许多社会经济现象都可以运用统计指数进行综合评价和测定,以对其发展水平作出合理地评判。例如,清廉指数,可以测评一个国家的腐败程度;竞争力指数,可以考察一个城市的综合竞争实力;经济自由度指数,可以衡量一个经济体的自由化程度;消费者信心指数,可以反映消费者的满意程度;幸福指数,可以了解人们对自身生存和发展状况的感受和体验。

第二节 综 合 指 数

一、综合指数概述与编制原理

综合指数是通过对两个时期不同、范围相同的多要素现象同度量综合之后,进行总体数量对比得出的总指数。显然,综合指数的计算特点是"先综合,后对比"。然而复杂总体各个个体由于使用价值不同、计量单位不同,其数量表现并不能直接加总而对比,这种现象叫作不同度量。因此,综合指数的编制首先应该解决加总(综合)问题,然后再考虑对比问题。

教学视频
综合指数的编制与应用

关于加总问题,综合指数通过引入同度量因素来解决。所谓同度量因素,是将不同度量的现象过渡到可以同度量的媒介因素。如在计算商品销售量指数时,各商品的计量单位不同导致销售量不能直接相加,但是乘以销售价格转化成销售额之后就可以相加,这里销售价格对于销售量而言就是同度量因素,而销售量是指数化因素;同理,当计算销售价格指数时,销售价格是指数化因素,而销售量则变成了同度量因素。显然,在决定总量指标的各因素中,指数化因素与同度量因素的区分是相对的,它们互为同度量因素。在实践中,选择同度量因素时,要保证其与指数化因素相乘具有实际的经济意义,且相乘所得到的乘积应能够在复杂现象总体中相加汇总。一般地,数量化因素的同度量因素是与之有关的质量化因素、质量化因素的同度量因素是与之有关的数量化因素。在两因素的问题中,确定同度量因素的性质(数量化因素还是质量化因素)比较容易,而在超过两个因素的问题中,确定同度量因素的性质就困难一些,必须注重各因素的内在联系。例如,企业总能耗支出取决于产品产量、单位产品能耗量和能耗单价三个因素,从它们的内在联系来看,可以认为:相对于产品产量而言,后两者是质量化因素;相对于能耗单价而言,前两者是数量化因素;相对于单位产品能耗而言,前者是数量化因素、后者是质量化因素。

综合指数的编制过程中同度量因素起到了关键的作用,主要体现在两个方面,一是,同度量作用,将原来不能直接相加的量过渡到能够相加的量;二是,权重的作用,即在指数的计算中同度量因素还起到权衡轻重的作用。例如,在计算销售量指数时,销售价格是同度量因素,某种商品销售价格越高,其销售额就越大,对指数的影响也就越大。反之亦然。因此,同度量因素又被称为"权数"。

关于对比问题,综合指数通过固定同度量因素的方式来单纯反映指数化因素的变动。同度量因素的引入,使得现象数量的总变动既包括指数化因素的变动又包括同度量因素的变动。为了单纯研究指数化指标的变动,综合指数通常将同度量因素所属时期加以固定。问题在于,将同度量固定在什么时期呢? 后续我们将对此问题重点展开研究。

综上所述,综合指数编制的基本原理与过程:①引入同度量因素,使不能加总的多事物(多项目)得以综合;②固定同度量因素,使综合总量的对比只反映指数化因素的变动。

二、综合指数的种类

统计指数分析中习惯于用 q 表示数量化因素,p 表示质量化因素;下标 1 表示报告期(或所要考察的空间),0 表示基期(或参考的空间);I 表示综合指数,且 I_q 表示数量指标指数,I_p 表示质量指标指数。

如前所述,两因素综合指数的同度量因素确定较为简单,因此综合指数的形式取决于同度量因素的固定时间。由于固定时间的不同,综合指数有多种不同的形式与编制方法,如拉氏指数、派氏指数、理想指数、费雪指数等,其中最常见的是拉氏指数、派氏指数。

(一) 拉氏指数

拉氏指数是把同度量因素固定在基期水平的一种综合指数,也称基期综合指数,由德国的经济统计学家拉斯贝尔(E.Laspeyres)于 1864 年提出。其基本形式为:

$$数量指标指数\ I_q = \frac{\sum q_1 p_0}{\sum q_0 p_0} \tag{9-1}$$

$$质量指标指数\ I_p = \frac{\sum p_1 q_0}{\sum p_0 q_0} \tag{9-2}$$

不难发现,拉氏指数公式中,$\sum p_0 q_0$ 表示基期实际的总量,而 $\sum p_1 q_0$ 和 $\sum p_0 q_1$ 都是假定的总量。因此,拉氏指数的计算具有一定的假定性。

【例 9-1】　某商场三种商品的销售资料如表 9-2 所示,要求计算三种商品销售量和销售价格的拉氏综合指数。

表 9-2　某商场三种商品销售资料

品名	计量单位	销售量		销售价格(元)	
		基期 q_0	报告期 q_1	基期 p_0	报告期 p_1
甲	米	15 000	20 000	160	150
乙	千克	40 000	40 000	80	100
丙	双	60 000	50 000	50	50

根据表 9-2 资料整理和计算相关的销售额数据,如表 9-3 所示。

表 9-3　某商场三种商品销售额数据

品名	销售额(万元)			
	p_0q_0	p_1q_1	p_0q_1	p_1q_0
甲	240	300	320	225
乙	320	400	320	400
丙	300	250	250	300
合计	860	950	890	925

根据表 9-3 计算得到:

$$拉氏销售量指数 \ I_q = \frac{\sum q_1 p_0}{\sum q_0 p_0} = \frac{890}{860} = 103.49\%$$

$$拉氏销售价格指数 \ I_p = \frac{\sum p_1 q_0}{\sum p_0 q_0} = \frac{925}{860} = 107.56\%$$

结果表明,三种商品报告期的销售量相对基期而言,有升有降,还有的持平,但是三种商品的销售量综合指数为 103.49%,表明报告期三种商品的销售量比基期上涨了 3.49%,这是三种商品销售量变动的综合结果,也是它们的平均变动结果;同样,三种商品的销售价格也有不同的变化,但总体而言,报告期比基期增加了 7.56%,它同样是三种商品的综合(平均)价格变动结果。

拉氏指数的特点在于,将同度量因素(即权数)固定在基期水平,可以消除权数变动对指数的影响,从而单纯地反映指数化因素的数量变动。同时,由于各期指数的权重相同,可以确保拉氏指数数列(定基指数数列)在不同时间上的可比性,因而能够客观地反映指数化因素在较长时期内的变化过程。

相对于拉氏质量指标指数而言,拉氏数量指标指数的编制意义更为明确。如例 9-1,在编制商品的拉氏销售量指数时,采用的假定总量是 $\sum p_0 q_1$,它表示按照基期的价格销售了报告期数量的商品应得到的销售额,显然报告期商品的销售数量是已经发生的事实,因此现实意义明确;相比之下,拉氏销售价格指数采用的假定销售总量是 $\sum p_1 q_0$,它表示按报告期的价格销售基期数量的商品应得的销售额,显然在报告期销售基期数量的商品是不符合现实意义的。在实际生活中,商品价格的变化往往会引起消费结构的变化,人们更关心在报告期销售量条件下,由于价格变动对实际生活的影响。

需要指出的是,没有完美的指数。拉氏数量指标指数也有不足之处,如容易脱离实际。因为随着生产技术的发展和劳动生产率的提高,新产品不断涌现,老产品常被淘汰或降价,公式中的假定总量 $\sum p_0 q_1$ 将报告期商品销售量用了基期价格来计算,不但脱离了报告期价格的实际情况,而且有些新产品基期尚未问世,根本就没有基期价格,只能用比价的办法计算,这可能影响指数的准确性。

(二)派氏指数

派氏指数是把同度量因素固定在报告期水平的一种综合指数,又称报告期综合指数,由德国经济统计学家派许(H. Paasche)在 1874 年提出。其基本形式为:

$$数量指标指数 \ I_q = \frac{\sum q_1 p_1}{\sum q_0 p_1} \tag{9-3}$$

$$质量指标指数\ I_p = \frac{\sum p_1 q_1}{\sum p_0 q_1} \qquad (9-4)$$

显然,派氏指数公式中,$\sum p_1 q_1$表示报告期实际的总量,而$\sum p_1 q_0$和$\sum p_0 q_1$依然是假定的总量。因此,派氏指数的计算同样具有假定性。

【例 9-2】 根据表 9-3 相关数据,计算三种商品销售量和销售价格的派氏综合指数。

$$派氏销售量指数\ I_q = \frac{\sum q_1 p_1}{\sum q_0 p_1} = \frac{950}{925} = 102.70\%$$

$$派氏销售价格指数\ I_p = \frac{\sum p_1 q_1}{\sum p_0 q_1} = \frac{950}{890} = 106.74\%$$

结果表明,三种商品销售量综合上涨了 2.70%,销售价格综合上升了 6.74%。派氏指数的特点在于,将同度量因素(即权数)固定在报告期水平,而报告期总是在变,因而在编制指数数列(无论是定基还是环比)时,不同时期指数的权重结构以及分母总量都不同,故不能直接对比;另外,由于同度量因素固定在报告期,已经隐含包括了由基期到报告期的实际变动,因而所计算的综合指数并不能单纯的反映指数化因素的总变动。对各总量指标分解如下:

$$\sum q_1 p_1 = \sum q_1 (p_1 - p_0 + p_0) = \sum q_1 (p_1 - p_0) + \sum q_1 p_0 \qquad (9-5)$$
$$\sum q_0 p_1 = \sum q_0 (p_1 - p_0 + p_0) = \sum q_0 (p_1 - p_0) + \sum q_0 p_0 \qquad (9-6)$$

派氏数量指标指数就可以表示为:

$$I_q = \frac{\sum q_1 p_1}{\sum q_0 p_1} = \frac{\sum q_1 (p_1 - p_0) + \sum q_1 p_0}{\sum q_0 (p_1 - p_0) + \sum q_0 p_0} \qquad (9-7)$$

由式(9-7)不难发现,与拉氏数量指标指数相比,派氏数量指标指数不但包含指数化因素 q 的变动,同时还反映了同度量因素 p 的实际变动$(p_1 - p_0)$。若用式(9-7)的分子减去分母还可以从绝对量上衡量这种变化:

$$\sum q_1 p_1 - \sum q_0 p_1$$
$$= \sum q_1 (p_1 - p_0) + \sum q_1 p_0 - \sum q_0 (p_1 - p_0) - \sum q_0 p_0 \qquad (9-8)$$
$$= \sum q_1 p_0 - \sum q_0 p_0 + \sum (p_1 - p_0)(q_1 - q_0)$$

式(9-8)中$\sum q_1 p_0 - \sum q_0 p_0$这一项单纯的反映了 q 的变动而产生的总量变化,而$\sum (p_1 - p_0)(q_1 - q_0)$则反映了 p 和 q 的共同变化产生的总量变动,通常称之为"共变影响额"。

对派氏质量指标指数也可以做类似的分解,它同样既包含质量指标本身的变动,也包含同度量因素——数量指标的变动。

一般地,对于派氏指数形式而言,质量指标指数的编制意义更为明确。如例 9-2 中,商品价格指数的分母是假定总量$\sum p_0 q_1$,而销售量指数的分母是假定总量$\sum p_1 q_0$,如前所述,$\sum p_0 q_1$较之$\sum p_1 q_0$更具有现实意义。

考虑到统计指数的现实意义,现有指数研究中确定同度量因素的一般原则是:数量指标指数以基期的质量指标作为同度量因素,质量指标指数则以报告期的数量指标作为同度量因素。即,采用拉氏指数形式编制数量指标指数,采用派氏指数形式编制质量指标指数。当然,此一般原则也是后续进一步对指数体系进行因素分析的基础。

(三)马埃指数

马埃指数是用同度量因素的基期水平和报告期水平的简单算术平均数作为权数的一种综合

指数,由英国经济学家马歇尔(A.Marshall)于 1887 年提出,后由英国统计学家埃奇沃思(F.Y. Edgeworth)加以推广。其基本形式为:

$$数量指标指数\ I_q = \frac{\sum q_1 \dfrac{p_0 + p_1}{2}}{\sum q_0 \dfrac{p_0 + p_1}{2}} \qquad (9-9)$$

$$质量指标指数\ I_p = \frac{\sum p_1 \dfrac{q_0 + q_1}{2}}{\sum p_0 \dfrac{q_0 + q_1}{2}} \qquad (9-10)$$

【例 9-3】 根据表 9-3 的相关数据,计算三种商品销售量和销售价格的马埃指数。

马埃销售量指数:

$$I_q = \frac{\sum q_1 \dfrac{p_0 + p_1}{2}}{\sum q_0 \dfrac{p_0 + p_1}{2}} = \frac{\sum q_1 p_0 + \sum q_1 p_1}{\sum q_0 p_0 + \sum q_0 p_1} = \frac{890 + 950}{860 + 925} = 103.08\%$$

马埃销售价格指数:

$$I_p = \frac{\sum p_1 \dfrac{q_0 + q_1}{2}}{\sum p_0 \dfrac{q_0 + q_1}{2}} = \frac{\sum p_1 q_0 + \sum p_1 q_1}{\sum p_0 q_0 + \sum p_0 q_1} = \frac{925 + 950}{860 + 890} = 107.14\%$$

结果表明,三种商品销售量综合上升了 3.08%,销售价格综合上涨了 7.14%。

马埃指数同度量因素是拉氏指数和派氏指数同度量因素的算术平均数,因而很难解释其现实意义,同时该公式的计算需要较全面的资料,一般很难满足,故实际上很少应用。

(四)费雪指数

费雪指数是以拉氏指数和派氏指数的几何平均数来编制综合指数的一种形式,由美国统计学家费雪(I.Fisher)于 1912 年总结提出。其基本形式为:

$$数量指标指数\ I_q = \sqrt{\frac{\sum q_1 p_0}{\sum q_0 p_0} \times \frac{\sum q_1 p_1}{\sum q_0 p_1}} \qquad (9-11)$$

$$质量指标指数\ I_p = \sqrt{\frac{\sum p_1 q_0}{\sum p_0 q_0} \times \frac{\sum p_1 q_1}{\sum p_0 q_1}} \qquad (9-12)$$

费雪系统地总结了各种指数公式的特点,并提出了检验指数优劣性的三种方法:时间互换测验、因子互换测验和循环测验。[1] 在对各种指数进行测验之后,费雪发现绝大多数指数都不符合

---

[1] 时间互换测验指报告期对基期的指数和基期对报告期的指数的乘积应等于 1;因子互换测验指物价指数和相应的物量指数的乘积应等于其价值指数;循环测验指第一个时期对基期的指数和第二个时期对第一个时期指数的乘积,应等于第二个时期对基期的指数。

这三种检验,唯有他的公式通过了三种检验。与此同时,费雪还发现由相同资料计算的指数,拉氏指数与派氏指数的结果不一样,一个偏高一个偏低,而两者的几何平均数正好可以纠正这种偏差,结果最为理想,故称自称费雪指数为"理想指数"。费雪指数同马埃指数一样,虽然不偏不倚,但同样缺乏明确的经济意义且需要较多的资料。费雪指数主要在国际比较和地区比较中应用。例如,联合国编制的地域差别生活费指数和各国货币购买力平价指数就是采用费雪指数计算的。

【例 9-4】　根据表 9-3 的相关数据,计算三种商品销售量和销售价格的费雪指数。

销售量费雪指数:

$$I_q = \sqrt{\frac{\sum q_1 p_0}{\sum q_0 p_0} \times \frac{\sum q_1 p_1}{\sum q_0 p_1}} = \sqrt{103.49\% \times 102.70\%} = 103.09\%$$

销售价格费雪指数:

$$I_p = \sqrt{\frac{\sum p_1 q_0}{\sum p_0 q_0} \times \frac{\sum p_1 q_1}{\sum p_0 q_1}} = \sqrt{107.56\% \times 106.74\%} = 107.15\%$$

结果表明,三种商品销售量综合上升了 3.09%,销售价格综合上涨了 7.15%。

(五) 杨格指数

杨格指数又称固定权数综合指数,是将同度量因素固定在基期和报告期之外某个常态时期或以同度量因素的若干时期数值的平均数作为权数的一种综合指数,由英国经济学家杨格(A. Young)提出。其基本形式为:

$$数量指标指数 \quad I_q = \frac{\sum q_1 p_n}{\sum q_0 p_n} \quad 或 \quad I_q = \frac{\sum q_1 \overline{p}}{\sum q_0 \overline{p}} \tag{9-13}$$

$$质量指标指数 \quad I_p = \frac{\sum p_1 q_n}{\sum p_0 q_n} \quad 或 \quad I_p = \frac{\sum p_1 \overline{q}}{\sum p_0 \overline{q}} \tag{9-14}$$

式中 p_n 和 q_n 分别表示常态时期质量指标和数量指标的水平;$\overline{p}$ 和 $\overline{q}$ 分别表示质量指标和数量指标在某一时段内的平均水平。

杨格指数的同度量因素不因比较时期(报告期或基期)的改变而改变,因此对于编制可比的指数具有重要作用,也有利于观察较长时间内现象的发展变化趋势。在指数数列中,由于采用固定权数,环比指数的连乘积等于定基指数,因此,不同年份的指数相互换算也非常方便。然而,在利用杨格公式计算指数时,应注意的一个问题是,随着时间的推移,旧的权数可能背离客观实际构成状况,如不及时更换,会使指数产生偏误,因此需要定期更换权重,通常以五年更换一次为宜。

完美的指数并不存在,上述几种综合指数形式各有利弊,社会经济现象极其复杂,任何一种指数形式不可能一应万全的满足需要。在实际应用中究竟该采用何种形式,要视具体情况与条件而定。事实上,同度量因素问题是编制指数的首要问题,也是关于指数编制方法争论最多的问题。

三、综合指数的应用

综合指数作为总指数的基本编制方法之一,在实践中得到了广泛的应用。常见的综合指数有工业生产指数、股票价格指数等。

(一) 工业生产指数

工业生产指数是反映一个国家或地区各种工业产品产量综合变动方向和程度的一种数量指

标指数,它是衡量经济增长和判断经济形势的重要依据。

1995 年以前,我国主要采用综合指数中的杨格指数形式来编制工业生产指数,即采用一个不变的价格来计算不同时期的工业产品总产值,然后利用这个不变价格的总产值来对比求得总指数。求该指数首先要对不同的工业品制定相应的不变价格标准,然后根据该价格就可以计算不同时期各工业品的产值,将各工业品的产值汇总即得到不同时期的总产值,这样,将不同时期的总产值对比就可以计算工业生产指数。若以 p_c 表示各工业产品的不变价格标准,则工业生产指数计算公式如下:

$$I_q = \frac{\sum q_1 p_c}{\sum q_0 p_c} \tag{9-15}$$

新中国成立后,我国先后采用过 1952、1957、1965、1970、1980 和 1990 年的不变价格。但由于工业产品繁多、更新换代速度加快,不变价与实际价之间的差距越来越大,不变价的工业生产指数逐步暴露出了不能真实反映工业发展速度的缺点,因而 1995 年以后逐步被加权算术平均指数所替代。

(二)股票价格指数

股票价格指数(简称股价指数)是综合反映某一股票市场多种股票价格变动程度的相对数,被称为市场经济的"晴雨表"。股价指数单位一般用"点(point)"表示,"点"是衡量股票价格起落的尺度,即将基期指数作为 100,每上升或下降一个百分点称为"1 点"。

在股价指数的编制方法中,综合指数是一种重要编制方法,其公式是:

$$I_p = \frac{\sum p_1 q}{\sum p_0 q} \tag{9-16}$$

式中:p_0 和 p_1 分别表示基期和报告期个体股票价格,q 表示个体股票的发行量(或交易量)。

其中,发行量(或交易量)因素通常固定在基期水平上(即采用拉氏公式),为的是简便和可比;但也可以固定在报告期水平上(即采用派氏公式)。目前,美国的标准普尔 500 股指数、上证指数和深圳指数以及香港恒生指数等代表性的股票价格指数都是采用综合公式编制的。

美国标准普尔 500 股指数由美国的 S&P(Standard & Poor)公司逐年、逐月编制,目前入编股票共计 500 种,包括 400 种工业股、20 种运输股、40 种金融股和 40 种公用事业股,对比基期为 1941—1943 年,采用拉氏公式,权数为基期各种股票的发行量。该指数具有较强的代表性和广泛的影响力。

上海证券综合指数(简称上证指数),由上海证券交易所编制,以 1990 年 12 月 19 日为基准日,1991 年 7 月 15 日正式开始发布。该指数的样本为所有在上海证券交易所挂牌上市的股票,采用派氏公式,权数为上市公司的总股本。深圳综合股票指数(简称深证指数)计算方法与上证指数相同,其样本是所有在深圳证券交易所挂牌上市的股票,权数为股票的总股本,以 1991 年 4 月 3 日为基期。由于以所有挂牌的上市公司为样本,上证指数和深圳指数的代表性非常广泛,它们与上海和深圳股市的行情同步发布。

香港恒生指数则是以香港股票市场中的 33 家有代表性的上市股票为成分股样本,以其发行量为权数的加权平均股价指数,是反映香港股市价格趋势最有影响的一种股价指数。该指数于 1969 年 11 月 24 日首次公开发布,基期为 1964 年 7 月 31 日。

第三节 平 均 指 数

一、平均指数的概念与特点

综合指数是编制总指数的基本形式,它能正确地反映被研究现象总体的动态变化,计算公式也比较简单。但在用综合指数计算总指数时需要知道各个个体在基期和报告期的全面资料,这在实际统计工作中很难实现。这时,须改变公式形式,根据综合指数公式推导出的平均指数形式来编制总指数。平均指数由个体指数加权平均得到,它是总指数的另一种形式。

教学视频
平均指数的编
制与应用

平均指数的编制特点是:先对比,后综合。先对比,就是先计算总体中各事物或各项目指数化因素数量变动的相对数,即指数化因素的个体指数;后综合,就是通过选择适当的权数和加权方法,对指数化因素的个体指数进行加权平均,把单个的个体指数综合成为总指数,综合的过程即平均的过程。

平均指数和综合指数都是总指数,两者既有区别又有联系。区别在于,编制思路不同,综合指数是通过引入同度量因素,先计算出复杂总体总量,然后再对不同时期的总量进行对比,以突出总体的综合变动,即先综合,后对比。平均指数是在个体指数基础上计算总指数,它是先计算出多个个体指数,再采用平均数形式以突出总体的综合变动,即先对比,后综合。另外,应用范围不同,计算综合指数需要研究总体的全面资料,而平均指数既适用于全面的资料,也适用于非全面的资料,应用范围更加广泛。联系在于,在一定的权数条件下,综合指数和平均指数有变形关系,可以相互转化。但是,在实际应用中,平均指数是作为一种独立的指数形式存在的,具有广泛的应用价值。

值得注意的是,平均指数和平均指标指数是有区别的。平均指数是通过对个体指数进行加权平均计算出来的总指数;而平均指标指数是将平均数作为指数化指标计算出来的指数,它属于质量指标指数。

二、平均指数的常见形式

加权算术平均指数和加权调和平均指数是平均指数的两种基本形式,此外,固定权数加权平均指数也是常有的平均指数形式。

(一)加权算术平均指数

加权算术平均指数是合理的指数形式,但用什么指标作为权数呢?根据综合指数要求来选择权数,所用的权数既要考虑到经济意义,又要考虑到资料取得的可能性。一般情况下,如果掌握的资料只是个体数量指标指数和综合指数的分母,即基期的实际资料时,可以采用个体数量指标指数的加权算术平均形式来编制数量指标总指数。设基期总值 p_0q_0 为权数,个体数量指标指数 $k_q = \dfrac{q_1}{q_0}$,则数量指标加权算术平均指数的计算公式为:

$$I_q = \frac{\sum k_q q_0 p_0}{\sum q_0 p_0} \tag{9-17}$$

式(9-17)即以个体数量指标指数 k_q 为变量,以基期总值 p_0q_0 为权数的加权算术平均指数公式。不难发现,它实际上是拉氏综合数量指标指数公式的变形:

$$I_q = \frac{\sum q_1 p_0}{\sum q_0 p_0} = \frac{\sum q_1 p_0 \frac{q_0}{q_0}}{\sum q_0 p_0} = \frac{\sum \frac{q_1}{q_0} \sum q_0 p_0}{\sum q_0 p_0} = \frac{\sum k_q q_0 p_0}{\sum q_0 p_0}$$

显然,只有用 p_0q_0 作为权数时,加权算术平均指数才能变成综合指数。

【例9-5】　根据9-2和表9-3的数据资料说明加权算术平均指数的计算过程,如表9-4所示。

表9-4　加权算术平均指数计算表

品名	销售量		基期销售额(万元)	个体销售量指数(%)	假定销售额(万元)
	q_0	q_1	p_0q_0	$k_q = q_1/q_0$	$k_q p_0 q_0 = p_0 q_1$
甲	15 000 米	20 000 米	240	133.33	320
乙	40 000 千克	40 000 千克	320	100	320
丙	60 000 双	50 000 双	300	83.33	250
合计	—	—	860	—	890

根据表9-4数据,计算可得:

$$I_q = \frac{\sum k_q q_0 p_0}{\sum q_0 p_0} = \frac{890}{860} = 103.49\%$$

结果表明,总的来说,三种商品销售量报告期比基期增长了3.49%。

显然,以基期总值 p_0q_0 为权数计算的算术平均指数与前面所述的拉氏数量指标综合指数是完全一致的。因此,在只掌握个体数量指标指数和基期资料的情况下,可以运用加权算术平均指数公式编制数量指标总指数。

(二)加权调和平均指数

同样地,加权调和平均指数也是合理的指数形式,但用什么指标作为权数呢?考虑到权数选择的经济意义和资料取得的可能性。一般情况下,在编制质量指标指数时,如果掌握的资料只有个体质量指标指数和综合指数的分子,即报告期的实际资料时,可以采用个体质量指标指数的加权调和平均形式来编制质量指标总指数。设报告期总值 p_1q_1 为权数,个体质量指标指数 $k_p = \frac{p_1}{p_0}$,则质量指标加权调和平均指数的计算公式为:

$$I_p = \frac{\sum p_1 q_1}{\sum \frac{1}{k_p} p_1 q_1} \tag{9-18}$$

式(9-18)即以个体质量指标指数 k_p 为变量,以报告期总值 p_1q_1 为权数的加权调和平均指数公式。不难发现,它实际上是派氏质量指标综合指数公式的变形:

$$I_p = \frac{\sum p_1 q_1}{\sum p_0 q_1} = \frac{\sum p_1 q_1}{\sum p_0 q_1 \frac{p_1}{p_1}} = \frac{\sum p_1 q_1}{\sum p_1 q_1 \frac{p_0}{p_1}} = \frac{\sum p_1 q_1}{\sum \frac{1}{k_p} p_1 q_1}$$

显然,只有用 p_1q_1 作为权数时,加权调和平均指数才能变成综合指数。

【例 9-6】　仍以表 9-2 和表 9-3 的数据资料来说明加权调和平均指数的计算过程,如表 9-5 所示。

表 9-5　加权调和平均指数计算表

品名	销售价格(元)		报告期销售额(万元)	个体价格指数(%)	假定销售额(万元)
	p_0	p_1	p_1q_1	$k_p = \dfrac{p_1}{p_0}$	$\dfrac{1}{k_p}p_1q_1 = p_0q_1$
甲	160 米	150 米	300	93.75	320
乙	80 千克	100 千克	400	125	320
丙	50 双	50 双	250	100	250
合计	—	—	950	—	890

根据表 9-5 数据,计算可得:

$$I_p = \frac{\sum p_1q_1}{\sum \dfrac{1}{k_p}p_1q_1} = \frac{950}{890} = 106.74\%$$

结果表明,总的来说,三种商品销售价格报告期比基期上涨了 6.74%。

显然,以报告期总值 p_1q_1 为权数计算的调和平均指数与前面所述的派氏质量指标综合指数是完全一致的。因此,在只掌握个体质量指标指数和报告资料的情况下,可以运用加权调和平均指数公式编制质量指标总指数。

综上所述,平均指数改变了综合指数的形式,但没有改变综合指数的经济内容和计算结果。如果能够具备编制范围内所有个体报告期和基期的全部数据资料,可用综合指数公式计算;如果只能掌握个体指数数据以及相应的权数资料,则要通过平均指数形式来编制。

为了使总指数的计算原则保持一致,一般地,在计算数量指标指数时,采用以基期的总量指标为权数的加权算术平均指数公式;在计算质量指标指数时,采用以报告期的总量指标为权数的加权调和平均指数公式。

（三）固定权数加权平均指数

加权算术平均指数和加权调和平均指数的编制要求各期的总量资料,这在实际工作中有时很难满足。因此,在统计实践中,很多情况下根据非全面资料,运用固定权数加权平均计算总指数,如我国的零售商品价格指数、工业生产指数等都采用这种方法编制。从理论上讲,固定加权平均指数也应该分成算术平均指数和调和平均指数两种形式,但前者的实际应用更为广泛,其一般形式为:

$$I = \frac{\sum kW}{\sum W} \tag{9-19}$$

式中:k 为个体指数,既可以是个体数量指标指数,也可以是个体质量指标指数,W 是固定权数。这时加权算术平均数与综合指数之间不存在变形关系,两者计算结果也不会一致。

三、平均指数的应用

平均指数具有计算方便、灵活、对数据资料要求不高的特点,决定了它具有广泛的应用价值。我国现行的多种指数就是采用平均指数公式编制计算的。

(一)工业生产指数

前面已经提到,我国 1995 年以后采用加权算术平均指数形式来编制工业生产指数。具体步骤是在产品分类的基础上逐层计算各相应指数,即首先计算产品的个体指数,然后由个体指数计算类指数,最后由类指数计算出反映整个工业发展速度的总指数。权数是相应的基期增加值。编制公式为:

$$I_q = \frac{\sum k_q W}{\sum W} = \frac{\sum k_q p_0 q_0}{\sum p_0 q_0} \tag{9-20}$$

式中:k_q 是工业产品的个体指数或类指数,$W = p_0 q_0$ 为各产品或各类产品基期的增加值。考虑到可比性和便利性,通常会把权数相对加以固定(如 5 年固定不变)。

(二)农产品收购价格指数

农产品收购价格指数是综合反映社会农产品收购者以各种形式直接收购农产品的价格变动趋势和程度的相对数。通过该指数可以了解农产品收购价格的变动程度,由此考察收购价格变化对农业生产者收入和商业部门支出的影响,为国家制定检查农产品收购政策,研究农业商品综合比价提供科学依据。

我国农产品收购价格指数采用加权调和平均指数方法编制,具体地:从 11 类(包括粮食类、经济作物类、竹木材类、工业用油漆、禽畜产品类、蚕茧蚕丝类、干鲜果类、干鲜菜及调味品类、药材类、土副产品类、水产类)农副产品中选择 276 种主要产品,以它们各自的报告期收购额为权数,通过调和平均得到各类别农副产品收购价格指数和农副产品收购价格总指数。计算公式为:

$$I_p = \frac{\sum p_1 q_1}{\sum \dfrac{1}{k_p} p_1 q_1} \tag{9-21}$$

式中:k_p 是单项农产品收购价格指数,$p_1 q_1$ 是报告期各类农产品的实际收购额。

(三)居民消费价格指数

居民消费价格指数,简称 CPI,是反映一个国家或地区一定时期内居民家庭所购买的生活消费品和服务项目价格变动趋势与程度的相对数。它不仅可以反映居民消费品和服务价格的变化,还可以反映一个国家或地区通货膨胀状况、货币购买能力,是进行国民经济核算、宏观经济分析和预测、实施价格总水平调控的一项重要指标。各国都非常重视居民消费价格指数的编制,除了编制总的居民消费价格指数外,还同时编制城市居民消费价格指数与农村居民消费价格指数。

我国目前居民消费价格指数编制所需的数据资料采用抽样调查和重点调查相结合的方法取得,即在全国选择不同经济区域和分布合理的地区以及有代表性的商品作为样本,对其市场价格进行定期调查,以样本推断总体。具体方案为:

(1)调查地区和调查点。按照经济区域和地区分布合理等原则,选出具有代表性的大、中、小城市和县作为国家的调查地区;目前,国家一级抽选出的调查市、县为 226 个,包括 146 个城市和 80 个县。在此基础上选定经营规模大、商品种类多的商场(包括集市和服务网点)作为调查点。

（2）代表商品和代表规格品。代表商品是选择那些消费量大、价格变动有代表性的商品；代表规格品的确定是根据商品零售资料和近 5 万户城市居民、6.7 万户农村居民的消费支出记账资料，按照有关规定筛选的。目前，居民消费价格调查按用途划分为 8 大类，251 个基本分类，各地每月调查 600~700 种规格品价格。

（3）价格调查方式。采用派员直接到调查点登记调查，同时全国聘请近万名辅助调查员协助登记调查。

（4）权数。根据近 12 万户城乡居民家庭消费支出构成确定。

居民消费价格指数具体的计算过程是：在分类的基础上，从代表规格品的个体指数开始，逐级计算基本分类指数、中类指数、大类指数和总指数。

代表品的个体价格指数是报告期平均价格与基期平均价格之比，即：

$$G = \frac{\overline{p}_1}{\overline{p}_0} \qquad (9-22)$$

基本分类价格指数是各代表品个体指数的简单几何平均数，即：

$$\overline{G} = \sqrt[n]{G_1 \times G_2 \times \cdots \times G_n} \qquad (9-23)$$

中类指数、大类指数和总指数，都采用基期加权算术平均的方法编制，权数为基期各层次各种消费支出所占的比重。总指数的编制公式为：

$$I_p = \sum k_p W_0 \qquad (9-24)$$

式中：k_p 为各大类的指数，W_0 为基期各大消费支出占总支出的比重。

从 2001 年开始，我国居民消费价格指数将对比的基准固定为 2000 年的平均价格水平，以后每隔五年或十年调整一次。除了编制环比居民消费价格指数外，还编制定基居民消费价格指数。

我国零售商品价格指数的编制方法与居民消费价格指数类似。

表 9-6 是我国 2021 年全国以及分城市、农村的居民消费价格总指数与大类指数。

表 9-6　居民消费价格分类指数（2021）　　　　　　　　　　　2020 年 = 100

项目	全国	城市	农村
居民消费价格总指数	100.9	101.0	100.7
一、食品烟酒	99.7	100.0	98.8
1. 食品	98.6	99.0	97.7
2. 茶及饮料	101.1	101.2	100.9
3. 烟酒	101.5	101.6	101.3
4. 在外餐饮	102.0	102.0	101.6
二、衣着	100.3	100.3	100.0
三、居住	100.8	100.8	101.1
四、生活用品及服务	100.4	100.4	100.4
五、交通和通信	104.1	104.2	103.9
六、教育文化和娱乐	101.9	102.0	101.7
七、医疗保健	100.4	100.3	100.7
八、其他用品和服务	98.7	98.6	98.8

资料来源：《中国统计年鉴 2022》。

第四节 平均指标指数

一、平均指标指数的概念

平均指标是反映变量分布特征和衡量现象发展水平的重要指标。在统计实践中,经常要对一些现象的平均指标进行动态考察和研究,以便及时了解和掌握其变动方向和程度,这就需要计算平均指标的动态相对数,即平均指标指数。所谓的平均指标指数就是两个平均指标在不同时间上对比的相对数。

教学视频
平均指标指数
的编制与应用

值得注意的是,计算平均指标指数的目的不仅仅是测度平均指标本身数值的变动方向和程度,更重要的是探究平均指标的数值发生变动的原因。以加权算术平均数为例,其大小取决于各组变量值水平和各组权数大小(结构)这两个因素,因此,加权算术平均数的变动也要受到这两个因素变动的影响。考察各组变量值水平的变动和各组权数大小(结构)的变动对平均数变动的影响程度,正是研究平均指标指数的重要目的所在。因此,不仅要计算反映平均数本身变动程度的指数,还要计算反映两个因素变动程度的指数。

通常把反映平均数变动程度的指数称为平均指标指数;把反映各组变量值水平变动对平均数变动影响程度的指数称为固定构成指数;把反映各组权数(结构)变动对平均数变动影响程度的指数称为结构变动影响指数。

下面,以加权算术平均数为例分别加以介绍。

二、平均指标指数的公式与应用举例

平均指标的加权算术平均数的一般形式为:

$$\bar{x} = \frac{\sum xf}{\sum f} \tag{9-25}$$

若仍然以下标"1"表示报告期,下标"0"表示基期,则 $\bar{x}_1 = \frac{\sum x_1 f_1}{\sum f_1}$ 为报告期的加权算术平均数,$\bar{x}_0 = \frac{\sum x_0 f_0}{\sum f_0}$ 为基期的加权算术平均数。因此,平均指标指数可以表示为:

$$I_{\bar{x}} = \frac{\bar{x}_1}{\bar{x}_0} = \frac{\dfrac{\sum x_1 f_1}{\sum f_1}}{\dfrac{\sum x_0 f_0}{\sum f_0}} \tag{9-26}$$

进一步,令 $W = \dfrac{f}{\sum f}$,则平均指标指数计算公式(9-26)可以改写成:

$$I_{\bar{x}} = \frac{\bar{x}_1}{\bar{x}_0} = \frac{\sum x_1 W_1}{\sum x_0 W_0} \tag{9-27}$$

【例 9-7】 某企业职工分成技术人员和管理人员两类,其工资水平和人数资料如表 9-7 所示,要求计算该企业职工的平均工资指数。

表 9-7　某企业职工工资资料

职工类别	月工资水平(元)		职工人数(人)		工资总额(元)	
	x_0	x_1	f_0	f_1	$x_0 f_0$	$x_1 f_1$
技术人员	8 000	8 600	70	66	560 000	567 600
管理人员	5 000	5 500	30	74	150 000	407 000
合计	—	—	100	140	710 000	974 600

由表 9-7,计算可得:

报告期的平均工资　　$\bar{x}_1 = \dfrac{\sum x_1 f_1}{\sum f_1} = \dfrac{974\ 600}{140} = 6\ 961.43(元)$

基期的平均工资　　$\bar{x}_0 = \dfrac{\sum x_0 f_0}{\sum f_0} = \dfrac{710\ 000}{100} = 7\ 100(元)$

该企业职工的平均工资指数为:

$$I_{\bar{x}} = \frac{\bar{x}_1}{\bar{x}_0} = \frac{\dfrac{\sum x_1 f_1}{\sum f_1}}{\dfrac{\sum x_0 f_0}{\sum f_0}} = \frac{6\ 961.43}{7\ 100} = 98.05\%$$

结果表明,该企业平均工资报告期比基期下降了 1.95%。

三、固定构成指数的公式及应用举例

固定构成指数要反映的是各组变量值水平的变动对平均数变动的影响,因此需要在各组权数固定的假定下,考察各组变量值水平 x 的变动对平均数 $\bar{x}$ 变动的影响,即此时 x 是指数化因素,而 f 或 W 是同度量因素。

显然,x 属于质量指标,而 f 或 W 属于数量指标,因此固定构成指数系质量指标指数。按照指数编制的一般原则应该把同度量因素固定在报告期,即采用派氏指数形式,于是固定构成指数可以表示为:

$$I_x = \frac{\dfrac{\sum x_1 f_1}{\sum f_1}}{\dfrac{\sum x_0 f_1}{\sum f_1}} = \frac{\sum x_1 W_1}{\sum x_0 W_1} \tag{9-28}$$

【例 9-8】　根据表 9-7 相关资料,计算该企业职工平均工资的固定构成指数。

由表 9-7 可计算得到假定的工资总额 $\sum x_0 f_1 = 898\ 000$,于是该企业职工平均工资的固定构成指数为:

$$I_x = \frac{\dfrac{\sum x_1 f_1}{\sum f_1}}{\dfrac{\sum x_0 f_1}{\sum f_1}} = \frac{\sum x_1 W_1}{\sum x_0 W_1} = \frac{\sum x_1 f_1}{\sum x_0 f_1} = \frac{974\ 600}{898\ 000} = 108.53\%$$

结果说明,该企业各组职工工资水平的变动使得报告期平均工资比基期提高了 8.53%。

统计中将结构变动固定下来的指数称为固定构成指数,而那种将构成变动也包含在内的两个平均数相对比的动态指数,相应地称为可变构成指数。因此,平均指标指数又称为可变构成指数。

四、结构变动影响指数的公式及应用举例

结构变动影响指数要反映的是各组权数(结构)变动对平均数变动的影响,因此需要在各组变量值水平固定的情况下,考察各组结构变动对平均数变动的影响,即此时 f 或 W 是指数化因素,而 x 变成了同度量因素。因此,编制结构变动影响指数系编制数量指标指数,应采用拉氏指数形式,即:

$$I_f = \frac{\dfrac{\sum x_0 f_1}{\sum f_1}}{\dfrac{\sum x_0 f_0}{\sum f_0}} = \frac{\sum x_0 W_1}{\sum x_0 W_0} \tag{9-29}$$

【例 9-9】 根据表 9-7,计算该企业职工平均工资的结构变动影响指数。

由表 9-7 相关数据和假定的工资总额 $\sum x_0 f_1 = 898\,000$,容易计算该企业职工平均工资的结构变动影响指数为:

$$I_f = \frac{\dfrac{\sum x_0 f_1}{\sum f_1}}{\dfrac{\sum x_0 f_0}{\sum f_0}} = \frac{\dfrac{898\,000}{140}}{\dfrac{710\,000}{100}} = 90.34\%$$

结果说明,该企业职工人数(结构)的变动使得平均工资下降了 9.66%。

反观表 9-7 的数据资料,对该企业平均工资的变动原因可作如下解释:两组工资水平虽然都有所提高,但是由于各种人数比重发生变化,工资水平较低的管理人员比重从 30% 提高到 52.9%,而工资水平较高的技术人员比重则从 70% 下降到 47.1%,因而总的平均工资反而降低了 1.95%。当然,固定构成指数和结构变动影响指数可以定量的解释平均工资的这种变动过程。

第五节　统计指数体系与因素分析

一、统计指数体系的含义

(一)统计指数体系的概念

社会经济现象之间相互联系、相互影响的关系是客观存在的,这种联系往往可以用指标体系的形式表现出来,如:

商品销售额 = 商品销售量 × 商品价格
产品总成本 = 产品生产量 × 单位成本

基于此,反映指标变动程度的指数之间也存在同样的关系,即:

商品销售额指数 = 商品销售量指数 × 商品价格指数
产品总成本指数 = 产品生产量指数 × 单位成本指数

教学视频
统计指数体系
与因素分析

上述指标之间的等式从静态上描述了现象与其影响因素之间的数量关系,而指数之间的等式则可以刻画现象与影响因素之间的动态数量关系。例如,商品销售额受到销售量和销售价格两个因素的影响,而动态变化上,商品销售额的变动正是由于销售量变动和销售价格的变动引起。此外,现象与影响因素还存在绝对数量上的联系,即商品销售额的变动是商品销售量变动影响额与商品价格变动影响额之和。

此时,销售额指数、销售量指数和销售价格指数就形成了一个指数体系,同样总成本指数、产量指数和单位成本指数也可以构成一个指数体系。由此,我们把经济上有联系,在数量上保持一定关系的三个或三个以上的指数所形成的整体称为指数体系。

(二)统计指数体系的作用

统计指数体系的作用主要有以下两个方面:

(1)利用统计指数体系可以对复杂现象总体的数量变化,从相对数和绝对数两方面进行因素分析,说明现象总变动中各个影响因素的变动方向和影响程度。

(2)利用统计指数体系中各个指数之间的数量关系,进行指数间的相互推算。例如,已知商品销售量指数和价格指数可以计算商品销售额指数;已知生产总成本指数和产品产量指数可以推算单位产品成本指数等。

二、因素分析

(一)因素分析含义

所谓因素分析,就是利用统计指数体系中各个指数之间的数量关系,对现象总体总变动的各个影响因素进行分解,分析各因素变动对现象总体总变动的影响程度和绝对效果。需要注意的是:

(1)因素分析中指数体系的各指数之间必须保持等式关系,以便从相对数和绝对数两方面进行因素分析。一般地,相对数之间是乘除关系,绝对数之间是加减关系。

(2)为了建立指数之间的等式关系,在利用统计指数体系进行因素分析时,必须分清各个因素(指标)的性质,即科学区分数量指标和质量指标,并且指数的编制要遵循一般的原则,即质量指标指数采用派氏公式,数量指标指数采用拉氏公式。

(3)由于统计指数的假定性,使得统计指数体系以及相应的因素分析的结果也具有一定的假定性,即因素分析在测定一个因素的变动时往往假定其他因素不变,并以等式来体现该因素对现象的影响程度和效果。

一般地,因素分析的步骤可以归纳为三步:首先,要明确分析研究的目的和要求,确定各影响因素之间的相互关系,构造合适的统计指数体系;其次,选用合适的指数形式计算出反映现象总体总变动和各影响因素变动的指数;最后,从相对数和绝对数两方面对各影响因素进行综合分析和验证。

利用指数体系既可以对总量指标的变动进行因素分析,也可以对平均指标的变动进行因素分析。

(二)总量指标变动的因素分析

总量指标变动的因素分析是要测定多因素现象的总量指标在动态对比中各因素的变动情况及其对总变动的影响程度。按照总量指标影响因素的多少,可以分成两因素分析和多因素分析。需要指出的是,影响因素多少的确定不是绝对的,因为影响因素本身还可以再分解或合并。例如,企业总能耗支出取决于产品产量、单位产品能耗量和能耗单价三个因素,实际上"产品产量、单位产品能耗量"这两个因素可以合并为"企业总能耗量"这一个因素,而"单位产品能耗量、能耗单价"这两个因素可以合并为"单位产品能耗支出"这一个因素。又如,工业企业总产值取决于产品的产量和出厂价格,而产量因素又可以再分解为职工平均人数和全员劳动生产率。一般地,影响因素多一些,分析的工作量会增加一些,当然分析也会更深入透彻一些。

1. 两因素分析

如果复杂现象是受两个因素变动的影响,或只需要分解为两个影响因素,可以利用指数体系,进行两因素分析,以测定各个因素变动对现象总变动的影响方向和程度。

复杂总体总量指标的变动(即总指数)可以表示为:

$$I_{qp} = \frac{\sum q_1 p_1}{\sum q_0 p_0} \tag{9-30}$$

基于指数体系构建一般原则,总指数可分解为数量指标指数和质量指标指数两因素的乘积,即 $I_{qp} = I_q \times I_p$。亦即:

$$\frac{\sum p_1 q_1}{\sum p_0 q_0} = \frac{\sum q_1 p_0}{\sum q_0 p_0} \times \frac{\sum p_1 q_1}{\sum p_0 q_1} \tag{9-31}$$

式(9-31)左右两边分子与分母分别相减,得到:

$$\sum p_1 q_1 - \sum p_0 q_0 = \left(\sum q_1 p_0 - \sum q_0 p_0 \right) + \left(\sum p_1 q_1 - \sum p_0 q_1 \right) \tag{9-32}$$

一般地,称式(9-31)为两因素分析的相对数体系,而称式(9-32)为两因素分析的绝对数体系。

【例 9-10】　根据表 9-2 和表 9-3 的数据资料,对三种商品销售额的变动进行两因素分析。

首先指数体系为:

$$销售额指数 = 销售量指数 \times 销售价格指数$$

根据表 9-3 数据,容易计算该商场三种商品的销售额指数为:

$$I_{qp} = \frac{\sum p_1 q_1}{\sum p_0 q_0} = \frac{950}{860} = 110.47\%$$

报告期与基期的销售总额之差为:

$$\sum p_1 q_1 - \sum p_0 q_0 = 950 - 860 = 90(万元)$$

结果表明,该商场三种商品的销售总额报告期比基期上升了 10.47%,增加了 90 万元。这一结果是由销售量和销售价格两个因素变动所引起的。

由例 9-1,已经计算得到商品销售量指数为:

$$I_q = \frac{\sum q_1 p_0}{\sum q_0 p_0} = \frac{890}{860} = 103.49\%$$

分子与分母之差为:

$$\sum q_1 p_0 - \sum p_0 q_0 = 890 - 860 = 30(万元)$$

结果表明,在价格不变(固定在基期)的情况下,由于商品销售量增加使商品销售总额上升了 3.49%,增加了 30 万元。

又由例 9-2,已经计算得到商品销售价格指数为:

$$I_p = \frac{\sum p_1 q_1}{\sum p_0 q_1} = \frac{950}{890} = 106.74\%$$

分子与分母之差为：

$$\sum p_1q_1 - \sum p_0q_1 = 950 - 890 = 60 (\text{万元})$$

结果表明,在假定销售量不变(固定在报告期)的情况下,由于商品销售价格上涨使商品销售总额上升了 6.74%,增加了 60 万元。

不难验证,相对数体系：

$$110.47\% = 103.49\% \times 106.74\%$$

绝对数体系：

$$90 \text{ 万元} = 30 \text{ 万元} + 60 \text{ 万元}$$

综上所述,该商场报告期的销售额比基期增长了 10.47%,增加额为 90 万元,是由于销售量和销售价格两因素变动共同引起的,其中销售量增加使销售额上升了 3.49%,增加了 30 万元,销售价格上涨使销售额增长 6.74%,增加了 60 万元。

以上两因素分析过程中,数量指标指数(商品销售量指数)采用的是拉氏指数形式,而质量指标指数(商品销售价格指数)采用的则是派氏指数形式,这一方面是考虑到了指数的现实经济意义,另一方面也是为了满足指数体系等式关系成立的需要。

然而需要指出的是,派氏指数实际上包含了同度量因素从基期到报告期的变化,因而导致商品销售价格指数不只是单纯地反映销售价格本身的变化,还包含了销售量从 q_0 到 q_1 的变化。为了单纯反映销售价格变化对商品销售总额变动的影响,我们对式(9-31)做进一步的分解：

$$\frac{\sum p_1q_1}{\sum p_0q_0} = \frac{\sum q_1p_0}{\sum q_0p_0} \times \frac{\sum p_1q_0}{\sum p_0q_0} \times \frac{\dfrac{\sum p_1q_1}{\sum p_0q_1}}{\dfrac{\sum p_1q_0}{\sum p_0q_0}} \tag{9-33}$$

式中：$\dfrac{\dfrac{\sum p_1q_1}{\sum p_0q_1}}{\dfrac{\sum p_1q_0}{\sum p_0q_0}} = \dfrac{\dfrac{\sum q_1p_1}{\sum q_0p_1}}{\dfrac{\sum q_1p_0}{\sum q_0p_0}}$,就是通常所说的共变影响指数,它反映 p 的变化的同时也反映 q 的变化,或者说在反映 q 的变化的同时也反映 p 的变化。

相应地,绝对数体系也可以做相应的变形：

$$\sum p_1q_1 - \sum p_0q_0 = (\sum q_1p_0 - \sum q_0p_0) + (\sum p_1q_0 - \sum p_0q_0) + \tag{9-34}$$
$$(\sum p_1q_1 - \sum p_0q_1) - (\sum p_1q_0 - \sum p_0q_0)$$

根据例 9-1 和例 9-2 的数据可计算得到共变影响指数为：

$$\frac{\dfrac{\sum p_1q_1}{\sum p_0q_1}}{\dfrac{\sum p_1q_0}{\sum p_0q_0}} = \frac{\dfrac{950}{890}}{\dfrac{925}{860}} = 99.24\%$$

共变影响的绝对额为：

$$(\sum p_1q_1 - \sum p_0q_1) - (\sum p_1q_0 - \sum p_0q_0) = (950 - 890) - (925 - 860) = -5(\text{万元})$$

于是可以验证相对数体系为：

$$110.47\% = 103.49\% \times 107.56\% \times 99.24\%$$

绝对数体系为：

$$90\ \text{万元} = 30\ \text{万元} + 65\ \text{万元} - 5\ \text{万元}$$

结果可以解释为：商场销售额增长了 10.47%，是由于销售量增长了 3.49%，销售价格上涨了 7.56%，销售量和价格同时影响的共变影响指数为 99.24%，也即由此影响销售额下降了 0.76%，是三者共同作用的结果；销售额增长的绝对额是 90 万元，是由于销售量增加使销售额增加 30 万元，销售价格上涨使销售额增加 65 万元，共变影响使销售额减少了 5 万元，是三者共同作用的结果。

以上计算可以看出：把总量指标变动分析从两因素增加到三因素，即多一个共变影响指数后，可以初步解决用报告期指标作为同度量因素而无法单纯反映指数化因素变动的问题。

2. 多因素分析

如果现象总体的某种总量指标的变动受到三个或三个以上相关因素变动的影响，那么就需要进行多因素分析。开展复杂总体多因素分析时，要按如下两个原则进行：

（1）根据现象的内在联系对复杂总体变动的各个影响因素进行合理的排序，一般按照数量指标在前、质量指标在后的顺序进行排列。

（2）分析一个因素的影响时要把其他所有因素都固定起来，并遵循统计指数编制的一般原则。具体地，当分析第一个数量因素对复杂总体变动的影响时，其他因素全部固定在基期水平。从第二个因素的分析开始，未被分析的后面诸因素要固定在基期水平，而已被分析过的前面诸因素，则要固定在报告期水平。总之，要保证指数体系在数学上的关系成立。

以下用工业企业总产值为例说明多因素分析过程。

工业企业总产值取决于产品的产量和出厂价格，而产量因素又可以再分解为职工平均人数和全员劳动生产率，即：

$$\text{总产值} = \text{职工平均人数} \times \text{全员劳动生产率} \times \text{单位产品出厂价格}$$

如果用 q 表示职工平均人数，m 表示全员劳动生产率，p 表示单位产品出厂价格，则总产值可以用 qmp 表示，即

$$qmp = q \times m \times p \tag{9-35}$$

根据指数编制的一般原则和统计指数体系的要求，应该有：

$$\text{总产值指数} = \text{职工平均人数指数} \times \text{全员劳动生产率指数} \times \text{单位产品出厂价格指数}$$

即：

$$I_{qmp} = I_q \times I_m \times I_p \tag{9-36}$$

因此，相对数体系为：

$$\frac{\sum q_1 m_1 p_1}{\sum q_0 m_0 p_0} = \frac{\sum q_1 m_0 p_0}{\sum q_0 m_0 p_0} \times \frac{\sum q_1 m_1 p_0}{\sum q_1 m_0 p_0} \times \frac{\sum q_1 m_1 p_1}{\sum q_1 m_1 p_0} \tag{9-37}$$

绝对数体系为：

$$\sum q_1 m_1 p_1 - \sum q_0 m_0 p_0 = (\sum q_1 m_0 p_0 - \sum q_0 m_0 p_0) + (\sum q_1 m_1 p_0 - \sum q_1 m_0 p_0) + \tag{9-38}$$
$$(\sum q_1 m_1 p_1 - \sum q_1 m_1 p_0)$$

【例 9-11】　某工业企业报告期与基期的职工平均人数、全员劳动生产率和出厂价格资料如表 9-8 所示，要求对该企业总产值的变动进行多因素分析。

表 9-8 某工业企业总产值相关资料

产品名称	计量单位	产品产量				出厂价格 p(元)	
		职工平均人数 q(人)		全员劳动生产率 m			
		基期 q_0	报告期 q_1	基期 m_0	报告期 m_1	基期 p_0	报告期 p_1
甲	吨	1 200	1 000	5	5	110	100
乙	台	1 000	1 000	10	12	50	60
丙	件	800	1 000	50	41	20	20

根据表 9-8 可得到计算表 9-9：

表 9-9 某工业企业总产值计算表　　　　　　　　单位:万元

产品名称	$q_0 m_0 p_0$	$q_1 m_1 p_1$	$q_1 m_0 p_0$	$q_1 m_1 p_0$
甲	66	50	55	55
乙	50	72	50	60
丙	80	82	100	82
合计	196	204	205	197

由表 9-9 计算可得总产值指数：

$$I_{qmp} = \frac{\sum q_1 m_1 p_1}{\sum q_0 m_0 p_0} = \frac{204}{196} = 104.08\%$$

报告期与基期总产值的差额为：

$$\sum q_1 m_1 p_1 - \sum q_0 m_0 p_0 = 204 - 196 = 8(万元)$$

其中职工平均人数变动的影响为：

$$I_q = \frac{\sum q_1 m_0 p_0}{\sum q_0 m_0 p_0} = \frac{205}{196} = 104.59\%$$

影响绝对额为：

$$\sum q_1 m_0 p_0 - \sum q_0 m_0 p_0 = 205 - 196 = 9(万元)$$

全员劳动生产率变动的影响为：

$$I_m = \frac{\sum q_1 m_1 p_0}{\sum q_1 m_0 p_0} = \frac{197}{205} = 96.10\%$$

影响绝对额为：

$$\sum q_1 m_1 p_0 - \sum q_1 m_0 p_0 = 197 - 205 = -8(万元)$$

出厂价格变动的影响为：

$$I_p = \frac{\sum q_1 m_1 p_1}{\sum q_1 m_1 p_0} = \frac{204}{197} = 103.55\%$$

影响绝对额为：

$$\sum q_1 m_1 p_1 - \sum q_1 m_1 p_0 = 204 - 197 = 7(\text{万元})$$

进一步可以验证相对数体系：

$$104.08\% = 104.59\% \times 96.10\% \times 103.55\%$$

绝对数体系：

$$8\text{ 万元} = 9\text{ 万元} - 8\text{ 万元} + 7\text{ 万元}$$

综上计算结果可知,该企业总产值报告期比基期增长了 4.08%、增加了 8 万元,这一结果是由于职工平均人数、全员劳动生产率和产品出厂价格三个因素共同引起的。其中,平均人数增长 4.59%,使总产值增加 9 万元;全员劳动生产率下降 3.9%,使总产值减少 8 万元;出厂价格增长 3.55%,使总产值增加 7 万元。可见,产值增长的主要原因是职工平均人数的增长,其次是出厂价格的提高。

平均指数可以视作综合指数的变形,故平均指数因素分析的原理与综合指数相同,唯一的区别就在于某些计算所需的总量指标的表现形式不同,例如两因素分析中,只要明确“$\sum k_q p_0 q_0 = \sum \dfrac{1}{k_p} p_1 q_1$”这一关系,其他就一样了。

（三）平均指标指数因素分析

如前所述,现象总体平均数受到各组变量值水平和各组权数(结构)两个因素的影响,因此,平均指标指数因素分析即是从各组变量值水平变动和各组权数(结构)变动两个方面对平均指标的变动进行分解分析。

平均指标指数、固定构成指数和结构变动指数之间存在着如下关系：

$$I_{\bar{x}} = I_x \times I_f \tag{9-39}$$

即相对数体系为：

$$\frac{\dfrac{\sum x_1 f_1}{\sum f_1}}{\dfrac{\sum x_0 f_0}{\sum f_0}} = \frac{\dfrac{\sum x_1 f_1}{\sum f_1}}{\dfrac{\sum x_0 f_1}{\sum f_1}} \times \frac{\dfrac{\sum x_0 f_1}{\sum f_1}}{\dfrac{\sum x_0 f_0}{\sum f_0}} \tag{9-40}$$

绝对数体系为：

$$\frac{\sum x_1 f_1}{\sum f_1} - \frac{\sum x_0 f_0}{\sum f_0} = \left(\frac{\sum x_1 f_1}{\sum f_1} - \frac{\sum x_0 f_1}{\sum f_1} \right) + \left(\frac{\sum x_0 f_1}{\sum f_1} - \frac{\sum x_0 f_0}{\sum f_0} \right) \tag{9-41}$$

【例 9-12】 根据例 9-7、例 9-8、例 9-9 的相关数据,对该企业职工的平均工资变动进行因素分析。

前面的计算结果有：$I_{\bar{x}} = 98.05\%$,$I_x = 108.53\%$,$I_f = 90.34\%$。容易验证相对数体系：

$$98.05\% = 108.53\% \times 90.34\%$$

下面进一步进行绝对数体系分析。该企业职工平均工资报告期与基期差额为：

$$\frac{\sum x_1 f_1}{\sum f_1} - \frac{\sum x_0 f_0}{\sum f_0} = \frac{974\ 600}{140} - \frac{710\ 000}{100} = -138.57(\text{元})$$

其中,由于各组工资水平变动使该企业的职工平均工资增加了：

$$\frac{\sum x_1 f_1}{\sum f_1} - \frac{\sum x_0 f_1}{\sum f_1} = \frac{974\ 600}{140} - \frac{898\ 000}{140} = 547.14(\text{元})$$

由于各组权数(结构)变动使该企业的职工平均工资增加了:

$$\frac{\sum x_0 f_1}{\sum f_1} - \frac{\sum x_0 f_0}{\sum f_0} = \frac{898\ 000}{140} - \frac{710\ 000}{100} = -685.71(元)$$

容易验证:$-138.57(元) = 547.14(元) + (-685.71)(元)$。

结果表明,该企业职工平均工资报告期比基期下降了 1.95%,减少了 138.57 元,这是由于各组职工工资水平变动和职工人数(结构)变动两个因素共同作用导致的。其中,各组职工工资水平变动使平均工资上涨 8.53%,增加了 547.14 元;各组职工人数(结构)变动使平均工资下降 9.66%,减少了 685.71 元。

需要说明的是,在对平均指标变动进行因素分析的基础上,可以进一步对总量指标变动进行因素分析。下面以平均工资与工资总额的关系为例来说明。

由于"工资总额=平均工资×职工人数",即 $\sum xf = \bar{x} \times \sum f$,故根据指数编制的一般原则,相应的指数关系为"工资总额指数=平均工资指数×职工人数指数",且可以表示为:

$$\frac{\sum x_1 f_1}{\sum x_0 f_0} = \frac{\bar{x}_1 \sum f_1}{\bar{x}_0 \sum f_1} \times \frac{\sum \bar{x}_0 f_1}{\sum \bar{x}_0 f_0} \tag{9-42}$$

又因为平均工资指数是固定构成指数与结构变动影响指数之乘积,即:

$$\frac{\bar{x}_1}{\bar{x}_0} = \frac{\dfrac{\sum x_1 f_1}{\sum f_1}}{\dfrac{\sum x_0 f_1}{\sum f_1}} \times \frac{\dfrac{\sum x_0 f_1}{\sum f_1}}{\dfrac{\sum x_0 f_0}{\sum f_0}},$$ 将其代入式(9-42),可得:

$$\frac{\sum x_1 f_1}{\sum x_0 f_0} = \frac{\dfrac{\sum x_1 f_1}{\sum f_1}}{\dfrac{\sum x_0 f_1}{\sum f_1}} \times \frac{\dfrac{\sum x_0 f_1}{\sum f_1}}{\dfrac{\sum x_0 f_0}{\sum f_0}} \times \frac{\sum f_1}{\sum f_1} \times \frac{\bar{x}_0 \sum f_1}{\bar{x}_0 \sum f_0} \tag{9-43}$$

整理后即得:

$$\frac{\sum x_1 f_1}{\sum x_0 f_0} = \frac{\sum x_1 f_1}{\sum x_0 f_1} \times \frac{\sum x_0 f_1}{\bar{x}_0 \sum f_1} \times \frac{\bar{x}_0 \sum f_1}{\bar{x}_0 \sum f_0} \tag{9-44}$$

即:

$$工资总额指数=固定构成指数×结构变动影响指数×职工人数指数$$

如果以 $I_{\sum f}$ 表示职工人数指数,式(9-44)就可以表示为:

$$I_{xf} = I_x \times I_f \times I_{\sum f} \tag{9-45}$$

从绝对数看,有以下等式成立:

$$\sum x_1 f_1 - \sum x_0 f_0 \tag{9-46}$$
$$= (\sum x_1 f_1 - \sum x_0 f_1) + (\sum x_0 f_1 - \bar{x}_0 \sum f_1) + (\bar{x}_0 \sum f_1 - \bar{x}_0 \sum f_0)$$

【例 9-13】 根据例 9-7 相关数据,对该企业职工的工资总额变动进行因素分析。

根据例 9-7 的有关数据,可以计算该企业工资总额指数为:

$$I_{xf} = \frac{\sum x_1 f_1}{\sum x_0 f_0} = \frac{974\ 600}{710\ 000} = 137.27\%$$

职工人数指数为：

$$I_{\sum f} = \frac{\overline{x}_0 \sum f_1}{\overline{x}_0 \sum f_0} = \frac{\sum f_1}{\sum f_0} = \frac{140}{100} = 140\%$$

又已知 $I_x = 108.53\%$，$I_f = 90.34\%$，因而可以验证：

$$137.27\% = 108.53\% \times 90.34\% \times 140\%$$

下面进一步进行绝对数体系分析。

该企业工资总额的实际变动额为：

$$\sum x_1 f_1 - \sum x_0 f_0 = 974\ 600 - 710\ 000 = 264\ 600(元)$$

其中，由于各组工资水平变动所影响的工资总额的变动额为：

$$\sum x_1 f_1 - \sum x_0 f_1 = 974\ 600 - 898\ 000 = 76\ 600(元)$$

由于各组职工人数（结构）变动所影响的工资总额的变动额为：

$$\sum x_0 f_1 - \overline{x}_0 \sum f_1 = 898\ 000 - 7\ 100 \times 140 = -96\ 000(元)$$

由于企业职工总人数变动所影响的工资总额的变动额为：

$$\overline{x}_0 \sum f_1 - \overline{x}_0 \sum f_0 = 7\ 100 \times 140 - 7\ 100 \times 100 = 284\ 000(元)$$

可以验证：264 600（元）= 76 600（元）+（-96 000）（元）+284 000（元）

综上计算结果可知，该企业职工工资总额报告期比基期上升了 37.27%，增加了 264 600 元，这一结果是由于各组工资水平变动、职工结构变动和职工人数变动三个因素共同作用引起的。其中，各组职工工资水平变动使工资总额上涨 8.53%，增加了 76 600 元；各组职工结构变动使工资总额下降 9.66%，减少了 96 000 元；职工总人数增加使工资总额上升 40%，增加了 284 000 元。

≡ 本章小结

本章的要点是理解统计指数的内涵与应用意义，掌握总指数的两种基本编制方法，利用总指数编制原理对平均指标变动进行分析，能够构建指数体系进行因素分析。通过学习，熟知统计指数的概念、特点、基本分类与作用；掌握综合指数的编制原理、特点和主要方法；掌握平均指数的编制原理、特点和主要方法，理解它与综合指数的关系；掌握平均指标指数的编制与分解；理解统计指数体系的内涵，能够利用统计指数体系进行因素分解。作为学习延伸，可以通过阅读相关文献对总指数编制和指数体系构建中一些有争议的问题，特别是基期确定、指数模型、总指数变动分解、优良指数测定标准等问题进行探讨。

≡ 思考与练习

一、即测即评

二、计算题

1. 某厂产品成本资料如表 9-10 所示。

表 9-10　某厂产品成本资料

产品名称	计量单位	单位成本（元）		产品产量	
		基期	报告期	基期	报告期
甲	件	10	9	1 000	1 100
乙	个	9	9	400	500
丙	米	8	7	700	800

要求：

（1）分别计算三种产品的成本个体指数和产量个体指数。

（2）计算该厂产品的综合成本指数。

（3）计算总生产费用指数。

2. 某公司三种商品销售额及价格变动资料如表 9-11 所示。

表 9-11　某公司三种商品销售额及价格变动

商品名称	商品销售额		价格变动（%）
	基期	报告期	
甲	500	650	2
乙	200	200	-5
丙	1 000	1 200	10

要求：

（1）三种商品价格总指数。

（2）三种商品销售量总指数。

3. 使用同一数量人民币，报告期比基期多购买商品 5%，问物价是如何变动的？

4. 报告期和基期购买等量的商品，报告期比基期多支付 50% 的货币，物价是否变动？是如何变化的？

5. 某工业企业甲、乙、丙三种产品产量及价格资料如表 9-12 所示。

表 9-12　某工业企业甲、乙、丙三种产品的产量及价格

产品名称	计量单位	产量		销售价格（元）	
		基期	报告期	基期	报告期
甲	套	300	320	360	340
乙	吨	460	540	120	120
丙	台	60	60	680	620

要求：

（1）计算三种产品的产值指数、产值增长的绝对额。

（2）计算三种产品的产量综合指数、产量变动对产值增长影响的绝对额。

（3）计算三种产品的价格综合指数、价格变动对产值增长影响的绝对额。

（4）从相对数和绝对数上简要分析产量及价格变动对总产值变动的影响。

6. 某企业两种产品的价格和销售量资料如表 9-13 所示。

表 9-13 某企业两种产品的价格和销售量

产品	计量单位	出厂价格（元）		销售量	
		基期	报告期	基期	报告期
A	台	180	210	300	400
B	件	20	18	400	380

要求：从出厂价格和销售量两个方面对产品销售总额的变动进行因素分析。

7. 某集团所属 4 个公司基年和报告年产值和工人人数资料如表 9-14 所示。

表 9-14 某集团所属 4 个公司基年和报告年总产值和工人人数

企业	总产值（万元）		工人人数（人）	
	基年	报告年	基年	报告年
甲	13 200	23 300	550	960
乙	7 100	7 250	370	350
丙	21 400	33 900	945	1 350
丁	7 300	7 400	320	335

要求：根据指标体系对这个集团总产值的变动进行因素分析。

8. 某企业三种不同产品的产值和产量资料如表 9-15 所示。

表 9-15 某企业三种产品的产值和产量

产品	总产值（万元）		产量增长（%）
	基期	报告期	
A	36	45	25
B	64	60	0
C	12	15	50
合计	112	120	—

要求：

（1）计算产量总指数和由于产量变化引起的总产值的变化。

（2）计算价格总指数和总产值指数。

9. 某企业职工人数及工资资料如表 9-16 所示。

表 9-16 某企业职工人数及工资

工人类别	人数（人）		月工资总额（元）	
	基期	报告期	基期	报告期
技工	300	400	36 000	52 000
辅工	200	600	18 000	66 000

要求：用因素分析法说明总平均工资变动的原因。

10. 某企业劳动工资资料如表 9-17 所示。

表 9-17 某企业劳动工资资料

指标	符号	基期	报告期
工资总额（万元）	E	330.00	388.08
平均工人数（人）	C	800.00	840.00
平均每人工作小时（小时/人）	B	187.50	168.00
小时工资（元）	A	22.00	27.50

要求：从相对数和绝对数分析工人数、每人工作小时及小时工资三个因素各自对工资总额变动的影响。

计算题答案

实例1：

  2022 年 7 月联合国发布的《2022 年可持续发展报告》(*Sustainable Development Report* 2022)，基于 2030 可持续发展议程的 17 个可持续发展目标(SDGs)，选取 94 项指标，对 163 个成员国在可持续发展目标上的实施进展进行了评估和排名。报告显示，由于新冠疫情对可持续发展目标 1(无贫穷)和目标 8(体面工作和经济增长)的影响，以及气候、生物多样性和可持续城市发展目标的表现不佳，可持续发展指数的各国平均值连续两年下降。2022 年芬兰、丹麦和瑞典的可持续发展指数排名全球前三位。东亚和南亚是进展最显著的地区。中国以综合得分 72.4 分处于第 56 位，与上一年相比上升一位。我国已达成目标 1(无贫穷)和 4(优质教育)，并且在目标 6(清洁饮水和卫生设施)、9(产业、创新和基础设施)和 12(负责任的消费和生产)上取得显著成效，在其余目标中也有 8 项获得一定的进展。

  那么，各国的可持续发展进度是如何进行评价的？对如此庞大的指标体系如何进行统计处理，进而计算出各国的综合得分呢？

实例2：

  生态环境是人类生存和发展的根基。全世界超过一半的人口居住在城市。城市生态投入是衡量城市环境健康程度的重要方面。城市生态投入可以从资源消耗和污染排放两个维度进行评价。表 10-1 是我国六个城市的资源消耗指标和污染排放指标的数值。

表 10-1　各城市生态投入指标及其数值

城市	资源消耗			污染排放					
	土地资源消耗	能源消耗	水资源消耗	水污染排放		空气污染排放		固体废物排放	
	人均建成区面积(平方米/人)	人均消费标准煤(吨标准煤/人)	人均供水量(立方米/人)	人均化学需氧量排放量(千克/人)	人均氨氮排放量(千克/人)	人均二氧化硫排放量(千克/人)	人均氮氧化物排放量(千克/人)	人均工业固体废弃物产生量(吨/人)	人均生活垃圾清运量(吨/人)
重庆	48.77	2.38	50.52	4.42	0.52	2.10	2.45	0.71	0.20
上海	49.76	4.46	115.99	2.60	0.11	0.22	1.11	0.73	0.35

续表

城市	资源消耗			污染排放						
	土地资源消耗	能源消耗	水资源消耗	水污染排放		空气污染排放		固体废物排放		
	人均建成区面积（平方米/人）	人均消费标准煤（吨标准煤/人）	人均供水量（立方米/人）	人均化学需氧量排放量（千克/人）	人均氨氮排放量（千克/人）	人均二氧化硫排放量（千克/人）	人均氮氧化物排放量（千克/人）	人均工业固体废弃物产生量（吨/人）	人均生活垃圾清运量（吨/人）	
北京	67.11	3.09	61.63	1.91	0.12	0.08	0.84	0.19	0.36	
成都	46.63	2.47	59.53	14.78	1.63	0.34	0.98	0.15	0.24	
天津	84.35	5.84	65.12	2.63	0.10	0.73	2.35	1.25	0.22	
广州	72.04	3.30	135.48	5.17	0.32	0.18	0.70	0.30	0.33	

资料来源:《中国城市统计年鉴2021》《中国能源统计年鉴2021》《中国环境统计年鉴2021》《中国城市建设统计年鉴2020》及相关城市统计年鉴。

那么,如何根据表10-1中这些指标的数值来评价并比较各城市的生态投入水平?

第一节　统计综合评价概述

一、统计综合评价的概念及作用

统计综合评价是根据研究目的建立一个评价指标体系,综合各个指标所提供的信息,计算综合评价值,进而对评价对象进行整体性评判的一种统计分析方法。

统计综合评价的作用主要表现在以下三个方面:

(1)可以对评价对象多个方面的特征做出整体性的认识。统计综合评价将多个评价指标的基本信息全部集中或浓缩到一个综合评价值之上,从而实现对评价对象的整体性的认识。

(2)可以对所评价的全部对象进行分类或排序。依据综合评价结果,掌握各评价对象(例如各国、各地区、各单位等)的综合优劣水平或发展程度,可以对其做出分类、比较或者排序。

(3)可以对评价对象的综合发展变化进行动态分析。对评价对象各个时期的综合评价值进行计算,可以了解现象的综合发展变化情况,并进一步寻找出变化的主要方面与主要原因,以改进工作。

二、统计综合评价的基本步骤

(一)建立评价指标体系

综合评价的结果是否客观、准确,首先取决于被综合的评价指标是否准确、全面。因此,根据统计评价的目的,选择合适的评价指标,建立一个能够从不同角度、不同侧面反映评价对象的评价指标体系,是综合评价中的重要基础工作。

选择评价指标的方法有定性选择和定量选择两类。定性选择是根据实际经验和专家的判断来选择评价指标,初步建立评价指标体系。为了全面反映评价对象的情况,初选的评价指标中可能会存在一些次要的指标,或者存在评价信息相互重叠、相互干扰的情况。因此,还需要对初步选择的评价指标群进行筛选。评价指标的筛选可以采用征询专家意见的定性选择方法,也可以采用一些统计分析方法来进行定量选择,如计算变异系数、相关系数,采用多元统计分析中的聚类分析法、主成分分析法,等等。

（二）评价指标的预处理

由于各评价指标反映的是评价对象的不同侧面,指标的表现形式、取值方向、计量单位及数量级别往往是不同的。从指标的表现形式上看,评价指标中可能有总量指标,也可能有相对指标或平均指标。从指标的取值方向来看,可能有正指标,也可能有逆指标或适度指标。显然,不同类型、不同数量级别的指标不能直接进行综合汇总,需要先将其转换为同一类型的指标,如全部转换为正指标或逆指标,再对各指标进行无量纲化处理,以消除计量单位和数量级别的差异对综合评价值的影响。

（三）确定各评价指标的权重

在评价指标体系中,各项评价指标的相对重要性有可能是不同的,这样就需要赋予不同的指标以不同的权重。若评价指标体系是单一层次的,则要求所有指标的权重总和等于100%。若评价指标体系是多层次的,则要求同一层次所有指标的权重总和都等于100%。

（四）确定综合评价方法

在确定评价指标和指标权重的基础上,就要采用一定的方法把各个单项指标的评价值进行综合汇总,得到最终的综合评价值。综合评价的方法有多种,既有按统计平均方法进行加权合成的幂平均合成法,如加法合成、乘法合成等;也有采用一些比较复杂的系统分析技术来计算综合评价值的方法,如模糊综合评价法、主成分分析法、人工神经网络评价法、灰色系统方法等。本章仅介绍一些比较简单易懂的常规的综合方法。

（五）进行综合评价分析

依据综合评价值,可以对各个评价对象进行排序比较,或者划分类型;可以对评价对象各个层次、各个具体指标的得分情况及其对整体综合得分的贡献、影响程度和方向进行分析;可以通过各个时期评价对象的综合评价值的比较分析,揭示其动态变化情况;等等。

第二节　综合评价指标体系的构建

一、建立评价指标体系的原则

在建立评价指标体系时应遵循以下基本原则:

（1）目的性原则。即整个综合评价指标体系的构成必须紧紧围绕着综合评价目的层层展开,保证最终的评价结论的确能够反映评价主体的评价意图。只有这样,才能够避免过多的无关因素干扰。

（2）全面性原则。即评价指标体系必须能够比较全面、科学、准确地涵盖为达到评价目的所需的基本内容,但也要注意,全面并不意味着"指标越多越好",更不能"扬长避短"。全面性原则的核心是所设计的指标体系能够反映评价目标的各个方面或者侧面,保证评价对象的每一个侧面都有若干个评价指标来反映,尽量不要有遗漏。全面性是评价结果"无偏性"的前提。

(3)独立性原则。即要求尽量减少各评价指标之间在概念、外延上的重叠及统计上的相关,选择独立性强、代表性和贡献最大的评价指标构建指标体系。

(4)可比性原则。即评价指标的口径范围和核算方法在纵向和横向上都必须保持一致。

(5)可操作性原则。即要求每一个评价指标都能够及时搜集到准确的数据。一般而言,当一个指标体系中出现不可操作的指标时,首先应该考虑的是寻找替代指标、寻找专门调查搜集数据的途径、寻找统计估算的方法,不能一概"一删了之"。否则,将有损评价的全面性。

二、评价指标的选择方法

(一)评价指标的初选

评价指标的初选采用定性选择的方法,通过研究者的经验和专业知识进行分析判断。即将评价目标和评价内容划分成若干个不同组成部分或不同侧面,并逐步细分,直到每一个部分或侧面都可以用具体的统计指标来描述。这是构造综合评价指标体系最基本、最常用的方法。

例如,在设计"城市生态投入评价指标体系"时,第一步要明确"什么是城市的生态投入？它包含哪些方面？"。通过分析可以得出城市生态投入包括"资源消耗"和"污染排放"两个方面。以上对"城市生态投入"概念的分解,同时也就是评价目标的分解。第二步对每一方面进行细分解。越是复杂的多指标综合评价问题,这种细分解就越为重要。例如,在城市生态投入的评价中,"资源消耗"方面还可以细分为"土地资源消耗""水资源消耗"和"能源消耗"三个侧面;"污染排放"方面也可以细分为"空气污染排放""水污染排放"和"固体废物排放"三个侧面。第三步,重复第二步,直到每一个侧面都可以直接用一个或几个明确的指标来反映,这样最终可以得到一个包含3个层次的、由9项评价指标构成的城市生态投入评价指标体系(见表10-1)。

(二)评价指标的筛选

初选的评价指标体系可能更加注重于结构的完整性,而有可能忽视了指标之间信息是否存在重叠、是否对评价对象有足够的区分度,以及每一个指标与评价目标之间是否有足够高的相关性。因此,需要对初选的指标群进行精选或筛选,以完善和优化评价指标体系。评价指标的筛选可以采用定性分析的方法,通过征询专家意见,经过一轮或几轮咨询,确定出最终的评价指标体系。也可以结合定量分析的方法,判断各评价指标的辨识度和冗余度,以剔除次要指标,并对重复指标进行筛选。

1. 辨识度分析

辨识度是指一个评价指标在区分各评价对象某一方面特征时的能力与效果,也可称为区分度。显然,评价指标的"辨识度"应尽量高。否则,若各评价对象该指标的取值无明显差异,那么有无该项指标对最终评价结果的影响也就不大,这样的指标可以称之为次要指标,进而可以考虑将其删除。辨识度衡量的是某项指标在各评价对象上的差异程度,因此可以采用离散指标来计算。由于各项评价指标的计量单位和数量级别不同,为了使不同指标的辨识度具有可比性,一般采用变异系数来计算。实践中可以根据经验来确定变异系数的数量界限。例如,当某项指标的变异系数不足 5% 时,可以认为该指标的区分度低,进而可以考虑将其删去。

　　2. 冗余度分析

　　冗余度是指综合评价指标体系内的各项评价指标之间在计算内容上的重复(重叠)程度。显然,同一指标体系内的各指标之间的重叠程度应尽量低。如果在综合评价指标体系中存在严重的指标冗余现象,即两个指标或多个指标之间存在比较严重的重复(重叠)或交叉现象,则无形中夸大了这部分指标的权重,从而影响评价结果的准确性。冗余度的测度通常可采用相关系数。若两个或多个评价指标之间相关程度过高,以至于一个指标可以由其他若干个指标完全地线性表示,则这个指标就是多余的,应考虑删去这些多余的指标。

　　但必须注意的是,并不是任何情况下综合评价指标体系设计都应该将区分度为零或近似为零的指标全部删去。若是评价目的是排序,删除区分度低的指标是可取的。但若评价目的是了解综合发展水平或分类,保留这些区分度低甚至没有区分度的指标依然是十分重要的,否则就会歪曲评价对象的实际值水平,进而误导评价实施者与决策者。还要强调的是,定量分析的指标选取方法不能替代定性选取方法,必须与定性方法结合使用。

第三节　评价指标的预处理

　　评价指标的预处理包括两项主要内容:评价指标的同向化和无量纲化。

　　在多指标综合评价中,有些指标的数值变化与评价目标的方向一致,称为正向指标;有些指标的数值变化与评价目标的方向相反,称为逆向指标。例如,在评价一国或地区现代化程度时,第一产业占 GDP 比重越低,表明现代化程度越高;而人均 GDP 越高,表明现代化程度越高,所以前者是逆向指标,后者是正向指标。还有些指标,如资产负债率、人口密度,其数值既非越大越好也非越小越好,因而称为适度指标。在综合评价时,必须首先将各指标同向化,即转化为同一类型的指标,才能根据综合评价结果的数值大小对各评价对象进行比较或排序。此外,不同评价指标往往具有不同的计量单位和数量级别,直接将它们进行综合是不合适的,也没有实际意义。因此还必须将指标值转化为无量纲的相对数。这种去掉指标量纲的过程,称为指标的无量纲化,它是各指标综合的前提。

一、评价指标的同向化

　　评价指标的同向化一般是将逆向指标和适度指标转化为正向指标,所以也称为指标的正向化。

(一) 逆向指标的正向化

　　逆向指标正向化的常用方法有差式变换和商式变换两种。差式变换是通过正逆指标之间的互补关系而确立的一种逆变换方式。差式变换的计算公式为:

$$y' = c - y \qquad\qquad (10\text{-}1)$$

式中:y 与 y' 为变换前后的指标,c 为非负常数,也即

$$y' + y = c \qquad\qquad (10\text{-}2)$$

　　因此,c 又称为约束总量。例如,废品率与合格率之间就是这种互补关系,其约束总量 $c = 1$。事实上,综合评价指标体系中的所有结构相对指标均可实施这种变换。所有总量指标的广义正逆变换也可以采用这种变换。

商式变换是通过正逆指标的互反关系而确立的一种变换方式,计算公式为:

$$y' = c/y \qquad (10\text{-}3)$$

式中:y 与 y' 为变换前后的指标,c 为正常数,通常可取 $c=1$,即

$$y' = 1/y \qquad (10\text{-}4)$$

这是实践中最常用的一种变换方式,其实质是对原指标作倒数化处理,因此也称为倒数变换法。

例如,义务教育发展评价中衡量师资力量的常用指标生师比就是一个逆向指标,它是在校学生数与专任教师数的比值;若将其正向化,可以用公式(10-4)做倒数变换,得到的结果是教师数与学生数之比,就是正向指标了。再如,企业经营状况或经济效益评价中的周转速度类指标(包括库存商品周转速度、流动资金周转速度等)通常有"次数"与"天数"两种表现形式,二者的互逆关系为:周转天数(天/次)= 报告期日历长度(天)/报告期周转次数(次)。显然,周转天数为逆向指标,可用公式(10-3)将其变换为正指标周转次数,此时 c 为报告期日历天数。

只要变换前的指标不为零值,则商式逆变换就可实施。一般的强度相对数、平均数、比例相对数、比较相对数都可采用这种逆变换形式。

(二)适度指标的正向化

适度指标的正向化通常采用绝对值倒数法。其基本思路是先确定一个最优的适度值(或理想值)k,然后按照下述公式进行转换:

$$y' = \frac{1}{|y-k|} \qquad (10\text{-}5)$$

式中:$|y-k|$ 反映了适度指标的实际值与适度值之间的偏差。

偏差越大,说明指标实际值离适度值越远,也就越不好;偏差越小,则越好。可见 $|y-k|$ 是一个逆向指标,再按逆向指标正向化转换的倒数变换法将其转换成正向指标,即为公式(10-5)。

二、评价指标的无量纲化

在一个综合评价指标体系中,不同的指标总是有不同的含义、不同的信息含量、不同的计量单位、不同的数量级别,只有将这些指标转换成同一种尺度——相同的计量单位、相同的数量级别、相同的评价信息含义,才能够进行综合。这一转换的过程就是指标无量纲化的过程。在多指标评价实践中,常将指标无量纲化以后的数值作为指标评价值,在此基础上实现各指标的综合。评价指标的无量纲化有一个基本前提:各评价对象在该指标上的排序在无量纲化前后应保持不变。

常用的无量纲化方法有相对化处理法、功效系数法和标准化法。

(一)相对化处理法

相对化是将单项指标实际值与标准值进行对比得到指标的评价值,计算公式为:

$$y'_j = y_j/k \quad (j=1,2,\cdots,n) \qquad (10\text{-}6)$$

若为逆指标且未转换为正向指标,则相对化的公式为:

$$y'_j = k/y_j \qquad (10\text{-}7)$$

式中:y'_j 为第 j 个评价对象某项指标的评价值;y_j 和 k 分别为实际值与标准值;n 为评价对象的数量。当实际值等于标准值时,评价值等于1;当实际值优于标准值时,评价值大于1;当实际值

劣于标准值时,评价值小于1。对于适度指标,则需要先采用单向化方法进行变换,再采用公式(10-6)计算指标评价值。

相对化处理法的关键是选择标准值 k,常用取值方法如下:

(1)k 取全部 n 个评价对象该指标的最优值:对于正向指标,最优值为极大值;对于逆向指标,最优值为极小值。这种方法也称为极值化。

(2)k 取全部 n 个评价对象该指标值的平均数,一般是简单算术平均数,即:

$$k = \frac{1}{n} \sum_{j=1}^{n} y_j \tag{10-8}$$

这种方法也称为均值化。

(3)k 取全部评价对象该指标取值的总和,即

$$k = \sum_{j=1}^{n} y_j \tag{10-9}$$

这种方法也称为比重法。显然,比重法的结论与均值化的结论是一致的,因为变量总和除以评价单位数即为算术平均值。

(4)k 取全部评价对象该指标值的平方和开方值,即

$$k = \sqrt{\sum_{j=1}^{n} y_j^2} \tag{10-10}$$

这种方法也称为平方和比重法。

上述四种方法要求有一定规模的样本容量,因此它们适用于多个单位或不同时间的综合评价。由于评价标准来自观测值,因此都属于相对评价,即评价结论随观测值的变化而改变,不同样本之间不可比。

(5)k 取该指标在实践中的有关目标值(如国家或部门标准、国际先进水平、计划规定水平等)、理想值或历史资料(如前三年的历史最优值,前三年最优值的平均数等)。由于作为比较参照系的标准值不是从样本中抽取的,而是独立于样本之外,不仅适用于多个单位或多个时间上的综合评价,还适用于一个单位的综合评价,因此是几种方法中应用最为广泛的一种。

采用相对化方法进行无量纲化所得到的指标评价值含义明确,便于做出评价。以指标值总和作为对比基准适用于对总量指标进行无量纲处理,所得的结果表明各评价对象某项指标值在所有评价对象中所占的比重。显然,指标评价值越大、越接近1越好。而对于相对指标和平均指标,由于求和没有实际意义,因而适宜用平均数、目标值或理想值等作为对比的基准:指标评价值>1,说明相应的评价对象在某个评价项目上优于平均水平或超额完成计划等;指标评价值<1,则情况相反。无论用什么作为对比的基准,只要是正指标,则指标评价值大者为优。

(二)功效系数法

用相对化方法进行指标无量纲化会存在一个问题,即无法使各指标评价值的变动范围保持一致,不便于对各指标之间进行比较。而功效系数法可以使指标评价值在希望的范围内变动。

功效系数法需确定两个标准值,基本计算公式为:

$$d_j = \frac{y_j - y_0}{y_1 - y_0} \tag{10-11}$$

式中:d_j 为第 j 个评价对象某项评价指标的评价值,称为功效系数;y_1 和 y_0 分别为该指标的满意

值和不允许值。

两个标准值一般是根据某些标准、理想或者经验确定。对于正指标，$y_1 > y_0$；对于逆指标，$y_1 < y_0$。对于适度指标，则先采用单向化处理，然后再按上述方法做同度量化。当指标的实际值达到满意值 y_1 时，功效系数 $d_j = 1$；当指标的实际值达到不允许值 y_0 时，$d_j = 0$；实际值越接近 y_1，d_j 越接近 1；反之，越接近 0。因此可以根据功效系数 d 值的大小来衡量评价对象接近该指标满意值的程度，d 值越大越理想。

根据上述公式，当实际值达到或低于不允许值时，功效系数 d 的取值为 0 或者出现负值。若出现负值，既不便于解释，也不便于各项指标评价值的综合。为解决这一问题，可以对功效系数进行如下的线性变换，计算改进后的功效系数，也称为功效分数：

$$Fd_j = d_j \times a + b \tag{10-12}$$

通常取 $a = 40, b = 60$。当指标的实际值达到不允许值 y_0 时，$Fd_j = 60$；当指标的实际值达到满意值 y_1 时，功效分数 $Fd_j = 100$。一般情况下，指标的实际值都介于不允许值和满意值之间，相应的评价值就在 60~100 之间。这样的取值方式类似于考试中的百分制，简明直观、适用性强，因此称为功效分数。若指标的实际值比不允许值还要差（对于正指标，是指 $y_j < y_0$；对于逆指标，是指 $y_j > y_0$），则该项指标的功效分数将"不及格"，即 $Fd_j < 60$；若实际值比满意值还要好（对于正指标，是指 $y_j > y_1$；对于逆指标，是指 $y_j < y_1$），则该指标的功效分数将超过 100 分，即 $Fd_j > 100$。状态越好，Fd_i 越高；反之，Fd_i 越低。

实践中当指标的实际值优于满意值或者劣于不允许值，还可以采取"上封顶下设止"的方式来计算功效系数或功效分数，即当实际值优于满意值时，评价值取 1 或者 100；当实际值劣于不允许值时，评价值取 0 或者 60。例如联合国发布的《2022 年可持续发展报告》中，对各项指标数值的无量纲化处理就采用了以上方法。

（三）标准化法

设评价指标 i 的算术平均数和标准差分别为 $\overline{y}_i$ 和 σ_i，第 j 个评价对象该指标的实际值为 y_{ij}，则第 j 个评价对象该指标的标准化系数为：

$$z_{ij} = \frac{y_{ij} - \overline{y}_i}{\sigma_i} \tag{10-13}$$

若为逆指标且未做正向化处理，则标准化系数的计算公式为：

$$z_{ij} = \frac{\overline{y}_i - y_{ij}}{\sigma_i} \tag{10-14}$$

经过标准化处理，所有指标的数量级别均统一为均值为零、标准差为 1 的无量纲值，使得不同指标具有可比性与可综合性。当指标的实际值优于平均水平时，标准化系数大于零；当指标的实际值劣于平均水平时，标准化系数小于零。由于标准化系数需要计算均值与标准差，因此适用于评价对象的数量较多即样本量较大的情况。而且由于标准化的两个参数均由样本决定，因此评价结论受样本变动的影响，不同样本间不可比。

【例 10-1】　利用相对化处理法对表 10-1 中六城市的生态投入指标数值进行无量纲化处理。

本例选择六城市的均值（见表 10-2 第一行）作为标准值进行无量纲化处理。由此得到的评价值为各城市的指标值与平均值的比值,有实际意义,便于综合与理解。由于各项指标的数值越小,表明资源消耗和污染排放越少,则城市发展过程中的生态投入水平越低;数值越大,则表明城市的生态投入越高,因此9项指标皆为正向指标。采用公式(10-6)计算得到的评价值列于表10-2。

表10-2　六城市生态投入指标评价值(均值化)

城市	资源消耗			污染排放					
	人均建成区面积(m²/人)	人均消费标准煤(tce/人)	人均供水量(m³/人)	人均化学需氧量排放量(kg/人)	人均氨氮排放量(kg/人)	人均二氧化硫排放量(kg/人)	人均氮氧化物排放量(kg/人)	人均工业固体废弃物产生量(t/人)	人均生活垃圾清运量(t/人)
均值	61.44	3.59	81.38	5.25	0.47	0.61	1.41	0.56	0.28
重庆	0.79	0.66	0.62	0.84	1.11	3.44	1.74	1.27	0.71
上海	0.81	1.24	1.43	0.50	0.23	0.36	0.79	1.30	1.25
北京	1.09	0.86	0.76	0.36	0.26	0.13	0.60	0.34	1.29
成都	0.76	0.69	0.73	2.82	3.47	0.56	0.70	0.27	0.86
天津	1.37	1.63	0.80	0.50	0.21	1.20	1.67	2.23	0.79
广州	1.17	0.92	1.66	0.98	0.68	0.30	0.50	0.54	1.18

从资源消耗来看,重庆和成都的3项指标评价值均小于1,可见这两个城市在资源消耗的三个方面均低于六城市的平均水平;上海、天津、广州则各有两项指标的评价值大于1,在这两个方面的资源消耗水平较高。从污染排放情况来看,北京和广州的6项指标中有5项的评价值小于1,低于平均水平;重庆则有4项指标的评价值高于平均水平。各城市污染排放的综合水平以及生态投入的总体水平高低,从各指标的表现上无法做出综合判断,还需要通过计算各指标的综合评价值来进行分析。

【例10-2】　采用标准化法对表10-1中六城市的生态投入指标数值进行无量纲化处理。

根据各指标的均值和标准差(见表10-3第一、二行),对六城市各项指标的数值进行标准化处理,计算结果见表10-3。

表10-3　六城市生态投入指标评价值(标准化)

城市	资源消耗			污染排放					
	人均建成区面积(m²/人)	人均消费标准煤(tce/人)	人均供水量(m³/人)	人均化学需氧量排放量(kg/人)	人均氨氮排放量(kg/人)	人均二氧化硫排放量(kg/人)	人均氮氧化物排放量(kg/人)	人均工业固体废弃物产生量(t/人)	人均生活垃圾清运量(t/人)
均值	61.44	3.59	81.38	5.25	0.47	0.61	1.41	0.56	0.28
标准差	14.06	1.22	32.17	4.41	0.54	0.70	0.72	0.39	0.06

续表

城市	资源消耗			污染排放					
	人均建成区面积（m²/人）	人均消费标准煤（tce/人）	人均供水量（m³/人）	人均化学需氧量排放量（kg/人）	人均氨氮排放量（kg/人）	人均二氧化硫排放量（kg/人）	人均氮氧化物排放量（kg/人）	人均工业固体废弃物产生量（t/人）	人均生活垃圾清运量（t/人）
重庆	-0.90	-0.99	-0.96	-0.19	0.09	2.13	1.44	0.38	-1.33
上海	-0.83	0.71	1.08	-0.60	-0.67	-0.56	-0.42	0.44	1.17
北京	0.40	-0.41	-0.61	-0.76	-0.65	-0.76	-0.79	-0.95	1.33
成都	-1.05	-0.92	-0.68	2.16	2.15	-0.39	-0.60	-1.05	-0.67
天津	1.63	1.84	-0.51	-0.59	-0.69	0.17	1.31	1.77	-1.00
广州	0.75	-0.24	1.68	-0.02	-0.28	-0.61	-0.99	-0.67	0.83

　　由计算结果可知,在资源消耗方面,重庆和成都3项指标的标准化值均为负值,表明这两个城市在这三个方面的资源消耗都低于平均水平;而上海、天津、广州各有2项指标的标准化值大于0,表明在这两个方面的消耗高于平均水平。在污染排放方面,北京和广州各有5项指标的标准化值为负值,重庆则有4项指标的标准化值为正值。综合来看,六城市在资源消耗和污染排放的各项指标上的表现各不相同,因此需要通过计算综合评价值以反映生态投入的综合水平。

第四节　评价指标权重的确定

　　在统计综合评价中,考虑到不同的指标所包含的评价含义或者评价信息量不尽相同,与评价目标的关系或者说对评价目标的影响不同,因此各个指标在汇总综合过程中的重要性程度往往也不同。这就需要根据评价目标与指标的特点给每一指标赋予一定的权重。一般来说,越是重要(即与评价目标关系越密切)的评价指标,就应该赋予越大的权重。当评价者认为各指标的重要性程度相同时,也可以赋予所有指标相同的权重。例如,《2022年可持续发展报告》中采用等权法,对17个可持续发展目标赋予了相同的权重。科学地确定各评价指标的权重,对综合评价结果具有重要影响。

　　确定权重的方法很多,但从大范围来看,可以分为两类:主观赋权法和客观赋权法。

一、主观赋权法

　　主观赋权法是根据专业知识、实践经验通过主观分析研究后确定各个评价指标的权重的方法。主观赋权法主要有两种类型:专家评判法和层次分析法。

（一）专家评判法

　　专家评判法是通过收集整理专家对各个指标重要性程度给出的主观判断信息来确定权重的赋权法。常用的专家评判法是德尔菲法,其基本思路是邀请一批对所研究问题有深入了解的专家,让他们各自独立地对每个评价指标赋予权重;然后将专家意见进行统计处理,计算每一个指标所得权重的均值和标准差,将计算结果及补充的背景材料和要求反馈给各位专家,同时要求专家们在新的基础之上重新确定各指标的权重。经过几轮(一般三至五轮)征询、反馈,直至各项指标权重的标准差或变异系数小于等于预先给定的标准值,或各位专家不再修改权重为止,并以最后一轮各位专家所确定的权重的平均数作为评价指标的权重。

(二)层次分析法

层次分析法(analytic hierarchy process,AHP)是由美国学者萨蒂(T.L.Saaty)于 20 世纪 70 年代提出的一种多目标决策分析方法。当层次分析法用于评价指标赋权时,有其独特的作用。其基本思路是,将评价指标两两比较,主观地构造判断矩阵,再根据判断矩阵计算各指标的权重,最后进行一致性检验以确定判断矩阵和权重的合理性。其构权过程为:

1. 通过两两比较,构造判断矩阵

判断矩阵是同一层次中的各评价指标的相对重要性的判断值,它是由若干专家所做出的主观判断。设有 p 项评价指标,分别记为:$I_1,I_2,I_3,\cdots,I_p$,判断矩阵记为 A,即:

$$A = \begin{array}{c} \begin{array}{cccc} I_1 & I_2 & \cdots & I_p \end{array} \quad \text{指标} \\ \begin{bmatrix} a_{11} & a_{12} & \cdots & a_{1p} \\ a_{21} & a_{22} & \cdots & a_{2p} \\ \vdots & \vdots & & \vdots \\ a_{p1} & a_{p2} & \cdots & a_{pp} \end{bmatrix} \begin{array}{c} I_1 \\ I_2 \\ \vdots \\ I_p \end{array} \end{array} \tag{10-15}$$

式中:a_{ij} 的含义是第 i 指标的重要性(权重)是第 j 指标重要性的倍数,且满足 $a_{ij}>0$,$a_{ii}=1$,$a_{ji}=1/a_{ij}(i,j=1,2,\cdots,p)$。

萨蒂在提出 AHP 法时,建议参照以下的比例九标度来确定相应的 a_{ij} 值,见表 10-4。当然,构权者也可以根据自己对具体指标之间重要性的理解,直接给出更加精确的权值。

表 10-4   萨蒂比例九标度体系

a_{ij} 取值	比较的含义
1	i 与 j 一样重要
3	i 比 j 稍微重要
5	i 比 j 明显重要
7	i 比 j 强烈重要
9	i 比 j 极度重要
2,4,6,8	i 与 j 的比较介于上述各等级程度之间
上述各数的倒数	j 与 i 的比较

2. 计算各指标的权重

层次分析法的原理表明,判断矩阵的最大特征根所对应的特征向量就是各指标的权重向量。求解权重向量的经典方法是幂乘法,其基本思想是通过逐步迭代,求解矩阵 A 的特征方程:

$$Aw = \lambda_{\max} w \tag{10-16}$$

式中:$\lambda_{\max}$ 为判断矩阵 A 的最大特征根;相应的特征向量 w 即为权向量。

权向量的求解过程相对烦琐,实践中通常采用一些"近似解法"。这里介绍简单实用的方根法(几何平均法),即行向几何平均数的归一化方法。

首先,逐行计算判断矩阵 A 的行几何平均值 G_i(i 为行号,$i = 1, 2, \cdots, p$):

$$G_i = \sqrt[p]{a_{i1} \times a_{i2} \times \cdots \times a_{ip}} = \sqrt[p]{\prod_{j=1}^{p} a_{ij}} \quad (10-17)$$

其次,对行几何平均值 G_i 进行归一化,即得各指标的权重 w_i:

$$w_i = G_i \bigg/ \sum_{j=1}^{p} G_j \quad (10-18)$$

根据特征向量 w,可以计算最大特征根 $\lambda_{\max}$:

$$\lambda_{\max} = \frac{1}{p} \sum_{i=1}^{p} \frac{(Aw)_i}{w_i} \quad (10-19)$$

3. 对判断矩阵进行一致性检验

根据判断矩阵元素的含义,如果专家对各指标的相对重要性的判断是协调一致的,没有出现相互矛盾的现象,则应该满足

$$a_{ik} \times a_{kj} = a_{ij} \quad (10-20)$$

如果该条件成立,则称判断矩阵 A 是满足一致性的,否则为非一致矩阵。例如,如果认为 i 指标的重要性是 j 指标重要性的 2 倍,而 j 指标的重要性是 k 指标重要性的 1.5 倍,则应该得出 i 指标的重要性是 k 指标重要性的 3 倍的结论。但当评价指标较多时,很有可能得到 i 指标的重要性不是 k 指标重要性的"3"倍甚至 i 指标的重要性不及 k 指标的结论,从而出现判断不一致的情况。为了保证应用层次分析法得到的结论合理,还需要对判断矩阵进行一致性检验。

对于任何正判断矩阵 A,均有 $\lambda_{\max} \geqslant p$,并且判断矩阵的一致性程度越高,$\lambda_{\max}$ 越接近于 p。当判断完全一致时,矩阵 A 的非零特征根是唯一的,且为 p。当判断矩阵不具有一致性时,其特征根也会发生变化。因此可以根据特征根的变化来检验判断矩阵的一致性程度。衡量一致程度的指标称为一致性指标 CI:

$$CI = \frac{\lambda_{\max} - p}{p - 1} \quad (10-21)$$

显然,CI 越小,判断矩阵 A 的一致性程度越高。但对于不同阶数的判断矩阵,人们判断的一致误差不同,并且判断矩阵的阶数越大,元素间两两比较判断的比例就越难达到一致性。据此,萨蒂提出了平均随机一致性指标 RI 的概念,以其来修正 CI,得到一个可用于衡量不同阶判断矩阵是否具有满意的一致性的指标,称为一致性比率 CR:

$$CR = \frac{CI}{RI} \quad (10-22)$$

RI 是与 CI 同阶的平均随机一致性指标,它是通过数百个甚至上千个随机构造的样本矩阵计算的平均 CI。当判断完全一致时,$\lambda_{\max} = p$,CI 与 CR 都为 0。判断的一致性程度越高,CI 越小,CR 也越小。目前实践中通常采用萨蒂提出的 $CR \leqslant 10\%$ 的标准。当一个判断矩阵的 $CR \leqslant 10\%$ 时,认为其不一致程度是可接受的,否则需要重新构造判断矩阵或做出必要的调整。

对于不同的标度值体系,RI 是有差异的。表 10-5 给出了 1~9 标度之下萨蒂基于 500 个随机矩阵计算的 RI。

表 10-5　随机一致性指标（RI）

p	RI	p	RI
3	0.58	9	1.45
4	0.90	10	1.49
5	1.12	11	1.51
6	1.24	12	1.54
7	1.32	13	1.56
8	1.41	…	…

【例 10-3】　在各地区宏观经济效益评价中,选取资金利税率(y_1)、投资效果系数(y_2)和劳动生产率(y_3)三项指标,采用德尔菲法参照萨蒂的比例九标度得到如下判断矩阵:

$$A = \begin{bmatrix} 1 & 2 & 4 \\ \dfrac{1}{2} & 1 & 3 \\ \dfrac{1}{4} & \dfrac{1}{3} & 1 \end{bmatrix}$$

要求用层次分析法确定各指标的权重。

首先,计算判断矩阵中各行元素的几何平均数。

$$G_1 = \sqrt[3]{1 \times 2 \times 4} = 2 \quad G_2 = \sqrt[3]{\frac{1}{2} \times 1 \times 3} \approx 1.145 \quad G_3 = \sqrt[3]{\frac{1}{4} \times \frac{1}{3} \times 1} \approx 0.437$$

然后对行几何平均数 G_i 进行归一化,得到各指标的权重 w_i:

$$w_1 = \frac{G_1}{\sum\limits_{j=1}^{3} G_j} = \frac{2}{3.582} \approx 0.558 \quad w_2 = \frac{G_2}{\sum\limits_{j=1}^{3} G_j} = \frac{1.145}{3.582} \approx 0.320$$

$$w_3 = \frac{G_3}{\sum\limits_{j=1}^{3} G_j} = \frac{0.437}{3.582} \approx 0.122$$

其次,对判断矩阵进行一致性检验。

根据式(10-19)以及权重向量 $w = (0.558 \quad 0.320 \quad 0.122)$,可得:

$$Aw = \begin{bmatrix} 1 & 2 & 4 \\ \dfrac{1}{2} & 1 & 3 \\ \dfrac{1}{4} & \dfrac{1}{3} & 1 \end{bmatrix} \cdot \begin{bmatrix} 0.558 \\ 0.320 \\ 0.122 \end{bmatrix} = \begin{bmatrix} 1.686 \\ 0.965 \\ 0.368 \end{bmatrix}$$

则最大特征根为:

$$\lambda_{\max} = \frac{1}{p} \sum_{i=1}^{p} \frac{(Aw)_i}{w_i} = \frac{1}{3} \times \left(\frac{1.686}{0.558} + \frac{0.965}{0.320} + \frac{0.368}{0.122} \right) = 3.019$$

一致性指标 CI 为：

$$CI = \frac{3.019 - 3}{3 - 1} = 0.010$$

因有 3 个指标，查表 10-5 得随机一致性指标 RI 为 0.58，从而可得一致性比率 CR：

$$CR = \frac{0.010}{0.58} \approx 0.017 < 10\%$$

可见判断矩阵通过了一致性检验，即可以认为上述指标权重的确定具有合理性。

二、客观赋权法

客观赋权法是根据各个评价指标的观测值进行统计分析，提取有用的信息，从而获取各指标的权重。常用的客观赋权法有变异系数法、熵值法、主成分分析法等。这里介绍比较简明易懂的变异系数法。

变异系数法是根据各项评价指标观测值的变异系数来确定评价指标权重的方法。如果某项指标在各个评价对象上的变异程度较大，说明该指标能够明确区分各评价对象的差异，能够提供丰富的分辨信息，因而对评价结果的重要性程度就高，应赋予较大的权重。反之，如果某项指标在各个评价对象上的取值差异较小，说明该指标不能有效地区分各评价对象的差异，其重要性就相对较低，应赋予较小的权重。基于上述分析，可根据各评价指标的变异程度大小来确定权重。

变异系数法的基本步骤如下：

1. 分别计算各个评价指标在 n 个评价对象上的均值和标准差

$$\overline{y}_i = \frac{1}{n} \sum_{j=1}^{n} y_{ij} \quad (i = 1, 2, \cdots, p) \tag{10-23}$$

$$\sigma_i = \sqrt{\frac{1}{n-1} \sum_{j=1}^{n} (y_{ij} - \overline{y}_i)^2} \quad (i = 1, 2, \cdots, p) \tag{10-24}$$

2. 分别计算各个指标的变异系数

$$V_i = \frac{\sigma_i}{\overline{y}_i} \quad (i = 1, 2, \cdots, p) \tag{10-25}$$

3. 对各个指标的变异系数进行归一化处理，即得各指标的权重

$$w_i = \frac{V_i}{\sum_{i=1}^{p} V_i} \quad (i = 1, 2, \cdots, p) \tag{10-26}$$

【例 10-4】 根据表 10-6 中的工业企业经济效益评价指标数值，采用变异系数法确定各指标的权重。

根据式（10-23）至式（10-26）计算各指标的权重，结果列于表 10-6。由表中各指标的变异系数及相对应的权重可以看出，在各企业间差异较大的"每百元资产实现的主营业务收入"及"应收账款平均回收期"被赋予较大的权重，而在各企业间差异较小的"每百元主营业务收入中的成本"及"主营业务收入利润率"则被赋予较小的权重。

表 10-6　5 家工业企业经济效益评价指标数值及权重计算

企业	主营业务利润率(%)	每百元主营业务收入中的成本(元)	每百元资产实现的主营业务收入(元)	人均主营业务收入(万元/人)	产成品存货周转天数(天)	应收账款平均回收期(天)
A	6.96	85.01	120.7	128.3	20.3	26.6
B	5.90	85.74	114.7	135.4	13.8	33.7
C	6.74	85.20	123.2	122.8	14.5	52.6
D	5.69	87.73	196.6	129.6	11.2	26.0
E	6.34	82.23	61.3	165.3	15.7	41.2
均值 $\bar{y}_i$	6.33	85.18	123.30	136.28	15.10	36.02
标准差 σ_i	0.54	1.97	48.21	16.83	3.34	11.14
变异系数 V_i	0.09	0.02	0.39	0.12	0.22	0.31
权重 w_i	0.08	0.02	0.34	0.10	0.19	0.27

第五节　指标评价值的综合

在确定了各项指标的评价值以及各项指标的权重之后,就可以采用一定的合成方法将各单项评价值合成为一个综合评价值,以便对各评价对象进行综合评判。

对于给定的权数 $w_i(i=1,2,3,\cdots,p)$,有以下评价合成模型:

$$y=\xi(y_i,w_i) \tag{10-27}$$

式中:y 是综合评价值,ξ 代表了一种合成算法或规则。

最基本的综合评价合成方法可称为幂平均合成法,包括常用的算术平均合成法(加法合成)、几何平均合成法(乘法合成)和平方平均合成法,以及其他任何阶次的幂平均合成方法。

一、算术平均合成法

算术平均合成法也称加法合成,是采用加权算术平均数的形式对各指标的评价值进行综合,计算公式如下:

$$y=\sum_{i=1}^{p} y_i \cdot w_i \tag{10-28}$$

式中:y 为综合评价值,y_i 和 w_i 为第 i 个指标的评价值和权重,$0<w_i<1$。

加法合成更适合于各项指标间相互独立的评价项目。例如,《2022 可持续发展报告》采用算术平均合成法将 17 个可持续发展目标的评价值合成为最终的可持续发展指数。但若指标间不独立,则加权求和的结果会导致各指标所提供的评价信息的重复,从而难以反映客观实际。另外,用算术平均的方法计算综合评价值,可以实现各指标评价值之间的等量补偿,取长补短,即只要个别指标的评价值足够大,即便其他指标的评价值都很小,也可以得到一个比较高的综合评价值,但这样就无法反映出评价对象在各方面的发展是否均衡。

二、几何平均合成法

几何平均合成法也称乘法合成,是采用加权几何平均数的形式对各指标的评价值进行综合,计算公式如下:

$$y = \sqrt[\sum\limits_{i=1}^{p} w_i]{\prod\limits_{i=1}^{p} y_i^{w_i}} = \prod\limits_{i=1}^{p} y_i^{w_i} \tag{10-29}$$

式中:y 为综合评价值,y_i 和 w_i 为第 i 个指标的评价值和权重,$\sum\limits_{i=1}^{p} w_i = 1$。

几何平均合成法适用于各评价指标间具有关联的场合,这是由乘积运算的性质所决定的;而且要求单项评价值都为正数。由于几何平均数易受极小值的影响,因此用几何平均合成法会更突出评价值较小的指标的影响,即各评价指标中只要有一项的评价值接近零,就会使综合评价值迅速趋于零,而不论其他指标的评价值有多大。一般来讲,若在评价中有意"严惩落后指标",鼓励各项指标均衡发展,则应选择几何平均合成法。

三、平方平均合成法

平方平均合成法是采用加权平方平均数的形式对各指标的评价值进行综合,计算公式如下:

$$y = \sqrt{\sum\limits_{i=1}^{p} y_i^2 \cdot w_i} \tag{10-30}$$

式中:y 为综合评价值,y_i 和 w_i 为第 i 个指标的评价值和权重。

平方平均合成法适用于单项评价值都为非负数的情况。平方平均数易受极大值的影响,因此用平方平均合成法会更突出评价值较大的指标的作用。当某评价对象有一项指标评价值远大于其他评价对象,就会使其综合评价值达到较为理想的数值。一般来讲,若在评价中有意"奖励先进指标",则适合选用平方平均法,可以说,这是一种"激励型的平均"。

【例10-5】 根据表10-2的评价值,用算术平均合成法计算六城市生态投入的综合评价值。

首先确定各指标的权重。考虑到资源消耗和污染排放具有同样的重要性,因此赋予两项一级指标同样大小的权重,即均为1/2。在资源消耗的评价中,对土地、能源和水的消耗3项二级指标赋予同样的权重,均为1/3,则对应的3项三级指标权重也均为1/3。在污染排放的评价中,空气污染、水污染和固体废物污染三项二级指标赋予同样的权重,每项二级指标下的2个三级指标也赋予相等的权重,则6项三级指标的权重均为1/6。

依据上述权重和表10-2中各指标的评价值,采用式(10-28)进行加权算术平均。以重庆为例,计算结果为:

资源消耗:$y'_{重庆} = 0.79 \times \dfrac{1}{3} + 0.66 \times \dfrac{1}{3} + 0.62 \times \dfrac{1}{3} = 0.69$

污染排放:$y''_{重庆} = 0.84 \times \dfrac{1}{6} + 1.11 \times \dfrac{1}{6} + 3.44 \times \dfrac{1}{6} + 1.74 \times \dfrac{1}{6} + 1.27 \times \dfrac{1}{6} + 0.71 \times \dfrac{1}{6} = 1.52$

综合评价:$y_{重庆} = 0.69 \times \dfrac{1}{2} + 1.52 \times \dfrac{1}{2} = 1.11$

六城市的综合评价值见表10-7。

表 10-7　六城市生态投入综合评价结果

城市	资源指标		排放指标		生态指标	
	资源消耗	排名	污染排放	排名	生态投入综合评价值	排名
重庆	0.69	6	1.52	1	1.11	2
上海	1.16	3	0.74	4	0.95	5
北京	0.90	4	0.50	6	0.70	6
成都	0.73	5	1.44	2	1.08	3
天津	1.27	1	1.10	3	1.18	1
广州	1.25	2	0.70	5	0.97	4

综合评价值越小,表明城市的资源消耗或污染排放越少,城市的生态投入也越少。因此可按照综合评价值由大至小的顺序对六城市的生态投入水平高低进行排名。天津的资源消耗值最大,重庆的资源消耗值最小;重庆的污染排放值最大,北京的污染排放值最小。从生态投入的整体评价结果来看,北京、上海和广州的综合评价值较小,其城市发展过程中的生态投入水平在六城市中相对较低;天津、重庆和成都的综合评价值较大,其生态投入水平在六城市中相对较高。其中,上海的六项污染排放指标中有三项高于成都,但六项指标的综合评价值却低于成都,这正是加权算术平均合成法使指标之间相互补偿的结果。

【例 10-6】 根据表 10-2 的评价值,用几何平均合成法计算六城市生态投入的综合评价值,并与算术平均合成法计算的结果进行比较。

依据例 10-5 中的权重分配和表 10-2 中各指标的评价值,采用式(10-29)进行加权调和平均合成,以重庆为例,计算结果为:

$$y_{重庆}=0.79^{\frac{1}{6}}\times0.66^{\frac{1}{6}}\times0.62^{\frac{1}{6}}\times0.84^{\frac{1}{12}}\times1.11^{\frac{1}{12}}\times3.44^{\frac{1}{12}}\times1.74^{\frac{1}{12}}\times1.27^{\frac{1}{12}}\times0.71^{\frac{1}{12}}=0.95$$

六城市综合评价值及按照生态投入水平由高至低的排名顺序如表 10-8 所示。

表 10-8　六城市生态投入综合评价结果比较

城市	几何平均	排名	城市	算术平均	排名
重庆	0.95	2	重庆	1.11	2
上海	0.83	5	上海	0.95	5
北京	0.58	6	北京	0.70	6
成都	0.84	4	成都	1.08	3
天津	1.01	1	天津	1.18	1
广州	0.87	3	广州	0.97	4

由评价结果可知,两种综合评价方法得到的排序结果略有不同。成都与广州在两种方法下的位次发生了变化,其余四个城市位次不变。六城市中,天津和重庆的生态投入水平最高,上海和北京的生态投入水平最低,成都和广州居中。

本章小结

　　本章的要点是理解统计综合评价的内涵、基本原理和应用意义,掌握评价指标体系构建、权重确定、指标合成的基本思想和主要方法。通过学习,熟知统计综合评价的概念和基本步骤;掌握评价指标体系构建的基本原则、评价指标筛选方法和评价指标的处理方法;掌握评价指标权重的确定方法,认识各种确定方法的优缺点;掌握综合指标值的合成方法和适用条件。作为学习延伸,可以通过阅读相关文献对如何科学选择评价指标以避免不同层级指标混用,如何科学设计评价指标体系以避免指标过多、关键指标被稀释,如何科学确定指标权重、客观给出综合评价结果以避免取长补短、无原则平均,以及如何提高评价指标的协调性等问题,开展深入的思考与探讨。

思考与练习

一、即测即评

二、计算题

　　1. 对某行业服务质量的评价项目涉及三项评价指标:服务态度(y_1)、及时率(y_2)和错误率(y_3)。某专家认为,y_1 比 y_3 极度重要,比 y_2 稍微重要,而 y_2 比 y_3 明显重要。试根据这位专家的判断,利用萨蒂比例九标度体系,确定三项评价指标的权重,并判断其合理性。

　　2. 某企业的部分财务指标的实际值及相应的满意值和不允许值如表 10-9 所示。

表 10-9　某企业财务指标值

财务指标	实际值	不允许值	满意值
人均增加值(万元/人)	11.2	9.6	11.6
流通费用率(%)	13.6	14.0	12.0
中间消耗率(%)	28.0	35.0	25.0
资金利润率(%)	12.5	7.5	17.5
流动资金周转速度(次/年)	4.0	2.5	5.0

　　应用功效系数法计算每一个单项指标的功效系数 d 和功效分数 Fd,并对计算结果的含义做出说明。

　　3. 反映企业经营业绩的部分财务指标及三个商业企业的指标值如表 10-10 所示。要求参考上题中的满意值和不允许值计算各指标的功效分数,并分别采用算术平均法、几何平均法和平方平均法对三个企业的经营业绩进行综合评价和排序,并对三种方法的排序结果进行比较。

表 10-10   甲、乙、丙三企业经营业绩指标值及权重表

评价指标	权重	甲企业	乙企业	丙企业
人均增加值(万元/人)	0.20	11.2	9.6	10.4
流通费用率(%)	0.10	13.6	12.4	14.0
中间消耗率(%)	0.15	28.0	30.0	32.0
资金利润率(%)	0.35	12.5	12.0	11.0
流动资金周转速度(次/年)	0.20	4.0	3.5	3.0

4. 为评价比较四个地区的人口素质所构建的评价指标体系及其数值如表 10-11 所示。

表 10-11   人口素质评价指标及其数值表

地区	人均受教育年限(年)	每万人拥有执业医师助理执业医师数(人)	每百人图书拥有量(册)	在校中小学生体育锻炼达标率(%)	每万人拥有专业技术人员(人)
1	10.2	14	25	94	223
2	9.7	16	12	96	216
3	10.8	17	34	90	280
4	12.4	48	45	95	874
均值					
1					
2					
3					
4					

要求:

(1)计算各指标的均值,并以均值为标准值对各指标进行无量纲化处理,将计算结果填入表中。

(2)采用变异系数法计算各指标的权重,并采用几何平均合成法对各项指标进行综合。

5. 根据例 10-4 和表 10-6 的数据,采用标准化法对各项指标进行无量纲处理,采用算术平均合成法计算五家企业的综合评价值,并对计算结果进行说明。

6. 根据表 10-2 中六城市生态投入指标的评价值以及例 10-5 中所确定的权重,采用平方平均合成法计算六城市的生态投入综合评价值,比较并分析三种合成方法下计算结果的差异。

7. 某地区六个区县义务教育阶段办学条件的评价指标及其数值如表 10-12 所示,试用各指标在六区县中的最优值作为标准值进行无量纲化处理,用变异系数法确定权重,采用加法合成法计算六区县的综合评价值并做比较排序。

表 10-12　六区县义务教育办学条件评价指标及其数值表

区县	生均校舍建筑面积（平方米/人）	生均运动场地面积（平方米/人）	生均图书藏量(册/人)	生机比（人/台）	生均仪器设备总值（万元/人）
A	11.28	9.11	28.23	8.16	0.13
B	11.77	10.90	30.17	3.88	0.54
C	9.27	11.84	34.94	6.40	0.20
D	10.57	10.71	34.23	8.79	0.10
E	11.29	8.73	24.99	9.69	0.09
F	12.49	14.62	24.63	9.99	0.12

注：生机比为在校生数与计算机台数之比。

计算题答案

附表 1　正态分布概率表

$$F(Z) = P(\mid x - \bar{x} \mid / \sigma < z)$$

Z	$F(Z)$	Z	$F(Z)$	Z	$F(Z)$	Z	$F(Z)$
0.00	0.000 0	0.25	0.197 4	0.50	0.382 9	0.75	0.546 7
0.01	0.008 0	0.26	0.205 1	0.51	0.389 9	0.76	0.552 7
0.02	0.016 0	0.27	0.212 8	0.52	0.396 9	0.77	0.558 7
0.03	0.023 9	0.28	0.220 5	0.53	0.403 9	0.78	0.564 6
0.04	0.031 9	0.29	0.228 2	0.54	0.410 8	0.79	0.570 5
0.05	0.039 9	0.30	0.235 8	0.55	0.417 7	0.80	0.576 3
0.06	0.047 8	0.31	0.243 4	0.56	0.424 5	0.81	0.582 1
0.07	0.055 8	0.32	0.251 0	0.57	0.431 3	0.82	0.587 8
0.08	0.063 8	0.33	0.258 6	0.58	0.438 1	0.83	0.593 5
0.09	0.071 7	0.34	0.266 1	0.59	0.444 8	0.84	0.599 1
0.10	0.079 7	0.35	0.273 7	0.60	0.451 5	0.85	0.604 7
0.11	0.087 6	0.36	0.281 2	0.61	0.458 1	0.86	0.610 2
0.12	0.095 5	0.37	0.288 6	0.62	0.464 7	0.87	0.615 7
0.13	0.103 4	0.38	0.296 1	0.63	0.471 3	0.88	0.621 1
0.14	0.111 3	0.39	0.303 5	0.64	0.477 8	0.89	0.626 5
0.15	0.119 2	0.40	0.310 8	0.65	0.484 3	0.90	0.631 9
0.16	0.127 1	0.41	0.318 2	0.66	0.490 7	0.91	0.637 2
0.17	0.135 0	0.42	0.325 5	0.67	0.497 1	0.92	0.642 4
0.18	0.142 8	0.43	0.332 8	0.68	0.503 5	0.93	0.647 6
0.19	0.150 7	0.44	0.340 1	0.69	0.509 8	0.94	0.652 8
0.20	0.158 5	0.45	0.347 3	0.70	0.516 1	0.95	0.657 9
0.21	0.166 3	0.46	0.354 5	0.71	0.522 3	0.96	0.662 9
0.22	0.174 1	0.47	0.361 6	0.72	0.528 5	0.97	0.668 0
0.23	0.181 9	0.48	0.368 8	0.73	0.534 6	0.98	0.672 9
0.24	0.189 7	0.49	0.375 9	0.74	0.540 7	0.99	0.677 8

Z	F(Z)	Z	F(Z)	Z	F(Z)	Z	F(Z)
1.00	0.682 7	1.40	0.838 5	1.80	0.928 1	2.40	0.983 6
1.01	0.687 5	1.41	0.841 5	1.81	0.929 7	2.42	0.984 5
1.02	0.692 3	1.42	0.844 4	1.82	0.931 2	2.44	0.985 3
1.03	0.697 0	1.43	0.847 3	1.83	0.932 8	2.46	0.986 1
1.04	0.701 7	1.44	0.850 1	1.84	0.934 2	2.48	0.986 9
1.05	0.706 3	1.45	0.852 9	1.85	0.935 7	2.50	0.987 6
1.06	0.710 9	1.46	0.855 7	1.86	0.937 1	2.52	0.988 3
1.07	0.715 4	1.47	0.858 4	1.87	0.938 5	2.54	0.988 9
1.08	0.719 9	1.48	0.861 1	1.88	0.939 9	2.56	0.989 5
1.09	0.724 3	1.49	0.863 8	1.89	0.941 2	2.58	0.990 1
1.10	0.728 7	1.50	0.866 4	1.90	0.942 6	2.60	0.990 7
1.11	0.733 0	1.51	0.869 0	1.91	0.943 9	2.62	0.991 2
1.12	0.737 3	1.52	0.871 5	1.92	0.945 1	2.64	0.991 7
1.13	0.741 5	1.53	0.874 0	1.93	0.946 4	2.66	0.992 2
1.14	0.745 7	1.54	0.876 4	1.94	0.947 6	2.68	0.992 6
1.15	0.749 9	1.55	0.878 9	1.95	0.948 8	2.70	0.993 1
1.16	0.754 0	1.56	0.881 2	1.96	0.950 0	2.72	0.993 5
1.17	0.758 0	1.57	0.883 6	1.97	0.951 2	2.74	0.993 9
1.18	0.762 0	1.58	0.885 9	1.98	0.952 3	2.76	0.994 2
1.19	0.766 0	1.59	0.888 2	1.99	0.953 4	2.78	0.994 6
1.20	0.769 9	1.60	0.890 4	2.00	0.954 5	2.80	0.994 9
1.21	0.773 7	1.61	0.892 6	2.02	0.956 6	2.82	0.995 2
1.22	0.777 5	1.62	0.894 8	2.04	0.958 7	2.84	0.995 5
1.23	0.781 3	1.63	0.896 9	2.06	0.960 6	2.86	0.995 8
1.24	0.785 0	1.64	0.899 0	2.08	0.962 5	2.88	0.996 0
1.25	0.788 7	1.65	0.901 1	2.10	0.964 3	2.90	0.996 2
1.26	0.792 3	1.66	0.903 1	2.12	0.966 0	2.92	0.996 5
1.27	0.795 9	1.67	0.905 1	2.14	0.967 6	2.94	0.996 7
1.28	0.799 5	1.68	0.907 0	2.16	0.969 2	2.96	0.996 9
1.29	0.803 0	1.69	0.909 0	2.18	0.970 7	2.98	0.997 1
1.30	0.806 4	1.70	0.910 9	2.20	0.972 2	3.00	0.997 3
1.31	0.809 8	1.71	0.912 7	2.22	0.973 6	3.20	0.998 6
1.32	0.813 2	1.72	0.914 6	2.24	0.974 9	3.40	0.999 3
1.33	0.816 5	1.73	0.916 4	2.26	0.976 2	3.60	0.999 68
1.34	0.819 8	1.74	0.918 1	2.28	0.977 4	3.80	0.999 86
1.35	0.823 0	1.75	0.919 9	2.30	0.978 6	4.00	0.999 94
1.36	0.826 2	1.76	0.921 6	2.32	0.979 7	4.50	0.999 994
1.37	0.829 3	1.77	0.923 3	2.34	0.980 7	5.00	0.999 999
1.38	0.832 4	1.78	0.924 9	2.36	0.981 7		
1.39	0.835 5	1.79	0.926 5	2.38	0.982 7		

附表 2 t 分布临界值表

$$P[\,|\,t(v)\,|\,>t_{\alpha}(v)\,]=\alpha$$

单侧	$\alpha=0.10$	0.05	0.025	0.01	0.005
双侧	$\alpha=0.20$	0.10	0.05	0.02	0.01
$\nu=1$	3.078	6.314	12.706	31.821	63.657
2	1.886	2.920	4.303	6.965	9.925
3	1.638	2.353	3.182	4.541	5.841
4	1.533	2.132	2.776	3.747	4.604
5	1.476	2.015	2.571	3.365	4.032
6	1.440	1.943	2.447	3.143	3.707
7	1.415	1.895	2.365	2.998	3.499
8	1.397	1.860	2.306	2.896	2.355
9	1.383	1.833	2.262	2.821	3.250
10	1.372	1.812	2.228	2.764	3.169
11	1.363	1.796	2.201	2.718	3.106
12	1.356	1.782	2.179	2.681	3.055
13	1.350	1.771	2.160	2.650	3.012
14	1.345	1.761	2.145	2.624	2.977
15	1.341	1.753	2.131	2.602	2.947
16	1.337	1.746	2.120	2.583	2.921
17	1.333	1.740	2.110	2.567	2.898
18	1.330	1.734	2.101	2.552	2.878
19	1.328	1.729	2.093	2.539	2.861
20	1.325	1.725	2.086	2.528	2.845
21	1.323	1.721	2.080	2.518	2.831
22	1.321	1.717	2.074	2.508	2.819
23	1.319	1.714	2.069	2.500	2.807
24	1.318	1.711	2.064	2.492	2.797
25	1.316	1.708	2.060	2.485	2.787
26	1.315	1.706	2.056	2.479	2.779
27	1.314	1.703	2.052	2.473	2.771
28	1.313	1.701	2.048	2.467	2.763
29	1.311	1.699	2.045	2.462	2.756
30	1.310	1.697	2.042	2.457	2.750
40	1.303	1.684	2.021	2.423	2.704
50	1.299	1.676	2.009	2.403	2.678
60	1.296	1.671	2.000	2.390	2.660
70	1.294	1.667	1.994	2.381	2.648
80	1.292	1.664	1.990	2.374	2.639
90	1.291	1.662	1.987	2.368	2.632
100	1.290	1.660	1.984	2.364	2.626
125	1.288	1.657	1.979	2.357	2.616
150	1.287	1.655	1.976	2.351	2.609
200	1.286	1.653	1.972	2.345	2.601
∞	1.282	1.645	1.960	2.326	2.576

附表 3　χ^2 分布临界值表

$$P[X^2(\nu) > \chi_\alpha^2(\nu)] = \alpha$$

显著性水平 (α)

ν	0.995	0.99	0.975	0.95	0.9	0.8	0.5	0.2	0.1	0.05	0.025	0.01	0.005
1	0	0.000 2	0.001	0.003 9	0.015 8	0.064 2	0.454 9	1.642 4	2.705 5	3.841 5	5.023 9	6.634 9	7.879 4
2	0.01	0.020 1	0.050 6	0.102 6	0.210 7	0.446 3	1.386 3	3.218 9	4.605 2	5.991 5	7.377 8	9.210 3	10.596 6
3	0.071 7	0.114 8	0.215 8	0.351 8	0.584 4	1.005 2	2.366	4.641 6	6.251 4	7.814 7	9.348 4	11.344 9	12.838 2
4	0.207	0.297 1	0.484 4	0.710 7	1.063 6	1.648 8	3.356 7	5.988 6	7.779 4	9.487 7	11.143 3	13.276 7	14.860 3
5	0.411 7	0.554 3	0.831 2	1.145 5	1.610 3	2.342 5	4.351 5	7.289 3	9.236 4	11.070 5	12.832 5	15.086 3	16.749 6
6	0.675 7	0.872 1	1.237 3	1.635 4	2.204 1	3.070 1	5.348 1	8.558 1	10.644 6	12.591 6	14.449 4	16.811 9	18.547 6
7	0.989 3	1.239	1.689 9	2.167 3	2.833 1	3.822 3	6.345 8	9.803 2	12.017	14.067 1	16.012 8	18.475 3	20.277 7
8	1.344 4	1.646 5	2.179 7	2.732 6	3.489 5	4.593 6	7.344 1	11.030 1	13.361 6	15.507 3	17.534 5	20.090 2	21.955
9	1.734 9	2.087 9	2.700 4	3.325 1	4.168 2	5.380 1	8.342 8	12.242 1	14.683 7	16.919	19.022 8	21.666	23.589 4
10	2.155 9	2.558 2	3.247	3.940 3	4.865 2	6.179 1	9.341 8	13.442	15.987 2	18.307	20.483 2	23.209 3	25.188 2
11	2.603 2	3.053 5	3.815 7	4.574 8	5.577 8	6.988 7	10.341	14.631 4	17.275	19.675 1	21.92	24.725	26.756 8
12	3.073 8	3.570 6	4.403 8	5.226	6.303 8	7.807 3	11.340 3	15.812	18.549 3	21.026 1	23.336 7	26.217	28.299 5
13	3.565	4.106 9	5.008 8	5.891 9	7.041 5	8.633 9	12.339 8	16.984 8	19.811 9	22.362	24.735 6	27.688 2	29.819 5
14	4.074 7	4.660 4	5.628 7	6.570 6	7.789 5	9.467 3	13.339 3	18.150 8	21.064	23.684 8	26.118 9	29.141 2	31.319 3
15	4.600 9	5.229 3	6.262 1	7.260 9	8.546 8	10.307	14.338 9	19.310 7	22.307 1	24.995 8	27.488 4	30.577 9	32.801 3
16	5.142 2	5.812 2	6.907 7	7.961 6	9.312 2	11.152 1	15.338 5	20.465 1	23.541 8	26.296 2	28.845 4	31.999 9	34.267 2
17	5.697 2	6.407 8	7.564 2	8.671 8	10.085 2	12.002 3	16.338 2	21.614 6	24.769	27.587 1	30.191	33.408 7	35.718 5
18	6.264 8	7.014 9	8.230 7	9.390 5	10.864 9	12.857	17.337 9	22.759 5	25.989 4	28.869 3	31.526 4	34.805 3	37.156 5
19	6.844	7.632 7	8.906 5	10.117	11.650 9	13.715 8	18.337 7	23.900 4	27.203 6	30.143 5	32.852 3	36.190 9	38.582 3
20	7.433 8	8.260 4	9.590 8	10.850 8	12.442 6	14.578 4	19.337 4	25.037 5	28.412	31.410 4	34.169 6	37.566 2	39.996 8
21	8.033 7	8.897 2	10.282 9	11.591 3	13.239 6	15.444 6	20.337 2	26.171	29.615 1	32.670 6	35.478 9	38.932 2	41.401 1
22	8.642 7	9.542 5	10.982 3	12.338	14.041 5	16.314	21.337	27.301 5	30.813 3	33.924 4	36.780 7	40.289 4	42.795 7
23	9.260 4	10.195 7	11.688 6	13.090 5	14.848	17.186 5	22.336 9	28.428 8	32.006 9	35.172 5	38.075 6	41.638 4	44.181 3
24	9.886 2	10.856 4	12.401 2	13.848 4	15.658 7	18.061 8	23.336 7	29.553 3	33.196 2	36.415	39.364 1	42.979 8	45.558 5
25	10.519 7	11.524	13.119 7	14.611 4	16.473 4	18.939 8	24.336 6	30.675 2	34.381 6	37.652 5	40.646 5	44.314 1	46.927 9
26	11.160 2	12.198 1	13.843 9	15.379 2	17.291 9	19.820 2	25.336 5	31.794 6	35.563 2	38.885 1	41.923 2	45.641 7	48.289 9
27	11.807 6	12.878 5	14.573 4	16.151 4	18.113 9	20.703	26.336 3	32.911 7	36.741 2	40.113 3	43.194 5	46.962 9	49.644 9
28	12.461 3	13.564 7	15.307 9	16.927 9	18.939 2	21.588	27.336 2	34.026 6	37.915 9	41.337 1	44.460 8	48.278 2	50.993 4
29	13.121 1	14.256 5	16.047 1	17.708 4	19.767 7	22.475 1	28.336 1	35.139 4	39.087 5	42.557	45.722 3	49.587 9	52.335 6
30	13.786 7	14.953 5	16.790 8	18.492 7	20.599 2	23.364 1	29.336	36.250 2	40.256	43.773	46.979 2	50.892 2	53.672

附表 4　F 分布临界值表

$$P[F(\nu_1,\nu_2)>F_\alpha(\nu_1,\nu_2)]=\alpha$$

$$(\alpha=0.05)$$

ν_2 \ ν_1	1	2	3	4	5	6	8	10	15
1	161.4	199.5	215.7	224.6	230.2	234.0	238.9	241.9	245.9
2	18.51	19.00	19.16	19.25	19.30	19.33	19.37	19.40	19.43
3	10.13	9.55	9.28	9.12	9.01	8.94	8.85	8.79	8.70
4	7.71	6.94	6.59	6.39	6.26	6.16	6.04	5.96	5.86
5	6.61	5.79	5.41	5.19	5.05	4.95	4.82	4.74	4.62
6	5.99	5.14	4.76	4.53	4.39	4.28	4.15	4.06	3.94
7	5.59	4.74	4.35	4.12	3.97	3.87	3.73	3.64	3.51
8	5.32	4.46	4.07	3.84	3.69	3.58	3.44	3.35	3.22
9	5.12	4.26	3.86	3.63	3.48	3.37	3.23	3.14	3.01
10	4.96	4.10	3.71	3.48	3.33	3.22	3.07	2.98	2.85
11	4.84	3.98	3.59	3.36	3.20	3.09	2.95	2.85	2.72
12	4.75	3.89	3.49	3.26	3.11	3.00	2.85	2.75	2.62
13	4.67	3.81	3.41	3.18	3.03	2.92	2.77	2.67	2.53
14	4.60	3.74	3.34	3.11	2.96	2.85	2.70	2.60	2.46
15	4.54	3.68	3.29	3.06	2.90	2.79	2.64	2.54	2.40
16	4.49	3.63	3.24	3.01	2.85	2.74	2.59	2.49	2.35
17	4.45	3.59	3.20	2.96	2.81	2.70	2.55	2.45	2.31
18	4.41	3.55	3.16	2.93	2.77	2.66	2.51	2.41	2.27
19	4.38	3.52	3.13	2.90	2.74	2.63	2.48	2.38	2.23
20	4.35	3.49	3.10	2.87	2.71	2.60	2.45	2.35	2.20
21	4.32	3.47	3.07	2.84	2.68	2.57	2.42	2.32	2.18
22	4.30	3.44	3.05	2.82	2.66	2.55	2.40	2.30	2.15
23	4.28	3.42	3.03	2.80	2.64	2.53	2.37	2.27	2.13
24	4.26	3.40	3.01	2.78	2.62	2.51	2.36	2.25	2.11
25	4.24	3.39	2.99	2.76	2.60	2.49	2.34	2.24	2.09
26	4.23	3.37	2.98	2.74	2.59	2.47	2.32	2.22	2.07
27	4.21	3.35	2.96	2.73	2.57	2.46	2.31	2.20	2.06
28	4.20	3.34	2.95	2.71	2.56	2.45	2.29	2.19	2.04
29	4.18	3.33	2.93	2.70	2.55	2.43	2.28	2.18	2.03
30	4.17	3.32	2.92	2.69	2.53	2.42	2.27	2.16	2.01
40	4.08	3.23	2.84	2.61	2.45	2.34	2.18	2.08	1.92
50	4.03	3.18	2.79	2.56	2.40	2.29	2.13	2.03	1.87
60	4.00	3.15	2.76	2.53	2.37	2.25	2.10	1.99	1.84
70	3.98	3.13	2.74	2.50	2.35	2.23	2.07	1.97	1.81
80	3.96	3.11	2.72	2.49	2.33	2.21	2.06	1.95	1.79
90	3.95	3.10	2.71	2.47	2.32	2.20	2.04	1.94	1.78
100	3.94	3.09	2.70	2.46	2.31	2.19	2.03	1.93	1.77
125	3.92	3.07	2.68	2.44	2.29	2.17	2.01	1.91	1.75
150	3.90	3.06	2.66	2.43	2.27	2.16	2.00	1.89	1.73
200	3.89	3.04	2.65	2.42	2.26	2.14	1.98	1.88	1.72
∞	3.84	3.00	2.60	2.37	2.21	2.10	1.94	1.83	1.67

$(\alpha = 0.01)$

ν_1 / ν_2	1	2	3	4	5	6	8	10	15
1	4 052	4 999	5 403	5 625	5 764	5 859	5 981	6 065	6 157
2	98.50	99.00	99.17	99.25	99.30	99.33	99.37	99.40	99.43
3	34.12	30.82	29.46	28.71	28.24	27.91	27.49	27.23	26.87
4	21.20	18.00	16.69	15.98	15.52	15.21	14.80	14.55	14.20
5	16.26	13.27	12.06	11.39	10.97	10.67	10.29	10.05	9.72
6	13.75	10.92	9.78	9.15	8.75	8.47	8.10	7.87	7.56
7	12.25	9.55	8.45	7.85	7.46	7.19	6.84	6.62	6.31
8	11.26	8.65	7.59	7.01	6.63	6.37	6.03	5.81	5.52
9	10.56	8.02	6.99	6.42	6.06	5.80	5.47	5.26	4.96
10	10.04	7.56	6.55	5.99	5.64	5.39	5.06	4.85	4.56
11	9.65	7.21	6.22	5.67	5.32	5.07	4.74	4.54	4.25
12	9.33	6.93	5.95	5.41	5.06	4.82	4.50	4.30	4.01
13	9.07	6.70	5.74	5.21	4.86	4.62	4.30	4.10	3.82
14	8.86	6.51	5.56	5.04	4.69	4.46	4.14	3.94	3.66
15	8.86	6.36	5.42	4.89	4.56	4.32	4.00	3.80	3.52
16	8.53	6.23	5.29	4.77	4.44	4.20	3.89	3.69	3.41
17	8.40	6.11	5.19	4.67	4.34	4.10	3.79	3.59	3.31
18	8.29	6.01	5.09	4.58	4.25	4.01	3.71	3.51	3.23
19	8.18	5.93	5.01	4.50	4.17	3.94	3.63	3.43	3.15
20	8.10	5.85	4.94	4.43	4.10	3.87	3.56	3.37	3.09
21	8.02	5.78	4.87	4.37	4.04	3.81	3.51	3.31	3.03
22	7.95	5.72	4.82	4.31	3.99	3.76	3.45	3.26	2.98
23	7.88	5.66	4.76	4.26	3.94	3.71	3.41	3.21	2.93
24	7.82	5.61	4.72	4.22	3.90	3.67	3.36	3.17	2.89
25	7.77	5.57	4.68	4.18	3.85	3.63	3.32	3.13	2.85
26	7.72	5.53	4.64	4.14	3.82	3.59	3.29	3.09	2.81
27	7.68	5.49	4.60	4.11	3.78	3.56	3.26	3.06	2.78
28	7.64	5.45	4.57	4.07	3.75	3.53	3.23	3.03	2.75
29	7.60	5.42	4.54	4.04	3.73	3.50	3.20	3.00	2.73
30	7.56	5.39	4.51	4.02	3.70	3.47	3.17	2.98	2.70
40	7.31	5.18	4.31	3.83	3.51	3.29	2.99	2.80	2.52
50	7.17	5.06	4.20	3.72	3.41	3.19	2.89	2.70	2.42
60	7.08	4.98	4.13	3.65	3.34	3.12	2.82	2.63	2.35
70	7.01	4.92	4.07	3.60	3.29	3.07	2.78	2.59	2.31
80	6.96	4.88	4.04	3.56	3.26	3.04	2.74	2.55	2.27
90	6.93	4.85	4.01	3.53	3.23	3.01	2.72	2.52	2.42
100	6.90	4.82	3.98	3.51	3.21	2.99	2.69	2.50	2.22
125	6.84	4.78	3.94	3.47	3.17	2.95	2.66	2.47	2.19
150	6.81	4.75	3.91	3.45	3.14	2.92	2.63	2.44	2.16
200	6.76	4.71	3.88	3.41	3.11	2.89	2.60	2.41	2.13
∞	6.63	4.61	3.78	3.32	3.02	2.80	2.51	2.23	2.04

参考文献

[1] 李金昌,苏为华.统计学[M].4版.北京:机械工业出版社,2016.

[2] 曾五一.统计学[M].北京:高等教育出版社,2017.

[3] 向书坚,张学毅.统计学[M].2版.北京:中国统计出版社,2016.

[4] 金勇进.统计学[M].2版.北京:中国人民大学出版社,2014.

[5] 袁卫.统计学——思想、方法与应用[M].2版.北京:中国人民大学出版社,2016.

[6] 贾俊平.统计学[M].6版.北京:中国人民大学出版社,2016.

[7] 李洁明,祁新娥.统计学原理[M].6版.上海:复旦大学出版社,2017.

[8] 孙允午.统计学:数据的搜集整理和分析[M].上海:上海财经大学出版社,2009.

[9] 王云峰,陈卫东.统计学原理:理论与方法[M].2版.上海:复旦大学出版社,2014.

[10] 卢淑华.社会统计学[M].4版.北京:北京大学出版社,2009.

[11] 陈振龙,等.概率论与数理统计[M].杭州:浙江工商大学出版社,2017.

[12] 王雪华,等.管理统计学——基于spss软件应用[M].北京:电子工业出版社,2014.

[13] [加]杰拉德·凯勒.统计学:在经济与管理中的应用[M].李君,等,译.8版.北京:中国人民大学出版社,2012.

[14] [美]詹姆斯·麦克拉夫,等.商务与经济统计学[M].易丹辉,等,译.原书第10版.北京:中国人民大学出版社,2009.

[15] [美]道格拉斯A.林德,威廉G.马歇尔,塞缪尔A.沃森.商务与经济统计方法[M].聂巧平,叶光,译.原书第15版.北京:机械工业出版社,2015.

[16] 薛薇.统计分析与SPSS的应用[M].4版.北京:中国人民大学出版社,2014.

[17] 蒋萍.市场调查[M].2版.上海:上海人民出版社,2012.

[18] 周宏敏.市场调研案例教程[M].北京:北京大学出版社、中国农业大学出版社,2008.

[19] 徐国祥.统计指数理论及应用[M].2版.北京:中国统计出版社,2009.

[20] 徐国祥,等.统计指数理论、方法与应用研究[M].上海:上海人民出版社,2011.

[21] 苏为华.综合评价学[M].北京:中国市场出版社,2005.

[22] 白先春.统计综合评价方法与应用[M].北京:中国统计出版社,2013.

[23] 陈正伟.综合评价技术及应用[M].成都:西南财经大学出版社,2013.

[24] 李金昌.大数据与统计新思维[J].统计研究,2014,31(01):10-17.

教学支持说明

　　建设立体化精品教材,向高校师生提供整体教学解决方案和教学资源,是高等教育出版社"服务教育"的重要方式。为支持相应课程教学,我们专门为本书研发了配套教学课件及相关教学资源,并向采用本书作为教材的教师免费提供。

　　为保证该课件及相关教学资源仅为教师获得,烦请授课教师清晰填写如下开课证明并拍照后,发送至邮箱:wush1@hep.com.cn,也可加入 QQ 群:563780432 索取。

　　编辑电话:010-58581016。

证　　明

兹证明＿＿＿＿＿＿＿＿＿＿大学＿＿＿＿＿＿＿＿学院/系第＿＿＿＿学年开设的

＿＿＿＿＿＿＿＿＿＿＿＿课程,采用高等教育出版社出版的《＿＿＿＿＿＿＿＿》

(＿＿＿＿主编)作为本课程教材,授课教师为＿＿＿＿＿＿＿＿,学生＿＿＿＿个班,共

＿＿＿＿人。授课教师需要与本书配套的课件及相关资源用于教学使用。

授课教师联系电话:＿＿＿＿＿＿＿＿　E-mail:＿＿＿＿＿＿＿＿＿＿＿＿＿＿

学院/系主任:＿＿＿＿＿＿＿＿＿＿(签字)

(学院/系办公室盖章)

20＿＿年＿＿月＿＿日

郑重声明

高等教育出版社依法对本书享有专有出版权。任何未经许可的复制、销售行为均违反《中华人民共和国著作权法》，其行为人将承担相应的民事责任和行政责任；构成犯罪的，将被依法追究刑事责任。为了维护市场秩序，保护读者的合法权益，避免读者误用盗版书造成不良后果，我社将配合行政执法部门和司法机关对违法犯罪的单位和个人进行严厉打击。社会各界人士如发现上述侵权行为，希望及时举报，我社将奖励举报有功人员。

反盗版举报电话 （010）58581999　58582371

反盗版举报邮箱 dd@hep.com.cn

通信地址 北京市西城区德外大街 4 号　高等教育出版社法律事务部

邮政编码 100120

读者意见反馈

为收集对教材的意见建议，进一步完善教材编写并做好服务工作，读者可将对本教材的意见建议通过如下渠道反馈至我社。

咨询电话 400-810-0598

反馈邮箱 fuyn@hep.com.cn

通信地址 北京市朝阳区惠新东街 4 号富盛大厦 1 座
高等教育出版社总编辑办公室

邮政编码 100029

防伪查询说明

用户购书后刮开封底防伪涂层，使用手机微信等软件扫描二维码，会跳转至防伪查询网页，获得所购图书详细信息。

防伪客服电话 （010）58582300